Materialien zur Beratung.
Band 4

In dieser Reihe sind erschienen:

Band 1:
Trennung und Scheidung
(1992) (vergriffen)

Band 2:
Kindeswohl, Beratung und Mitwirkung
(1994)

Band 3:
Produkt Beratung
(1996)

Rechtsfragen in der Beratung

Gesetze, Urteile und Hinweise für die Praxis

Erziehungsberatungsstelle
des Landkreises
Darmstadt-Dieburg
Fabrikstraße 0
64319 PFUNGSTADT

Bundeskonferenz für
Erziehungsberatung e.V.

ISBN 3-9805923-0-8
© 1997 Bundeskonferenz für Erziehungsberatung e.V.
Herrnstr. 53 · 90763 Fürth
Tel.: (09 11) 9 77 14 0
Fax: (09 11) 74 54 97
Redaktion: Klaus Menne

Veröffentlicht mit freundlicher Unterstützung des Fördervereins
der Bundeskonferenz für Erziehungsberatung

Inhaltsverzeichnis

Einleitung

Stellungnahmen und Hinweise der Bundeskonferenz für Erziehungsberatung
Allgemeine Grundlagen

- 16 Datenschutz, Schweigepflicht und Zeugnisverweigerungsrecht
- 23 Bedeutung der Datenschutzregelungen des KJHG für die Erziehungsberatungsstellen
- 34 Verhalten bei schriftlichen und fernmündlichen Anfragen
- 38 Rechtsfragen bei Kindesmißhandlung und sexuellem Mißbrauch
- 48 Mitwirkung im familiengerichtlichen Verfahren
- 57 Aktenführung in Erziehungsberatungsstellen
- 67 Dokumentationspflicht von Ärzten in Erziehungsberatungsstellen
- 68 Datenschutz bei der Anwendung von Personalcomputern in Erziehungs- und Familienberatungsstellen
- 73 Aufsicht über Erziehungsberatungsstellen
- 85 Gebührenfreiheit bei der Inanspruchnahme von Erziehungsberatungsstellen
- 88 Erziehungsberatungsstellen und Sachverständigentätigkeit vor Gericht
- 91 Haftung in Erziehungsberatungsstellen

Praxishinweise

- 97 Information zur Arbeitsweise unserer Beratungsstelle
- 99 Wahrung des Briefgeheimnisses
- 101 Telefonanlagen in Erziehungsberatungsstellen
- 104 Musterformblatt zur Entbindung von der Schweigepflicht
- 105 Muster einer Einwilligungserklärung (Video)
- 106 Instrumente zur Erfassung von Tätigkeiten
- 110 Hinweise zu Widerspruchsverfahren

Zur fachpolitischen Diskussion

- 112 Zeugnisverweigerungsrecht für Mitarbeiter von Erziehungs- und Familienberatungsstellen
  bke Stellungnahme
- 117 Neuregelung des Kindschaftsrechts
  bke Stellungnahme

Fallkonstellationen

- 124 Allgemeine Fragen
- 127 Interne Organisation
- 133 Verhältnis zu Klienten
- 139 Verhältnis zu anderen Institutionen
- 144 Vermischtes

Texte anderer Institutionen

- 150 **Deutscher Städtetag/Arbeitsgemeinschaft für Jugendhilfe**
  Empfehlungen für die Zusammenarbeit von Trägern der öffentlichen und freien Jugendhilfe bei der Erziehungsberatung

- 157 **Deutscher Verein für öffentliche und private Fürsorge**
  Ergänzung der Empfehlungen des Deutschen Vereins zur Hilfeplanung nach § 36 SGB VIII

- 159 **Die für die Jugendhilfe zuständigen Senatoren und Minister der Länder**
  Grundsätze für die einheitliche Gestaltung der Richtlinien der Länder für die Förderung von Erziehungsberatungsstellen

- 167 Übersicht über die Landesrichtlinien

- 170 **Arbeitsgemeinschaft der Obersten Landesjugendbehörden**
  Jugendhilfe und Sozialdatenschutz

- 176 **Arbeitsgemeinschaft für Jugendhilfe**
  Anwendungshinweise für die Jugendhilfe zum Sozialdatenschutz nach dem 2. SGB-Änderungsgesetz

- 179 **Deutscher Verein für öffentliche und private Fürsorge**
  Zum Verhältnis von dienstrechtlicher Gehorsamspflicht und strafrechtlicher Schweigepflicht (§ 203 Abs. 1 StGB)

- 182 **Der Deutsche Bundestag**
  Rechtsberatungsgesetz

- 187 **Bundesministerium für Post und Telekommunikation**
  Verordnung über den Datenschutz für Unternehmen, die Telekommunikationsdienstleistungen erbringen

- 192 **Der Hessische Datenschutzbeauftragte**
  Konsequenzen des § 65 SGB VIII für kommunale Erziehungsberatungsstellen

- 198 **Der Bundesbeauftragte für den Datenschutz**
  Innerbehördliche Schweigepflicht bei Berufsgeheimnissen

- 200 **Der Hessische Datenschutzbeauftragte**
  Datenschutz in der Erziehungsberatungsstelle

- 206 Durchführungserlasse zum Heilpraktikergesetz (HeilPrG)

Gerichtsurteile

Urteile zur Beratung

208 **Schutz des Privatgeheimnisses in der Beratung vs. Beschlagnahme von Klientenakten**
Urteil des Bundesverfassungsgerichts vom 24.05.1977

215 **Schweigepflicht gegenüber Erziehungsberechtigten**
Urteil des Bundesverfassungsgerichts vom 09.02.1982

222 **Erfassung von Telefonnummern der Klienten in einer zentralen Telefonanlage**
Urteil des Bundesarbeitsgerichts vom 13.01.1987

228 **Schweigepflicht in der Supervision**
Urteil des Bay. Obersten Landesgerichts vom 08.11.1994

234 **Aussagegenehmigung für Berater im Zivilprozeß**
Urteil des Oberlandesgerichts Zweibrücken vom 25.10.1994

237 **Herausgabe eines Gutachtens**
Urteil des Landgerichts Koblenz vom 23.12.1978

238 **Rechtsberatung im Rahmen von Trennungs- und Scheidungsberatung**
Urteil des Landgerichts Memmingen vom 07.09.1994

Urteile zu weiteren Themen

243 **Das informationelle Selbstbestimmungsrecht**
Urteil des Bundesverfassungsgerichts vom 15.12.1983

251 **Elternverantwortung und Kindesrechte**
Urteil des Bundesverfassungsgerichts vom 29.07.1968
Urteil des Bundesverfassungsgerichts vom 09.02.1982

255 **Elternrecht nichtehelicher Väter**
Urteil des Bundesverfassungsgerichts vom 07.03.1995

257 **Gemeinsame elterliche Sorge unverheirateter Eltern**
Urteil des Bundesverfassungsgerichts vom 07.05.1991

260 **Stellung von Pflegeeltern**
Urteil des Bundesverfassungsgerichts vom 17.10.1984
Urteil des Bundesverfassungsgerichts vom 14.04.1987

264 **Das Subsidiaritätsprinzip in der Jugendhilfe**
Urteil des Bundesverfassungsgerichts vom 18.07.1967

267 **Verpflichtungsgrad einer Soll-Vorschrift**
Urteil des Bundesverwaltungsgerichts vom 25.06.1975
Urteil des Bundesverwaltungsgerichts vom 17.08.1978

268 **Nachträgliche Kostenübernahme**
Urteil des Bundesverwaltungsgerichts vom 25.08.1987
Urteil des Bundesverwaltungsgerichts vom 27.05.1993

271 **Heilpraktikererlaubnis für Psychologen**
Urteil des Bundesverwaltungsgerichts vom 10.05.1988

273 **Mitwirkung des Jugendamtes im familiengerichtlichen Verfahren**
Urteil des Oberlandesgerichts Frankfurt a.M.
vom 28.10.1991

276 **Beachtlichkeit des Kindeswillens**
Urteil des Oberlandesgerichts Celle vom 20.10.1994

278 **Beschlagnahme von Sozialdaten**
Urteil des Bundesgerichtshofs vom 18.03.1992
Urteil des Landgerichts Braunschweig vom 13.06.1986
Urteil des Landgerichts Berlin vom 19.02.1992
Urteil des Landgerichts Offenburg vom 24.09.1993
Redaktionelle Anmerkung

290 **Zeugnisverweigerungsrecht von Sozialarbeitern/ Sozialpädagogen**
Urteil des Oberlandesgerichts Hamm vom 30.09.1991

Gesetzestexte (Auszüge)

296 Sozialgesetzbuch Erstes Buch (SGB I)
Allgemeiner Teil

303 Sozialgesetzbuch Zehntes Buch (SGB X)
Verwaltungsverfahren

324 Sozialgesetzbuch Achtes Buch (SGB VIII)
Kinder- und Jugendhilfe (KJHG)

345 Bundesdatenschutzgesetz (BDSG)

349 Bundesstatistikgesetz (BStatG)

351 Strafgesetzbuch (StGB)

360 Strafprozeßordnung (StPO)

363 Bürgerliches Gesetzbuch (BGB)

369 Zivilprozeßordnung (ZPO)

372 Gesetz über die Angelegenheiten der freiwilligen Gerichtsbarkeit (FGG)

374 Weitere Gesetze und Rechtsvorschriften

388 **Literatur**

392 **Abkürzungen**

Zur Einleitung

Die Entwicklung des Fachgebiets Erziehungs- und Familienberatung war immer auch mit Fragen der rechtlichen Gestaltung der Beratungspraxis verbunden. Insbesondere in den 70er Jahren, als Erziehungsberatung verstärkt ausgebaut wurde und die Fachkräfte sich zunehmend psychotherapeutisch qualifizierten, ist um angemessene Formen des Datenschutzes für die Ratsuchenden gerungen worden. Dabei waren die im Bereich der Heilkunde entwickelten Grundsätze eine hilfreiche Orientierung. Die Ausweitung der strafrechtlichen Verpflichtung zum Schutz des Privatgeheimnisses nach § 203 StGB auf Mitarbeiterinnen und Mitarbeiter der Erziehungsberatungsstellen, die zum 01. Januar 1975 in Kraft trat, stellt in diesem Zusammenhang einen bedeutenden Schritt dar. Freilich konkurrierte die damit gesetzte Schweigepflicht mit dem Prinzip der Einheit der Verwaltung. Dr. Ferdinand Kaufmann (1984) und Dr. Gabriele Wolfslast (1985) haben mit ihren Veröffentlichungen zur Klärung dieses Verhältnisses beigetragen.

Die Bundeskonferenz für Erziehungsberatung hat sich frühzeitig bei der Erarbeitung rechtlicher Maßstäbe engagiert und Empfehlungen zum Verhalten von Beraterinnen und Beratern in unterschiedlichen Handlungssituationen erarbeitet. Der Vorstand der Bundeskonferenz hat 1984 eine Kommission für Rechtsfragen auf dem Gebiet der Erziehungs- und Familienberatung berufen. Ihre Aufgabe ist die kontinuierliche Beobachtung rechtlicher Entwicklungen und ihre Kommentierung für die Erziehungsberatung. Der ersten Kommission gehörten von 1984 bis 1989 Prof. Dr. Friedrich Specht, Dipl.Psych. Klaus Schütt sowie Dipl. Psych. Walter-Karl Pfeifer an. Dr. Gabriele Wolfslast, Dipl. Psych. Knud Alter und Rechtsanwalt Ewald Lambertz wirkten dabei jeweils zwei Jahre mit. Ihnen allen gebührt der Dank der Bundeskonferenz für Erziehungsberatung. Insbesondere ist die bke Herrn Professor Specht verbunden, auf dessen Initiative die Gründung der Kommission zurückgeht. Er hat durch sein Wirken die Grundlagen für die von der Bundeskonferenz für Erziehungsberatung vertretenen rechtlichen Positionen gelegt. Seit 1989 bilden die Kommission für Rechtsfragen Rechtsanwalt Ewald Lambertz, Dipl.Psych. Hubert Cremer, Dr. Ferdinand Kaufmann und Dipl. Soz. Klaus Menne. 1990 bis 1992 gehörte ihr zudem Professor Dr. Udo Maas an und seit 1993 Rechtsanwalt Professor Joachim A. Hager. Professor Maas hat in der Zeit seiner Mitwirkung die rechtliche Umsetzung des Kinder- und Jugendhilfegesetzes durch die Kommission maßgeblich beeinflußt. Die Bundeskonferenz für Erziehungsberatung ist ihm dafür zu Dank verpflichtet.

Der vorliegende Band ist aus der Arbeit der Kommission entstanden. Er dokumentiert die Stellungnahmen und Hinweise zu Rechtsfragen in der Beratung, die von ihr im Laufe der Zeit erarbeitet und kontinuierlich aktualisiert worden sind. Sie behandeln grundsätzliche Themen wie Datenschutz und Aktenführung, aber auch Fragen wie sie z.B. beim Umgang mit Kindesmißhandlung und sexuellem Mißbrauch und bei der Mitwirkung im familiengerichtlichen Verfahren entstehen. Die Hinweise sind für diese Publikation durch die Darstellung von möglichen Problemkonstellationen und sich ergebende Lösung ergänzt worden. Sie betreffen allgemeine Fragen, die interne Organisation von Beratungsstellen, das Verhältnis zu Klienten sowie zu anderen Institutionen. Zentral sind dabei Fragen der Beratungspraxis, nicht rechtliche Fragestellungen, die sich für die Träger der Einrichtung etwa bei der Finanzierung ergeben könnten.

Darüber hinaus werden Texte von anderen Institutionen wie z.B. Deutscher Bundestag, Oberste Landesjugendbehörden, Deutscher Städtetag und Deutscher Verein für öffentliche und private Fürsorge zugänglich gemacht, die sich ebenfalls zu rechtlich bedeutsamen Themen der Erziehungsberatung geäußert haben und die zur Klärung von Problemsituationen herangezogen werden können. Rechtsfragen von Beratungsstellen sind auch Gegenstand der Rechtssprechung. Urteile von grundsätzlicher Bedeutung sind deshalb in ihren wichtigsten Passagen dokumentiert. Zur Entscheidung standen dabei z.B. an: Beschlagnahme von Klientenakten, Erfassung von Telefonnummern der Klienten, Schweigepflicht in der Supervision und Aussagegenehmigung im Zivilprozeß. Sie sind ergänzt um Urteile zu allgemeineren Themen, die ebenfalls für die Beratung relevant sind: wie das informationelle Selbstbestimmungsrecht, das Verhältnis von Kindern und Eltern sowie Beschlagnahme von Sozialdaten.

Schließlich werden wichtige Gesetze, die auch für Berater leicht zugänglich sein sollten, auszugsweise oder in einzelnen Paragraphen dokumentiert. Neben dem KJHG stehen Auszüge aus den Allgemeinen Teilen des Sozialgesetzbuches Band I und X und dem Bundesdatenschutzgesetz sowie Bestimmungen des Bürgerlichen Gesetzbuches, des Strafgesetzbuches, der Straf- und der Zivilprozeßordnung usw. Der Band wird abgeschlossen durch ein Verzeichnis gebräuchlicher juristischer Abkürzungen, das die Orientierung in diesem Feld erleichtern soll.

Die Kommission für Rechtsfragen hofft, damit eine brauchbare Handreichung für die Beratungspraxis zusammengestellt zu haben. Anregungen für ihre weitere Arbeit sind ihr willkommen.

Klaus Menne

Stellungnahmen und Hinweise der Bundeskonferenz für Erziehungsberatung

Allgemeine Grundlagen

Datenschutz, Schweigepflicht und Zeugnisverweigerungsrecht

Datenschutz

Das Bundesdatenschutzgesetz (BDSG) und die Landesdatenschutzgesetze (LDSG) regeln die Erhebung, Speicherung, Veränderung, Übermittlung, Sperrung und Löschung von personenbezogenen Daten durch Behörden und sonstige öffentliche Stellen des Bundes bzw. des jeweiligen Bundeslandes. Das BDSG gilt darüber hinaus für nicht-öffentliche Stellen, also für natürliche Personen und juristische Personen des Privatrechts, soweit sie Daten in Dateien verarbeiten. Für den Datenschutz im Bereich der öffentlich-rechtlichen Religionsgesellschaften gelten das BDSG und die LDSG nicht. Die Evangelische Kirche in Deutschland hat ein eigenes *Kirchengesetz über den Datenschutz* erlassen, auch für die Katholische Kirche besteht eine eigene *Anordnung über den kirchlichen Datenschutz*. Der Regelungsgehalt entspricht im wesentlichen dem BDSG.

Die im BDSG und in den Datenschutzgesetzen der Länder enthaltenen „Legaldefinitionen" für eine Reihe zentraler Begriffe des Datenschutzrechts stimmen weitgehend, aber doch nicht immer überein. Die jeweils verbindliche Definition ist daher dem im Einzelfall anzuwendenden Gesetz zu entnehmen. Nachfolgend werden einige grundlegende Begriffe nach der Definition des BDSG wiedergegeben.

Danach sind *personenbezogene Daten* Einzelangaben über persönliche oder sachliche Verhältnisse einer bestimmten oder bestimmbaren natürlichen Person (§ 3 Abs. 1 BDSG).

Nicht mehr personenbezogen, sondern *anonymisiert* sind infolgedessen solche Daten, die nicht oder nur mit unverhältnismäßig großem Aufwand an Zeit, Kosten und Arbeitskraft einer bestimmten Person zugeordnet werden können (§ 3 Abs. 7 BDSG). Sie sind nicht Gegenstand der Datenschutzgesetze.

Eine *Datei* ist eine Sammlung personenbezogener Daten, die durch automatisierte Verfahren nach bestimmten Merkmalen ausgewertet werden kann, oder jede sonstige Sammlung personenbezogener Daten, die gleichartig aufgebaut ist und nach bestimmten Merkmalen geordnet, umgeordnet und ausgewertet werden kann (§ 3 Abs. 2 Satz 1 BDSG).

Akten sind amtlichen oder dienstlichen Zwecken dienende Unterlagen einschließlich Bild- und Tonträgern, nicht jedoch Vorentwürfe und Notizen, die nicht Bestandteil eines Vorganges werden sollen (§ 3 Abs. 3 BDSG). Akten werden folglich nur dann zu Dateien, wenn sie durch automatisierte Verfahren umgeordnet und ausgewertet werden können (§ 3 Abs. 2 Satz 2 BDSG).

Durch das Zweite Gesetz zur Änderung des Sozialgesetzbuches ist die Begrifflichkeit des Bundesdatenschutzgesetzes in das Sozialgesetzbuch übernommen worden, das für den Bereich der Jugendhilfe einschlägige Rechtsgrundlage ist.

Schutz von Sozialdaten

Nach § 35 SGB I (Allgemeiner Teil) hat jeder Anspruch darauf, daß die ihn betreffenden Sozialdaten im Sinne des § 67 Abs. 1 SGB X von den Leistungsträgern nicht unbefugt erhoben, verarbeitet und genutzt werden (Sozialgeheimnis). Sozialdaten sind Einzelangaben über persönliche oder sachliche Verhältnisse einer bestimmten oder bestimmbaren natürlichen Person (Betroffener). Sozialdaten sind daher personenbezogene Daten soweit sie in den Anwendungsbereich des Sozialgesetzbuches fallen. Die §§ 67 – 85 a SGB X regeln, unter welchen Bedingungen Sozialdaten verarbeitet und genutzt werden dürfen und unter welchen Voraussetzungen den Leistungsträgern eine Übermittlung von Sozialdaten an Dritte erlaubt ist. Dabei werden die folgenden Begriffe zugrunde gelegt:

- *Erheben* ist das Beschaffen von Daten über den Betroffenen.
- *Verarbeiten* ist das Speichern, Verändern, Übermitteln, Sperren und Löschen von Sozialdaten.
- *Speichern* ist das Erfassen, Aufnehmen oder Aufbewahren von Sozialdaten auf einem Datenträger.
- *Verändern* ist das inhaltliche Umgestalten gespeicherter Sozialdaten.
- *Übermitteln* ist das Bekanntgeben gespeicherter oder durch Datenverarbeitung gewonnener, sowie auch nicht gespeicherter Sozialdaten an einen Dritten.
- *Sperren* ist das vollständige oder teilweise Untersagen der weiteren Verarbeitung oder Nutzung von Sozialdaten.
- *Löschen* ist das Unkenntlichmachen gespeicherter Sozialdaten (§ 67 Abs. 5 und 6 SGB X).

Eine Verarbeitung, Nutzung oder Übermittlung von Sozialdaten ist nur zulässig, wenn der Betroffene eingewilligt hat, oder wenn eine der in den §§ 67a – 77 SGB X genannten Befugnisse vorliegt. Leistungsträger, die sich nach diesen Vorschriften zu richten haben, sind die örtlichen Träger der öffentlichen Jugendhilfe (Kreise, kreisfreie Städte und ggf. Gemeinden), die überörtlichen Träger der öffentlichen Jugendhilfe und die anderen nach § 12 SGB I zuständigen Stellen.

Die §§ 67d – 77 SGB X gestehen diesen Leistungsträgern unter bestimmten Voraussetzungen (Amtshilfe, Erfüllung sozialer Aufgaben, Arbeitsschutz, Schutz der öffentlichen Gesundheit, innere und äußere Sicherheit, Strafverfahren, Unterhaltspflicht, Forschung und Planung) jeweils im einzelnen beschriebene und begrenzte (z.B. bei einfacher Amtshilfe nur Namen, Anschrift, Geburtsdatum und -ort sowie Arbeitgeber) Übermittlungsbefugnisse zu.

Für alle Sozialdaten, die dem Sozialleistungsträger „von einem Arzt oder einer anderen in § 203 Abs. 1 und 3 StGB genannten Person" mit Einwilligung der Betroffenen zugänglich gemacht worden sind, ist die Übermittlungsbefugnis der Leistungsträger eingeschränkt. Für diese personenbezogenen Einzelangaben ist eine Übermittlung durch den Leistungsträger nur unter den Voraussetzungen zulässig, unter denen die zur Wahrung des Privatgeheimnisses verpflichtete Person sie selber übermitteln darf (§ 76 SGB X). Wenn also eine Fachkraft einer Erziehungsberatungsstelle mit Einwilligung des Betroffenen Sozialdaten (personenbezogene Daten) an einen Mitarbeiter des ASD weitergibt, so ist dieser an die Schweigeverpflichtung des Erziehungsberaters gebunden.

Für den Bereich der Jugendhilfe präzisiert das KJHG im Vierten Kapitel (§§ 61 – 68) den Schutz von Sozialdaten. Es verpflichtet die Stellen des Trägers der öffentlichen Jugendhilfe zur Einhaltung des Grundsatzes der Erforderlichkeit bei der Datenerhebung und Datenspeicherung, des Grundsatzes der Zweckbindung bei der Datennutzung und Übermittlung. Darüber hinaus sichert es den Schutz anvertrauter Daten: § 65 KJHG verpflichtet die Fachkräfte des Trägers der öffentlichen Jugendhilfe zum besonderen Vertrauensschutz in der persönlichen und erzieherischen Hilfe. Sozialdaten dürfen danach nur weitergegeben werden, mit der Einwilligung des Betroffenen, unter den Voraussetzungen des § 203 Abs. 1 und 3 StGB und zur Erfüllung der Aufgabe nach § 50 Abs. 3 KJHG.

Träger der freien Jugendhilfe müssen nachweisen, daß sie den Schutz von Sozialdaten in entsprechender Weise gewährleisten.[1]

Verletzung von Privatgeheimnissen

Wegen Verletzung von Privat*geheimnissen* macht sich strafbar, wer *unbefugt* ein fremdes Geheimnis offenbart, das ihm als Arzt, als Diplompsychologe, als Erziehungs-, Familien-, Ehe- oder Jugendberater, Berater für Suchtfragen in einer staatlich anerkannten Beratungsstelle, als staatlich anerkannter Sozialarbeiter oder Sozialpädagoge, ferner als Rechtsanwalt oder Steuerberater, Mitarbeiter einer Kranken-, Unfall- oder Lebensversicherung *anvertraut* oder sonst *bekannt geworden* ist (§ 203 Abs. 1 StGB). Das gleiche gilt für die berufsmäßig tätigen Gehilfen der Genannten und Personen, die zur Vorbereitung auf den Beruf tätig sind (§ 203 Abs. 3 StGB).

- *Geheimnis* ist jede Tatsache, die nur einem einzelnen oder einem beschränkten Personenkreis bekannt ist und an deren Geheimhaltung der Betroffene ein schutzwürdiges Interesse hat.
- *Unbefugt* ist jede Offenbarung[2] eines Geheimnisses ohne Einwilligung der Betroffenen oder eine gesetzliche Ermächtigung.
- *Anvertraut* bedeutet: von der Betroffenen mitgeteilt.
- Sonst *bekannt geworden* bedeutet: auf andere Weise im Zusammenhang mit dem Beruf erfahren.

Eine Befugnis zur Weitergabe von Sozialdaten kommt *niemals* allein dadurch zustande, daß der Empfänger der Mitteilung selber zu dem im § 203 StGB genannten Personenkreis gehört.

Eine gesetzliche Befugnis zur Weitergabe ist gegeben, wenn es sich um das Vorhaben oder die begonnene Ausführung solcher Straftaten handelt, deren Nichtanzeige mit Strafe bedroht ist (§ 138 StGB). Bei diesen Straftaten handelt es sich um:
- Vorbereitung eines Angriffskrieges
- Hochverrat und Landesverrat
- Geld- oder Wertpapierfälschung
- Menschenhandel
- Mord, Totschlag oder Völkermord
- Menschenraub, Verschleppung, Freiheitsberaubung
- Raub, räuberische Erspressung
- vorsätzliche Brandstiftung, Sprengstoffanschläge und andere gemeingefährliche Handlungen.

Die Offenbarung eines schutzbedürftigen Privatgeheimnisses ist auch dann *nicht rechtswidrig, wenn ein rechtfertigender Notstand* (§ 34 StGB) gegeben ist. Dies trifft zu, wenn die Offenbarung ein angemessenes Mittel ist, um eine gegenwärtige (!), anders nicht abwendbare (!) Gefahr für Leben, Leib, Freiheit, Ehre, Eigentum oder ein anderes Rechtsgut von sich selbst oder einem anderen abzuwenden. Voraussetzung dafür ist eine Abwägung der Rechtsgüter, bei der die drohende Gefahr die Schutzbedürftigkeit der anvertrauten oder bekanntgewordenen Privatgeheimnisse wesentlich (!) überwiegt. Aufgrund des Auftrags der Jugendhilfe, Kinder und Jugendliche vor Gefahren für ihr Wohl zu schützen (§ 1 Abs. 3 Nr. 3 KJHG), sind Mitarbeiter und Mitarbeiterinnen der Jugendhilfe verpflichtet zu prüfen, ob eine Abwägung zwischen Schweigepflicht und Wohl des Kindes/Jugendlichen erforderlich ist.

Schweigepflicht der Beamten und Angestellten

Beamte
Beamte haben (auch nach Beendigung des Beamtenverhältnisses) über die ihnen bei der amtlichen Tätigkeit bekannt gewordenen Angelegenheiten Verschwiegenheit zu bewahren, soweit nicht die gesetzliche Pflicht zur Anzeige von Straftaten berührt wird. Ohne Genehmigung dürfen Beamte weder vor Gericht noch außergerichtlich aussagen (z.B. § 58 NBG).

Angestellte
Angestellte haben über Angelegenheiten der Verwaltung oder des Betriebes, deren Geheimhaltung gesetzlich vorgeschrieben oder durch den Arbeitgeber angeordnet worden ist (auch nach Ausscheiden aus dem Dienstverhältnis) Verschwiegenheit zu bewahren (§ 9 BAT). Der Genehmigungsvorbehalt für die gerichtliche oder außergerichtliche Aussage gilt auch für Angestellte.

Rechtmäßigkeit des Handelns von Beamten
Jeder ist für die Rechtmäßigkeit seiner dienstlichen Handlungen verantwortlich. Bedenken gegen die Rechtmäßigkeit einer Anordnung müssen unverzüglich bei dem unmittelbaren Vorgesetzten geltend gemacht werden. Bestätigt daraufhin der nächsthöhere Vorgesetzte die Anordnung, so befreit dies von der persönlichen

Verantwortung für die Ausführung der Anordnung. Dies gilt jedoch nicht, wenn das aufgetragene Verhalten bekanntermaßen strafbar ist oder die Würde des Menschen verletzt.[3] Ein Vorgesetzter, der ihm unterstellte Mitarbeiter zu einer rechtswidrigen Tat im Amt angestiftet hat, verwirkt nach § 357 StGB selbst die für diese Tat angedrohte Strafe, unabhängig davon, ob die Anstiftung erfolgreich war.

Aussagegenehmigung

Das Recht, die Aussagegenehmigung zu erteilen oder zu verweigern, steht dem Dienstvorgesetzten zu (z.B. § 61 Abs. 2 BBG). Dienstvorgesetzter ist der Behördenleiter; er kann die Entscheidungskompetenz allerdings delegieren. Die Genehmigung darf nur versagt werden, wenn die Aussage dem Wohl des Bundes oder eines Bundeslandes Nachteile bereiten oder die Erfüllung öffentlicher Aufgaben, insbesondere auch die der eigenen Dienststelle, ernstlich gefährden oder erheblich erschweren würde (z.B. § 62 Abs. 1 BBG).

Zeugnisverweigerungsrecht im Strafprozeß

Im Strafverfahren sind Psychologen sowie Sozialarbeiter und Sozialpädagogen grundsätzlich *nicht* zur Verweigerung des Zeugnisses berechtigt. Ein Zeugnisverweigerungsrecht steht aber Ärzten sowie Mitarbeitern einer Beratungsstelle nach § 218 b StGB (§ 53 StPO) und Beratern für Fragen der Betäubungsmittelabhängigkeit in einer anerkannten Beratungsstelle (§ 53 Abs. 1 Nr. 3b StPO), deren Hilfspersonen[4] sowie denjenigen, die zur Vorbereitung auf den Beruf an ihrer berufsmäßigen Tätigkeit teilnehmen (§ 53 a StPO) zu. Sobald allerdings *alle* an der Geheimhaltung interessierten Personen von der Verpflichtung zur Verschwiegenheit entbunden haben, besteht im Strafverfahren Aussagepflicht.

Solange für die benannten Personengruppen ein Zeugnisverweigerungsrecht nach § 53 Abs. 1 StPO besteht, dürfen von ihnen Unterlagen auch nicht zu Zwecken der Beweissicherung herausgegeben werden. Diese dürfen deshalb auch nach § 97 StPO nicht beschlagnahmt werden. Erfolgt durch gerichtlichen Beschluß dennoch eine Beschlagnahme, so muß sie *zunächst geduldet* werden; es ist aber der Rechtsweg gegen den Gerichtsbeschluß offen.

Zeugnisverweigerungsrecht im Zivilprozeß

Bei Gerichtsverfahren in bürgerlichen Rechtsstreitigkeiten sind Personen zur Verweigerung des Zeugnisses berechtigt, denen aufgrund ihrer beruflichen Stellung Tatsachen anvertraut sind, deren Geheimhaltung vorgesehen oder durch eine gesetzliche Vorschrift geboten ist (§ 383 Abs. 1 Nr. 6 ZPO). Es sind damit alle Fachkräfte einer Erziehungsberatungsstelle im Zivilprozeß hinsichtlich aller Tatsachen, die mit der Inanspruchnahme der Erziehungsberatungsstelle durch Prozeßbeteiligte in Zusammenhang stehen, zur Zeugnisverweigerung berechtigt. Zu den Zivilprozessen zählen u.a. die Verfahren beim Familiengericht und Vormundschaftsgericht. Sobald allerdings *alle* an der Geheimhaltung interessierten Personen von der Verpflichtung zur Verschwiegenheit entbunden haben, darf auch im Zivilprozeß das Zeugnis nicht verweigert werden (§ 385 Abs. 2 ZPO)[*] Wer als Fachkraft einer Erziehungsberatungsstelle ohne eine solche Einwilligung der Betroffenen aussagt, läuft Gefahr, von diesen wegen Verletzung von Privatgeheimnissen angezeigt zu werden (§ 203 Abs. 1 StGB).

28. Juli 1995

Anmerkungen
1 Im einzelnen vgl. dazu: *Bedeutung der Datenschutzregelungen des KJHG für die Erziehungsberatungsstellen* , in diesem Band, S. 23ff. und *Aktenführung in Erziehungsberatungsstellen.*, in diesem Band, S. 57ff.
2 *Offenbarung* meint im Kontext des StGB den Tatbestand, der für den Bereich des SGB VIII als *Weitergabe* formuliert wird.
3 vgl. Beamtenrechtsrahmengesetz sowie die jeweiligen Landesbeamtengesetze.
4 Ein nicht-ärztlicher Fachmitarbeiter kann sich nur dann auf das Zeugnisverweigerungsrecht eines in der Erziehungsberatungsstelle tätigen Arztes berufen, wenn dieser die Leitung der Einrichtung innehat und der Fachmitarbeiter sich als der Gehilfe versteht. Die selbständige beratende und therapeutische Tätigkeit ist nach Auffassung der Bundeskonferenz für Erziehungsberatung mit der Position eines Gehilfen des Arztes nicht vereinbar.

[*] Anmerkung der Redaktion: vgl. hierzu jedoch auch das Urteil des OLG Zweibrücken in diesem Band S. 234ff.

Bedeutung der Datenschutzregelungen des KJHG für die Erziehungsberatungsstellen

Das Kinder- und Jugendhilfegesetz vom 26.06.1990 hatte für die Jugendhilfe ein bereichsspezifisches Datenschutzrecht eingeführt, das über die geltenden Regelungen des SGB I und X hinaus ging. Durch das Zweite Gesetz zur Änderung des Sozialgesetzbuches vom 13.06.1994 sind nun auch für das SGB die Grundsätze des Bundesverfassungsgerichtsurteils vom 15.12.1983 umgesetzt und ist die Terminologie vereinheitlicht worden.

Die Datenschutzbestimmungen des Kinder- und Jugendhilfegesetzes knüpfen an den im SGB I und X geregelten Sozialdatenschutz an. § 61 Abs. 1 Satz 1 KJHG bestimmt, daß für den Schutz von Sozialdaten bei ihrer Erhebung, Verarbeitung und Nutzung in der Jugendhilfe § 35 SGB I („Sozialgeheimnis"), §§ 67 bis 85a SGB X („Schutz von Sozialdaten") sowie die nachfolgenden Vorschriften gelten. Sozialdaten sind Einzelangaben über persönliche oder sachliche Verhältnisse einer bestimmten oder bestimmbaren natürlichen Person (Betroffener) (§ 67 Abs. 1 SGB X). Sozialdaten sind daher personenbezogene Daten soweit sie in den Anwendungsbereich des Sozialgesetzbuches fallen.

Die nachfolgenden Hinweise verwenden zur Verdeutlichung in Klammern auch den alten Begriff der personenbezogenen Daten, der den Charakter der Daten, die im Beratungszusammenhang bekannt werden, besser ausdrückt.

Das KJHG legt die folgenden, im Grundrecht auf informationelle Selbstbestimmung verankerten datenschutzrechtlichen Kriterien fest:
- den Grundsatz der Erforderlichkeit bei der Datenerhebung, Datenspeicherung und Datenübermittlung,
- den Grundsatz der Zweckbindung bei der Datennutzung und Übermittlung
- die Notwendigkeit einer erneuten Legitimation bei einer Zweckänderung.

Insoweit bringen seine Regelungen allgemein gültige datenschutzrechtliche Prinzipien zum Ausdruck. Unmittelbar gelten die Datenschutzbestimmungen des KJHG allerdings nur für den Bereich der Träger der öffentlichen Jugendhilfe (§ 61 Abs. 1 KJHG). Nehmen diese zur Durchführung ihrer Aufgaben Einrichtungen und Dienste der Träger der freien Jugendhilfe in Anspruch, so müssen sie sicherstellen, daß der Schutz von Sozialdaten (personenbezogenen Daten) von den Trägern der freien Jugendhilfe in entsprechender Weise gewährleistet wird (§ 61 Abs. 3 KJHG). Wird der Träger der freien Jugendhilfe allein aus eigenem Recht tätig, so gelten auch für ihn die vom Bundesverfassungsgericht festgelegten Grundsätze des Grundrechts auf informationelle Selbstbestimmung, die Bestimmungen des § 203 StGB und das allgemeine Datenschutzrecht.

Datenerhebung durch die Erziehungsberatungsstelle

Nach § 62 Abs. 1 dürfen Sozialdaten (personenbezogene Daten) nur erhoben werden, soweit ihre Kenntnis zur Erfüllung der jeweiligen Aufgabe erforderlich ist. Mit der „jeweiligen Aufgabe" ist der jeweilige Einzelfall gemeint. Die beratende Stelle ist somit verpflichtet, nur diejenigen Daten zu erheben, die von der jeweiligen Beratungsaufgabe her im Einzelfall rechtlich und fachlich erforderlich sind. Angesichts der relativ offenen rechtlichen Vorgaben steht im Rahmen der Erziehungsberatung die Fachlichkeit als Kriterium für den Datenbedarf im Vordergrund. Fachlichkeit schließt dabei die Achtung der informationellen Selbstbestimmung der Ratsuchenden ein.

Als „Erhebung" im Sinne des Datenschutzes gilt jedes erstmalige Sammeln von Informationen für einen bestimmten Zweck. Der Begriff der „Erhebung" umfaßt daher auch Informationen, die der Betroffene über sich selbst aus eigenem Anlaß preisgibt. Als freiwillig preisgegeben im Sinne informationeller Selbstbestimmung können nur Informationen gelten, deren Erforderlichkeit für die Beratung der Ratsuchende im Einzelfall durchschaut und überschaut. Die Beratungsstelle ist daher zu umfassender Aufklärung über die Beratungszusammenhänge verpflichtet. (Das geht auch aus § 62 Abs. 2 Satz 2 hervor.) Auf einige dabei möglicherweise entstehende Problemkonstellationen sei eingegangen:

- Erziehungsberatungsstellen müssen ihre Klienten also zunächst darüber aufklären, wie mit deren Sozialdaten (personenbezogenen Daten) innerhalb der Einrichtung umgegangen wird. Insbesondere muß die Art der Fallbesprechung im Fachteam erläutert und zu der damit verbundenen Weitergabe der personenbezogenen Daten die ausdrückliche Einwilligung des Klienten eingeholt werden. Lehnt der Klient dies ab, muß sichergestellt werden, daß Informationen nur in anonymisierter Form weitergegeben werden. Wenn der Ratsuchende freiwillig mehr Informationen über sich preisgibt als zur Aufgabenerfüllung erforderlich ist, so setzt dies den Grundsatz der Erforderlichkeit nicht außer Kraft. Die datenerhebende Stelle, hier also die Erziehungsberatungsstelle, ist selbst unmittelbar verantwortlich für korrektes Vorgehen.

- Zur Arbeitsweise einer Erziehungsberatungsstelle gehören in der Regel Aufzeichnungen über den Beratungsverlauf, die von Dritten, nämlich den Mitarbeiter/innen im Sekretariat, erstellt werden. Daß diese an der Texterstellung mitwirken, darf als bekannt vorausgesetzt werden; in der Regel hat der Ratsuchende auch den Gesprächstermin über das Sekretariat vereinbart. Insofern kann von seiner konkludenten Einwilligung ausgegangen werden. Aber die Beratungsstelle sollte gleichwohl dem Klienten durch ausdrückliche Darstellung des internen Ablaufs die Möglichkeit geben, der Kenntnisnahme seiner Daten durch diese Mitarbeiter widersprechen zu können. Sein Recht auf informationelle Selbstbestimmung muß auch an dieser Stelle beachtet werden.

- Das KJHG schreibt vor, Sozialdaten (personenbezogene Daten) beim Betroffenen zu erheben (§ 62 Abs. 2). Dieses Vorgehen folgt für Erziehungsberatungsstellen zwangsläufig aus ihrer Arbeitsweise. Aus diesem Grund treffen die in Abs. 3 geregelten Ausnahmen von diesem Grundsatz für Erziehungsberatungsstellen nicht zu. Daten zu erheben wird im Beratungszusammenhang heißen, zu vom Klienten angesprochenen oder auch bewußt vermiedenen Themen nachzufragen. Solche Nachfragen sind auf Themen zu begrenzen, die erwartbar zur Problemklärung beitragen.

- Berichtet der Klient von sich aus über Dritte, die nicht zur Familie gehören, so braucht er nicht an der Mitteilung gehindert zu werden; aber es ergibt sich ein Problem für die Speicherung dieser Daten. Relativ häufig wird es vorkommen, daß über Vorgänge in anderen Familien berichtet wird. Deren personenbezogenen Daten (eklatantes Beispiel: außereheliches Verhältnis der Nachbarin) dürfen nicht in der Erziehungsberatungsstelle gespeichert werden. Wenn über einen anderen Klienten gesprochen wird, der sich ebenfalls in Beratung befindet, dürfen diese Informationen nicht in dessen Beratungszusammenhang eingebracht werden (unabhängig davon ob der berichtende Klient etwa in die Weitergabe einwilligt: er kann nur über seine eigenen Daten verfügen).

- Aus der Tatsache, daß ein Klient schon bei der telefonischen Anmeldung Probleme benennt, die dann bei der Fallverteilung im Team bekanntwerden, darf nicht der Schluß gezogen werden, daß für alle weiteren Mitteilungen des Klienten keine Einverständniserklärung mehr eingeholt werden müsse.
- Auch für Fallsupervisionen, sofern dabei Dritte von außerhalb des Teams beteiligt sind, ist eine neuerliche Einwilligung des betroffenen Klienten erforderlich; es sei denn, daß bereits unter der Arbeitsweise der Beratungsstelle auch Supervision dargestellt worden ist und der Klient eingewilligt hat, daß seine Sozialdaten (personenbezogenen Daten) berichtet werden dürfen. In jedem Fall ist Supervision mit anonymisierten Daten möglich und zu empfehlen. Wird im Rahmen der Beratung mit Medien gearbeitet (Tonband/Video), so ist eine Zustimmung sowohl für die Aufnahme wie zur beabsichtigten Verwendung erforderlich (siehe Musterformular in diesem Band, S. 105). Die Hinweise zur Supervision gelten sinngemäß auch für etwaige Helferkonferenzen.

Aktenführung

Mit der Regelung der Datenspeicherung in § 63 trägt das KJHG wesentlich zur Klärung der sehr umstrittenen Aktenführung in der sozialen Arbeit bei. § 63 stellt klar, daß die Akte eine unter mehreren Arten von Datenträgern ist. Die Aufnahme von Sozialdaten (personenbezogener Daten) auf Datenträger ist Datenspeicherung. Soweit dies in der überlieferten Form der schriftlichen Aufzeichnung geschieht, handelt es sich um Datenspeicherung in Akten.

Auch hierfür gilt der Grundsatz der Erforderlichkeit mit seinen beiden Aspekten der Zweckbindung und Einzelfallorientierung. Sozialdaten (personenbezogene Daten), die für die Erfüllung der jeweiligen Aufgabe nicht erforderlich sind, dürfen nicht in die Akte aufgenommen werden. Diese ist grundsätzlich eine Einzelfallakte.

Mit dem Begriff der „Akte" ist nicht die Akte im Sinne des Verwaltungsverfahrens gemeint, in dem eine Entscheidung herbeigeführt werden soll (vgl. § 8 SGB X). Beratung folgt nicht der Logik der Verwaltung und führt nicht zu Entscheidungen über Ansprüche der Klienten. Die schriftlichen Unterlagen in Beratungsstellen verfolgen allein den Zweck einer Dokumentation des Beratungsverlaufs.

Nutzung, Übermittlung und Weitergabe von Sozialdaten

§ 64 bindet die Nutzung und Übermittlung von Sozialdaten (personenbezogener Daten) an den Zweck, zu dem sie erhoben worden sind (Abs. 1). Die Legitimation für die Datenerhebung deckt auch deren Verwendung durch die dazu befugten Stellen, sofern der Zweck identisch bleibt.

Sollen aber die zu einem bestimmten Zweck erhobenen Daten nicht zu diesem, sondern zu einem anderen Zweck verwendet werden, so genügt die Rechtsgrundlage, auf der die Datenerhebung beruhte, nicht mehr. Das regelt § 64 Abs. 2. Die Übermittlung von Sozialdaten zu einem anderen als dem Erhebungszweck ist nur zulässig zur Erfüllung von Aufgaben nach § 69 des Zehnten Buches des Sozialgesetzbuchs. Diese Zweckänderung hatte das KJHG in seiner Fassung vom 26. Juni 1990 als „Offenbarung" bezeichnet. Jetzt wird auch bei einer Zweckänderung von „Übermittlung" gesprochen. Immer dann, wenn Sozialdaten nicht zu dem Zweck verwendet werden sollen, zu dem sie erhoben worden sind, sondern zu einem anderen Zweck, setzt dies eine erneute Legitimation voraus: Entweder legitimiert der Betroffene die neue Zwecksetzung durch seine (erneute) Einwilligung (Verfügung) oder die neue Zwecksetzung wird durch eine gesetzliche Befugnis gestattet (Eingriff). Zu den gesetzlichen Offenbarungsbefugnissen, die neben den Übermittlungsbefugnissen des Sozialgesetzbuches bestehen, zählen die Pflicht zur Anzeige drohender, aber noch abwendbarer Straftaten im Sinne des § 138 StGB, der rechtfertigende Notstand im Sinne des § 34 StGB und die Gefährdung des Kindeswohls § 1666 BGB. Insbesondere im letzten Fall kommt zu der Befugnis das fachliche Ermessen hinzu, ob von der Befugnis auch Gebrauch gemacht werden soll, weil ansonsten die Situation für das betroffene Kind nicht mehr verantwortet werden kann (vgl. *Hinweise ztu Rechtsfragen bei Kindesmißhandlung und sexuellem Mißbrauch*, in diesem Band, S. 38ff.). Die Offenbarungsvorschriften des KJHG beziehen sich auf die gesetzlichen Offenbarungsbefugnisse des SGB X, § 69 („Offenbarung zur Erfüllung sozialer Aufgaben"). Sie schränken diese aber teilweise ein.

Exkurs I: Zum Geltungsbereich des Gesetzes

Da die §§ 64 und 65 KJHG an die Regelung des Sozialgeheimnisses im SGB I anknüpfen, kommt ihre Anwendung nur für diejenigen Stellen in Betracht, die nach § 35 SGB I zur Wahrung des Sozialgeheimnisses verpflichtet sind. Dies sind lediglich die „Leistungsträger": „Jeder hat Anspruch darauf, daß Einzelangaben über seine persönlichen und sachlichen Verhältnisse (Sozialdaten) von den Leistungsträgern als Sozialgeheimnis gewahrt und nicht unbefugt offenbart werden" (§ 35 Abs. 1 SGB I).

Der Begriff des Leistungsträgers im Sinne des Sozialgesetzbuches ist in § 12 SGB I festgelegt. Danach sind Leistungsträger ausschließlich die für die Sozialleistungen im jeweiligen Leistungsbereich des Sozialgesetzbuches zuständigen Körperschaften, Anstalten und Behörden. Nach § 27 Abs. 2 SGB I sind dies für Leistungen der Kinder- und Jugendhilfe die Kreise, die kreisfreien Städte sowie, nach Maßgabe des Landesrechts, auch kreisangehörige Gemeinden. Diese sind gemäß § 69 Abs. 1 und 2 KJHG örtliche Träger der Jugendhilfe. § 69 Abs. 3 KJHG verpflichtet jeden örtlichen Träger der Jugendhilfe zur Errichtung eines Jugendamtes. Dieses ist die für die Gewährung von Leistungen (und die Erfüllung anderer Aufgaben) nach dem KJHG zuständige Stelle. Das folgt aus § 85 KJHG (sachliche Zuständigkeit) und aus § 86 KJHG (örtliche Zuständigkeit). Die Jugendämter erfüllen also die der Gebietskörperschaft als „Leistungsträger" (im Sinne des Sozialgesetzbuches) obliegenden Aufgaben nach dem KJHG.

Die Funktion des Begriffes „Leistungsträger" ist es, die für die Gewährung der jeweiligen Sozialleistungen zuständige und verantwortliche Stelle zu definieren. Wer die Leistung letztlich erbringt (bzw. die Aufgabe ausführt), ist davon völlig unabhängig. Entscheidend für den Leistungsträger ist seine Gesamtverantwortung dafür, daß die gesetzliche Aufgabe erfüllt wird.

§ 79 Abs. 1 KJHG stellt ausdrücklich klar, daß diese Gesamtverantwortung das zentrale Merkmal für den Begriff des Trägers der öffentlichen Jugendhilfe und somit für den Begriff des Leistungsträgers ist.
Daraus folgt, daß für den Sozialleistungsbereich Jugendhilfe ausschließlich das Jugendamt die Aufgaben des Leistungsträgers im Sinne der jugendhilferechtlichen Gesamtverantwortung wahrnimmt. Somit ist für die Jugendhilfe nach dem KJHG ausschließlich das Jugendamt die zur Wahrung des Sozialgeheimnisses im Sinne des § 35 SGB I verpflichtete Stelle. Einrichtungen einer Gebietskörperschaft, denen lediglich die Erbringung bestimmter Leistungen der Jugendhilfe obliegt, zum Beispiel kommunale Kindergärten, Jugendhäuser oder Erziehungsberatungsstellen, werden dadurch nicht zu Leistungsträgern im Sinne des § 35 SGB I. Somit gelten für sie nicht die gesetzlichen Übermittlungsbefugnisse des SGB X. Folglich sind auch die auf diese Übermittlungsbefugnisse bezogenen Regelungen der §§ 64 und 65 KJHG nicht für sie bestimmt. Denn § 64 Abs. 2 KJHG bezieht sich auf § 69 des Zehnten Buches des SGB, der eine Übermittlungsbefugnis für „eine in § 35 des Ersten Buches genannte Stelle" (sowie gerichtliche Verfahren und die in Abs. 2 ausdrücklich gleichgestellten Stellen) schafft. Und dies ist – wie oben ausgeführt: der Leistungsträger.[1]

Die §§ 64 und 65 regeln also Datenübermittlung und -nutzung sowie den Vertrauensschutz bei Leistungsträgern der Jugendhilfe. Für diese schränkt § 64 Abs. 2 KJHG die Übermittlungsbefugnisse nach dem SGB ein: auch dann, wenn eine Übermittlung nach § 69 SGB X zulässig ist, dürfen Sozialdaten, die für einen bestimmten jugendhilferechtlichen Zweck erhoben worden sind, nur dann für einen anderen jugendhilferechtlichen Zweck oder für eine andere Aufgabe nach dem Sozialgesetzbuch (z.B. für die Sozialhilfe) übermittelt werden, wenn der Erfolg derjenigen Leistung, für die die Daten erstmals erhoben worden sind, dadurch nicht in Frage gestellt wird.
Der Erfolg einer zu gewährenden Jugendhilfeleistung wird jedenfalls dann in Frage gestellt, wenn die Daten zu Eingriffs- oder Kontrollzwecken an eine andere Stelle gelangen sollen. Eine solche

Übermittlung wäre ohne Einwilligung des Betroffenen nicht gestattet. Dies betrifft z.B. das Jugendamt, wenn es nach § 49a FFG im Verfahren um die elterliche Sorge nach Scheidung und bei Getrenntleben der Eltern gehört wird. Inhalte einer etwaigen Beratung nach § 17 KJHG können daher vom Jugendamt nicht in das Familiengerichtsverfahren eingeführt werden.

Gegenüber § 64 Abs. 2 bietet § 65 KJHG einen besonderen Vertrauensschutz, wenn Sozialdaten (personenbezogene Daten) dem Mitarbeiter eines Trägers der öffentlichen Jugendhilfe zum Zweck persönlicher und erzieherischer Hilfe (im weiten Sinne von § 11 Satz 2 SGB I) anvertraut worden sind. Damit ist jede persönlich ausgerichtete Hilfe gemeint, nicht nur die „erzieherische Hilfe" der §§ 27 – 41 KJHG. Die Problematik dieser Regelung liegt in der Frage, wann Information „anvertraut" sind.

§ 203 Abs. 1 StGB verwendet neben dem Begriff „anvertraut" gleichwertig den Begriff „sonst bekanntgeworden". Diese Ergänzung fehlt in § 65 KJHG. Geht man aber davon aus, daß § 65 KJHG den von § 203 Abs. 1 StGB intendierten Schutzzweck auch dann erreichen will, wenn Mitarbeiter nicht zum Adressatenkreis von § 203 Abs. 1 StGB gehören, so muß der Begriff des „Anvertrauens" weit interpretiert werden. Gemeint sind alle personenbezogenen Informationen, die dem Mitarbeiter nur deshalb bekannt werden, weil die Betroffenen sich auf dessen Verschwiegenheit verlassen. Anvertraut sind danach auch solche Informationen, die nicht ausdrücklich unter dem Siegel der Verschwiegenheit mitgeteilt werden. Es genügt, daß der Mitarbeiter der Jugendhilfe Einblick in persönliche Verhältnisse von Betroffenen erhält, die ihm verwehrt blieben, wenn der Betroffene mit deren Offenbarung hinter seinem Rücken rechnen müßte.

Die in diesem Sinne anvertrauten Informationen dürfen grundsätzlich nur mit Einwilligung dessen, der die Daten anvertraut hat „offenbart", d.h. in der neuen Terminologie: „weitergegeben" werden (§ 65 Abs. 1 KJHG). Der alte Begriff der „Offenbarung" ist also grundsätzlich durch „Übermittlung" ersetzt worden. In den Fällen, in denen es sich bei den zu schützenden Sozialdaten aber um anvertraute personenbezogene Daten handelt, tritt an die Stelle der früheren „Offenbarung" nun die „Weitergabe". Während die anderen Bestimmungen des Vierten Kapitels SGB VIII für alle Stellen des öffentlichen bzw. freien Trägers gelten verpflichtet § 65 die einzelne Fachkraft: d.h. der besonderer Vertrauensschutz muß von der Fachkraft auch gegenüber jedem anderen Mitarbeiter derselben Organisationseinheit gewahrt werden. Das Verbot der Weitergabe errichtet also zusätzlich ein internes Übermittlungsverbot.[2] Ohne Einwilligung des Betroffenen dürfen diese Sozialdaten nur bei Vorliegen einer Übermittlungsbefugnis nach dem Sozialgesetzbuch oder einer Offenbarungsbefugnis nach dem Strafgesetzbuch weitergegeben werden.

§ 65 Abs. 2 KJHG stellt sicher, daß für die nach Abs. 1 geschützten Daten auch nach der terminologischen Veränderung keine Auskunft- bzw. Zeugnispflicht besteht.

Exkurs II: Alternative Rechtsauffassung

Auch dann, wenn der oben entwickelten Rechtsauffassung nicht gefolgt wird und Erziehungsberatungsstellen als „Stellen des Trägers der öffentlichen Jugendhilfe" betrachtet werden, ist zunächst zu beachten, daß die aus § 69 SGB X resultierenden Übermittlungsbefugnisse wie dargelegt durch § 64 Abs. 2 (in Frage stellen des Erfolgs) und darüber hinaus durch § 65 (persönliche und erzieherische Hilfe) eingeschränkt werden. Über die dann noch gegebene Zulässigkeit einer Datenübermittlung entscheidet „die Stelle", d.h. der Stellenverantwortliche, nicht der einzelne Mitarbeiter.

Der einzelne Mitarbeiter einer Erziehungsberatungsstelle unterliegt einer persönlichen Geheimhaltungspflicht aufgrund der Vorschrift des § 203 Abs. 1 Nr. 4 StGB. Unabhängig von den Bestimmungen des Datenschutzes ist er verpflichtet, das Privatgeheimnis der betreuten Personen zu wahren. Seine etwaige Befugnis zur Offenbarung von Geheimnissen folgt nicht aus den Vorschriften des Sozialgesetzbuches, sondern aus der Strafrechtsnorm selbst, der er unterliegt (gesetzliche Offenbarungsbefugnis). Bezogen auf die Übermittlungsbefugnis nach § 69 SGB X, die nach dieser Auffassung auch Erziehungsberatungsstellen zukäme, entfaltet § 203 Abs. 1 Nr. 4 StGB seine einschränkende Wirkung: Eine Übermittlung nach § 69 SGBX (und § 64 KJHG) ist auch dann nur möglich, wenn sie zugleich mit § 203 StGB vereinbar ist.

Dies bedeutet, daß z.B. Prüfungen im Sinne des § 67c Abs. 3 SGB X das Einverständnis des Betroffenen oder äquivalent die

Allgemeine Grundlagen

vollständige Deanonymisierung der Unterlagen voraussetzen (vgl. dazu: *Aufsicht über Erziehungsberatungsstellen*, in diesem Band, S. 73ff.).

Folgerungen

Wenn Erziehungsberatungsstellen – wie dargelegt – als „Einrichtungen" zu betrachten sind, die eine Leistung erbringen, nicht aber als „Stellen" im Sinne des SGB, dann resultiert daraus, daß sie nicht über Übermittlungs- bzw. Weitergabebefugnisse gemäß SGB X und § 64 und 65 KJHG verfügen. Allerdings bleiben sie auch dann an die Verpflichtung zum Schutz personenbezogener Daten gebunden; dies ist allein schon daraus zu folgern, daß der Datenschutz durch freie Träger „in entsprechender Weise" zu gewährleisten ist (§ 61 Abs. 3). Die Datenschutzregelungen im KJHG stellen insoweit einen Minimalstandard dar, der nicht zu hintergehen ist. Alle Beratungsstellen sind verpflichtet, die Schutzbestimmungen des KJHG ihrem Sinne nach auch dann zu realisieren, wenn sie selbst nicht Normadressat der entsprechenden Vorschrift sind (z.B. § 63).

Für Erziehungsberatungsstellen bedeutet dies also, daß § 203 Abs. 1 Nr. 4 StGB die für sie zentrale Geheimhaltungsvorschrift bleibt, unabhängig davon, ob sie einem öffentlichen oder einem freien Träger zugeordnet sind.

Darüber hinaus müssen die Erziehungsberatungsstellen die vom KJHG intendierte Transparenz auch im Innenverhältnis sichern. Dies betrifft wie ausgeführt insbesondere

- die Aufklärung des Klienten über die Arbeitsweise der Beratungsstelle
- die erforderliche Einwilligung des Klienten in die Weitergabe seiner personenbezogenen Daten (Sozialdaten) gegenüber Mitarbeitern der Erziehungsberatung und ggf. gegenüber Dritten und
- das Recht des Klienten auf Einsicht in die Dokumentation des Beratungsverlaufs.

Das Grundrecht auf informationelle Selbstbestimmung des Klienten muß grundlegendes Prinzip auch der Organisation des Arbeitsablaufes innerhalb der Beratungsstelle sein.

28. Juli 1995

Anmerkungen
1   Diese klare Trennung zwischen Leistungsträgern einerseits und Einrichtungen, die Aufgaben ausführen, andererseits ist – obwohl sie gerade durch die Einordnung der Datenschutzvorschriften des KJHG in das SGB zu folgern ist – (noch) nicht herrschende Rechtsauffassung.
2   Speichernde Stelle im Sinne des § 67 Abs. 9 SGB X ist nicht allein eine Mehrzahl von Personen, die zusammen eine organisatorische Einheit bilden. Auch eine einzelne Person kann speichernde Stelle sein, denn es gilt der funktionale Stellenbegriff.

Verhalten bei schriftlichen und fernmündlichen Anfragen

Erziehungsberatungsstellen erhalten häufig Anfragen, die sich auf Sozialdaten (personenbezogene Daten) von Klienten der Erziehungsberatungsstelle beziehen. Es kann sich hierbei um Anfragen anderer sozialer Dienste, des Familien- oder Vormundschaftsgerichts, von Strafverfolgungsorganen oder von Privatpersonen handeln. Bei der Frage, wie auf solche Anfragen zu reagieren ist, sind einige Grundsätze zu beachten und es ist zwischen den Anfragenden zu differenzieren. Der Begriff „Anfrage" wird hier im weitesten Sinne verstanden, d.h. es werden darunter auch solche gefaßt, die sich auf Gerichtsverfahren beziehen.

Zu beachtende Grundsätze

1. Ist die hilfesuchende Person aus eigenem Anlaß oder auf Anregung Dritter zur Erziehungsberatungsstelle gekommen, scheidet eine Beantwortung der Anfrage von vornherein aus. Fachkräfte der Erziehungsberatungsstelle sind gemäß § 203 Abs. 1 Nr. 4 StGB verpflichtet, ihnen anvertraute Daten nicht unbefugt zu offenbaren. Daraus folgt ohne weiteres, daß Anfragen, die sich auf Ratsuchende beziehen, nicht beantwortet werden können, es sei denn der Ratsuchende hat ausdrücklich eingewilligt. Andernfalls würde sich der Erziehungsberater strafbar machen.
2. Bereits die Tatsache, daß der Betroffene die Erziehungsberatungsstelle aufgesucht hat und dort Klient ist, ist ein schützenswertes Gut. Der Mitarbeiter der Erziehungsberatungsstelle darf also nicht in der Form auf die Anfrage reagieren, daß er sich bereit erklärt, den Klienten von der Anfrage zu informieren, um sich dann wieder zu melden, um die Anfrage zu beantworten oder endgültig abzulehnen.
3. Bei der Beantwortung von Anfragen fernmündlicher Art muß die Identität des Anrufenden festgestellt werden. Es muß sichergestellt werden, daß der Anrufende diejenige Person ist, die er vorgibt zu sein. Auch wenn der Klient seine Einwilligung zur Offenbarung personenbezogener Daten gegeben hat, berechtigt dies nicht zur schrankenlosen Weitergabe.

4. Verlangt ein Gericht oder eine Behörde einen Nachweis darüber, daß ein Klient die Erziehungsberatungsstelle aufgesucht hat, sollte die Bescheinigung dem Klienten direkt ausgehändigt werden. Er kann dann selbst die Bescheinigung bei der zuständigen Stelle vorlegen.
5. Wenn die Beantwortung einer Anfrage für den Ratsuchenden hilfreich und nützlich sein könnte, kann die Fachkraft der Erziehungsberatungsstelle den Klienten von der Anfrage unterrichten und auf die Möglichkeit einer Einwilligung zur Offenbarung hinweisen.

Mögliche Anfragen

Bei Anfragen ist nach der Person des Anfragenden zu unterscheiden:
1. Eine *Anfrage von Privatpersonen* muß in keinem Fall beantwortet werden.
2. *Anfragen von Strafverfolgungsorganen* (Polizei, Staatsanwalt, Gericht):
   a) Die Anfrage kann sich darauf beziehen, daß dem Klienten im Rahmen eines Strafverfahrens die Auflage gemacht wurde, eine Erziehungsberatungsstelle aufzusuchen und deren Erfüllung kontrolliert werden soll. In einem solchen Fall sollte dem Klienten eine Bescheinigung ausgestellt und persönlich übergeben werden. Er kann die Bescheinigung dann selbst zum Nachweis der Erfüllung der Auflage vorlegen.
   b) Die Anfrage kann sich darauf beziehen, daß die Fachkraft der Erziehungsberatungsstelle als Zeuge oder als Sachverständiger im Strafverfahren Aussagen machen soll. Als Sachverständige muß die Fachkraft nicht tätig werden (vgl. dazu *Erziehungsberatungsstellen und Sachverständigentätigkeit vor Gericht*, in diesem Band, S. 88ff.). Als Zeuge muß die Fachkraft der Erziehungsberatungsstelle im Strafprozeß grundsätzlich aussagen, da sie kein Aussageverweigerungsrecht besitzt. Andererseits verlangt § 203 Abs. 1 Nr. 4 StGB von ihr, daß sie anvertraute Daten nicht offenbart. Ob letztlich eine Aussage gemacht werden muß, ob also der Berater als Zeuge zur Verfügung stehen muß, kann nur vom Richter anhand der Umstände des Einzelfalls (Schwere der Tat, die dem Klienten vorgeworfen wird; Vorliegen sonstiger

Beweismittel; Konsequenzen für den Hilfeleistungsprozeß, Schutz des Vertrauensverhältnisses zum Klienten etc.) entschieden werden. Dem Richter sollten möglichst frühzeitig die Konsequenzen für die Beratungsarbeit dargelegt werden, um eine Aussage abzuwenden.

3. *Anfragen des Familiengerichts, Vormundschaftsgerichts oder anderer sozialer Dienste*
   a) Wenn die Gefährdung des Wohls eines Kindes oder eines Jugendlichen ohne Anrufung des Gerichtes, nicht beseitigt werden kann, es sich also um einen Fall des § 65 Abs. 1 Nr. 2 KJHG (zur Erfüllung der Aufgaben nach § 50 Abs. 3 KJHG) handelt, ist eine Beantwortung der Anfrage auch ohne Einwilligung des Betroffenen rechtlich zulässig. Ist nämlich eine für die Gewährung von Leistungen notwendige gerichtliche Entscheidung ohne die Beantwortung der Anfrage nicht möglich, ist eine Offenbarung zulässig.
   b) Handelt es sich um eine Anfrage im Rahmen des Hilfeplanes nach § 36 KJHG, so sind die Datenschutzregelungen des KJHG zu beachten. Dabei sind zwei Fälle zu unterscheiden: (1) Der Ratsuchende nimmt Erziehungsberatung aufgrund einer bereits erfolgten Hilfeplanung und förmlichen Gewährung des Jugendamtes in Anspruch. Die Fachkraft der Erziehungsberatung ist dann zur Rückmeldung über die Tatsache der Inanspruchnahme und Erfolg bzw. Mißerfolg der Maßnahme verpflichtet, so daß ggf. die Hilfeplanung fortgesetzt werden kann.[1] Alle Inhalte der Beratung oder Therapie unterliegen jedoch weiterhin der Schweigepflicht des Beraters. (2) Im Rahmen eines Hilfeplanungsprozesses soll eine Fachkraft mitwirken, weil die Ratsuchende sich früher bereits in Beratung befand, oder weil Erziehungsberatung als geeignete Hilfe zur Erziehung erscheint. In beiden Fällen ist die Beteiligung der Fachkraft der Erziehungsberatungsstelle an die ausdrückliche Einwilligung der Betroffenen gebunden. Eine Offenbarung anvertrauter Daten zum Zwecke der Hilfeplanung ohne Einwilligung ist nicht zulässig.
   c) In allen anderen Fällen scheidet eine Beantwortung der Anfrage ohne Einwilligung des Klienten aus.

Zusammenfassend kann festgehalten werden, daß bei schriftlichen und fernmündlichen Anfragen der Schutz des Privatgeheimnisses die Leitlinie für das Verhalten der Fachkraft in der Erziehungsberatungsstelle bildet. Eine Beantwortung der Anfragen ist daher grundsätzlich nicht möglich, es sei denn, es liegt eine Offenbarungsbefugnis oder ein Fall des § 65 Abs. 1 Nr. 2 KJHG vor.

11. April 1994

Anmerkungen
1 Untersagt ein Ratsuchender diese Datenweitergabe, so verletzt er seine Mitwirkungspflicht nach § 60 SGB X mit der Folge, daß keine Leistung gewährt werden kann.

Rechtsfragen bei Kindesmißhandlung und sexuellem Mißbrauch

Im vergangenen Jahrzehnt hat sich das gesellschaftliche Bewußtsein über Gewalt gegen Kinder verändert. Kindesmißhandlung und sexueller Mißbrauch erschienen bis dahin als Grenzfälle des Verhaltens, die nur bei einzelnen anzutreffen waren. Daß gut beleumundete und gesellschaftlich anerkannte Personen dem ihnen anvertrauten Kind Gewalt zufügen könnten, war nicht vorstellbar. Auch für Fachleute erschien die Familie nicht als Ort solcher möglicher Gefährdung; auch sie konnten glauben, daß Kindesmißhandlung und sexueller Mißbrauch nicht oder jedenfalls nicht in einem relevanten Maß geschieht.

Verleugnung ist das größte Hindernis, das dem Erkennen von Kindesmißhandlung und sexuellem Mißbrauch entgegensteht. Das Tabu, das nicht nur über der Tat lag, sondern auch über dem Sprechen darüber, ist aufgebrochen. Diese Gefährdungen von Kindern werden nun eher bemerkt. Und auch Erziehungsberatungsstellen werden zunehmend mit Problemen von Mißhandlung und Mißbrauch konfrontiert.

Während Kindesmißhandlung typischerweise in Situationen auftritt, in denen die Familie durch eine Vielzahl von Problemen belastet ist, der Gewaltausbruch in einer aktuellen Krisensituation spontan geschieht und im nachhinein vom gewalttätigen Elternteil zumeist bereut wird, ist der sexuelle Mißbrauch eine beabsichtigte Tat, die sich häufig über einen längeren Zeitraum erstreckt. Der Erwachsene, der ein Kind als Objekt der eigenen sexuellen Bedürfnisse benutzt, ist in den meisten Fällen nicht bereit, darin ein Verschulden zu sehen und sich seiner Verantwortung zu stellen. Kindesmißhandlung ist zumeist mit sichtbaren Verletzungen verbunden; das Kind kann das ihm zugefügte Unrecht an sich selbst wahrnehmen; nicht selten hört auch die Nachbarschaft mit. Sexueller Mißbrauch dagegen hinterläßt meist keine sichtbaren Spuren; das betroffene Kind wird zudem vom Täter verpflichtet, das ‚Geheimnis' zu wahren. Ihm wird damit die eigene Wahrnehmung und die Wahrnehmung des Mißbrauchs durch Dritte genommen.

Diese unterschiedlichen Ausgangssituationen erfordern je spezifische Hilfe. Beratungsstellen sind gehalten, sich für diese Aufgaben fachlich zu qualifizieren. Insbesondere muß von den Helfern die eigene emotionale Betroffenheit bearbeitet werden, damit sie nicht überstürzt, sondern abgewogen im Interesse des Kindes handeln können. Dabei schließt fachliche Hilfe für beide Problemlagen die Notwendigkeit zur Kooperation mit anderen beteiligten Institutionen ein.

Rechtsfragen in der Beratungsstelle

Bei der Arbeit mit betroffenen Kindern und ihren Familien tritt die Frage auf, welche rechtlichen Bestimmungen zu beachten sind. Insbesondere entsteht gelegentlich Unsicherheit, ob Kindesmißhandlung und sexueller Mißbrauch von der Erziehungsberatungsstelle anzuzeigen sind oder ob die Bestimmungen zur Wahrung des Privatgeheimnisses (§ 203 Abs. 1 Nr. 4 StGB) greifen.

Kindesmißhandlung und sexueller Mißbrauch sind nach § 223b bzw. 176ff. StGB strafbar und zählen damit zu den sogenannten Offizialdelikten, d.h. der Täter ist von den Strafverfolgungsbehörden zu ermitteln, sobald diese von der Tat Kenntnis erlangen, unabhängig davon, ob das vom Opfer beantragt wird. Daraus folgt jedoch nicht, daß jede unter diese Strafnorm fallende Tat anzuzeigen ist und zwar weder für die Erziehungsberatungsstellen noch für das Jugendamt. Es ist vielmehr im Einzelfall zu prüfen, ob die Voraussetzungen für eine Offenbarung vorliegen.

Mögliche Problemlagen

In der Erziehungsberatungsstelle können insbesondere die folgenden Fallkonstellationen auftreten:
(1) Ein Kind teilt der Beratungsstelle mit, daß es Opfer eines sexuellen Mißbrauchs geworden ist. Ist datenschutzrechtlich eine Mitteilung an die Eltern geboten? Oder kann mit dem Kind ohne Kenntnis der Personensorgeberechtigten gearbeitet werden?
(2) Eine Familie, in der das Kind mißhandelt worden ist, nimmt die Hilfe der Erziehungsberatungsstelle in Anspruch, weil sie sich auf diesem Wege eine Lösung ihrer Problemsituation erhofft.
(3) Während der Beratung eines Kindes/Jugendlichen oder der Familie, die aus einem anderen deklarierten Anlaß begonnen worden ist, wird offenbar, daß das Kind Opfer einer Mißhandlung geworden ist.

(4) Im Rahmen einer kindertherapeutischen Behandlung wird der sexuelle Mißbrauch eines Mädchens durch den Vater offenbar. In der begleitenden Elternarbeit leugnet der Vater die Tat. Nach den Berichten des Mädchens setzt der Vater den Mißbrauch fort.

(5) Der sexuelle Mißbrauch der Tochter durch ihren Vater wird im Rahmen einer Familientherapie bekannt. Die Mutter reagiert u.a. damit, daß sie die Scheidung einreicht. Im Verlauf des Scheidungsverfahrens soll der Mitarbeiter der Erziehungsberatungsstelle als Zeuge aussagen.

(6) Die im Beratungsprozeß bekanntgewordene Straftat wird von der Mutter angezeigt. Die ermittelnde Staatsanwaltschaft will die Mitarbeiterin der Beratungsstelle vernehmen und im Prozeß als Zeugin vorladen lassen. Die Videoaufzeichnungen der Beratungssitzung, in der der Vater die Tat zugibt, soll beschlagnahmt werden.

(7) Die Erzieherin eines Kindergartens ruft in der Beratungsstelle an, weil ein Junge durch seine Verhaltensweisen auffällt; sie hat den Verdacht, daß das Kind sexuell mißbraucht worden ist.

Zu beachtende Grundsätze

Für alle Problemkonstellationen gilt, daß die Tatsache der Kindesmißhandlung oder des sexuellen Mißbrauchs in einer Beratungssituation bekannt geworden ist, d.h. sie ist unter der Voraussetzung anvertraut worden, daß Berater und Beraterin das Privatgeheimnis der Klienten wahren. Anderenfalls wäre ihre Hilfe womöglich überhaupt nicht in Anspruch genommen worden. Daraus folgt, daß auch die Kenntnis von einer Mißhandlung oder einem Mißbrauch zu den zu wahrenden Privatgeheimnissen gemäß § 203 Abs. 1 Nr. 4 StGB zählt.

Der Schutz der Vertrauensbeziehung zwischen Berater und Klient ist nach der Rechtsprechung des Bundesverfassungsgerichts ein hochrangiges Rechtsgut, das gegebenenfalls auch über das Interesse des Staates an der Strafverfolgung zu setzen ist (vgl. *Schutz des Privatgeheimnisses in der Beratung vs. Beschlagnahme von Klientenakten*, in diesem Band, S. 208ff.). Im jeweiligen Einzelfall ist abzuwägen, welchem Rechtsgut der Vorrang gebührt.

Neben dem Interesse an der Strafverfolgung ist im Zusammenhang von Kindesmißhandlung und sexuellem Mißbrauch vor allem der Schutz des betroffenen Kindes als konkurrierendes Rechtsgut zu sehen. Kindesmißhandlung kann im Einzelfall die Herausnahme des Kindes aus der Familie erfordern; sexueller Mißbrauch macht die räumliche Trennung des Täters vom betroffenen Mädchen erforderlich. *Wenn und solange der Schutz des Kindes im Rahmen der gebotenen Hilfe gegeben ist, ergibt sich für Berater und Beraterin keine Befugnis zur Offenbarung von Privatgeheimnissen. Wenn der Schutz des Kindes jedoch trotz der Hilfe nicht sichergestellt ist, ergibt sich rechtlich die Befugnis – und zugleich fachlich die Verpflichtung – zur Offenbarung.*

Der einzelne Berater ist zur Wahrung des Privatgeheimnisses seiner Klienten verpflichtet; er ist der Adressat der Strafrechtsnorm § 203 Abs. 1 Nr. 4 StGB. Deshalb ist die Entscheidung, ob er das Privatgeheimnis eines Klienten bricht und eine Straftat Dritten offenbart, allein von ihm selbst zu treffen. Solange diese Entscheidung mit vertretbaren Gründen getroffen wird, darf sie ihm weder disziplinarrechtlich oder arbeitsrechtlich noch strafrechtlich entgegengehalten werden.

Stelleninterne Weisungen oder Weisungen des Trägers der Erziehungsberatungsstelle, in jedem Fall von Kindesmißhandlung und sexuellem Mißbrauch Anzeige zu erstatten bzw. keinesfalls andere Institutionen einzuschalten, sind unzulässig. Der Arbeitgeber ist vielmehr gehalten, die Arbeitsbedingungen der Berater so zu gestalten, daß diese nicht gegen geltendes Recht verstoßen müssen (vgl. *Aufsicht über Erziehungsberatungsstellen*, in diesem Band, S. 73ff.).

Lösungen

Der einzelne Berater muß daher bezogen auf die jeweilige konkrete Fallsituation entscheiden, ob er befugt ist, die Straftat zu offenbaren. Die einzige rechtliche Grundlage dafür bieten die gesetzlichen Offenbarungsbefugnisse:
- die Pflicht zur Anzeige drohender, aber noch abwendbarer Straftaten im Sinne von § 138 StGB und
- der rechtfertigende Notstand im Sinne des § 34 StGB bei Gefährdung des Kindeswohls (§ 1666 BGB).

Da Erziehungsberatung in einer akuten Problemlage als eine fachliche Hilfe in Anspruch genommen worden ist, muß erstes Kriterium der Beurteilung sein, ob der jeweilige Berater sich in der

Lage sieht, mit den Mitteln seiner methodisch fundierten Interventionen die Situation dem Wohl des Kindes entsprechend zu beeinflussen. Erst wenn seine fachlichen Mittel erschöpft sind, ist die Offenbarung zulässig.

Beispiel (1)
Das Kind wendet sich an die Beratungsstelle und berichtet vom Mißbrauch durch den Onkel. Das Kind ist Opfer einer Straftat geworden; es ist deshalb rechtlich gesehen grundsätzlich eine Mitteilung an die Eltern geboten. Die Auswirkung einer solchen Mitteilung kann jedoch ungewiß oder vorhersehbar negativ sein. Für Notsituationen und aktuelle Konfliktlagen läßt das KJHG deshalb eine *Beratung* von Kindern und Jugendlichen *ohne Kenntnis der Personensorgeberechtigten* zu. Erst recht wird die Mitteilungspflicht an die Eltern relativiert, wenn der Vater als Täter benannt wird.

Beispiel (2)
Die Familie nimmt die Erziehungsberatung wegen Kindesmißhandlung in Anspruch. Sie ist also *zu dem notwendigen Beratungs-/Therapieprozeß bereit*. Die Straftat ist im Rahmen der von § 203 StGB geschützten Vertrauensbeziehung anvertraut. Es besteht keine Berechtigung zur Offenbarung, weil das Kind auf diese Weise geschützt werden soll. (Es sei denn es bestünde unmittelbare Gefahr für das Kindeswohl.)

Beispiel (3)
Die Familie nimmt Erziehungsberatung bereits in Anspruch. Die Mißhandlung ist ebenfalls im Rahmen der geschützten Vertrauensbeziehung anvertraut. Ist die Familie zur Fortsetzung der Beratung/Therapie bereit, so besteht keine Offenbarungsbefugnis. *Bricht* die Familie (oder nur der Täter) *die Beratung ab*, ist zu prüfen, ob die bis dahin bekanntgewordenen Umstände Hinweise auf eine akute Gefährdung des Kindeswohls ergeben. Ist dies der Fall, so ist eine Offenbarung zulässig.

Beispiel (4)
Die Straftat wird im Rahmen einer kindertherapeutischen Behandlung anvertraut. Sie unterliegt dem Schutz des Privatgeheimnisses

(§ 203 Abs. 1 Nr. 4 StGB). Da der Vater nach dem Bericht des Mädchens den Mißbrauch fortsetzt, ist zu prüfen, ob die zur Verfügung stehenden *fachlichen Mittel ausreichen*, dem Mißbrauch langfristig entgegenzuwirken. Dies wird in der Regel nicht der Fall sein, deshalb ist die Offenbarung wegen Gefährdung des Kindeswohls (§ 1666 BGB) zulässig. (Wünscht das Kind/die Jugendliche selbst eine Anzeige, so stellt sich die rechtliche Frage einer Befugnis zur Offenbarung nicht.)

Beispiel (5)
Der sexuelle Mißbrauch wird im Rahmen der geschützten Vertrauensbeziehung bekannt und unterliegt der Schweigepflicht. Im Rahmen des Scheidungsverfahrens als einem *Zivilprozeß* hat der Berater das Recht, gemäß § 383 Abs. 1 Nr. 6 ZPO das Zeugnis zu verweigern. Dies gilt jedoch nicht, wenn alle Inhaber des Privatgeheimnisses ihn von der Schweigepflicht entbunden haben.

Beispiel (6)
Die Straftat ist im Rahmen der geschützten Vertrauensbeziehung bekanntgeworden und unterliegt der Schweigepflicht. Es muß im Einzelfall geklärt werden, ob der Schutz der Vertrauensbeziehung von Klient und Berater Vorrang vor der staatsanwaltschaftlichen Ermittlung einschließlich der Beschlagnahme von Beweismaterial hat. Da eine einfach-rechtliche Norm, auf die die Beraterin sich berufen kann, nicht besteht, muß dieser Grundsatz aus fachlichen Erwägungen heraus von ihr zur Geltung gebracht werden. Die Notwendigkeit des Schutzes der Vertrauensbeziehung spricht auch gegen eine Zeugenaussage im *Strafprozeß*; aber auch hier fehlt die einfach-rechtliche Bestimmung: nach der Strafprozeßordnung steht der Beraterin kein Zeugnisverweigerungsrecht (§ 53 StPO) zu.

Die zu treffende Abwägung richtet sich nach dem jeweiligen Einzelfall. Dabei kann es aus fachlicher Sicht geboten sein, für das betroffene Mädchen den Prozeßverlauf durch Anwesenheit der Beraterin zu erleichtern bzw. durch ihre Aussage eine erneute Vernehmung des Mädchens zu vermeiden. Dies ist, wenn Bedenken hinsichtlich der Wirkung in der Öffentlichkeit zurückgestellt werden, rechtlich zulässig.

Mitarbeiter kommunaler[1] Beratungsstellen benötigen nach den Landesbeamtengesetzen bzw. Angestelltentarifverträgen eine Aussagegenehmigung. Der öffentliche Träger der Jugendhilfe kann die Aussagegenehmigung verweigern.

Beispiel (7)
Die angezeigte Form der Unterstützung ist die Fachberatung. D.h. die Erziehungsberatungsstelle stellt ihre Fachkompetenz auf der Grundlage einer gesicherten Anonymität des betroffenen Kindes der anderen Einrichtung zur Verfügung. Das weitere Vorgehen im Rahmen der Fachberatung richtet sich nach fachlichen Erwägungen. Dabei sollte auch eine ggf. erforderliche Kooperation mit dem Allgemeinen Sozialdienst geregelt werden. Wenn sich der geäußerte Verdacht bestätigt, entscheidet – rechtlich gesehen – die Erzieherin des Kindergartens über die Form der Offenbarung.

Die Inanspruchnahme einer *beratenden/therapeutischen Hilfe* setzt dagegen die Entscheidung des Personenberechtigten (im Sinne von § 7 Abs. 1 Nr. 5 KJHG) voraus, wenn nicht das Kind selbst (gemäß § 8 Abs. 3 KJHG) die Hilfe in Anspruch nimmt.

Adressaten der Offenbarung

Hält der Mitarbeiter oder die Mitarbeiterin der Erziehungsberatungsstelle sich bei Abwägung aller Argumente für verpflichtet, die Schweigepflicht gemäß § 203 Abs. 1 Nr. 4 StGB zu durchbrechen und eine gesetzliche Offenbarungsbefugnis für gegeben, so ist zu klären, gegenüber welcher Instanz die Kindesmißhandlung oder der sexuelle Mißbrauch offenbart wird. Als Adressaten der Offenbarung kommen in Frage: das Jugendamt, das Vormundschaftsgericht und die Polizei/Staatsanwaltschaft.

Jugendamt
Das Jugendamt ist befugt und verpflichtet, bei Gefahr im Verzuge, ein gefährdetes Kind zu seinem Schutz in Obhut zu nehmen (§ 42 Abs. 3 KJHG). Eine unverzügliche gerichtliche Entscheidung ist erforderlich. Das Jugendamt ist ferner befugt, in solchen Situationen ein gefährdetes Kind, das sich mit Einwilligung der Eltern bei anderen Personen oder in einer Einrichtung aufhält, auch ohne Zustimmung des Personensorgeberechtigten von dort zu entfernen (§ 43 Abs. 1 KJHG). Eine Entscheidung des Vormundschaftsgerichts ist unverzüglich herbeizuführen.

Das Jugendamt handelt in diesen Fällen auf der Grundlage des staatlichen Wächteramtes (Art. 6 Abs. 2 GG) und nimmt seine Garantenstellung gemäß § 13 StGB wahr. Auch das Jugendamt muß dabei prüfen, ob es „Einzelangaben über persönliche oder sachliche Verhältnisse", die ihm im Rahmen seiner Tätigkeit bekanntwerden, Dritten – hier dem Vormundschaftsgericht – offenbaren darf. § 35 Abs. 1 SGB I bestimmt, daß Sozialdaten (personenbezogene Daten) von den Leistungsträgern zu wahren sind. Sie dürfen nur auf der Grundlage der §§ 67-78 SGB X offenbart werden. Im vorliegenden Zusammenhang kann eine Offenbarung zur Erfüllung einer gesetzlichen Aufgabe oder für die Durchführung eines damit zusammenhängenden gerichtlichen Verfahrens einschließlich eines Strafverfahrens zulässig sein (§ 69 Abs. 1 Nr. 2 SGB X). Gesetzliche Aufgabe des Jugendamtes ist es, die Entwicklungen von Kindern und Jugendlichen durch Jugendhilfeleistungen zu fördern (§ 1 Abs. 3 Nr. 1 KJHG) und sie vor Gefahren für ihr Wohl zu schützen (Nr. 3). Eine Offenbarung an das Vormundschaftsgericht ist also dann (aus juristischer Sicht) zulässig, wenn im Rahmen von Jugendhilfeleistungen eine Förderung nicht mehr möglich und der Schutz des Kindes geboten ist; aus fachlicher Sicht ist das Jugendamt in diesen Situationen zum Handeln verpflichtet, d.h. es muß das Gericht entsprechend § 50 Abs. 3 KJHG anrufen. Zu dieser Anrufung ist das Jugendamt als die fachlich zuständige Stelle des Leistungsträgers (hier: Kreise und kreisfreie Städte) verpflichtet.

Vormundschaftsgericht
Sowohl bei Kindesmißhandlung wie sexuellem Mißbrauch kann es erforderlich sein, zum Schutz des Kindes seine Herausnahme aus der Familie bzw. die räumliche Trennung von Kind und Täter zu bewirken. Die notwendigen Entscheidungen obliegen dem Vormundschaftsgericht.

Bei Vorliegen einer Gefährdung des Kindeswohls gemäß § 1666 BGB kann das Vormundschaftsgericht einem oder beiden Elternteilen das elterliche Sorgerecht entziehen (§ 1680 BGB). Auch der teilweise Entzug des Sorgerechts, z.B. des Aufenthaltsbestimmungsrechts, ist möglich. Das Vormundschaftsgericht entscheidet dann darüber, ob das Kind (vorübergehend) außerhalb der Familie untergebracht wird, z.B. durch Inobhutnahme zum Schutz des Kindes (§ 42 KJHG), bei einer Pflegefamilie (§ 33 KJHG) oder in einem Heim (§ 34 KJHG). Für eine solche Entscheidung ist das Vormundschaftsgericht gemäß § 50 Abs. 3 KJHG durch das Jugendamt anzurufen.

Die Verpflichtung, nach § 50 Abs. 3 KJHG das Gericht anzurufen, stellt keinen eigenständigen Befugnistatbestand nach § 203 Abs. 1 StGB dar. Daher besteht aus § 50 Abs. 3 KJHG keine Verpflichtung zur Durchbrechung einer nach § 203 Abs. 1 Ziff. 4 StGB bestehenden Schweigepflicht bei den Mitarbeitern einer Beratungsstelle des Jugendamtes.

Polizei/Staatsanwaltschaft
Die Polizei hat gemäß § 163 StPO Straftaten zu erforschen und eine Verdunklung von Straftaten zu verhindern. Wird der Polizei eine Kindesmißhandlung oder ein sexueller Mißbrauch angezeigt, so hat sie keinen Ermessensspielraum mehr, etwa zu einem späteren Zeitpunkt wegen positiver Veränderungen in der Familie auf Ermittlungen zu verzichten. Hier kommt der Offizialcharakter der Delikte zum Tragen. Einmal im Gang gesetzt, kann die Strafverfolgung nur noch durch Organe der Justiz beendet werden. Die Information der Polizei kommt deshalb nur in Betracht, wenn es als das einzig mögliche Mittel erscheint, durch den Einsatz unmittelbaren Zwanges den Schutz des Kindes zu gewährleisten.

Schlußfolgerung

Wenn ein Mitarbeiter oder eine Mitarbeiterin einer Erziehungsberatungsstelle mit einem Fall von Kindesmißhandlung oder sexuellem Mißbrauch konfrontiert ist, hat die Hilfe Vorrang, solange diese Hilfe das Kind ausreichend schützt; wenn der Schutz des Kindes auf andere Weise gewährleistet werden muß, ist eine Offenbarungsbefugnis gegeben. Die Entscheidung über die Offenbarung ist die persönliche Entscheidung von Berater und Beraterin, da sie auch als Person zur Verschwiegenheit verpflichtet sind.

Erster Adressat einer Offenbarung ist das Jugendamt. Es hat Erfahrung mit diesen Problemlagen und verfügt über weitere Hilfsmöglichkeiten. Das Jugendamt entscheidet darüber, ob es andere Hilfen zur Erziehung anbietet, das Vormundschaftsgericht gemäß § 50 Abs. 3 KJHG anruft, bei Gefahr im Verzuge gemäß §§ 42 und 43 KJHG tätig wird oder die Polizei zur Ausübung unmittelbaren Zwanges einschaltet.

Diese Entscheidungen können umso eher sachgerecht im Interesse des Kindes getroffen werden je besser die Verständigung zwischen Beratungsstelle und Jugendamt gelingt. Eine kontinuierliche Kooperation zum Problem der Gewalt gegen Kinder, in die auch Ärzte, Richter und Polizei einbezogen werden, ist dafür erste Voraussetzung. Diesem Zusammenwirken zum Schutz der Kinder stehen die datenschutzrechtlichen Regelungen nicht im Wege.

23. November 1992

Literatur
Hager, Joachim A./Sehrig, Jürgen (1992). *Vertrauensschutz in der sozialen Arbeit.* Heidelberg

Kaufmannn, Ferdinand (1990): Die Jugendhilfe im Spannungsfeld zwischen Strafverfolgung und Erziehungshilfe; Rechtsfragen im Zusammmenhang mit Straftaten, an denen Minderjährige als Täter oder Opfer beteiligt sind. In: *Zentralblatt für Jugendrecht.* Heft 1/1990, S. 1 – 44.

Maas, Udo (1988): *Datenschutz in der Sozialen Arbeit.* Landeswohlfahrtsverband Baden. Karlsruhe

Schellhorn, Walter/Wienand, Manfred (1991): *KJHG – Kommentar zum Kinder- und Jugendhilfegesetz.* Neuwied.

Anmerkung
* Anmerkung der Redaktion: Vgl. hierzu jedoch auch das Urteil des OLG Zweibrücken, in diesem Band, S. 234ff.

Mitwirkung im familiengerichtlichen Verfahren

Das Kinder- und Jugendhilfegesetz hat die Notwendigkeit unterstrichen, bei Trennung und Scheidung der Eltern eine für das Wohl der betroffenen Kinder und Jugendlichen geeignete Lösung zu finden. Insbesondere hat das KJHG neben die bereits bestehende Verpflichtung des Jugendamtes, sich an der Lösung von Sorgerechtsfragen zu beteiligen, den Auftrag einer fachlich qualifizierten Beratung gesetzt. Denn eine gemeinsam mit den Eltern (und den Kindern) erarbeitete Lösung erscheint tragfähiger als eine Entscheidung durch Dritte (hier also durch das Familiengericht nach Beteiligung des Jugendamtes). Mit dem neugesetzten Schwerpunkt der Beratung in Fragen der Partnerschaft, Trennung und Scheidung (§ 17 KJHG) stellt sich die Frage, in welchem Verhältnis diese Beratung zur Mitwirkung im familiengerichtlichen Verfahren nach § 50 KJHG steht.

Für die Klärung dieses Verhältnisses wird wesentlich sein, welche Vorstellungen mit der Aufgabe der Mitwirkung konkret verbunden werden. Die Diskussion dazu hat erst begonnen. Konzepte zur inhaltlichen Wahrnehmung der Mitwirkung im familiengerichtlichen Verfahren müssen in der Jugendhilfepraxis noch entwickelt werden.

Rechtliche Vorgaben im KJHG

Das Kinder- und Jugendhilfegesetz unterteilt die Aufgaben der Jugendhilfe in a) Leistungen der Jugendhilfe, die im Zweiten Kapitel (§§ 11 – 41) zusammengefaßt sind und b) Andere Aufgaben der Jugendhilfe, die im Dritten Kapitel (§§ 42 – 60) dargestellt werden. Das Angebot einer Beratung bei Trennung und Scheidung ist dem Kapitel „Leistungen der Jugendhilfe" zugeordnet, während die Mitwirkung im familiengerichtlichen Verfahren zu den „anderen Aufgaben" zählt. Daher müssen bei einer Klärung des Verhältnisses beider zunächst die allgemeinen Vorgaben des KJHG für die „Leistungen" und die „anderen Aufgaben" betrachtet werden.

Für Leistungen der Jugendhilfe gilt, daß sie von den Trägern der freien Jugendhilfe und von Trägern der öffentlichen Jugendhilfe erbracht werden (§ 3 Abs. 2). Dies bedeutet, daß die Beratung in Fragen der Partnerschaft, Trennung und Scheidung sowohl von freien wie von öffentlichen Trägern angeboten werden kann. Allerdings gilt zugleich ein bedingter Vorrang der freien Jugendhilfe: soweit Einrichtungen und Dienste „von anerkannten Trägern der freien Jugendhilfe betrieben oder rechtzeitig geschaffen werden können, soll die öffentliche Jugendhilfe von eigenen Maßnahmen absehen" (§ 4 Abs. 2). Für den Bereich der anderen Aufgaben gilt dagegen, daß sie von den Trägern der öffentlichen Jugendhilfe wahrgenommen werden. Freie Träger können sie nur wahrnehmen, soweit dies ausdrücklich durch Gesetz bestimmt ist (§ 3 Abs. 3). Diese Beteiligung an der Durchführung anderer Aufgaben regelt § 76 KJHG. Er läßt sie u.a. für die Mitwirkung im familiengerichtlichen Verfahren zu. Aber er bestimmt zugleich, daß die Träger der öffentlichen Jugendhilfe für die Erfüllung der Aufgaben verantwortlich bleiben (§ 76 Abs. 2).

Damit sind „Beratung bei Trennung und Scheidung" und „Mitwirkung im familiengerichtlichen Verfahren" in unterschiedliche Kontexte eingeordnet: Für die Beratungsangebote bei Trennung und Scheidung gilt der bedingte Vorrang der freien Jugendhilfe; für die Mitwirkung im familiengerichtlichen Verfahren besteht die Verpflichtung und Letztverantwortung der öffentlichen Jugendhilfe.

Aus dieser unterschiedlichen Stellung folgt zunächst, daß die Übernahme von Mitwirkungsaufgaben durch einen freien Träger nicht zur Voraussetzung seiner Förderung für Beratungsleistungen nach § 17 KJHG gemacht werden kann.

Erziehungsberatung und Mitwirkung im familiengerichtlichen Verfahren

Erziehungsberatungsstellen haben die Aufgabe, individuelle und familienbezogene Probleme von Kindern, Jugendlichen und Eltern mit ihnen gemeinsam zu klären und sie bei deren Bewältigung zu unterstützen (§ 28 KJHG). Diese Aufgabe nehmen Erziehungsberatungsstellen durch Einzel- und Familienberatung sowie durch therapeutische Angebote in unterschiedlichen Settings wahr. Voraussetzung einer erfolgreichen Beratung ist dabei die vertrauensvolle Beziehung zwischen Berater und Klient. Ebenso ist eine Beratung zur Entwicklung eines einvernehmlichen Konzepts der elterlichen Sorge auf den Schutz der Vertrauensbeziehung angewiesen. Die Ratsuchenden erwarten zu Recht, daß ihre in einer

Beratung geäußerten Mitteilungen nicht an Dritte offenbart werden. Die Mitarbeiter von Erziehungsberatungsstellen sind deshalb zur Wahrung des Privatgeheimnisses verpflichtet.

Die Mitwirkung im familiengerichtlichen Verfahren ist dagegen von vornherein auf die Mitteilung an Dritte angelegt: Das Jugendamt hat die Pflicht, bei Verfahren nach §§ 49 und 49a FGG mitzuwirken und das Familiengericht bei allen Maßnahmen, die die Sorge für die Person von Kindern und Jugendlichen betreffen, zu unterstützen (§ 50 Abs. 1 KJHG). Insbesondere unterrichtet es das Familiengericht über angebotene und erbrachte Leistungen, bringt erzieherische und soziale Gesichtspunkte zur Entwicklung des Kindes oder des Jugendlichen ein und weist auf weitere Möglichkeiten der Hilfe hin (§ 50 Abs. 2 KJHG).

Beratung und Mitwirkung im familiengerichtlichen Verfahren zielen auf dasselbe Ergebnis, nämlich eine für das Wohl der von Trennung und Scheidung betroffenen Kinder förderliche Situation zu ermöglichen; aber sie gehen dabei unterschiedliche Wege: Beratung zielt auf die eigene Entscheidung der Betroffenen, sucht also Eltern und Kinder zu befähigen, einen für sie tragfähigen Konsens zu finden. Die Mitwirkung (des Jugendamtes) soll dagegen das Familiengericht in die Lage versetzen, eine sinnvolle Sorgerechtsentscheidung zu treffen.

Beratung in Fragen der Partnerschaft, Trennung und Scheidung ist auf eine vertrauensvolle Beziehung zwischen Berater und Klient angewiesen. Es muß daher sichergestellt sein, daß Beratungsinhalte nicht ohne Einwilligung der Betroffenen weitergegeben werden. Dies gilt auch gegenüber dem Familiengericht. Der Vertrauensschutz läßt sich am besten gewährleisten, wenn die Beratungsaufgabe entweder einem freien Träger übergeben wird (vgl. § 4 Abs. 2 KJHG) oder der öffentliche Träger damit eine eigene Einrichtung betraut, die keine Mitwirkungsaufgaben nach § 50 KJHG wahrnimmt (Münder u.a. 1991, § 17 Rz 6). Erziehungsberatungsstellen in freier und in öffentlicher Trägerschaft sind zur Wahrnehmung dieser Beratungsaufgabe geeignet.

Die Mitwirkung im familiengerichtlichen Verfahren macht das Aufgabenprofil der Beratungsstellen gegenüber den Ratsuchenden diffus. *Erziehungsberatungsstellen sollten deshalb die Mitwirkung im familiengerichtlichen Verfahren nach § 50 KJHG nicht allgemein als Aufgabe übernehmen.*

Mitwirkung im Einzelfall

Wenn Erziehungsberatungsstellen mit der Erwartung konfrontiert werden, die Aufgabe der Mitwirkung im familiengerichtlichen Verfahren zu übernehmen, so sollte zunächst sichergestellt werden, daß über die Art und Weise der Beteiligung der Beratungsstelle nur in Bezug auf den jeweiligen Einzelfall entschieden wird. Dabei werden die Möglichkeiten der Erziehungsberatungsstelle wesentlich bestimmt durch das Konzept familiengerichtlicher Mitwirkung, das von ihnen realisiert werden soll.

Wenn Eltern die Unterstützung einer Erziehungsberatungsstelle in Anspruch nehmen, so ist das oberste Ziel der Beratungsstelle, der Familie eine von ihr selbst entwickelte Lösung zu ermöglichen. Dieser Grundsatz gilt auch im Kontext von Trennung und Scheidung. Eltern sollen durch die Unterstützung der Erziehungsberatung in die Lage versetzt werden – unter Beteiligung ihrer Kinder –, ein einvernehmliches Konzept für die Wahrnehmung der elterlichen Sorge erarbeiten zu können. Sie sollen also befähigt werden, ihre elterliche Verantwortung für die Kinder autonom wahrzunehmen. Für das Verhältnis von Beratung und Mitwirkung bedeutet dies, zu prüfen, ob ein in diesem Sinne Autonomie fördernder Ansatz mit den verfahrensrechtlichen Vorgaben koordiniert werden kann.

Einvernehmliches Konzept der sich trennenden Eltern

Wenn sich trennende Eltern mit Hilfe der Beratung ein Einverständnis darüber erzielen, welche Sorgerechtsregelung sie für ihre Kinder treffen wollen (sei dies nun gemeinsames Sorgerecht oder alleinige Sorge eines Elternteils), dann ist davon auszugehen, daß im Rahmen der Mitwirkung im familiengerichtlichen Verfahren keine Hinweise zusammengetragen werden, die eine andere Regelung nahelegen. Die zum Wohl der betroffenen Kinder vorgeschriebene Beteiligung des Jugendamtes hat keine inhaltliche Aufgabe mehr, weil mit Hilfe der Beratung die Eltern selbst ein Ergebnis erzielt haben, daß sonst das Familiengericht mit Unterstützung des Jugendamtes hätte erreichen sollen. Die Frage der Mitwirkung reduziert sich damit auf die verfahrensrechtliche Vorschrift des § 49 FGG, nach der „das Jugendamt" zu hören ist. Der Anhörungspflicht des Familiengerichts steht die Verpflichtung des Jugendamtes zur Mitwirkung gleichberechtigt gegenüber. Das Jugendamt entscheidet nach fachlichen Kriterien selbst, wie es die Mitwirkung im familiengerichtlichen Verfahren wahrnimmt. Wenn aber ein inhaltlicher Auftrag entfällt, verbleibt für die Mitwirkung im familiengerichtlichen Verfahren nurmehr die Weitergabe des bereits erarbeiteten Konsenses an das Familiengericht.

Es sind drei Wege zur Unterrichtung des Familiengerichtes möglich:

a) *Die Eltern teilen das Konzept selbst dem Familiengericht mit.*
Ziel der Beratung war es, die Eltern zu einer autonomen Wahrnehmung der elterlichen Verantwortung zu befähigen, ihnen eine Einigung zu ermöglichen, die sie selbst einzuhalten in der Lage sind. Diesem Grundsatz fachlicher Beratung entspricht es am besten, wenn ein schriftlich fixiertes Konzept von den Eltern selbst dem Gericht übergeben wird.[1]

b) *Das Jugendamt übersendet die erarbeitete Sorgerechtsregelung an das Familiengericht.*
Wenn das Jugendamt seine Mitwirkungsaufgabe als Weitergabe des erarbeiteten elterlichen Konzepts versteht und die Eltern mit diesem Vorgehen einverstanden sind, können diese ihren Vorschlag zur Sorgerechtsregelung dem Jugendamt übergeben. Auch dies entspricht dem Grundsatz der elterlichen Autonomie. Das Jugendamt unterstreicht in diesem Fall, daß es das eigene Erarbeiten einer Regelung durch die Eltern als sachgerecht ansieht. Es hält zugleich durch Übersendung des Konzepts seine Verpflichtung zur Mitwirkung nach § 50 Abs. 2 KJHG ein. Im Einverständnis mit den Eltern kann das Konzept auch von der Erziehungsberatungsstelle an das Jugendamt weitergegeben werden.

c) *Die Erziehungsberatungsstelle teilt das von den Eltern erarbeitete Konzept dem Familiengericht mit.*
Wenn eine Beratung nach § 17 KJHG in einer Erziehungsberatungsstelle erfolgt ist und die Eltern das von ihnen erarbeitete einvernehmliche Konzept nicht selbst an das Familiengericht schicken wollen, kann auch ein Mitarbeiter bzw. eine Mitarbeiterin der Beratungsstelle die vorgeschlagene Sorgerechtsregelung an das Familiengericht weiterleiten.[2] Es ist aber auch denkbar, für den jeweiligen Einzelfall diese Form der „Mitwirkung im Verfahren" gemäß § 76 KJHG auf die Beratungsstelle zu übertragen.

Kein einvernehmliches Konzept der sich trennenden Eltern

In Fällen, die so strittig sind, daß die Eltern keine gemeinsame Beratung aufnehmen bzw. die auch nach einer Beratung strittig bleiben, in denen also kein gemeinsames Konzept der elterlichen Sorge entwickelt werden konnte, kommt die Mitwirkung im familiengerichtlichen Verfahren in eine andere Rolle. Nachdem die Eltern selbst nicht zu einer gemeinsamen Regelung gefunden haben, müssen nun Dritte, nämlich das Familiengericht, an ihrer Stelle die Entscheidung treffen. Das Jugendamt hat dabei die Aufgabe, das Familiengericht aus seiner fachlichen Kompetenz heraus zu unterstützen, so daß dieses eine Sorgerechtsentscheidung treffen kann. Dieser Wechsel in der Entscheidungsprozedur sollte auch institutionell deutlich gemacht werden.

Die Bundeskonferenz für Erziehungsberatung empfiehlt daher, in diesen Fällen die Mitwirkung im familiengerichtlichen Verfahren nicht innerhalb derselben Einrichtung/Dienstes durchzuführen. Zumindest sollte ein Wechsel der betreuenden Person stattfinden. So kann verdeutlicht werden, daß Sozialdaten (personenbezogene Daten) nun allein zu dem Zweck erhoben werden, eine Entscheidung durch das Familiengericht vorzubereiten. Auch jetzt wird das Jugendamt allein nach eigenem fachlichen Ermessen tätig. Das heißt, es entscheidet selbst, welche Informationen es bei den Eltern – mit deren Zustimmung – erhebt und welche Zusammenhänge es dem Familiengericht darlegt. Insbesondere entscheidet das Jugendamt, ob es aus dem von den Eltern Dargelegten Bewertungen ableitet oder sogar einen eigenen Sorgerechtsvorschlag entwickelt. Mitwirkung des Jugendamtes im familiengerichtlichen Verfahren ist deshalb nicht mehr gleichbedeutend mit der früher praktizierten gutachterlichen Stellungnahme.

Auch in diesen Fällen sind die Eltern zur Unterstützung des Jugendamtes nicht verpflichtet, da die Mitwirkungspflicht nach § 60 SGB I im Verfahren der freiwilligen Gerichtsbarkeit nicht greift. Aber eine freiwillig von ihnen in Anspruch genommene Mitwirkung des Jugendamtes kann zur Qualifizierung der erforderlichen Entscheidung des Familiengerichts beitragen.

Datenschutz

Werden im Rahmen einer Beratung nach § 17 KJHG Sozialdaten (personenbezogene Daten) anvertraut, so unterliegen sie dem besonderen Vertrauensschutz in der persönlichen und erzieherischen Hilfe (§ 65 KJHG). Dies bedeutet, daß eine Offenbarung nur mit Einwilligung dessen, der die Daten anvertraut hat, zulässig ist. Für Mitarbeiter von Erziehungsberatungsstellen gilt zudem § 203 Abs. 1 Nr. 4 StGB.

Werden dagegen im Rahmen von Gesprächen, die zur Vorbereitung der Mitwirkung des Jugendamtes (bzw. des gemäß § 76 KJHG ermächtigten freien Trägers) im familiengerichtlichen Verfahren geführt werden, Sozialdaten (personenbezogene Daten) anvertraut, so ist ihre Weitergabe an das Familiengericht nicht an die Einwilligung des Betroffenen gebunden. Denn die Daten werden zu dem zu Beginn definierten und den Eltern mitgeteilten Zweck der „Mitwirkung des Jugendamtes" im familiengerichtlichen Verfahren erhoben.

Die Bestimmungen des Datenschutzes können aber eingehalten werden, wenn zunächst der Beratungsprozeß stattfindet und danach mit den Eltern Einverständnis über die konkrete Form der Mitwirkung erzielt wird. Die Betroffenen bestimmen dann selbst, ob sie der Offenbarung durch den sie bisher betreuenden Mitarbeiter zustimmen oder ob sie gegenüber einem anderen bestimmte Angaben überhaupt machen wollen. Geht dagegen eine Gesprächsfolge, die zur Vorbereitung der Mitwirkung nach § 50 KJHG begonnen wurde, in einen Beratungsprozeß über, so entsteht ein Konflikt zwischen der ursprünglich bezweckten Weitergabe an das Familiengericht und dem nun erforderlichen Vertrauensschutz. Auch aus diesem Grunde tritt die Bundeskonferenz für Erziehungsberatung für eine institutionelle Trennung von Beratung und Mitwirkung ein.

Schlußbemerkung

Die Jugendhilfepraxis hat übereinstimmende Vorstellungen von einer Mitwirkung im familiengerichtlichen Verfahren noch nicht gefunden. Erziehungsberatungsstellen sind aufgefordert, sich aus ihrem Erfahrungshintergrund heraus an den Diskussionen vor Ort zu beteiligen.

Dabei muß gesehen werden: Wenn eine Erziehungsberatungsstelle die Aufgabe der Mitwirkung im familiengerichtlichen Verfahren übernimmt, erhält sie rechtlich den Status einer Prozeßbeteiligten. Dies bedeutet, daß sie bestimmte Rechte innerhalb des Verfahrens nach eigener Entscheidung wahrnehmen kann. So hat sie das Recht, die Prozeßakten einzusehen, um über die in der Beratung bekannt gewordenen Zusammenhänge hinaus die dort niedergelegten Informationen mitzuverwerten. Sie hat auch das Recht, nach eigenen Ermessen Termine beim Familiengericht wahrzunehmen. Ferner hat sie das Recht, gegen die Entscheidung des Familiengerichts Beschwerde einzulegen, wenn dieses z.B. dem erarbeiteten Elternvorschlag nicht folgt oder die Eltern selbst von diesem Vorschlag wieder abweichen. Beratungsstellen, die sich dafür entscheiden, im Einzelfall die Aufgabe der Mitwirkung im familiengerichtlichen Verfahren wahrzunehmen, sollten zuvor klären, welches Verständnis das Jugendamt damit verbindet und nach Möglichkeit dafür Sorge tragen, daß weitere rechtliche Schritte vom Träger der öffentlichen Jugendhilfe vertreten werden. Dies entspricht der Letztverantwortung des Jugendamtes, die auch bei Übertragung der Aufgabe gemäß § 76 KJHG bestehen bleibt.

Erziehungs- und Familienberatungsstellen tragen in erheblichem Umfang zur Beratung von sich trennenden Eltern bei und erarbeiten in diesem Zusammenhang mit ihnen auch Vorschläge zur künftigen Wahrnehmung der elterlichen Sorge. Die Erziehungsberatungsstellen wirken damit (zumeist) zwar nicht im rechtlichen Sinne, aber inhaltlich bei der Gestaltung der künftigen Beziehungen der betroffenen Kinder zu ihren Eltern mit.

Das Kinder- und Jugendhilfegesetz hat diesen Ansatz einer Stärkung der Elternautonomie durch seinen Auftrag, Müttern und Vätern Beratung in Fragen der Partnerschaft, Trennung und Scheidung anzubieten, in seiner Bedeutung unterstrichen. Die Mitwirkung des Jugendamtes im familiengerichtlichen Verfahren gründet dagegen im staatlichen Wächteramt, das dem elterlichen Handeln Grenzen setzt. Der heute noch zu konstatierende Widerstreit zwischen diesen beiden Denkansätzen wird allerdings an Relevanz verlieren, sobald die Regelung der elterlichen Sorge aus dem Scheidungsverbund herausgenommen wird. Nachdem das Bundesverfassungsgericht die gemeinsame elterliche Sorge Unverheirateter zugelassen hat, ist der Fortbestand der gemeinsamen elterlichen Sorge bei der Scheidung einer Ehe die rechtspolitisch zu ziehende Konsequenz.

20. April 1994

Literatur

Arndt, Joachim/Oberloskamp, Helga (1989): *Gutachtliche Stellungnahme in der Sozialen Arbeit.* Kap. 2 u. 6. Heidelberg, 4. Aufl., S. 5–14 u. 95–165.

Coester, Michael (1992): Sorgerecht bei Elternscheidung und KJHG. In: *Zeitschrift für das gesamte Familienrecht,* 39. Jg., Heft 6/92, S. 617–625

Krahmer, Utz, Zur Übertragung von Aufgaben der Jugendämter auf freie Träger nach §§ 50, 76 KJHG. In: *Nachrichtendienst des Deutschen Vereins für öffentliche und private Fürsorge,* 74. Jg., Heft 2/94, S. 63–66.

Maas, Udo (1992): *Soziale Arbeit als Verwaltungshandeln.* Kap. 3.4. Die Mitwirkung des Jugendamtes in Verfahren vor den Vormundschafts- bzw. Familiengerichten. Weinheim/München, S. 206–214.

Müller-Alten, Lutz (1991): Familiengerichtshilfe und Datenschutz. In: *Zentralblatt für Jugendrecht,* 78. Jg., Heft 9/91, S. 454–459.

Münder, Johannes u.a. (1991): *Frankfurter Lehr- und Praxis-Kommentar zum KJHG.* § 17 und § 50. Münster, S. 110–113 u. S. 255-266.

OLG Frankfurt (1992): Zur Mitwirkung des Jugendamtes in familiengerichtlichen Verfahren. In: *Zeitschrift für das gesamte Familienrecht,* S. 206, und in: *Nachrichtendienst des Deutschen Vereins,* 72. Jg., Heft 3/92, S. 94–95.

Tauche, Almut (1992): Trennungs- und Scheidungsberatung öffentlicher und freier Träger – Organisatorische Konsequenzen nach SGB VIII. In: Faltermeier, Josef/Fuchs, Petra (Hg.) (1992): *Trennungs- und Scheidungsberatung durch die Jugendhilfe.* SAI 30 d.DV. Frankfurt am Main, S. 97–108.

Anmerkungen
1 Ein Verfahrensmangel, der ggf. Anfechtungsgrund wäre, wird dadurch nicht geschaffen, da zwar das Familiengericht zur Anhörung des Jugendamtes (und dieses zur Mitwirkung) verpflichtet ist, aber die Eltern selbst sind rechtlich nicht verpflichtet, das Jugendamt bei seiner Aufgabe nach § 50 Abs. 2 KJHG zu unterstützen (Arndt/Oberloskamp 1989, S. 151 f.)
2 Hinsichtlich eines Verfahrensmangels vgl. Anmerkung 1.

Aktenführung in Erziehungsberatungsstellen

Grundsätze

Die Datenschutzbestimmungen des Kinder- und Jugendhilfegesetzes tragen dem vom Bundesverfassungsgericht entwickelten Grundsatz der informationellen Selbstbestimmung des Bürgers Rechnung. Sie regeln den Schutz von Sozialdaten bei ihrer Erhebung, Verarbeitung und Nutzung (§ 61 KJHG). Dabei ist oberster Grundsatz die Erforderlichkeit von Daten mit den beiden Aspekten der Zweckbindung und Einzelfallorientierung. D.h. es dürfen nur solche Daten erhoben werden, die für den jeweiligen Zweck erforderlich sind (eine Datensammlung auf Vorrat ist nicht zulässig) und es dürfen nur Daten erhoben werden, die für den jeweiligen Einzelfall, nämlich die jeweilige Aufgabe (nicht: Einzelperson) erforderlich sind. Daten einer Person, die zur Erfüllung unterschiedlicher Aufgaben erhoben worden sind, müssen getrennt voneinander gespeichert werden (§ 63 KJHG). Eine Zusammenführung ist nur zulässig, „wenn und solange" dies der unmittelbare Sachzusammenhang erfordert.

Was im Rahmen der Erziehungsberatung Aufgabe ist, ist nicht allein objektiv zu definieren, sondern kann nur durch einen Prozeß des Aushandelns zwischen Berater und Klient erarbeitet werden. Diesen Prozeßcharakter jeder Hilfe unterstreicht das KJHG an verschiedenen Stellen.

Angesichts der relativ offenen rechtlichen Vorgaben steht im Rahmen der Erziehungsberatung als Kriterium für den Datenbedarf die Fachlichkeit im Vordergrund. Dabei bezieht sich Fachlichkeit immer auf die konkrete Problemlage des einzelnen Klienten. Sozialdaten (personenbezogene Daten) können also in der Erziehungsberatung erhoben werden, *wenn* sie fachlich erforderlich sind und *soweit* dies datenschutzrechtlich zulässig ist.

Der Begriff der „Akte" in der Erziehungsberatungsstelle

Aufzeichnungen, die in Erziehungsberatungsstellen über die Arbeit mit Klienten angefertigt werden, werden üblicherweise als „Akten" oder „Klientenakten" bezeichnet. In ihnen sind Informationen schriftlich festgehalten, die den Ratsuchenden und diejenigen Menschen betreffen, mit denen er zusammenlebt. Sie enthalten also Sozialdaten. Die Akten der Erziehungsberatungsstelle sind daher „Datenträger" im Sinne des Datenschutzrechts (vgl. § 63 KJHG).

Die Akten der Erziehungsberatungsstelle sind aber keine Akten im Sinne des behördlichen Verwaltungsverfahrens. Deshalb dürfen Regelungen, die den Umgang mit behördlichen Akten betreffen, nicht einfach auf den Umgang mit Akten der Erziehungsberatungsstelle übertragen werden. Vielmehr ist nach dem jeweiligen Zweck einer gesetzlichen Regelung zu beurteilen, ob sie auch auf eine Beratungsakte anwendbar ist.

Um Mißverständnissen vorzubeugen empfiehlt es sich daher, den Zweck der Akten in Erziehungsberatungsstellen, nämlich den Verlauf einer Beratung zu dokumentieren, auch als Benennung der Aufzeichnungen zu verwenden: Eine Akte in der Erziehungsberatungsstelle ist eine *Dokumentation der Beratung*.

Der Inhalt von „Akten" in der Erziehungsberatungsstelle

Die Erziehungsberatungsstelle kann ihre Funktion nicht erfüllen, ohne Informationen festzuhalten, die die Klienten und diejenigen Menschen betreffen, mit denen sie zusammenleben. Auch wenn keine ausdrückliche rechtliche Verpflichtung zur Dokumentation einer Beratung besteht, ist doch davon auszugehen, daß sich eine Pflicht zur Dokumentation ergibt, sobald die Beratungsstelle in Erfüllung öffentlicher Leistungsaufgaben tätig wird, nämlich Erziehungsberatung als Hilfe zur Erziehung erbringt. Welche Daten zum Zweck der Beratung erhoben und in der Dokumentation der Beratung gespeichert werden, ist nach dem Grundsatz der Erforderlichkeit zur Erfüllung der jeweiligen Aufgabe zu beurteilen, wobei für die Erziehungsberatung der Gesichtspunkt der Fachlichkeit im Vordergrund steht.

Die Bundeskonferenz für Erziehungsberatung empfiehlt, in der Dokumentation der Beratung diejenigen Einzelangaben aufzuzeichnen, die notwendig sind, um
- *den Beratungsverlauf für den Berater selbst übersichtlich festzuhalten*
- *den Verlauf für einen etwaigen Vertreter, der – mit Einwilligung*

des Klienten – die Beratung bei Krankheit, Urlaub oder Ausscheiden des Beraters übernehmen muß, nachvollziehbar zu machen
- *Rechenschaft über Art und Umfang der Tätigkeit sowie der dafür wesentlichen Feststellungen ablegen zu können.*

Die Dokumentation der Beratung ist auf die jeweilige Aufgabe, d.h. hier: den jeweiligen Beratungszweck zu begrenzen. Was Aufgabe ist, kann nur im jeweiligen Einzelfall zusammen mit dem Klienten definiert werden. Wenn zwei Kinder einer Familie Beratung in Anspruch nehmen, ist für jeden Einzelfall eine Dokumentation anzulegen. Erscheint jedoch eine familientherapeutische Arbeit erforderlich, so können beide Dokumentationen wegen des unmittelbaren Sachzusammenhangs zusammengeführt werden.

Dokumentation der Beratung

Im Hinblick darauf, daß nur diejenigen Sozialdaten erhoben und gespeichert werden dürfen, die für die Erfüllung der jeweiligen Aufgabe erforderlich sind, muß jeder Mitarbeiter der Erziehungsberatung in jedem Einzelfall kritisch prüfen, welche Sozialdaten (personenbezogenen Daten) für die jeweilige Aufgabenerfüllung unverzichtbar sind und daher erhoben und gespeichert werden sollen.

Als Anhaltspunkte dafür, welche Angaben zur Aufgabenerfüllung durch die Erziehungsberatungsstelle im Einzelfall erforderlich sind, kommen die folgenden Kriterien in Betracht:
- die formellen Personaldaten des Klienten
- Anregung zur Beratung (eigene Initiative, Schule, Arzt, ASD usw.)
- Anlaß der Beratung (emotionale Probleme, Auffälligkeiten im Sozialverhalten, Schulschwierigkeiten, psychosomatische Störungen usw.)
- Angaben über die Aufklärung des Klienten hinsichtlich der Arbeitsweise der Beratungsstelle
- Beratungskontrakt (Definition des Beratungszwecks und voraussichtliche Dauer)
- im Beratungsverlauf erhobene, für den Beratungszweck erforderliche Tatsachen und deren fachliche Bewertung (Diagnose)
- Richtung der Intervention und relevante Änderungen der Handhabung
- ggf. Hilfeplan nach § 36 KJHG, Stellungnahmen und Gutachten
- ggf. Schweigepflichtsentbindungen gegenüber Dritten.

Persönliche Notizen des Beraters

Berater fertigen in der Regel Aufzeichnungen über den Stundenverlauf und die dabei von ihnen gebildeten Hypothesen zum Verständnis der Klienten und des Beratungsprozesses an. Solche Mitschriften zur Vorbereitung der Dokumentation sind als persönliche Notizen getrennt von der Dokumentation aufzubewahren. Diese Notizen des Beraters können auch eigene Anteile am Beratungsprozeß (Gegenübertragung) enthalten. Sie werden zur Klärung der Diagnose verwandt, die dann in die Dokumentation aufgenommen wird. Sobald darüber entschieden ist, welche Informationen Inhalt der Beratungsdokumentation werden, sind die persönlichen Notizen zu vernichten.

Statistische Daten

Da die Dokumentation der Beratung Sozialdaten der Klienten enthält, kann sie nicht für Prüfungszwecke verwandt werden. Erziehungsberatungsstellen sind daher dazu übergegangen, in einem Vorblatt zur Beratungsdokumentation einen anonymisierten Tätigkeitsnachweis zu führen. Dieser Tätigkeitsnachweis enthält alle Termine eines Klientenkontaktes sowie die Art dieses Kontaktes (vgl. dazu die *Instrumente zur Erfassung von Tätigkeiten der Erziehungs- und Familienberatungsstellen* in diesem Band, S. 106ff.). Er wird nach Abschluß der Beratung von der Dokumentation getrennt und als anonymisierter Nachweis über die Tätigkeit der Mitarbeiter der Beratungsstelle für prüfungsberechtigte Stellen aufbewahrt.

Der nach Abschluß einer Beratung auszufüllende Erhebungsbogen „Institutionelle Beratung" des Statistischen Bundesamtes enthält anonymisierte Angaben über Klienten der Beratungsstellen. Der Durchschlag dieses Erhebungsbogens sollte zusammen mit dem Tätigkeitsnachweis aufbewahrt werden. Weitere statistische Daten z.B. zur Jugendhilfeplanung oder zur fachlichen Weiterentwicklung dürfen von der Erziehungsberatungsstelle nur dann gespeichert werden, wenn der Bezug auf die betroffenen Personen vollständig aufgehoben worden ist, die Daten also anonymisiert worden sind.

Die Dauer der Aktenaufbewahrung (Datenlöschung)

Grundsatz

Die Einordnung der Aktenführung in die Bestimmungen des Datenschutzes hat zur Folge, daß Akten, hier also: Dokumentationen der Beratung, nur solange aufbewahrt (Daten gespeichert) werden dürfen wie dies für die Erledigung der jeweiligen Aufgabe erforderlich ist. Denn die Regelung des § 84 SGB X gilt auch für Akten oder sonstige Datenträger im Bereich der Jugendhilfe: Wenn die Kenntnis von Sozialdaten (für die speichernde Stelle) nicht mehr erforderlich ist, besteht eine *Pflicht zur Löschung*. Sobald der Zweck der Datenerhebung erfüllt ist, d.h. hier: die Beratung beendet ist, sind die Akteninhalte zu löschen.

Die Erhebung personenbezogener Daten war nur zulässig zur Erfüllung einer (begrenzten) jugendhilferechtlichen Aufgabe; in der Erziehungsberatung ist sie also nur zulässig zur Erbringung der Leistung „Beratung". Durch die anschließende Löschung wird das Grundrecht der Klienten auf informationelle Selbstbestimmung respektiert: denn „nur die Löschung gibt ... dem einzelnen die Gewißheit des Vergessens" (Borchert/Hase/Walz, GK-SGB X 2, § 84 Rz 4). Eine weitere Aufbewahrung (Speicherung) der Beratungsdokumentation über das Ende der Beratung hinaus, etwa aus der Überlegung, daß der Klient zu einem späteren Zeitpunkt noch einmal Beratung in Anspruch nehmen könnte, wäre Datensammlung „auf Vorrat" (Hauck/Haines, SGB VIII, § 66 Rz 4). Sie ist nach dem Urteil des Bundesverfassungsgerichts nicht mit dem informationellen Selbstbestimmungsrecht zu vereinbaren (BVerfGE 65,1, S. 46; in diesem Band, S. 247).

Die gesetzlichen Regelungen zum Datenschutz in der Jugendhilfe gestatten eine auf den Einzelfall, nämlich die jeweilige Aufgabe, bezogene Speicherung von Sozialdaten. Ebenso ist die Löschung der Daten auf den jeweiligen Einzelfall und die Beendigung der Aufgabe bezogen. Datenschutzrechtlich sind daher generelle Aufbewahrungsfristen für Datenträger (Akten), die Sozialdaten enthalten, nicht zu begründen.

Die Bundeskonferenz für Erziehungsberatung empfiehlt daher den Erziehungsberatungsstellen, nach Abschluß einer Beratung die Beratungsdokumentation zu vernichten. Der Zweck der Löschung wird auch dann erfüllt, wenn die Beratungsdokumentation dem Klienten übergeben wird.

Aufbewahrungsregeln

Die Aktenführung in der Erziehungsberatungsstelle umfaßt, wie dargelegt, drei Bereiche. Für sie gelten unterschiedliche Aufbewahrungsregeln.

Dokumentation der Beratung
Sie enthält die Sozialdaten (personenbezogenen Daten) von Klienten und ist grundsätzlich nach Abschluß der Beratung zu vernichten. Wird eine Beratung abgebrochen, sollte die Dokumentation sechs Monate nach dem letzten wahrgenommenen Gesprächstermin vernichtet werden. Zu diesem Zeitpunkt gilt eine Beratung nach den Kriterien der Jugendhilfestatistik als beendet.

Sofern im Verlauf einer Beratung eine Schweigepflichtsentbindung erteilt worden ist, um Dritte über personenbezogene Daten des Klienten in Kenntnis zu setzen, sollte diese Schweigepflichtsentbindung auch nach Abschluß der Beratung aufbewahrt werden.

Persönliche Notizen des Beraters
Sie enthalten Mitschriften der Beratung, die der Vorbereitung der Dokumentation dienen, Hypothesen zur Problemlage und zum Beratungsverlauf sowie Aufzeichnungen zum eigenen Erleben des Beraters. Die Notizen werden kontinuierlich vernichtet, sobald sie zur Weiterführung der Dokumentation ausgewertet worden sind.

Statistische Daten
Zu den statistischen Daten innerhalb einer Beratungsstelle zählen der Tätigkeitsnachweis, der Erhebungsbogen der Jugendhilfestatistik und andere anonymisierte Daten. Die Aufbewahrungsfrist, insbesondere für den Tätigkeitsnachweis, ist vom Träger als möglicher Prüfinstanz festzulegen.

Tonband- und Videoaufzeichnungen
Auch Tonband- und Videoaufzeichnungen von Beratungsgesprächen enthalten Sozialdaten von Ratsuchenden. Für sie gelten die Ausführungen zur Dokumentation der Beratung. Tonband- und Videoaufzeichnungen sind nach Abschluß der Beratung zu vernich-

ten. Sollen diese Aufzeichnungen nach Abschluß einer Beratung, z.B. für Lehrzwecke, weiter aufbewahrt werden, so ist dazu die Einwilligung des Klienten erforderlich (vgl. *Muster einer Einwilligungserklärung zur Video-/Tonbandaufzeichnungen,* in diesem Band, S. 105).

Karteikarten und Anmeldebücher
Karteikarten, auf denen Adressen und Telefonnummern von Klienten notiert werden, sowie Anmeldebücher, die die Terminplanung der Beratungsstelle enthalten, speichern personenbezogene Daten. Sie sind deshalb nach Abschluß der Beratung kontinuierlich zu vernichten.

Grenzfälle

Wenn am Ende einer Beratung der Klient erkennen läßt, daß er in derselben Sache in absehbarer Frist erneut Beratung in Anspruch nehmen will, so würden durch die Löschung seiner Daten „schutzwürdige Interessen des Betroffenen" beeinträchtigt (§ 84 Abs. 2 SGB X). Deshalb sind in diesem Fall seine Daten zu sperren. Gesperrte Daten dürfen nicht mehr verarbeitet, übermittelt oder sonst genutzt werden. Mit dem Betroffenen ist zugleich ein Zeitpunkt zu bestimmen, zu dem die Dokumentation vernichtet wird, wenn er bis dahin die Beratung nicht erneut in Anspruch genommen hat.

Ebenso sollte eine Beratungsdokumentation nicht nach Abschluß der Beratung vernichtet werden, wenn es sich z.B. um sexuellen Mißbrauch gehandelt hat und deshalb ein späterer Rückgriff im berechtigten Interesse (§ 84 SGB X) des betroffenen Mädchens/Jungen liegt.

Der Berater beabsichtigt, die Beratungsdokumentation für eine spätere wissenschaftliche Auswertung aufzubewahren. Dies ist ohne Einwilligung des Betroffenen nur für anonymisierte Daten zulässig.

Das KJHG stellt klar, daß Erziehungsberatung nach § 28 pädagogische und damit verbundene therapeutische Leistungen umfaßt. D.h. auch als psychotherapeutisch zu qualifizierende Maßnahmen der Erziehungsberatungsstelle unterliegen den jugendhilferechtlichen Datenschutzregeln. Für sie sind daher keine Grundsätze heranzuziehen, die über das Jugendhilferecht hinausgehen und aus der Rechtsprechung zur ärztlichen Behandlung entwickelt worden sind.

Recht auf Auskunft und Akteneinsicht

Die Datenschutzregelungen des KJHG gehen vom Grundsatz der informationellen Selbstbestimmung aus, wie ihn das Bundesverfassungsgericht entwickelt hat. Folgerichtig räumt § 67 KJHG dem Betroffenen ein Recht auf Auskunft über die zu seiner Person gespeicherten Daten ein. Durch den Bezug auf § 83 SGB X wird präzisiert, daß sich diese Auskunft auf die zur Person des Betroffenen gespeicherten Sozialdaten, deren Herkunft und ggf. deren Empfänger sowie den Zweck der Speicherung bezieht.

Ein Recht auf Akteneinsicht gewährt der Normtext des § 67 KJHG nicht (vgl. Schellhorn/Wienand, KJHG § 67 Rz 5; Münder u.a., KJHG § 67 Rz 2). Jedoch gewährt § 25 SGB X innerhalb des Verwaltungsverfahrens ein Recht auf Akteneinsicht, das sinngemäß auch bei Beratungsdokumentationen Anwendung finden sollte. Jedenfalls sind auch Schriftstücke die dem besonderen Vertrauensschutz gemäß § 65 KJHG unterliegen, in den Auskunftsanspruch des Betroffenen einbezogen (Schellhorn/Wienand, KJHG § 67 Rz 7; § 83 StGB X). In pflichtgemäßem Ermessen kann deshalb durch eine Entscheidung im Einzelfall Einsicht in die geführte Akte gewährt werden.

Das aus dem datenschutzrechtlichen Auskunftsrecht folgende Recht, selbst in die „eigene Akte" Einsicht zu nehmen, ist nicht identisch mit dem verfahrensrechtlichen Recht auf Akteneinsicht. Das Recht auf Akteneinsicht im Verwaltungsverfahren (bzw. auch gerichtlichen Verfahren) soll die Waffengleichheit der streitenden Parteien sicherstellen. Das Auskunftsrecht anerkennt vielmehr das Recht auf informationelle Selbstbestimmung des Klienten (Maas 1992, S. 93).

Im Rahmen der Erziehungsberatung kommt ein Recht auf Akteneinsicht nur im Hinblick auf die Dokumentation der Beratung in Betracht. Sie enthält die Sozialdaten von Klienten. Statistische Daten sind aufgrund der Anonymisierung keine personenbezogenen Daten, über die der Klient bestimmen könnte. Die persönlichen Notizen des Beraters enthalten dessen eigene schutzwürdigen Daten, die nicht offenbart zu werden brauchen. Die Dokumentation der Beratung kann auch (Sozialdaten) personenbezogene Daten

Dritter enthalten. Diese sind (soweit sie nicht vom Klienten selbst stammen) zu schützen und stehen ohne die Einwilligung der Dritten weder zur Auskunft noch zur Einsichtnahme zur Verfügung. Dies gilt regelmäßig für Dokumentationen von Beratungsgruppen.

Wenn ein Minderjähriger Akteneinsicht verlangt, so ist dies nach dem Stand seiner Urteils- und Einsichtsfähigkeit, regelmäßig aber nach Vollendung des vierzehnten Lebensjahres zu gewähren.

Die Datenschutzbestimmungen des KJHG gelten für die öffentlichen Träger der Jugendhilfe. Werden Einrichtungen und Dienste der Träger der freien Jugendhilfe in Anspruch genommen, so ist sicherzustellen, daß der Schutz von Sozialdaten (personenbezogener Daten) bei ihrer Erhebung, Verarbeitung und Nutzung in entsprechender Weise gewährleistet ist (§ 61 Abs. 3 KJHG).

Die Bundeskonferenz für Erziehungsberatung empfiehlt daher, die Dokumentation der Beratung so zu führen, daß dem Klienten Akteneinsicht gewährt werden kann.

Ausnahme

Ist aufgrund des Inhaltes der Beratungsdokumentation eine Beeinträchtigung der Entwicklung und Entfaltung der Persönlichkeit des Auskunftsberechtigten zu befürchten, so kann an die Stelle der Einsicht in die Beratungsdokumentation die Vermittlung des Inhaltes durch einen Mitarbeiter der Beratungsstelle treten (§ 25 Abs. 2 SGB X; Schellhorn/Wienand, KJHG, § 67 Rz 6). Dem Auskunftsberechtigten steht gegen diese Handhabung der Weg zum Verwaltungsgericht offen.

Schutzwürdige Belange des Beraters

Für Berater kann sich die Frage stellen, wie sie nach Vernichtung der Beratungsdokumentation etwaigen Haftungsansprüchen von Klienten oder ihrer Angehörigen begegnen können. Wenn ein Klient im Zusammenhang mit einer Beratung Vorwürfe gegen den Berater erhebt, so obliegt es ihm, den jeweiligen Vorwurf nachzuweisen. Es besteht keine rechtliche Vorschrift, die für diesen Fall vom Berater den Nachweis fachlich korrekten Handelns verlangt (dies wäre Beweislastumkehr). Während der jugendhilferechtliche Datenschutz spezialgesetzlich geregelt ist und entsprechend verfahren werden muß, regelt sich die Frage der Haftung nach den allgemeinen haftungsrechtlichen Bestimmungen. Eine Aufbewahrung von Sozialdaten (personenbezogenen Daten) zur Abwehr von Haftungsansprüchen wäre eine gesetzlich nicht zugelassene Zweckänderung. Äußert der Klient seinen Haftungsanspruch jedoch schon während der Beratung, so darf die Dokumentation nicht mehr vernichtet werden; dies wäre Beweisvereitelung.

Hinweis
Die Erziehungsberatungsstelle sollte in ihre Information über die Arbeitsweise der Einrichtung den Hinweis aufnehmen, daß alle schriftlichen Unterlagen, die Sozialdaten des Ratsuchenden enthalten, nach Abschluß der Beratung, spätestens jedoch sechs Monate nach dem zuletzt wahrgenommenen Gesprächstermin, vernichtet werden.

28. Juli 1995

Literatur
Borchert/Hase/Walz: *Gemeinschaftskommentar zum Sozialgesetzbuch – Schutz der Sozialdaten (SGB X 2)*. Neuwied und Frankfurt a.M. 1989

Hauck/Haines, *Sozialgesetzbuch (SGB VIII – Kinder- und Jugendhilfe* – Kommentar, Berlin 1991

Maas, Udo: *Soziale Arbeit als Verwaltungshandeln*. Weinheim und München 1992

Schellhorn/Wienand: *KJHG – Kommentar zum Kinder- und Jugendhilfegesetz*. Neuwied, Kriftel, Berlin 1991.

Dokumentationspflicht von Ärzten in Erziehungsberatungsstellen

Der Fachrichtungsvertreter Medizin im Vorstand der Bundeskonferenz für Erziehungsberatung, Herr Dr. med. Johannes Kossen, Hamburg, hat aus Anlaß der von der Bundeskonferenz für Erziehungsberatung veröffentlichten Hinweise zur Aktenführung über die Hamburger Ärztekammer bei der Bundesärztekammer angefragt, in welcher Form Ärzte und Ärztinnen, die in Erziehungsberatungsstellen tätig sind, zur Dokumentation ihrer Tätigkeit verpflichtet sind, insbesondere ob die Aufbewahrungsfristen der Jugendhilfe, wie sie in den *Hinweisen zur Aktenführung* veröffentlicht wurden, oder die der Ärztekammern Gültigkeit haben.

Herr Dr. jur. Bonvie, Justitiar der Hamburger Ärztekammer, führte aus, daß Ärzte aufgrund des von den Landesärztekammern erlassenen Berufsrechts zur Dokumentation ihrer Tätigkeit und zur Aufbewahrung ihrer Aufzeichnungen für die Dauer von zehn Jahren verpflichtet sind (Musterberufsordnung § 15 Abs. 2). Für Ärzte in Erziehungsberatungsstellen, also in Einrichtungen der Jugendhilfe, gelte jedoch nach Auffassung der Rechtsberaterkonferenz der Bundesärztekammer (Beschluß vom 13. Dez. 1993), daß Daten, die im Rahmen der Aufgaben in einer Erziehungsberatungsstelle aufgenommen würden, im Sinne des § 84 SGB X gelöscht werden müssen.

Die Frist von zehn Jahren gelte aber weiterhin für private Aufzeichnungen ärztlicher Tätigkeit. Dazu zählen – wie Dr. Bonvie auf Rückfrage bestätigte – Aufzeichnungen über Erste Hilfe bei Unfällen innerhalb einer Erziehungsberatungsstelle oder über Schwangerschaftskonfliktberatung als ärztliche Leistung soweit sie nicht als Jugendhilfeleistung anzusehen ist.

Datenschutz bei der Anwendung von Personalcomputern in Erziehungs- und Familienberatungsstellen

Erziehungs- und Familienberatungsstellen müssen als grundlegende Voraussetzungen für ihre Arbeit Bedingungen schaffen, die den Schutz des Privatgeheimnisses der Ratsuchenden sicherstellen. Nur wenn Offenheit und Vertrauen möglich sind, ist der Aufbau einer hilfreichen oder auch therapeutischen Beziehung möglich. Ratsuchende werden sich den Fachleuten in den Beratungsstellen nur dann mit ihren persönlichen Problemen und deren lebens- bzw. familiengeschichtlichen Hintergründen anvertrauen, wenn sichergestellt ist, daß die anvertrauten Privatgeheimnisse nicht verletzt, sondern sorgfältig geschützt werden.

Über den Schutz von Sozialdaten bzw. personenbezogener Daten und der Akten in Erziehungs- und Familienberatungsstellen hat die Bundeskonferenz für Erziehungsberatung bereits mehrere Hinweise veröffentlicht, die hinreichend über die einzuhaltenden Bestimmungen informieren.

Der Einsatz von Personalcomputern in Erziehungs- und Familienberatungsstellen beinhaltet neue Möglichkeiten, Daten zu speichern, sie auszuwerten und auf engem Raum zusammenzuführen. Dabei unterliegen die Daten und deren Verarbeitung nicht den rechtlich und organisatorisch erprobten Schutzmaßnahmen eines Rechenzentrums, sondern der Anwender ist alleiniger Inhaber von Daten, Datenträgern, Programmen, Betriebssystemen und Anlage. Durch diese weitgehend unkontrollierte Nutzung der Datenverarbeitungsanlage ist der Nutzer der Anlage Auftraggeber und Auftragnehmer zugleich. Damit erhöht sich das Risiko des (u.U. leichtfertigen und nicht beabsichtigten) Mißbrauches der Daten (z.B. sowohl durch Entwendung und/oder Zusammenführung mit anderen Daten). Es sind daher besonders sorgfältige Maßnahmen zum Schutz der Daten erforderlich.

In Beratungsstellen können Personalcomputer in unterschiedlichen Bereichen Anwendung finden:
- in der Textverarbeitung
- in der Datenbankverwaltung
- für wissenschaftliche und statistische Aufgaben, z.B. Jugend-

hilfeplanung
- für die Durchführung und Kontrolle von Verwaltungsaufgaben
- für diagnostische Zwecke
- für die Durchführung übender Verfahren.

Der Personalcomputer als Gegenstand des Datenschutzes in der Erziehungsberatungsstelle

Grundsätzlich ist davon auszugehen, daß in Erziehungs- und Familienberatungsstellen alle Materialien, die im Zusammenhang mit Ratsuchenden stehen (auch der Name, die Anschrift, die Telefonnummer), personenbezogenen und daher zu schützen sind. Die Zugriffsrisiken auf diese Daten müssen so gering wie möglich gehalten werden.

In der Beratungsstelle ist der Leiter verantwortlich für den Schutz und den rechtmäßigen Umgang mit gespeicherten Daten. Wenn mehr als fünf Personen Zugang zu Sozialdaten (personenbezogenen Daten) haben, muß ein Datenschutzbeauftragter benannt werden, der für die regelmäßige Kontrolle der Praxis der Datenverarbeitung zuständig ist. In jedem Fall muß geprüft werden, ob evtl. über das Bundesdatenschutzgesetz hinausgehende Länderbestimmungen gelten.

Alle mit der Verarbeitung von Daten betrauten Personen in der Beratungsstelle müssen vom Leiter bzw. dem Träger oder dem Datenschutzbeauftragten der Beratungsstelle mit den Bestimmungen des Datenschutzes vertraut gemacht werden und auf das Datengeheimnis verpflichtet werden. Diese Verpflichtung muß schriftlich fixiert und Bestandteil der Personalakte sein.

Die Speicherung und Verarbeitung personenbezogener Daten ist nur für den Zeitraum und in dem Umfang gestattet, wie es ausschließlich zur rechtmäßigen Aufgabenerfüllung notwendig ist. Die Verarbeitung personenbezogener Daten muß beim Landesdatenschutzbeauftragten gemeldet werden.

Dateien sind „gleichartig aufgebaute Sammlungen von Daten, die nach bestimmten Merkmalen erfaßt und geordnet, nach anderen bestimmten Merkmalen umgeordnet und ausgewertet werden" können, „ungeachtet der dabei angewendeten Verfahren; nicht hierzu gehören Akten und Aktensammlungen, es sei denn, daß sie durch automatisierte Verfahren umgeordnet und ausgewertet werden können". Für den Berater muß der Begriff des

Auswertens und Umordnens besonders weit gefaßt werden und auch auf (aktenähnliche) Textdateien angewandt werden. (Durch Suchprogramme in der Textverarbeitung ist es ohne Schwierigkeiten möglich, schnell gezielte Angaben zu erhalten).

Alle in Dateien erfaßten Personen müssen über die Speicherung informiert sein. Auf Verlangen ist Einsicht in den Inhalt zu geben (bei Textdateien vgl. *Aktenführung in Erziehungsberatungsstellen*, in diesem Band, S. 57ff.); der Inhalt ist ggf. zu berichtigen, zu sperren oder zu löschen.

Die Verarbeitung der Daten muß ausschließlich in den Räumen der Beratungsstelle stattfinden und darf nur durch legitimierte Mitarbeiter der Beratungsstelle erfolgen. In allen anderen Fällen müssen Bestimmungen der Datenverarbeitung im Auftrag oder bei genehmigten datenschutzrechtlich geprüften Forschungsvorhaben für wissenschaftliche Zwecke eingehalten werden.

Als mögliche Maßnahmen zum Datenschutz in Beratungsstellen werden empfohlen:

Maßnahmen zur Sicherung der ordnungsgemäßen und statthaften Verwendung der Anlage

- Vor dem Einsatz von Computern Ablauf- und Organisationspläne erstellen und die Aufgaben der Datenerfassung und -bearbeitung genau umschreiben. Jede Erweiterung und Abweichung von diesem Plan bedarf der ausdrücklichen Zustimmung (Vermeidung unberechtigten Zusammenführens von Daten).
- Vor der Bearbeitung jeder Aufgabe Abwägung, ob das Risiko, das mit der Verarbeitung personenbezogener Daten verbunden ist, den Einsatz und die Arbeitserleichterung durch den PC rechtfertigt.
- Bei der Auswertung personenbezogener Daten Festlegung der autorisierten auswertenden Personen, die mit diesen Daten umgehen; Sicherstellung, daß nur kumulierte (nicht personenbezogene!) Daten zur Veröffentlichung gelangen.
- Nur solche Aufgaben mit Hilfe der Datenverarbeitung lösen, die in unmittelbarem Zusammenhang mit den Angeboten für den Ratsuchenden stehen oder die für die unmittelbare Erfüllung der Aufgaben der Stelle erforderlich sind!
- Festlegung und Katalogisierung der zugelassenen Software, Verbot privater und nicht katalogisierter Software.

Maßnahmen zur rechtmäßigen Benutzung der Anlage und Sicherung der Daten

- Keine Anbindung an externe Vernetzungssysteme bei der Bearbeitung personenbezogener Daten
- Mechanischer Verschluß der Anlage oder Zugangssperre durch Codeschluß
- Festlegung und Kontrolle der zur Benutzung des Personalcomputers berechtigten Personen
- Festlegung, auf welchen Anlagen welche Software und welche Aufgaben gelöst werden
- Passwortkontrolle für Benutzer
- Verschluß der Datenträger (in Stahlschränken, in Metallschreibtischen mit Sicherheitsfächern)

Maßnahmen beim Einsatz von Festplatten

Besondere Maßnahmen zur Zugriffskontrolle sind bei der Verwendung von Festplatten erforderlich, da hier die Daten ständig abrufbar sind z.B.:

- Anonymisierung der Dateien auf Festplatten durch extern auf Disketten lagerbare Codes oder gesplittete Daten
- Zugangspasswörter für Benutzer
- Sichern der Datei auf externen Datenträgern und anschließendes Löschen und Überschreiben auf der Festplatte
- Benutzung spezieller selbstprotokollierender Systeme mit Zugangsschutz

Weitere Maßnahmen zum Schutz von Daten und Auswertung

- Verschlüsselung von Daten
- Löschen bzw. Vernichtung nicht mehr benötigter Daten, Datenträger, Ausdrucke
- Beschränkung der Anzahl von Kopien der Datenträger und (systemgesteuerte) Buchführung darüber (Kopie nur mit Zustimmung des Leiters; Vereinbarungen, wann die Daten gelöscht werden)
- Softwareschutz durch besondere selbstprotokollierende Archivierungssysteme, so daß alle Aktivitäten der Anlage nachprüfbar sind
- Sicherung der Anlaufpunkte in Programmen

Klassifikation aller Daten nach vorgegebenen Kategorien z.B.:
- *Allgemeine Daten*, keine Sicherheit erforderlich
- *Vertrauliche Daten*
  Abstufungsmöglichkeiten:
  - allgemeiner Gebrauch,
  - intern vertraulich,
  - geheim
- *Sicherheitsvorkehrungen nötig*
  - einfache,
  - verstärkte,
  - hohe Sicherheitsvorkehrungen erforderlich.

Entsprechende Vorkehrungen zum Schutz der Daten müssen auch bei allen anderen (nicht notwendigerweise personenbezogenen) Anwendungsgebieten von Personalcomputern getroffen werden, z.B. ist sicherzustellen, daß beim Einsatz übender oder diagnostischer Verfahren die Ergebnisse der übrigen Teilnehmer geschützt sind und nicht vom Probanden abgerufen werden können.

25. April 1997

Aufsicht über Erziehungsberatungsstellen

Erziehungs- und Familienberatung zählt zu den Leistungen der Jugendhilfe (Kap. II KJHG). In der Regel umfaßt sie im einzelnen Beratung in allgemeinen Fragen der Erziehung und Entwicklung junger Menschen (§ 16 Abs. 2 Nr. 2 KJHG), Beratung in Fragen der Partnerschaft, Trennung und Scheidung (§ 17 KJHG), Beratung bei der Ausübung der Personensorge (§ 18 Abs. 1 KJHG), Beratung bei der Ausübung des Umgangsrechts (§ 18 Abs. 3 KJHG) und Erziehungsberatung als Hilfe zur Erziehung (§ 28 KJHG). Diese Leistungen werden zumeist von Erziehungsberatungsstellen erbracht. Aufgrund ihrer Gesamtverantwortung für die Jugendhilfe (§ 79 Abs. 2 KJHG) sind die Träger der öffentlichen Jugendhilfe verpflichtet, die erforderlichen Einrichtungen zur Verfügung zu stellen. Die Beratungsstellen können im kommunaler wie in freier Trägerschaft betrieben werden (§ 3 Abs. 2 KJHG).

Der Aufsicht über Erziehungsberatungsstellen liegen daher je nach Trägerschaft die Regeln der öffentlichen Verwaltung (kommunales Verfassungsrecht und öffentliches Dienstrecht) bzw. die privatrechtlichen Regeln des Arbeitsrechts/des Trägerrechts der jeweiligen Körperschaft zugrunde. Sinn jeder Aufsicht ist: die Anwendung allgemein geltender Grundsätze auch im Einzelfall sicherzustellen, und die Realisierung des Organisationszwecks zu gewährleisten.

Organisationszweck oder Aufgabe von Erziehungsberatungsstellen ist es, Auffälligkeiten, Beeinträchtigungen bis hin zu Störungen in der Entwicklung von Kindern, Jugendlichen und jungen Erwachsenen zu verstehen und die Betroffenen, ihre Eltern und andere Erziehungsberechtigte bei der Bewältigung der Probleme durch Beratung und therapeutische Maßnahmen zu unterstützen. Beratungsstellen sollen ferner ihre Erkenntnisse über Gefährdungen und Krisen der Entwicklung von Kindern und Jugendlichen vorbeugend Eltern und Fachkräften anderer Dienste und Einrichtungen vermitteln. Diese Aufgabe wird in der Regel in einem auf die örtlichen Verhältnisse bezogenen Konzept der Beratungsstelle konkretisiert.

Zentraler Auftrag einer jeden Erziehungsberatungsstelle ist ihre beratende und therapeutische Arbeit im Einzelfall. Diese setzt das Vertrauen der Ratsuchenden voraus und verpflichtet die Berater, die ihnen anvertrauten Privatgeheimnisse der Ratsuchenden zu wahren (§ 65 KJHG; § 203 Abs. 1 Nr. 4 StGB). Die Ausübung von Aufsicht über Erziehungsberatungsstellen muß dieser Aufgabe der Einrichtungen Rechnung tragen.

Formen der Aufsicht

Aufsicht findet sowohl in privatrechtlich organisierten Vereinigungen als auch in Körperschaften öffentlichen Rechts statt. In beiden Bereichen haben sich eigene Formen der Aufsicht entwickelt. Dabei setzt jede Aufsicht eine hierarchische Gliederung von oben nach unten voraus. Untere Organisationsebenen sollen die ihnen zur Bearbeitung übertragenen Einzelfälle in möglichst gleicher Weise entscheiden. Im folgenden werden Gemeinsamkeiten in der Wahrnehmung der Aufsichtsformen dargestellt.

Im Rahmen der Verwaltung sind verschiedene Formen der Aufsicht ausgebildet worden. Es sind zu unterscheiden: Rechtsaufsicht, Fachaufsicht und Dienstaufsicht. Dabei sind Rechts- und Fachaufsicht die beiden Formen, in denen *extern* Aufsicht über staatliche Organe wahrgenommen wird. Dienstaufsicht ist dagegen Aufsicht *innerhalb* einer Behörde.

Rechtsaufsicht als Organaufsicht

Unter Rechtsaufsicht ist die Aufsicht des Staates über die Rechtmäßigkeit des Verwaltungshandelns zu verstehen. Ein Verwaltungsträger unterliegt der Rechtsaufsicht des Staates, wenn er Selbstverwaltungsaufgaben wahrnimmt. Kreisangehörige und kreisfreie Kommunen sowie Landkreise nehmen die ihnen übertragenen Aufgaben aus den Kinder- und Jugendhilfegesetz als *eigene* Aufgaben wahr. Jugendhilfe ist eine Selbstverwaltungsangelegenheit der Kommunen (Art. 28 Abs. 2 GG; kommunale Verfassungsgesetze der Länder). Staatliche Aufsicht kann deshalb ausschließlich als *Rechtmäßigkeitskontrolle* erfolgen. Die Kommune ist in der Art und Weise der Gestaltung ihrer Aufgabenwahrnehmung frei. Eine Aufsicht über die Zweckmäßigkeit des Verwaltungshandelns findet nicht statt (kommunale Verfassungsgesetze der Länder).

Fachaufsicht als Organaufsicht

Die Fachaufsicht ist demgegenüber nicht nur Rechts-, sondern auch *Zweckmäßigkeitskontrolle* des beaufsichtigten Verwaltungsträgers.

Fachaufsicht findet statt, wenn eine Kommune ihr zugewiesene *staatliche* Aufgaben wahrnimmt. In diesen Fällen wacht der Staat darüber, daß Gemeinden und Landkreise nicht nur rechtmäßig, sondern auch zweckmäßig, d.h. fachgerecht handeln. Typisches Beispiel sind Schulen, die einer gesonderten staatlichen Fachaufsicht unterliegen. Die Fachaufsicht wird durch Weisungen wahrgenommen, die auch Fachfragen einschließen und u.U. bis in Einzelheiten gehen können. Die Jugendämter nehmen dagegen kommunale Aufgaben wahr. Die Zweckmäßigkeit ihres Handelns unterliegt keiner staatlichen Fachaufsicht, wohl aber der Rechtsaufsicht der kommunalen Körperschaft (kommunale Verfassungsgesetze der Länder).

Fachaufsicht ebenso wie Rechtsaufsicht richten sich nicht unmittelbar an den einzelnen kommunalen Bediensteten, sondern an die Gemeinden bzw. Landkreise. Es sind Formen der *Organ*aufsicht.

Dienstaufsicht

Innerhalb der Organe oder Behörden wird Aufsicht als *Dienstaufsicht* wahrgenommen. Dienstaufsicht ist im wesentlichen Personalaufsicht. Sie wird vom Dienstherrn ausgeübt. Als Dienstherr wird eine juristische Person des öffentlichen Rechts bezeichnet, der das Recht zusteht, Beamte zu haben (Personalhoheit). Der Dienstherr wird in der Regel vertreten durch den Dienstvorgesetzten. Dienstaufsicht bedeutet daher die Aufsichts- und Weisungsbefugnis des Vorgesetzten über den ihm unterstellten Beamten oder sonstigen Angehörigen der öffentlichen Verwaltung. Dienstaufsicht erstreckt sich sowohl auf die rechtliche Seite wie auf die fachliche Art und Weise der Erledigung der Dienstgeschäfte.

Freie Träger

Träger der freien Jugendhilfe erbringen Leistungen nach dem Zweiten Kapitel des KJHG aus ihrem autonomen Betätigungsrecht heraus (§ 2 Abs. 2 KJHG). Sie sind keine staatlichen Organe und unterliegen somit weder der Rechtsaufsicht noch der Fachaufsicht dieser Organe. Die Aufsicht über Einrichtungen freier Träger regelt sich jeweils durch das vereinsinterne Organisationsrecht und das einzelne Verbandsrecht.

Erbringen freie Träger jedoch Leistungen, auf die ein Rechtsanspruch des Bürgers gegenüber dem öffentlichen Träger besteht, so werden sie Verpflichtungen eingehen müssen, über die der öffentliche Träger sicherstellen kann, daß die Ansprüche der Bürger sachgemäß erfüllt werden. Diese Verpflichtungen erfolgen entweder durch Vereinbarung eines Vertrages oder als Auflage im Rahmen eines Zuwendungsbescheides des öffentlichen Trägers.

Innerhalb des freien Trägers greift die Dienstaufsicht mit ihren beiden Aspekten der Rechtmäßigkeits- und der Zweckmäßigkeitskontrolle als Folge des privatrechtlich eingegangenen Arbeitsverhältnisses. Dem Träger steht als Arbeitgeber ein Direktionsrecht zu, aufgrund dessen er Zeit und Ort sowie Art, Umfang und Ausführung der Arbeit durch Weisung bestimmen kann (§ 121 GewO; Arbeitsvertrag i.V.m. § 315 BGB). Das Direktionsrecht darf nur nach billigem Ermessen ausgeübt werden und muß der Fürsorgepflicht des Arbeitgebers Rechnung tragen. Die Rechte der Personalvertretung bzw. des Betriebsrates sind zu wahren.

Mittel der Aufsichtsführung

Zur Wahrnehmung der Aufsicht stehen dem freien wie dem öffentlichen Träger (von Erziehungsberatungsstellen) *grundsätzlich* mehrere Mittel zur Aufsichtsführung zur Verfügung, von denen aber nicht alle auf Erziehungsberatungsstellen angewandt werden können. Es sind zu unterscheiden:
- *Nicht eingreifende Aufsichtsmittel*
  Hierzu gehören: die Unterrichtung, die Erteilung von Hinweisen, die Untersuchung von Vorgängen an Ort und Stelle/durch Akteneinsicht.[1]
- *Regelnde Aufsichtsmittel*
  Hierzu gehören: abstrakte Verwaltungsvorschriften/allgemeine Dienstanordnungen; konkrete (Fach-)weisungen; im Bereich des öffentlichen Trägers auch: konkrete Verwaltungsakte.
- *Eingreifende Aufsichtsmittel*
  Hierzu gehören: Versagen einer Genehmigung im Einzelfall, das Verlangen, Maßnahmen rückgängig zu machen, Aufhebung von Maßnahmen.
- *Verrichtende Aufsichtsmittel*[2]
  Hierzu gehören: Ersatzvornahme und Selbsteintritt des Aufsichtsorgans.
- *Disziplinarverfahren.*

Fachliche Unabhängigkeit als „Freiheit im öffentlichen Interesse"

Die Idee der Aufsicht setzt eine hierarchische Gliederung der jeweiligen Organisation von oben nach unten voraus, wie sie für staatliche Verwaltungen typisch ist. Im Bereich der Wirtschaft, aber auch bei freien Trägern, sind dagegen dezentrale Entscheidungsstrukturen typisch. Mit der Einführung von Elementen der Neuen Steuerung entsteht auch im Bereich öffentlicher Träger die Notwendigkeit, „flache Entscheidungshierarchien" zu realisieren.

Die rechtlich prinzipiell unbegrenzte Weisungsgewalt übergeordneter Entscheidungsebenen findet eine fachliche Grenze in Arbeitsfeldern, die durch die kommunikative Beziehung zu den Klienten geprägt sind. An die Stelle einer regelorientierten Entscheidungsstruktur tritt hier der privilegierte Zugang der Fachkraft zur jeweiligen Notlage von hilfebedürftigen Personen (Luthe 1993, S. 555). Anamnese, Diagnose und die Wahl des beratenden bzw. therapeutischen Vorgehens sind an die persönliche Wahrnehmung und Situationsdeutung der jeweiligen Fachkraft gebunden. Der damit gegebenen hohen Eigenverantwortung entspricht ein von fachlichen Weisungen freier Tätigkeitsbereich in der Bearbeitung des Einzelfalls (Kühne 1987, S. 247 f.). Eine Erziehungsberatungsstelle erfüllt diese Aufgaben daher im Einklang mit den anerkannten Regeln fachlichen Könnens in fachlicher Hinsicht unabhängig (Grundsätze 1973, S. 81).

Neben die Strukturen der Kontrolle tritt mit der fachlichen Unabhängigkeit ein zweiter Steuerungsmechanismus. Er hat seine Grundlage im Grundsatz der optimalen Verwirklichung staatlicher Aufgaben. Soziale Arbeit kann ihr sozialstaatlich gefordertes Aufgabenoptimum nur erfüllen, wenn der Bedarf nach situationsangemessenem flexiblen Handeln durch einen entsprechenden Freiraum abgesichert ist (Luthe 1993, S. 518 f.). Fachliche Unabhängigkeit dient nicht der Selbstverwirklichung der Fachkraft, sondern ist „Freiheit im öffentlichen Interesse" (Niehus). Allerdings muß sichergestellt werden, daß sich die beiden Steuerungsmechanismen nicht wechselseitig behindern oder neutralisieren.

Datenschutz/Schutz des Privatgeheimnisses

Die Beziehung zwischen Ratsuchenden und Fachkraft in der Erziehungsberatungsstelle ist auf rückhaltlose Offenheit angewiesen. Das dazu erforderliche Vertrauen bei den Ratsuchenden setzt die Sicherheit voraus, daß die Inhalte von Beratungsgesprächen und Therapien vertraulich behandelt werden. Die Fachkräfte in Erziehungsberatungsstellen sind deshalb zum Schutz der Privatgeheimnisse der Ratsuchenden verpflichtet (§ 203 Abs. 1 Nr. 4 StGB). Die ihnen anvertrauten Informationen dürfen weder mündlich noch schriftlich weitergegeben werden. Das Kinder- und Jugendhilfegesetz hat diesen Grundatz als „besonderen Vertrauensschutz in der persönlichen und erzieherischen Hilfe" für die Jugendhilfe verallgemeinert (§ 65 KJHG) und damit die Eigenverantwortlichkeit des einzelnen Mitarbeiters in der Jugendhilfe gestärkt. Die Pflicht zum Schutz der anvertrauten Informationen besteht auch gegenüber dem jeweiligen Träger einer Erziehungsberatungsstelle. Aufgrund § 61 Abs. 4 KJHG gilt dies auch für freie Träger.

Aufsicht über Erziehungsberatungsstellen

Will man die beiden Steuerungsmechanismen der hierarchischen Kontrolle durch Aufsicht und der Selbststeuerung im Rahmen fachlicher Unabhängigkeit zueinander in Beziehung setzen, so empfiehlt es sich, zwischen dem Träger und den Mitarbeitern zu vereinbaren, welche Bereiche der Aufsicht des Trägers vorbehalten bleiben und welche Bereiche die fachliche Unabhängigkeit der Erziehungsberatungsstelle ausmachen. Die Bundeskonferenz für Erziehungsberatung (bke) empfiehlt dazu die Unterscheidung zwischen *Kontrolle des Einrichtungszwecks* und *Aufsicht innerhalb der Beratungsstelle.*

Kontrolle des Einrichtungszwecks
Öffentliche oder freie Träger richten Erziehungsberatungsstellen ein, um Aufgaben nach §§ 16, 17, 18 (1) u. (4) u. 28 KJHG wahrzunehmen. Die Träger trifft daher die Verantwortung für die Bedingungen der Tätigkeit der Beratungsstellen.
Hierzu zählen in erster Linie:
- Definition der Aufgaben der Einrichtung (Erziehungs- und Familienberatung; Ehe- und Lebensberatung, Schwangerschaftskonfliktberatung)
- fachliche Qualifikation der Mitarbeiter (unterschiedliche Grundberufe; aufgabenbezogene Zusatzqualifikationen)

- Anwendung fachlich anerkannter und überprüfbarer Methoden
- Regelung der Entscheidungsbildung innerhalb der Beratungsstelle
- Regelung der Kooperation mit anderen Diensten und Einrichtungen
- Einhaltung aller rechtlichen Bestimmungen, die dem Beratungs- und Behandlungsverhältnis zugrunde liegen
- Einhaltung sonstiger Gesetze und rechtlicher Regeln.

Vgl. hierzu den bke-Hinweis zu Qualitätsmerkmalen von Erziehungsberatungsstellen (Informationen für Erziehungsberatungsstellen, Heft 1/96, S. 3).

Aufsicht innerhalb der Beratungsstelle

Zur Sicherung des für die fachliche Arbeit erforderlichen Freiraums überträgt der Träger der Beratungsstelle die Wahrnehmung der Aufsicht innerhalb der Erziehungsberatungsstelle auf den Leiter/die Leiterin der Einrichtung. (Werden Leitungsaufgaben durch das Team insgesamt oder durch Rotieren der Leitung wahrgenommen, so sollte die Wahrnehmung von Aufsichtsfunktionen ausdrücklich geregelt werden.) Die Dienstaufsicht durch den Leiter umfaßt die *rechtlichen* und die *fachlichen* Aspekte der Arbeit.

Zur rechtlichen Seite der Aufsicht gehören:
- Anwesenheit /Arbeitszeiten
- Urlaub
- Tätigwerden der Mitarbeiter entsprechend ihrer jeweiligen Stellenbeschreibung
- Einhalten der Bestimmungen des Datenschutzes
- Meldungen im Rahmen der Kinder- und Jugendhilfestatistik
- Genehmigung von Dienstreisen/Fortbildungen

Zur fachlichen Seite der Aufsicht gehören:
- Teilnahme der Mitarbeiter an regelmäßigen Fallbesprechungen
- Darstellungen eigener Fälle in den Besprechungen
- Supervision der fachlichen Arbeit
- Personalentwicklung durch Planung der Fortbildung
- Einhaltung der Regeln fachlichen Könnens.

Durch Wahrnehmung der Aufsicht zu den dargestellten Punkten kann in der Regel sichergestellt werden, daß die einzelne Fachkraft in der Beratung bzw. dem therapeutischen Gespräch ihre Interven-

Allgemeine Grundlagen

tion entsprechend dem Stand der jeweiligen Disziplin wählt und anwendet. Die Einzelbeziehung zwischen Berater und Ratsuchenden bleibt deshalb von fachlichen Weisungen frei. Anderes kann nur bei gravierendem Verstoß im Einzelfall gelten.

Sanktionen

Werden im Rahmen der Aufsicht Änderungsnotwendigkeiten erkennbar, so stehen als Mittel zur Abhilfe zur Verfügung:
- persönliche Gespräche
- Teambesprechung
- Versagung einer erforderlichen Genehmigung
- Mitteilung an den Träger zur Einleitung disziplinarischer Maßnahmen
- disziplinarische Maßnahmen
- Kündigung/Entfernung aus dem Dienst.

Abwehrmöglichkeiten des betroffenen Mitarbeiters

Sieht ein Mitarbeiter die vom Träger für erforderlich gehaltene Regelung/Vorgehensweise für falsch an, so stehen ihm zur Verdeutlichung einer anderen Auffassung und zur Sicherung eigener Rechte grundsätzlich die folgenden Mittel zur Verfügung:
- Vortrag alternativer Vorstellungen
- Widerspruch beim unmittelbaren Vorgesetzten (Remonstration)
- Anrufung des nächsthöheren Vorgesetzten
- Einschaltung des Personalrates/Betriebsrates/Mitarbeitervertretung
- Anrufung der Schlichtung
- Arbeitsgericht/Verwaltungsgericht.

Fallkonstellationen

Im folgenden soll anhand von Beispielen verdeutlicht werden, ob es sich um eine Problemlage handelt, die mit Mitteln der Aufsicht zu lösen ist und welche Handhabung nach den dargestellten Grundsätzen geeignet erscheint.

(1) Ein staatliches Kommunalprüfungsamt führt Prüfungen in einer Kommune durch. In diesem Rahmen soll auch die kommunale

Erziehungsberatungsstelle einer Prüfung unterzogen werden. Zu diesem Zweck sollen zufällig ausgewählte Behandlungsakten vorgelegt werden.

Das Kommunalprüfungsamt ist Teil der Kommunalaufsichtsbehörde (z.B. Bezirksregierung). Diese nimmt die Rechtsaufsicht über die Gemeinden und Landkreise wahr. Da sich die Erziehungsberatungsstelle in kommunaler Trägerschaft befindet, unterliegt sie als Teil der Kommune dieser Rechtsaufsicht. Die Prüfung ist daher im Hinblick auf die Rechtmäßigkeit der Tätigkeit der Erziehungsberatungsstelle zulässig. Um festzustellen, ob sich die Aktivitäten der Beratungsstellen im Rahmen der Gesetze halten, ist jedoch keine Einsicht in Beratungsdokumentationen erforderlich. Das grundsätzlich gegebene Informationsrecht der Kommunalaufsichtsämter findet daher seine Grenze am Grundsatz der Erforderlichkeit (§ 67c SGB X). Auch bei einer Prüfung muß die Anonymität der Betroffenen gewahrt bleiben. Eine Prüfung der Zweckmäßigkeit der Tätigkeit der Erziehungsberatungsstelle ist nicht zulässig, da die Jugendhilfe insgesamt eine Selbstverwaltungsangelegenheit der Kommune ist.

(2) Die meisten Länder haben Richtlinien zur Erziehungsberatung erlassen. Üben die Länder deshalb Fachaufsicht über Erziehungsberatungsstellen aus?

Fachaufsicht als staatliche Organaufsicht findet nur statt bei staatlichen Aufgaben, die den Kommunen zur Durchführung übertragen worden sind (z.B. Schule). Jugendhilfe gehört zum originären Wirkungskreis der Kommune. Die Erziehungsberatungsstelle unterliegt daher keiner staatlichen Fachaufsicht. Auch die Verpflichtung der Länder aus § 82 Abs. 2 KJHG, auf einen gleichmäßigen Ausbau der Einrichtungen und Angebote hinzuwirken, ändert an diesem Ergebnis nichts. Allerdings ist es den Ländern unbenommen, eine finanzielle Förderung von Einrichtungen an die Erfüllung von festgelegten Mindeststandards zu binden.

(3) Ein öffentlicher Träger will die Klientenakten einer Erziehungsberatungsstelle in freier Trägerschaft einsehen, um zu prüfen, ob tatsächlich die vereinbarten Aufgaben nach §§ 16, 17, 18 (1) u. (4), 28 KJHG erfüllt worden sind.

Der freie Träger der Beratungsstelle erfüllt zwar eine Aufgabe, zu der ansonsten der öffentliche Träger selbst verpflichtet gewesen wäre, ein Recht auf Aufsicht über den freien Träger resultiert daraus jedoch nicht. Insbesondere folgt hieraus kein Recht auf Einsicht in Klientenunterlagen. Für eine Prüfung stehen aber Verwendungsnachweis, Statistiken und Tätigkeitsberichte zur Verfügung, wenn dies vertraglich vereinbart worden ist.

(4) Eine Erziehungsberatungsstelle will eine Abendsprechstunde einführen. Der Träger der Einrichtung stimmt nicht zu, da dies nicht mit der üblichen Arbeitszeitregelung vereinbar sei.

Der Träger als Dienstherr bzw. Arbeitgeber bestimmt Zeit und Ort der Aufgabenerfüllung. Daher ist die Ablehnung rechtlich zulässig. Allerdings hat er seine Aufsichtsfunktion in billigem Ermessen wahrzunehmen. Dies schließt die Wahrung des Organisationszwecks ein. Öffnungszeiten, die die Erreichbarkeit der Beratungsstellen verbessern, wären deshalb unter Beachtung bestehender Arbeitszeitregelungen zu billigen. Der Leiter der Einrichtung kann also mit Aussicht auf Erfolg den nächsthöheren Dienstvorgesetzten anrufen.

(5) Der Träger will die Abendsprechstunde einführen. Die Mitarbeiter wehren sich.

Wiederum bestimmt der Träger Zeit und Ort der Aufgabenerfüllung. Die Sprechstunde wird daher eingerichtet. Eine Zustimmung des Personalrates ist in der Regel nicht erforderlich. Sie könnte sich nur darauf beziehen, welche Mitarbeiter in welchem Turnus die Sprechstunde abhalten müssen. Ggf. anderslautende örtliche Regelungen müssen beachtet werden.

(6) Der Leiter einer Erziehungsberatungsstelle will stichprobenartig Beratungsdokumentationen der Mitarbeiter einsehen, um seine Fachaufsicht wahrzunehmen.

Die Privatgeheimnisse der Klienten sind den einzelnen Mitarbeitern persönlich anvertraut. Sie haben sie gemäß § 203 Abs. 1 Nr. 4 StGB zu wahren. Eine Weitergabe bedarf der Einwilligung der Betroffenen. Deshalb wird die ausdrückliche Zustimmung zur Fallbesprechung im Team bei den Ratsuchenden eingeholt. Dies schließt die Lektüre der Beratungsdokumentation durch Dritte, auch den Leiter, nicht ein. Eine routinemäßige Einsichtnahme ist daher nicht zulässig.

(7) Ein Berater stellt das Erstgespräch mit einen Klienten im multidisziplinären Team der Beratungsstelle vor. Das Team neigt zu einer anderen Vorgehensweise als der Berater.

Aufgabe des Teams ist die fachliche Beratung eines vorgestellten Falles. Es gibt derjenigen Fachkraft, die die Beratung führt, Hinweise zum Verständnis der Problemlage und zeigt Möglichkeiten der Intervention auf. Die fallzuständige Fachkraft kann diese Anregungen nur in dem Maße in eigenes Handeln umsetzen, wie sie von den vorgetragenen Argumenten selbst überzeugt ist. Eine Mehrheitsentscheidung im Team ist daher nicht zulässig. Zwar ist rechtlich gesehen eine fachliche Weisung des Leiters zur Bearbeitung des Einzelfalls zulässig. Sie widerspricht aber der fachlichen Unabhängigkeit der Berater-Klient-Beziehung. Ist der Leiter überzeugt, daß das gewählte Vorgehen nicht vertretbar ist, kann er den Fall einem anderen Mitarbeiter übertragen.

(8) Ein Klient beschwert sich beim Träger über die gewählte Methode der Beratung, sie schädige sein Kind.

Zunächst steht dem Träger grundsätzlich das Recht zu, einen Einzelfall durch Akteneinsicht zu klären. Dem steht ebenso grundsätzlich der Schutz des Privatgeheimnisses entgegen. Liegt eine Beschwerde des Betroffenen vor, so kann zwar vermutet werden, daß er eine Einsichtnahme in die Beratungsdokumentation wünscht, in Anbetracht des hohen Stellenwertes, den der Schutz von Privatgeheimnissen in jeder Beratung und Therapie hat, sollte der Beschwerdeführer aber über die Bedeutung der Einsichtnahme aufgeklärt und um seine (schriftliche) Einwilligung gebeten werden. So hat er die Möglichkeit, ggf. seine Einwilligung zur Einsichtnahme auf bestimmte Personen zu begrenzen (z.B. Sachverständige). Der Träger hat jedoch zugleich gegenüber seinen Mitarbeitern eine Fürsorgepflicht. Er wird daher zunächst dem Mitarbeiter selbst Gelegenheit zur Stellungnahme geben und soweit erforderlich den Leiter zur Stellungnahme auffordern. Gegebenenfalls kann auch ein externer Gutachter beigezogen werden.

(9) Ein Sozialarbeiter soll die Leitung einer Erziehungsberatungsstelle erhalten. Dagegen wird eingewandt, daß er gegenüber den in der Beratungsstelle tätigen Psychologen keine Fachaufsicht ausüben könne.

Fachaufsicht in dem hier gemeinten Sinn ist Teil der Dienstaufsicht über die Mitarbeiter der Einrichtung. Fachaufsicht im rechtlichen Sinne (siehe oben) ist nicht an die Ausübung desselben Grundberufes gebunden. Die Dienstaufsicht in einer Erziehungsberatungsstelle, die auch die Art und Weise der Arbeit beinhaltet, kann auch durch einen Sozialarbeiter ausgeübt werden, dem dadurch Psychologen unterstellt werden. Grundsätzlich gilt, daß die Leitung, wenn sie die entsprechende Kompetenz selbst nicht einbringt, sich in Konstellationen wie Fall (7) vor einer Entscheidung durch Beratung fachkundig machen muß.

Schluß

Aufsicht über Erziehungsberatungsstellen wird häufig als Gegensatz zur fachlichen Unabhängigkeit und Pflicht der Berater zum Schutz des Privatgeheimnisses verstanden. Doch ebenso wie die rechtlichen Regelungen, die der Wahrnehmung von Aufsicht zugrunde liegen (z.B. die Bestimmungen des Arbeitsvertrages), auch die Berater binden, so verpflichten die Vorschriften zum Schutz der Persönlichkeitsrechte auf der anderen Seite den Träger: dienstliche Anordnungen müssen sich in den Grenzen halten, die durch den Schutz des Privatgeheimnisses gesetzt sind. Und weitergehend, das Einhalten dieser Schutzvorschriften durch die Fachkräfte, wie alle anderen rechtlichen Regelungen, die dem Beratungsverhältnis zugrunde liegen, ist Teil der Aufsicht durch den Träger. Verallgemeinernd läßt sich deshalb formulieren: Aufsicht über Erziehungsberatungsstellen bedeutet die Pflicht des Trägers zur Gewährleistung von Arbeitsbedingungen, die an den Problemen und an den Rechten der Ratsuchenden orientiert sind.

25. September 1996

Anmerkungen
1 Hierzu vergleiche weiter unten die Fallkonstellationen (1) und (6) sowie *Bedeutung der Datenschutzregelungen des KJHG für die Erziehungsberatungsstellen*, in diesem Band, S. 23ff. und *Aktenführung in Erziehungsberatungsstellen*, in diesem Band, S. 57ff.
2 Ersatzvornahme und Selbsteintritt kommen nur bei der Organaufsicht in Betracht.

Gebührenfreiheit bei der Inanspruchnahme von Erziehungsberatungsstellen

Die Inanspruchnahme von Erziehungs- und Familienberatungsstellen ist auf der Grundlage des Kinder- und Jugendhilfegesetzes für den Klienten kostenfrei.

Das KJHG regelt Erziehungsberatung unter zweierlei Aspekten. Erziehungsberatung wird zum einen als präventive Leistung zur Förderung der Erziehung in der Familie in Form eines Angebotes zur Beratung in allgemeinen Fragen der Erziehung und Entwicklung junger Menschen gesehen (§ 16 Abs. 2 Nr. 2). Zum anderen regelt das KJHG Erziehungsberatung als Hilfe zur Erziehung für Kinder, Jugendliche, Eltern und andere Erziehungsberechtigte, wenn eine dem Wohl des Kindes oder des Jugendlichen entsprechende Erziehung in der Familie nicht mehr gewährleistet und die Hilfe für seine Entwicklung geeignet und notwendig ist (§§ 27, 28 KJHG).

Erziehungsberatung als *Hilfe zur Erziehung* ist im KJHG als eine für Klienten kostenfreie Leistung vorgesehen. Die Kataloge der Leistungen, für die Teilnahme- oder Kostenbeiträge erhoben werden können (§§ 90 u. 91 KJHG), führen § 28 (Erziehungsberatung) nicht auf. Da die Aufzählung in diesen Vorschriften abschließend ist, hat kein Träger der Jugendhilfe das Recht, Eltern oder Kindern bei Inanspruchnahme von Erziehungsberatung als Leistung der Erziehungshilfe eine Kostenpflicht aufzuerlegen.

Auch die als *präventives Angebot* ausgestaltete Erziehungsberatung nach § 16 KJHG ist durch das Erste Änderungsgesetz des Kinder- und Jugendhilfegesetzes vom 18.12.1992 kostenfrei gestellt. § 16 Abs. 2 Nr. 2 ist in der Aufzählung der Leistungen, für die Teilnahmebeträge zugelassen sind, in § 90 KJHG nicht mehr enthalten. Damit entfällt auch hier die Möglichkeit, den Klienten eine Kostenpflicht aufzuerlegen. Schließlich stellt das Erste Änderungsgesetz durch die Neufassung von § 91 sicher, daß Erziehungsberatung auch als Hilfe für junge Volljährige gemäß § 41 KJHG kostenfrei zu leisten ist.

Mit diesen Regelungen hat das Kinder- und Jugendhilfegesetz dem einhelligen fachlichen Konsens eine rechtliche Grundlage gegeben:

Präventive Erziehungsberatung ist Arbeit mit einzelnen oder in Gruppen, die darauf abzielt, Lebens-, Entwicklungs- und Umweltbedingungen zu verändern, um im Vorfeld Schäden und Störungen zu verhindern. Vorbeugende Beratung schließt dabei allgemeine Öffentlichkeitsarbeit ebenso ein wie gezielte Arbeit mit Multiplikatoren und Bezugspersonen (z.B. Erziehern) sowie mit Eltern, Jugendlichen und Kindern. Sie bezieht auch die strukturelle Verbesserung von sozialen Bedingungen mit ein. Diese Beratung erfüllt ihren Sinn nur dann, wenn sie auch die finanziell schlechter gestellten Schichten unserer Bevölkerung anspricht, die erfahrungsgemäß eine Beratungsstelle nicht aufsuchen, wenn Erziehungsberatung mit Kosten verbunden ist. Dadurch würden Zugangsschwellen errichtet und die seelische Gesundheit von Kindern und Jugendlichen von ökonomischen Rücksichten abhängig.

Dieser Grundsatz, Hilfen, die dem Kind oder Jugendlichen direkt zugute kommen, kostenfrei zu stellen und so die Entwicklung der nachwachsenden Generation unabhängig von der finanziellen Kraft der Eltern als gesellschaftliche Aufgabe zu betrachten, gilt für alle Hilfen zur Erziehung: gerade dann, wenn eine dem Wohl des Kindes entsprechende Erziehung nicht gewährleistet ist, kann eine erforderliche Unterstützung nicht von finanziellen Erwägungen der Eltern abhängig gemacht werden.

Die Erhebung von Kostenbeiträgen wäre auch problematisch, weil bei einem solchen Vorgehen die Ratsuchenden gegenüber der Beratungsstelle ihre wirtschaftlichen Verhältnisse offenbaren müßten, wenn sie beantragen sollen, den Teilnahmebeitrag ganz oder teilweise zu erlassen. Eine solche Entscheidung müßte sich nämlich nach der wirtschaftlichen Situation des Antragstellers richten. Die von einem solchen Zwang zur Offenbarung der persönlichen Verhältnisse ausgehende Diskriminierung ist keine geeignete Ausgangslage zur Herstellung einer für Beratung notwendigen Vertrauensbeziehung zwischen Klient und Berater.

Schließlich steht das Prinzip der Vertraulichkeit der Erhebung von Kostenbeiträgen in der Erziehungsberatung entgegen. Die Tatsache, daß ein Klient eine Beratungsstelle aufsucht, gehört nach der Rechtssprechung bereits zu seinem vom Berater zu wahrenden Privatgeheimnis. Kein Klient darf dazu genötigt werden, diese Tatsache bekannt zu machen, auch nicht innerhalb desselben Trägers. Deshalb wäre die Einziehung von Kostenbeiträgen z.B.

über behördliche Kassen oder zentrale Kassen freier Träger nicht zulässig.

3. Juni 1993

Erziehungsberatungsstellen und Sachverständigentätigkeit vor Gericht

Erziehungsberatungsstellen oder Mitarbeiter von Erziehungsberatungsstellen werden gelegentlich von Gerichten gebeten oder beauftragt, Gutachten über entscheidungserhebliche Umstände zu erstellen. Die meisten Erziehungsberatungsstellen lehnen derartige Tätigkeiten grundsätzlich ab. Auch die Bundeskonferenz für Erziehungsberatung steht einer Sachverständigentätigkeit für Gerichte durch Fachkräfte der Erziehungsberatungsstellen ablehnend gegenüber und rät, derartige Tätigkeiten nicht zu übernehmen.

Grundsätzliches

Als Sachverständigen oder Gutachter bezeichnet man den Experten auf einem Spezialgebiet, das ein Richter nicht beherrscht. Er wird deshalb auch als Gehilfe des Richters bezeichnet. Der Sachverständige leistet dreierlei:
- Er vermittelt dem Gericht Erfahrungssätze und Spezialkenntnisse aus anderen Wissenschaften, Techniken und Berufen.
- Er wendet diese außerrechtlichen Regeln auf den Streitfall an.
- Weiterhin ermittelt er Tatsachen, die der Richter als Laie selbst nicht feststellen kann.

Der Sachverständige ist von den Zeugen oder sachverständigen Zeugen zu unterscheiden. Ein Zeuge berichtet von Wahrnehmungen, die er selbst gemacht hat. Er vermittelt aber keine Erfahrungssätze und Spezialkenntnisse. Der sachverständige Zeuge ist ebenfalls Zeuge, nicht aber Sachverständiger. Er wird deshalb als sachverständiger Zeuge bezeichnet, weil er bestimmte Wahrnehmungen nur deshalb machen kann, weil er Spezialkenntnisse besitzt.

Keine Pflicht zur Sachverständigentätigkeit

Sachverständiger kann jeder sein, der nötige Sachkenntnis hat. Das Gericht kann daher jeden als Sachverständigen heranziehen. Nicht jedermann ist aber verpflichtet, der Ernennung zum Sachverständigen auch Folge zu leisten. In den § 75 StPO und § 407 ZPO ist

geregelt, wen eine Pflicht zur Sachverständigentätigkeit trifft. Danach ist unter folgenden Voraussetzungen der Ernennung Folge zu leisten:
- der Ernannte ist zur Erstattung von Gutachten der erforderlichen Art öffentlich bestellt;
- er übt die Wissenschaft, die Kunst oder das Gewerbe öffentlich zum Erwerb aus;
- er ist zur Ausübung derselben öffentlich bestellt;
- er hat sich vor Gericht dazu bereit erklärt.

Öffentlich bestellte Sachverständige sind solche, die durch Behörden für bestimmte Sachgebiete ernannt sind, allgemein beeidigt und in Gutachterlisten erfaßt sind. Gewerbetreibende sind solche, die sich öffentlich zur entgeltlichen Berufsausübung erbieten, gleichgültig, ob für eigene oder fremde Rechnung. Eine öffentliche Ermächtigung zur Ausübung liegt bei der Erteilung der Lehrbefugnis (venia legendi) oder der ärztlichen Approbation vor.

Erziehungsberatungsstellen oder Mitarbeiter und Mitarbeiterinnen von Erziehungsberatungsstellen fallen nicht unter den genannten Personenkreis. Es besteht daher keine Pflicht, einer Ernennung zum Sachverständigen Folge zu leisten.

Verbot der Sachverständigentätigkeit aufgrund der Schweigepflicht

Fachkräften von Erziehungsberatungsstellen werden persönliche Daten anvertraut; sie können daher Gutachten über ihre Klienten betreffende Themen nicht erstatten, ohne gegen ihre Schweigepflicht zu verstoßen. Erhalten sie von den Klienten keine Entbindung von der Schweigepflicht, dürfen sie einen Gutachterauftrag nicht annehmen. (Eine Ermächtigung zur Offenbarung kann jederzeit widerrufen werden). Die Träger von Erziehungsberatungsstellen sollten Sachverständigentätigkeit nicht zum Auftrag der Einrichtung machen.

Adressat eines Gutachtenauftrages

Adressat eines Auftrages zur Erstellung eines Gutachtens könnte nur die einzelne Fachkraft der Erziehungsberatungsstelle sein. Diese hat dann – wenn sie sich bereit erklärt hat – das Gutachten selbst und eigenverantwortlich zu erstatten. Eine Vertretung in der Ausarbeitung des Gutachtens ist ausgeschlossen. Die Ausnahmen, die das Gesetz vorsieht, gelten nicht für Mitarbeiter und Mitarbeiterinnen von Erziehungsberatungsstellen.

Gutachtenerstellung als Nebentätigkeit

Die Erstellung oder Übernahme von Gutachten stellt eine Nebentätigkeit dar, die sich die Fachkraft der Erziehungsberatungsstelle vom Dienstherrn genehmigen lassen muß. Die Träger der Erziehungsberatungsstellen sollten derartige Nebentätigkeiten nicht zulassen.

Gefahr des Vertrauensverlustes

Eine Sachverständigentätigkeit vor Gericht kann deshalb nur in Betracht kommen, wenn sich ein Mitarbeiter einer Erziehungsberatungsstelle zur Erstellung eines Gutachtens bereit erklärt und der Klient ihn von der Schweigepflicht entbindet. Aber auch in diesem Fall sollte grundsätzlich auf eine Tätigkeit als Gutachter verzichtet werden. Das unbedingte Vertrauen in die Verschwiegenheit der Fachkräfte von Erziehungsberatungsstellen kann dadurch erschüttert werden, daß sie als „Gehilfe des Richters" tätig werden. Für Außenstehende ist nur schwer übersehbar, inwieweit ihre anvertrauten Daten trotz allem geschützt sind. Der Sachverständige als „Gehilfe des Richters" liefert dem Gericht Materialien; nach Ablieferung des Gutachtens besteht keine Möglichkeit mehr, auf die weitere Verwendung Einfluß zu nehmen.

Aus den genannten Gründen empfiehlt die Bundeskonferenz für Erziehungsberatung, Bitten oder Aufträge zur Erstellung von Gutachten abzulehnen. Soweit die Träger von Erziehungsberatungsstellen derartige Tätigkeiten anordnen, sollte versucht werden, eine Ablehnung zu erreichen.

11. April 1994

Haftung in Erziehungsberatungsstellen

In Erziehungsberatungsstellen kann es zu Verletzungen von Rechtsgütern (z.b. Eigentum, Körper, Gesundheit) der Klienten, der Erziehungsberater oder des Trägers selbst kommen. Derartige Vorfälle werfen eine Reihe von rechtlichen Fragen auf, die im folgenden skizziert werden.

Es werden die möglichen Fallkonstellationen aufgelistet und rechtlich bewertet sowie versicherungsrechtliche Fragen erörtert. Abschließend werden dienstrechtliche und arbeitsrechtliche Folgen geschildert.

Fallgruppen

Verursachung von Rechtsgutverletzungen durch ein Kind

Haftung durch das Kind
Grundsätzlich haftet ein Kind für Schäden, die es anderen zufügt, nur dann, wenn es sieben Jahre alt ist und die erforderliche Einsicht in das Handeln besitzt (§ 828 Abs. 2 BGB). Kommt es zu einer Rechtsgutverletzung innerhalb einer Erziehungsberatungsstelle bzw. während einer Beratung, so gelten zunächst die allgemeinen Grundsätze der §§ 823 ff. BGB. Besonderheiten gibt es insoweit nicht. Die entscheidende Frage lautet also, ob das Kind im deliktsrechtlichen Sinne als verantwortlich angesehen werden kann. Die Frage, ob das Kind die erforderliche Einsicht in das Handeln besitzt, kann nur anhand der Umstände des Einzelfalls entschieden werden.

Haftung der Aufsichtsperson
Hat das Kind einen Schaden an den Rechtsgütern anderer verursacht, kommt neben der Eigenhaftung des Kindes auch eine Haftung der Aufsichtsperson in Betracht. Derjenige, der die Aufsichtspflicht übernommen hat, kann dann zum Schadenersatz herangezogen werden, wenn er das Kind nicht ordentlich beaufsichtigt hat (§ 832 BGB). Eine Haftung entfällt nur dann, wenn der Schaden auch bei ordnungsgemäßer Beaufsichtigung entstanden wäre. Die Aufsichtspflicht besitzen zunächst die sorgeberechtigten

Personen. Wird das Kind der Erziehungsberatungsstelle übergeben, übernimmt diese bzw. der einzelne Berater die Aufsichtspflicht. Diese ist mit der Folge übertragen, daß die sorgeberechtigten Personen nicht mehr wegen Verletzung der Aufsichtspflicht haften.

Ausnahme bei übertragener Aufsicht
Eine Haftung nach allgemeinen Grundsätzen kann jedoch auch im Falle der übertragenden Aufsichtspflicht in Betracht kommen. Dies kann etwa dann der Fall sein, wenn der die Aufsicht übernehmenden Person wichtige Informationen über das Kind nicht mitgeteilt werden. Gemeint sind damit Informationen über das Kind, welche für die Ausübung der Aufsicht wichtig sind.

Erziehungsberater schädigt Kind

Schädigt eine Fachkraft der Erziehungsberatungsstelle ein Kind an Körper, Gesundheit oder Eigentum, so haftet sie nach den allgemeinen Grundsätzen. Voraussetzung für eine Haftung ist, daß die Rechtsgutverletzung widerrechtlich (d.h. ohne Rechtfertigungsgrund) und vorsätzlich oder fahrlässig herbeigeführt worden ist.

Haftung bei öffentlicher Trägerschaft
Befindet sich die Erziehungsberatungsstelle in öffentlich-rechtlicher Trägerschaft, haftet die Fachkraft gem. § 839 BGB für Fahrlässigkeit nur dann, wenn der Verletzte nicht auf andere Weise Ersatz zu erlangen vermag. Da der Träger der Erziehungsberatungsstelle Ersatz zu leisten hat, kommt eine Haftung bei Amtspflichtverletzung nur bei Vorsatz in Betracht. Die Fachkraft kann also bei Fahrlässigkeit nicht direkt in Anspruch genommen werden.

Haftung bei freier Trägerschaft
Befindet sich die Erziehungsberatungsstelle nicht in öffentlich-rechtlicher Trägerschaft, so haftet die Fachkraft der Erziehungsberatungsstelle direkt. Sie haftet also neben dem Träger. Die Verletzte kann sich aussuchen, wen sie in Anspruch nimmt und kann auch Träger und Fachkraft als Gesamtschuldner verklagen.

Haftung bei Behandlungsfehlern
Theoretisch denkbar sind auch Rechtsgutverletzungen dadurch,

daß die konkrete Hilfe zur Erziehung fehlerhaft erfolgt und die Ratsuchende dadurch psychisch geschädigt wird. Auch eine solche Beeinträchtigung stellt eine zu Schadenersatz bzw. Schmerzensgeldzahlung verpflichtende Beeinträchtigung dar. Soweit ersichtlich, sind Fälle dieser Art noch nicht höchstrichterlich entschieden worden. Wann eine Haftung in Betracht kommt, kann nur am Einzelfall selbst beantwortet werden. Eine Haftung tritt nur dann ein, wenn der Fachkraft nachgewiesen wird, daß sie nicht lege artis gearbeitet hat und dies kausal für die eingetretene Verletzung geworden ist. Erfahrungsgemäß ist ein solcher Nachweis nur schwer zu führen. Der Nachweis ist nämlich nur dann erbracht, wenn bewiesen ist, daß es nicht zur Rechtsgutverletzung gekommen wäre, wenn die Fachkraft in der Erziehungsberatungsstelle fehlerfrei gehandelt hätte. Allein die fehlerhafte Anwendung z.B. eines therapeutischen Verfahrens verpflichtet noch nicht zum Schadenersatz.

Erwachsene Klienten

Wenn ein volljähriger Ratsuchender in der Erziehungsberatungsstelle einen Schaden verursacht, haftet er grundsätzlich nach §§ 823 ff. BGB. Wird ein volljähriger Klient durch eine Fachkraft der Erziehungsberatungsstelle geschädigt, so gelten die vorstehenden Grundsätze auch für diesen Fall.

Verletzung der Verkehrssicherungspflicht

Der Träger einer Erziehungsberatungsstelle ist dazu verpflichtet, die Räumlichkeiten der Beratungsstelle so zu sichern, daß dort niemand zu Schaden kommt. Der Begriff Verkehrssicherungspflicht umfaßt die Pflichten, die etwa auch jeden Hauseigentümer treffen. So ist sicherzustellen, daß die Verkehrswege sicher sind, im Winter gestreut werden und bei Dunkelheit beleuchtet sind. Besondere Hinweise haben etwa bei gefährlichen Treppenstufen oder frisch gebohnertem Fußboden zu erfolgen.

Bei einem Verstoß gegen die Verkehrssicherungspflicht haftet der Träger für die dadurch entstandenen Verletzungen. Die einzelne Fachkraft der Erziehungsberatungsstelle haftet nur dann, wenn ihr arbeitsvertraglich die Pflicht zur Durchführung der Sicherungsmaßnahmen übertragen worden ist.

Versicherungsfragen

Betriebshaftpflichtversicherung
Jeder Träger einer Einrichtung kann sich durch den Abschluß einer sogenannten Betriebshaftpflichtversicherung absichern. Sie deckt alle Schäden, die infolge von Aufsichtsverletzungen entstanden sind, und zwar sämtlicher in der Beratungsstelle tätigen haupt-, neben- und ehrenamtlichen Mitarbeiter. Die Angestellten sind also geschützt, wenn sie wegen einer Verletzung ihrer Aufsichtspflicht in Anspruch genommen werden. Der Versicherer haftet nur dann nicht, wenn ein Schadensfall vorsätzlich herbeigeführt worden ist (§ 142 VVG).

Berufshaftpflichtversicherung
Für jede einzelne Fachkraft der Erziehungsberatungsstelle kann eine sogenannte Berufshaftpflichtversicherung abgeschlossen werden. Eine private Haftpflichtversicherung tritt nämlich in solchen Fällen, bei denen die Schäden in Ausübung des Berufes entstanden sind, nicht ein.

Unfallversicherung
Grundsätzlich ist auch der Abschluß einer privaten Gruppenunfallversicherung für die Klienten einer Erziehungsberatungsstelle möglich.

Haftpflichtversicherung für Klienten
Wenn eine Erziehungsberatungsstelle den Fall ausschließen will, daß Eltern keine eigene Haftpflichtversicherung haben, so kann sie für die Kinder, die die Erziehungsberatungsstelle in Anspruch nehmen, eine Gruppenhaftpflichtversicherung abschließen.

Dienstrechtliche und arbeitsrechtliche Fragen

Öffentlich-rechtliche Trägerschaft
Wie bereits oben ausgeführt, scheitert eine direkte Inanspruchnahme der Fachkraft der Erziehungsberatungsstelle daran, daß der öffentlich-rechtliche Träger haftet. Der Träger kann jedoch ein Rückgriffsrecht gegenüber der Fachkraft haben. Die Rückgriffsmöglichkeit ist durch Art. 34 Satz 2 GG, die Beamtengesetze

des Bundes und der Länder sowie § 14 BAT generell auf Vorsatz und grobe Fahrlässigkeit beschränkt.

Private Trägerschaft
Wie oben ausgeführt, haftet die Fachkraft der Erziehungsberatungsstelle in einem solchen Fall direkt. Nimmt die Geschädigte jedoch den Träger in Anspruch, kann dieser die Fachkraft wiederum in Regreß nehmen. In welchem Umfang eine solche Rückgriffshandlung möglich ist, richtet sich nach den arbeitsrechtlichen Haftungsgrundsätzen. Um eine unbillige Belastung der Erziehungsberaterinnen mit derartigen Risiken zu verhindern, ist gerade in diesem Bereich der Abschluß entsprechender Versicherungen angezeigt.

Wird die Fachkraft der Erziehungsberatungsstelle von dem Geschädigten direkt in Anspruch genommen, so hat die Fachkraft einen Erstattungsanspruch gegenüber dem Träger. Denn nach der Rechtssprechung des Bundesarbeitsgerichts gilt für alle betrieblichen Tätigkeiten, d.h. für alle Arbeiten, die durch den Betrieb (hier also: den Träger) veranlaßt sind und die aufgrund eines Arbeitsverhältnisses geleistet werden, eine Haftungsbeschränkung für den Arbeitnehmer. Danach haftet der Mitarbeiter einer Erziehungsberatungsstelle *nicht* bei leichter und leichtester Fahrlässigkeit. Der Mitarbeiter hat daher vollen Erstattungsanspruch gegen den Träger. Er haftet *grundsätzlich* bei mittlerer Fahrlässigkeit und hat dann einen Teilerstattungsanspruch. Bei grober Fahrlässigkeit haftet die Fachkraft der Erziehungsberatungsstelle grundsätzlich und bei Vorsatz stets *selbst voll.*

6. Mai 1994

Raster für die Haftung und Regulierung bei Schadensfällen in Erziehungsberatungsstellen

Art des Schadenfalles	Haftender				
	Therapeut	öffentl. Träger	privater Träger	Kind	Eltern
mj. Kind verletzt anderes Kind in der EB-Stelle	1. § 823 2. § 832, Abs. 2 BGB	1. § 839, Art. 34 GG 2. Vertrag	1. §§ 823, 831 BGB 2. Vertrag	§§ 823, 828 BGB	1. § 823 2. § 832, Abs. 1 BGB
mj. Kind verletzt den Therapeuten an Körper oder Sachen				§§ 823, 828 BGB	1. § 823 2. § 832, Abs. 1 BGB
mj. Kind verletzt sich selbst	1. § 823 BGB	1. § 839, Art. 34 GG 2. Vertrag	1. § 831 BGB 2. Vertrag		§ 823 BGB

Praxishinweise

Information zur Arbeitsweise unserer Beratungsstelle

Sie hatten heute ein erstes Gespräch mit Frau A.. Wir bieten Rat und Hilfe bei Schwierigkeiten und Fragen an, die in jeder Familie, in der Erziehung, beim Zusammenleben, aber auch im Kindergarten, im Hort oder in der Schule auftreten.

Unser Gespräch diente dazu, Ihre Fragen und Probleme näher kennenzulernen, über mögliche Ursachen zu sprechen, um so das Problem besser zu verstehen und damit gemeinsam mit Ihnen einen Weg zu seiner Bewältigung zu finden. Dabei ist es wichtig, nicht nur die augenblicklichen Schwierigkeiten im einzelnen zu erfahren, sondern auch die Situation anzusprechen, in der Ihre Familie sich befindet. Das erlaubt uns einen besseren Einblick in Ihre Belastungen und mehr Verständnis für diese.

Die Mitarbeiterinnen und Mitarbeiter unserer Beratungsstelle treffen sich wöchentlich in einer Teamsitzung und besprechen dabei auch die Beratungsgespräche. Das dient dazu, gemeinsam aus unterschiedlicher Blickrichtung Probleme zu klären und das weitere Vorgehen für die Beratung mit Ihnen zu erarbeiten. Ziel dieser Vorgehensweise ist, Sie und Ihre Familie zu unterstützen, neue Möglichkeiten zu finden, damit Sie die Belastungen und Schwierigkeiten bewältigen können.

Alle Beratungsgespräche und Maßnahmen sind kostenlos und unterliegen der Schweigepflicht. Sollten wir es für erforderlich halten, mit irgendjemand anderem außerhalb unserer Beratungsstelle, z.B. mit der Schule, dem Kindergarten, dem Jugendamt oder dem Arzt zu sprechen, dann geschieht das nur mit Ihrem ausdrücklichen Einverständnis.

Bei Ihrer Anmeldung haben wir verschiedene Informationen über Sie, Ihr Kind und Ihre Familie erhoben (Name, Alter, Anschrift, Anmeldegrund usw.). Diese Informationen sind Teil unserer Beratungsunterlagen. Dazu kommen im Verlauf der Beratung die Notizen, die sich Frau A. über die Gespräche mit Ihnen macht, sowie gegebenenfalls auch Testunterlagen. Diese von uns gesammelten Daten müssen auf Grund bestehender Datenschutzbestimmungen, denen unsere Tätigkeit unterliegt, nach Abschluß jeder Beratung gelöscht, d.h. vernichtet werden.

Es besteht jedoch als Ausnahme die Möglichkeit, die Unterlagen für eine bestimmte Zeit, die mit Ihnen festgelegt werden muß, aufzubewahren. Das ist dann der Fall, wenn es am Ende der Beratung mit Ihnen als wahrscheinlich anzusehen ist, daß Sie in absehbarer Zeit, z.B. in einem Jahr, unser Beratungsangebot wieder in Anspruch nehmen wollen.

Wahrung des Briefgeheimnisses

Einzelne Beratungsstellen berichten darüber, daß Briefe mit schutzbedürftigem, personenbezogenen Inhalt (insbesondere Mitteilungen von oder über Ratsuchende) bei der Posteingangsstelle ihres Trägers geöffnet werden.
Grundsätzlich bestehen für die Behandlung des Posteingangs im Öffentlichen Dienst Regelungen, die eine Verletzung des Briefgeheimnisses (§ 202 Strafgesetzbuch) verhindern sollen und deswegen folgendes besagen:

- Eingehende Briefe oder andere Postsendungen, bei denen in der ersten Zeile der Anschrift ein persönlicher Name steht, müssen der genannten Person ungeöffnet zugeleitet werden.
- Eingehende Briefe oder andere Postsendungen, die im Anschriftenfeld einen Vermerk „Persönlich", „Eigenhändig" oder „Vertraulich" enthalten oder bei denen andere Merkmale darauf hinweisen, daß sie nur einer bestimmten Person zur Kenntnis gelangen sollen, müssen der in der Anschrift namentlich genannten Person oder dem durch seine Funktion gekennzeichneten Empfänger ungeöffnet zugeleitet werden.
- Eingehende Briefe oder andere Postsendungen, bei denen nach der Bezeichnung der Dienststelle mit dem Vermerk „Zu Händen" bzw. Z.H." ein persönlicher Name folge, dürfen in der Posteingangsstelle geöffnet werden. „Zu Händen" gilt lediglich als Leithinweis, besagt aber nicht, daß der Inhalt des Briefes nur einer bestimmten Person zur Kenntnis gelangen soll.
- Eingehende Briefe oder andere Postsendungen, die an einen medizinischen oder psychologischen Fachdienst gerichtet sind, werden dem Leiter des betreffenden Fachdienstes ungeöffnet zugeleitet.

Um sicherzustellen, daß eingehende Post die Beratungsstelle ohne Verletzung des Briefgeheimnisses erreicht, sollte jede Beratungsstelle darauf bestehen, daß im Absender auf Briefbögen, Briefumschlägen und Stempeln die Bezeichnung der Beratungsstelle in der ersten Zeile erscheint. Grundsätzlich sollte auch die Anschrift der Beratungsstelle und nicht die des Trägers angegeben werden.

Beispiel: Beratungsstelle für Kinder, Jugendliche und Eltern
Erziehungsberatungsstelle des Landkreises NN.
Bergstr. 13 B

00000 NN.

Werden solche Vorkehrungen unterlassen und kommt es deswegen dazu, daß Personen Briefe öffnen, die nach dem Willen des Absenders nicht zu deren Kenntnis bestimmt sind, kann u.U. dem zuständigen Vorgesetzten ein Verschulden (§ 357 StGB) vorgeworfen werden.

Sofern es für einzelne Beratungsstellen noch an derartigen Vorkehrungen fehlt, sollten Personen und Fachdienste, die mit der Beratungsstelle Schriftverkehr führen, darauf hingewiesen werden, daß in der ersten Zeile der Anschrift der Leiter/die Leiterin oder ein Mitarbeiter/eine Mitarbeiterin der Beratungsstelle namentlich genannt werden (ggf. mit dem Zusatz: oder Vertreter). Dies sollte auch dann geschehen, wenn die schriftliche Mitteilung innerhalb der Beratungsstelle nur einer bestimmten einzelnen Person zur Kenntnis gelangen soll.

Auf die gleiche Weise sollte die Beratungsstelle grundsätzlich auch selber bei schriftlichen Mitteilungen an andere Einrichtungen verfahren.

Mai 1990

Telefonanlagen in Erziehungsberatungsstellen

Erziehungs- und Familienberatungsstellen sollen von den Ratsuchenden möglichst unbürokratisch in Anspruch genommen werden können. Die Einrichtungen sollen deshalb in der Regel getrennt von den Räumlichkeiten einer Behörde oder Trägerorganisation untergebracht werden. Dies erleichtert, eine Erziehungsberatungsstelle aufzusuchen, ohne daß Dritte davon Kenntnis erhalten. Diese Empfehlung der Jugendminister und -senatoren (1973, in diesem Band, S. 159ff.) soll mit dazubeitragen, den Schutz des Privatgeheimnisses von Ratsuchenden sicherzustellen.

Der Gesichtspunkt des Vertrauensschutzes gegenüber den Klienten und Klientinnen bedarf angesichts technischer Neuerungen auch im Hinblick auf Telefonanlagen besonderer Beachtung. Die Einbeziehung des Telefonanschlusses der Erziehungsberatungsstelle in eine größere Anlage ermöglicht u.U., daß Dritte, die nicht mit der Tätigkeit der Beratungsstelle befaßt sind, von der Inanspruchnahme der Einrichtung durch konkrete Personen Kenntnis erhalten. *Die Bundeskonferenz für Erziehungsberatung empfiehlt daher, Erziehungsberatungsstellen mit einer eigenen Telefonanlage unter eigener Rufnummer auszustatten.*

Insbesondere sollten bei der Einrichtung von Telefonanlagen die folgenden Gesichtspunkte beachtet werden:

Entgegennahme von Anrufen
Ratsuchende wenden sich mit ihren Problemlagen an Mitarbeiterinnen und Mitarbeiter von Erziehungsberatungsstellen. Es sollte deshalb sichergestellt werden, daß der Anruf auch innerhalb der Beratungsstelle, d.h. in der Regel im Sekretariat der Einrichtung, eingeht. Die Vermittlung dieser Anrufe über die Zentrale eines Trägers gibt einem hierzu nicht befugten Personenkreis unzulässige Kenntnis über die Anrufenden.

Speicherung von Telefonanrufen
Im Rahmen der Beratungstätigkeit sind Anrufe von seiten der Beratungsstelle bei den Klienten unvermeidbar (z.B. wegen Terminabsprachen oder beratungsbezogener Fragen). Bei der Einrichtung von Telefonanlagen ist daher darauf zu achten, daß Anrufe bei

Ratsuchenden nicht in der Telefonzentrale des Trägers gespeichert werden. Durch die Speicherung der Rufnummer der Ratsuchenden würde sonst Dritten die Tatsache der Inanspruchnahme der Beratungsstelle bekannt werden können. Dies ist nach der Rechtssprechung des Bundesarbeitsgerichts (Urteil v. 13.01.87, in diesem Band, S. 222ff.) nicht zulässig.

Einzelentgeltnachweis

Die Einführung des „dienstintegrierenden Fernmeldenetzes" (ISDN) ermöglicht, daß Telekomkunden für ihren Anschluß den Nachweis über alle in einem Abrechnungszeitraum geführten Telefongespräche beantragen können. Dadurch kann die Inanspruchnahme einer Beratungsstelle allen Mitbenutzerinnen des Anschlusses, über den die Ratsuchende angerufen hat, bekannt werden. Da die Inanspruchnahme einer Beratungsstelle jedoch rechtlich als ein schützenswertes Geheimnis einzustufen ist, bietet die Datenschutzverordnung der Telekom vom 12. Juli 1996 (in diesem Band, S. 187ff.) die Möglichkeit, die Rufnummern von Einrichtungen, deren Mitarbeiter einer besonderen Verschwiegenheitspflicht unterliegen, aus diesem Nachweis auszunehmen (§ 6 Abs. 8).

Die Erziehungsberatungsstellen sollten durch einen entsprechenden Antrag sicherstellen, daß ihre Rufnummer nicht im Einzelentgeltnachweis der anrufenden Ratsuchenden erscheint.

Anzeige der Rufnummer

Im Rahmen des ISDN kann die Telefonnummer der Anrufenden im Display der Telefonanlage der Beratungsstellen erscheinen. Damit Ratsuchende Beratungsstellen auch dann anrufen können, wenn sie anonym bleiben und daher ihre Rufnummer nicht bekannt geben wollen, hat die Telekom die Möglichkeit geschaffen, diese Anzeige der Rufnummer auszuschließen. Die Sicherstellung der Anonymität von Anrufern kann auf Antrag der Einrichtung auch im Telefonbuch kenntlich gemacht werden (§ 9 Abs. 1 Satz 2 – 4).

Die Erziehungsberatungsstellen sollten durch eigenen Antrag (ggf. ihres Trägers) sicherstellen, daß in ihrer Telefonanlage die Anzeige der Rufnummer der Anrufenden unterbleibt und dieses im Telefonbuch auch angegeben wird.

Löschung aller Verbindungsdaten

Darüber hinaus sollten die Erziehungsberatungsstellen von ihrem Recht Gebrauch machen, die Löschung aller Verbindungsdaten nach Erstellung der Entgeltrechnung zu beantragen. Denn im Rahmen strafrechtlicher Ermittlungen kann die Staatsanwaltschaft auf der Grundlage des § 12 des Fernmeldeanlagengesetzes von 1928 die Herausgabe von Verbindungsdaten verlangen, wenn dies für ihre Ermittlungen von Bedeutung ist.

13. Februar 1997

Musterformblatt zur Entbindung von der Schweigepflicht

Richten Sie Ihre Antwort bitte an:

_____
(Name des hier zuständigen Mitarbeiters)

Anschrift unserer Einrichtung:

_____

Betr.:

_____
(Name, Vorname)

_____
(Geburtsdatum)

_____
(derzeitige Anschrift)

Telefon für Rückfragen:

Datum:

Uns wurde mitgeteilt, daß der */die* Obengenannte im Jahre _____ bei Ihnen untersucht */beraten*/behandelt* wurde.

Er*/Sie* führte damals den gleichen Namen wie jetzt*. Möglicherweise lautete der Name damals*: _____

Mit seiner */ihrer* Einwilligung */ Mit der Einwilligung seiner*/ihrer* Personensorgeberechtigten bitten wir Sie, uns über Ihre damaligen Feststellungen*/Ratschläge*/Maßnahmen* in der Ihnen geeignet erscheinenden Form zu unterrichten.

_____
(Unterschrift des hier zuständigen Mitarbeiters)

* = Nichtzutreffendes bitte streichen!

_____

Schweigepflichtentbindung

Ich*/Wir* willige/n* darin ein, daß
_____
der obenstehenden Bitte entspricht*/entsprechen*.

_____, _____ _____
(Ort) (Datum) (Unterschriften)

Muster einer Einwilligungserklärung zu Videoaufzeichnungen/(Tonaufzeichnungen)*

Einwilligung

Ich erkläre mich mit der Vorführung der von mir/von meinem minderjährigen Kind

_____ am _____ in der _____

_____ angefertigen Videoaufzeichnungen zu

Lehr-, Weiterbildungs- und Fortbildungszwecken in dieser Einrichtung einverstanden.

Meine Einwilligung erstreckt sich lediglich auf die Vorführung vor Psychologen und Psychotherapeuten, Pädagogen, Sozialarbeitern und Sozialpädagogen, Ärzten und Angehörigen der übrigen in den Erziehungsberatungsstellen tätigen Fachrichtungen sowie auf Personen, die sich in der Ausbildung zu einem der genannten Berufe befinden.
* Die Einwilligung gilt auch für Lehr- und Fortbildungsveranstaltungen für die genannten Berufsgruppen, die an anderen Orten stattfinden, sofern der Leiter der Beratungsstelle dies ausdrücklich genehmigt hat.
* Die Videoaufzeichnungen dürfen auch zu einer vergleichenden Auswertung bei gemeinsamen Forschungsvorhaben der Beratungsstelle mit anderen Einrichtungen der psychosozialen Versorgung vorgeführt werden.
    Soweit ich mit einer Vorführung für einen der in diesem Vordruck genannten Zwecke nicht einverstanden bin, habe ich die betreffenden Zeilen (*) durchgestrichen.

Ich mache bei meiner Einwilligung im übrigen noch folgende Einschränkungen:

_____

_____

Diese Einwilligung gilt vom _____ an. Mir ist bekannt, daß ich diese Einwilligung jederzeit zurückziehen kann.

_____, den _____

Unterschrift des   Unterschrift des Betroffenen bzw.
Mitarbeiters   des/der Personenberechtigten

1. Exemplar zur Videoaufzeichnung
2. Exemplar zur Akte
3. Exemplar für den Einwilligenden

Instrumente zur Erfassung von Tätigkeiten der Erziehungs- und Familienberatungsstellen

Die Tätigkeit von Erziehungs- und Familienberatungsstellen erfolgt in fachlicher Hinsicht unabhängig. Die von den Ratsuchenden anvertrauten Daten sind als ihr Privatgeheimnis zu schützen. Auch der Träger einer Beratungsstelle ist aus der Sicht der Ratsuchenden ein Dritter, dem ihre personenbezogenen Daten nicht offenbart werden dürfen.

Mit Blick auf die Kontroll- und Prüfungsrechte von Trägern empfiehlt es sich daher, die Tätigkeit von Beratungsstellen so zu dokumentieren, daß die Rechte der Ratsuchenden auf Schutz ihrer Privatgeheimnisse bei etwaigen Prüfungen nicht verletzt werden. Bei den nachfolgend abgedruckten Beispielen für Instrumente zur Tätigkeitserfassung handelt es sich um einen Übersichtsbogen (1), eine Kontaktmeldung (2) sowie eine einzelfallunabhängige Tätigkeitserfassung (3). Der Übersichtsbogen kann jeder Beratungsdokumentation vorgeheftet werden. Er enthält für die Ratsuchenden eine Kennziffer, die nur über ein in der Beratungsstelle geführtes Verzeichnis Personen zugeordnet werden können. Mit dem Bogen „Kontaktmeldung für den Einzelfall" kann die von der Beratungsstelle erbrachte Leistung dokumentiert werden. Sie kann als Kürzel in die Übersicht übertragen werden. Für Prüfungen brauchen somit nur Übersichtsbögen und Kontaktmeldungen zur Verfügung gestellt werden. Mit dem Bogen „einzelfallunabhängige Tätigkeitserfassung" können die weiteren Aktivitäten der Erziehungs- und Familienberatungsstelle nachgewiesen werden.

Übersichtsbogen (1)
– Beispiel –
Übersicht über Kontakte   Interne Kennziffer: _____
                              Bogen-Nr:___ begonnen am:_____

Datum	Mitarbeiter	Beteiligte *)Kürzel (s.u.), keine Namen!	Dauer Minuten	Art der Leistung Ziffer eintragen

*)Kürzel: I=Person von der die Kennziffer geführt wird/ M = Mutter / (M) = Pflegemutter / V = Vater / GrVm = Großvater mütterlicherseits/ GrMv = Großmutter väterlicherseits / B = Bruder / S = Schwester / Bv = Bruder des Vaters / Sm = Schwester der Mutter / E = Ehemann / P = Partner / F = Freund/Freundin

Kontaktmeldung für den Einzelfall (2)
– Beispiel –

(Unmittelbar nach jedem Kontakt ausfüllen!)
(Übereinstimmung mit der Eintragung auf der Übersicht über die Kontakte prüfen!)

Interne Kennziffer: _____
Kontaktdatum: _____

Kontaktdauer: _____ Minuten

Sofort in die Anmeldung geben!

Vom Berater geleistete Tätigkeiten
(Zutreffendes ankreuzen)
(Ziffer als Kürzel in die Übersicht über die Kontakte eintragen)

01	☐	Erstgespräch
02	☐	Elternberatung
03	☐	Familientherapie
04	☐	Kinder/Jugendlichentherapie [Einzeln]
05	☐	Kinder/Jugendlichentherapie [Gruppe]
06	☐	Andere therapeut. Angebote [Einzeln]
07	☐	Andere therapeut. Angebote [Gruppe]
08	☐	Psychologische Diagnostik
09	☐	Gutachten/Gutachterliche Stellungnahme
10	☐	Fallbezogene Gespräche mit beteiligten Fachleuten/Einrichtungen
11	☐	Telefonische Beratung
12	☐	Fallbezogene kollegiale Beratung
13	☐	Team
14	☐	Telefonische Anfragen/Informationen
15	☐	Fallbezogene Supervisionen
16	☐	Elterngruppe

Bemerkungen:

_____
(Nameo/Zeichen der/des Mitarbeiter/s)

Einzelfallunabhängige Tätigkeitserfassung (3)
– Beispiel –

(Unmittelbar nach jeder Tätigkeit ausfüllen!)

Datum: _____
Dauer: _____
Teilnehmerzahl: _____

Sofort in die Anmeldung geben!

01	❐	Supervision in Einrichtungen (fall- oder teambezogen)
02	❐	Problembezogene Beratung in Einrichtungen
03	❐	Elternabend in Einrichtungen
04	❐	Fachvortrag
05	❐	Veröffentlichung
06	❐	Fachgruppe
07	❐	Psychosoziale Arbeitskreise
08	❐	Fortbildung für Mitarbeiter anderer Einrichtungen
09	❐	Andere Formen von Öffentlichkeitsarbeit
10	❐	Freizeitangebote für Jugendliche/Kinder/Familien
11	❐	Beteiligung an Jugendhilfeplanung
12	❐	Trägervertretung
13	❐	Eigene Fortbildung
14	❐	Arbeitsorganisatorische Tätigkeit (z.B. Dokumentation, Statistik u.a.)

Anzahl der beteiligten Mitarbeiter : _____

Bemerkungen:

_____

(Name/Zeichen der/des Mitarbeiter/s)

Widerspruchsverfahren

Die Hilfen zur Erziehung zählen zu denjenigen Leistungen der Jugendhilfe, die in unterschiedlichem Maße durch formalisierten Verwaltungsakt gewährt werden. Ein Verwaltungsakt kann sowohl mündliche wie schriftliche Form haben. Auch Auflagen, die von seiten des öffentlichen Trägers gegenüber der Einrichtung eines freien Trägers gemacht werden, haben die Qualität eines Verwaltungsaktes. Wenn der Empfänger eines solchen Bescheides mit dessen Inhalt nicht einverstanden ist, hat er die Möglichkeit des Widerspruches.

Im folgenden wird deshalb hingewiesen auf die erforderlichen Inhalte des Bescheides und die Möglichkeit eines Widerspruches gegen den Bescheid.

Auf den Antrag eines Bürgers reagiert eine Behörde i.d.R. mit einem Bescheid. Weitere Beispiele für solche Bescheide sind: Rentenbescheid, Sozialhilfebescheid, Wohngeldbescheid, Musterungsbescheid, Baugenehmigung, BAFöG-Bescheid, Arbeitslosenhilfebescheid, Müllgebührenbescheid.

Derartige Bescheide ergehen i.d.R. schriftlich. In ihnen ist enthalten:
- von welcher Behörde der Bescheid stammt (Absender)
- an wen er sich richtet (Adressat)
- Betreff, Bezug
- Kennzeichnung als Verfügung/Bescheid/Entscheidung
- Entscheidung mit Sachverhalt und Gründen
- Rechtsbehelfsbelehrung/Rechtsmittelbelehrung.

Jeder schriftliche Bescheid muß eine *Rechtsbehelfsbelehrung* enthalten mit dem Hinweis, bis *wann* und *wo* ein Widerspruch gegen ihn eingelegt werden kann.

Die *Widerspruchsfrist* beträgt i.d.R. einen Monat, manchmal auch nur zwei Wochen. Bis zu diesem Termin muß der Widerspruch bei der angegebenen Behörde eingegangen sein. Ein Widerspruch kann schriftlich oder mündlich eingelegt werden.

Auf diesen Widerspruch hin ergeht ein Widerspruchsbescheid. Er ist ähnlich wie der erste Bescheid aufgebaut und enthält ebenfalls eine Rechtsbehelfsbelehrung. In dieser steht bis *wann* (ein Monat) und *wo* (Verwaltungsgericht oder Sozialgericht) Klage erhoben werden kann. Die Klage kann mündlich oder schriftlich und auch ohne Rechtsanwalt erhoben werden.

28. Juli 1995

Zur fachpolitischen Diskussion

Zeugnisverweigerungsrecht für Mitarbeiter von Erziehungs- und Familienberatungsstellen
bke-Stellungnahme

Schweigepflicht nach § 203 Abs. 1 Nr. 4 StGB

Klienten nehmen Erziehungsberatungsstellen in Anspruch, weil sie Unterstützung und Hilfe im Umgang mit ihren Kindern oder auch im eigenen Lebensbereich benötigen, weil sonst ihre Probleme auf dem Rücken der Kinder ausgetragen würden. Zu einer wirksamen Hilfe sind dabei oftmals intensive Gespräche, fachliche Beratung und auch psychotherapeutische Interventionen nötig, bei denen sehr persönliche Gefühle und Sachverhalte offenbart werden. Die Hilfe durch eine Beratungsstelle setzt daher eine Vertrauensbeziehung zwischen dem Ratsuchenden und dem jeweiligen Mitarbeiter der Erziehungsberatung voraus. Die Mitarbeiter von Erziehungsberatungsstellen sind deshalb verpflichtet, die ihnen bekanntwerdenden Privatgeheimnisse ihrer Klienten zu wahren. § 203 Abs. 1 Nr. 4 StGB unterwirft sie der Schweigepflicht und bedroht die unbefugte Offenbarung von Privatgeheimnissen mit Strafe.

Diese Verpflichtung nach § 203 Abs. 1 Nr. 4 StGB ist eine persönliche Verpflichtung des jeweiligen einzelnen Mitarbeiters; es ist keine an das Amt gebundene Verpflichtung (§ 203 Abs. 2), d.h. die Weitergabe von Privatgeheimnissen an andere, ebenfalls der Schweigepflicht unterliegenden Personen ist nicht erlaubt. In einer breiten Diskussion ist der hohe Rang dieser Verpflichtung bestätigt worden. Der 7. Jugendbericht hat festgestellt, daß „eine strafbare unbefugte Offenbarung von Privatgeheimnissen .... die für Beratung und Behandlung unerläßliche Vertrauensgrundlage zerstört" (S. 40). Die Bundesregierung hat dies in ihrer Stellungnahme ebenfalls unterstrichen (S. IX). Das Bundesarbeitsgericht hat in einem Grundsatzurteil ausgeführt, daß „schon die Tatsache, daß jemand die Beratung oder Behandlung ... in Anspruch nimmt, ... ein solches Geheimnis im Sinne von § 203 StGB (ist)" (in diesem Band, S. 222ff.). Der Bundesbeauftragte für den Datenschutz hat deshalb gefolgert, daß „auch Dienstanweisungen, Verwaltungsvorschriften oder sonstige allgemeine interne Regelungen sowie Dienst- oder arbeitsvertragliche Regelungen ... als Rechtfertigung von Offenbarungen nicht aus(reichen)", in diesem Band, S. 198ff.).

Zeugnisverweigerungsrecht im Zivilrecht

Die Verpflichtung von Mitarbeitern der Erziehungsberatungsstellen zur Wahrung der Privatgeheimnisse von Ratsuchenden hat ihre Entsprechung in dem Recht, im Rahmen von Zivilprozessen das Zeugnis zu verweigern. Wenn also beispielsweise im Zusammenhang der Trennung oder Scheidung von Eltern eine Beratung in Anspruch genommen wird, um die damit verbundenen Belastungen für die Kinder aufzufangen, so kann ein Mitarbeiter der Beratungsstelle die Aussage verweigern. Dies ist dann von Bedeutung, wenn etwa das Sorgerecht strittig ist und ein Elternteil sich durch die Aussage des Beraters eine Entscheidung zu seinen Gunsten erhofft. Bei einer tatsächlichen Mitwirkung des Beraters in dieser Situation wäre die Fortsetzung des Beratungsprozesses unter Einbeziehung auch des anderen Elternteils nicht mehr zu erwarten. Durch das Recht zur Zeugnisverweigerung im Zivilprozeß hat der Berater die Möglichkeit, ohne nähere Begründung den Belangen der Beratung, d.h. dem Schutz des Vertrauensverhältnisses zu seinen Klienten, Vorrang zu geben.

Zeugnisverweigerungsrecht im Strafprozeß

Ein komplementäres Recht im Rahmen des Strafprozesses ist Mitarbeitern von Erziehungsberatungsstellen bislang nicht zuerkannt worden. § 53 StPO legt bisher in Abs. 1 Nr. 3 neben anderen Berufen für Ärzte ein Zeugnisverweigerungsrecht fest. Dies ist die einzige innerhalb von Erziehungsberatungsstellen tätige Berufsgruppe, die Erwähnung findet. Die zahlenmäßig weit größeren Gruppen der Psychologen und Sozialarbeiter/Sozialpädagogen sind nicht genannt. Das Zusammenwirken verschiedener Fachrichtungen gehört aber zu den wesentlichen Kennzeichen von Erziehungsberatung; dies ist auch im soeben beschlossenen Kinder- und Jugendhilfegesetz in § 28 festgehalten. Der Grundsatz gleichberechtigter Zusammenarbeit muß sich auch in dem Recht auf Zeugnisverweigerung für alle in der Erziehungsberatungsstelle tätigen Fachrichtungen niederschlagen. § 53 Abs. 3a StPO bezieht Mitglieder oder Beauftragte einer anerkannten Beratungsstelle nach § 218b Abs. 2 Nr. 1 StGB in den Kreis der Zeugnisverweigerungsberechtigten ein. Z.Zt. wird die Ausweitung von § 53 StPO auf Mitarbeiter der Sucht- und AIDS-Beratung diskutiert (vgl. BT – Drs. 11/3280; 11/3482; 11/3483)*. Die Notwendigkeit einer umfassenderen Regelung im Bereich der Beratung ist damit erkannt.

Die Bundeskonferenz für Erziehungsberatung hält es für erforderlich, die Mitarbeiter einer anerkannten Erziehungsberatungsstelle in den Kreis der nach § 53 StPO Berechtigten einzubeziehen. Eine Umfrage der Bundeskonferenz zu rechtlichen Problemen in Erziehungsberatungsstellen hat deutlich gemacht, daß die Erfahrungen der Praxis für eine solche Regelung sprechen.

Mitarbeiter der Erziehungsberatungsstellen können immer wieder in eine der folgenden Situationen kommen:
- Ein Jugendlicher, der in einer Erziehungsberatungsstelle betreut wird, begeht Eigentumsdelikte. Die ermittelnde Staatsanwaltschaft fordert Einsicht in die Klientenakten; eine Einwilligung des Jugendlichen wird als nicht notwendig erklärt.
- Ein 17jähriger Jugendlicher hat ein 12jähriges Mädchen sexuell belästigt. Nach der Tat sucht er auf Veranlassung seiner Eltern eine Erziehungsberatungsstelle auf. Das Gericht fordert den Berater auf, im Prozeß Aussagen zur Persönlichkeit des Jugendlichen und zu seiner Entwicklung in der Beratung zu machen.
- In einer Erziehungsberatungsstelle betreute Drogenabhängige müssen sich vor Gericht verantworten. Die Aussagen des Beraters sollen die Drogenabhängigkeit so dokumentieren, daß ein Vorgehen nach § 35 BMTG möglich wird.
- Im Rahmen einer strittigen Sorgerechtsregelung kommt es zu einer falschen Sachaussage über Äußerungen eines Mitarbeiters einer Beratungsstelle. Da die Behauptung eidesstattlich bekräftigt wurde, strengt der andere Elternteil ein Meineidsverfahren an. Der Mitarbeiter der Erziehungsberatungsstelle soll nun bezeugen, ob die umstrittene Äußerung gefallen ist.
- Eine Familie sucht mit ihrem Kind eine Erziehungsberatungsstelle auf. In dem Kontakt wird deutlich, daß die Eltern ihr Kind auch mit Schlägen schwer bestrafen. Die empfohlene längere Zusammenarbeit wird von den Eltern nicht angenommen. Später müssen sich die Eltern wegen Kindesmißhandlung vor Gericht

verantworten. Der Mitarbeiter der Erziehungsberatungsstelle wird von den Eltern als Zeuge dafür benannt, daß sie alles für ihr Kind versucht haben, aber auch die Beratung nicht helfen konnte.

- Ein 19jähriger Exhibitionist gibt seine Einwilligung, daß der ihn betreuende Mitarbeiter der Erziehungsberatungsstelle im Prozeß aussagt. Es ist ihm nicht klar, daß er in der Beratung über bisher unbekannt gebliebene Straftaten gesprochen hat.
- Im Rahmen einer Familientherapie, die auf Video aufgezeichnet wird, spricht der Vater davon, daß er seine eigene Tochter sexuell mißbraucht hat. Die Mutter zeigt ihn an; nimmt die Anzeige aber zurück, als es gelingt, therapeutisch mit der Familie zu diesem Problem zu arbeiten. Die Staatsanwaltschaft fordert das Video dennoch als Beweismittel an.
- Ein Vater steht wegen sexuellen Mißbrauchs an seiner Tochter vor Gericht. Im Prozeß soll die Glaubwürdigkeit der Tochter bewiesen werden. Dazu wird der Mitarbeiter der Erziehungsberatungsstelle, der die Tochter inzwischen betreut, vorgeladen.

In allen Fällen ist deutlich, daß eine Aussage vor Gericht das Vertrauensverhältnis zu den Klienten zerstört hätte. Eine weitere Zusammenarbeit wäre äußerst erschwert oder unmöglich geworden. Auch bei zurückliegenden Fällen wäre die Außenwirkung solcher Aussagen in der Öffentlichkeit, daß Beratungsstellen eben doch nicht dem Schutz des Privatgeheimnisses unterliegen.

In manchen Fällen ist es in der Vergangenheit möglich gewesen, durch Rücksprache mit dem Gericht verständlich zu machen, daß eine Aussage dem Beratungsprozeß schadet. Das Gericht hat dann auf eine Vorladung verzichtet. Oder es wurde in Absprache mit dem Gericht festgelegt, zu welchen Punkten Aussagen vertretbar erscheinen. In beiden Fällen sind Berater auf Verständnis und Wohlwollen des jeweiligen Richters angewiesen. Der Schutz des Privatgeheimnisses von Ratsuchenden kann jedoch nicht vom Ermessen einzelner abhängen. Er muß auch dann gewährleistet sein, wenn „die Sache ausermittelt" werden soll.

Zur rechtlichen Situation nach Verabschiedung des Kinder- und Jugendhilfegesetzes

Im Zuge der parlamentarischen Beratungen zum Kinder- und Jugendhilfegesetz ist ein Viertes Kapitel „Schutz personenbezogener Daten" eingefügt worden. Es hebt den besonderen Vertrauensschutz in der persönlichen und erzieherischen Hilfe (§ 65 KJHG) hervor und unterstreicht, das personenbezogene Daten nur a) mit Einwilligung dessen, der die Daten anvertraut hat, b) dem Vormundschafts- oder dem Familiengericht angesichts einer Gefährdung des Wohls eines Kindes oder Jugendlichen und c) gemäß § 203 Abs. 1 oder 3 StGB offenbart werden dürfen. Im übrigen greifen für den Schutz personenbezogener Daten in der Jugendhilfe § 35 SGB I und §§ 67 bis 85 SGB X (§ 61 KJHG). „Sie gelten für alle Stellen des Trägers der öffentlichen Jugendhilfe, soweit sie Aufgaben nach diesen Buch wahrnehmen".

Damit aber ist eine Ungleichbehandlung von Erziehungsberatungsstellen konstituiert, je nachdem ob sie sich in freier oder in öffentlicher Trägerschaft befinden. Für die Erziehungsberatungsstelle in öffentlicher Trägerschaft gilt nun § 35 SGB I, der in Abs. 3 besagt, „Soweit eine Offenbarung nicht zulässig ist, besteht keine Auskunftspflicht, keine Zeugnispflicht und keine Pflicht zur Vorlegung oder Auslieferung von Schriftstücken ...", demnach auch keine Zeugnispflicht im Strafprozeß. Es kann aber nicht angehen, daß in einem so zentralen Punkt unterschiedliche Regelungen für Erziehungsberatungsstellen gelten. Auch § 203 Abs. 1 Nr. 4 gilt für Mitarbeiter von Erziehungsberatungsstellen unabhängig von der Trägerschaft der Einrichtung. Es ist daher dringend erforderlich, die durch das KJHG entstandene Rechtsunklarheit durch ein einheitliches Zeugnisverweigerungsrecht in der StPO zu beseitigen.

Schlußfolgerung

Die Bundeskonferenz für Erziehungsberatung tritt aus allen oben genannten Gründen dafür ein, daß die in § 203 Abs. 1 Nr. 4 genannten „Ehe-, Familien-, Erziehungs- oder Jugendberater sowie Berater für Suchtfragen in einer Beratungsstelle, die von einer Behörde oder Körperschaft, Anstalt oder Stiftung des öffentlichen Rechts anerkannt ist" ein Zeugnisverweigerungsrecht gemäß § 53 StPO erhalten.

Juli 1990

* **Anmerkung der Redaktion:** Berater für Fragen der Betäubungsmittelabhängigkeit haben jetzt ein Zeugnisverweigerungsrecht nach § 53 Abs. 1 Nr. 3b StPO.

Neuregelung des Kindschaftsrechts
bke-Stellungnahme

Die Bundeskonferenz für Erziehungsberatung als zentraler und trägerunabhängiger Fachverband für Erziehungs-, Familien- und Jugendberatung nimmt unter zwei Gesichtspunkten zur geplanten Neuregelung des Kindschaftsrechts Stellung:
- Werden die Rechte des Kindes hinreichend beachtet?
- Werden in Bereichen, in denen Eltern und Erziehungsberechtigte neue Aufgaben übertragen bekommen, hinreichend Unterstützungs- und Hilfsysteme angeboten, damit sie ihrer Verantwortung gerecht werden können?

Das Recht des Kindes auf gewaltfreie Erziehung

Kinder haben ein im Grundgesetz garantiertes Recht auf Schutz ihrer Würde, auf freie Entfaltung ihrer Persönlichkeit und auf körperliche Unversehrtheit. Die Bundesrepublik Deutschland hat sich mit Unterzeichnung der UN-Kinderkonvention dazu bekannt, daß Kinder vor jeder Form körperlicher und seelischer Gewaltanwendung, vor Mißhandlung und schlechter Behandlung zu schützen sind (Artikel 19). Diese Verpflichtung kommt im „Wächteramt" des Staates zum Ausdruck. So hat der Staat zum Beispiel einzugreifen, wenn das Wohl der Kinder und Jugendlichen in der Erziehung gefährdet ist und die Eltern nicht gewillt oder in der Lage sind, diese Gefahr abzuwehren (§1666 BGB).

§1631 BGB beschreibt den Umfang der Personensorge und erklärt entwürdigende Erziehungsmaßnahmen als unzulässig. Das reicht aber nicht aus, um dem Recht des Kindes auf gewaltfreie Erziehung Ausdruck zu geben. Es muß klargestellt werden, daß Kinder gewaltlos zu erziehen sind und was dies auch unterhalb von strafrechtlich relevanten Tatbeständen bedeutet.

Die Bundeskonferenz für Erziehungsberatung empfiehlt daher, im Zuge der Reform des Kindschaftsrechts festzulegen, daß Kinder gewaltlos zu erziehen sind und daß entwürdigende Erziehungsmaßnahmen, insbesondere körperlich und seelisch verletzende Strafen unzulässig sind.

Das Recht des Kindes auf Erziehung und Entwicklung und auf persönlichen Umgang mit seinen Eltern

Beide Elternteile sind gemeinsam für die Erziehung und Entwicklung eines Kindes verantwortlich. Darüber hinaus beinhaltet die UN-Kinderkonvention (Art.9), daß ein Kind, das von einem oder beiden Elternteilen getrennt lebt, ein Recht auf regelmäßige Beziehungen und persönliche Kontakte zu beiden Elternteilen hat, soweit es nicht seinem Wohl widerspricht.

Die UN-Konvention ist Ausdruck eines Perspektivenwechsels: Das Kind wird nicht mehr primär aus dem Blickwinkel der Erwachsenen gesehen, sondern es wird die Perspektive des Kindes eingenommen. Das Kind wird als Träger eigener Rechte beschrieben. So hat *das Kind* ein Recht auf Fürsorge seiner Eltern und ein Recht auf Umgang mit ihnen.

Der Gesetzentwurf der Bundesregierung vollzieht diesen Perspektivenwechsel nicht: Sorgerecht und Umgangsrecht werden als *Elternrechte* formuliert (§§ 1671ff, 1684ff RegE).

Die Bundeskonferenz für Erziehungsberatung empfiehlt, bei der Regelung des Sorge- und Umgangsrecht das Kind in den Mittelpunkt zu stellen. Zumindest wäre aber zu ergänzen, daß auch das Kind ein Recht auf Umgang mit seinen Eltern und auf ihre Sorge hat (beispielsweise in den §§ 1626 und 1684 BGB)

Das Recht des Kindes auf rechtliches Gehör

Die Ausgestaltung des Kindschaftsrechts aus der Perspektive des Elternrechts ist nur dann unproblematisch, wenn eine Interessenidentität von Eltern und Kindern angenommen wird. In Konfliktsituationen, die durch unterschiedliche Interessenlagen von Vätern, Müttern und Kindern geprägt sind, besteht demgegenüber die Gefahr, daß Kindesinteressen zu kurz kommen.

Die UN-Kinderkonvention fordert deshalb, daß Kinder in sie berührenden Gerichts- und Verwaltungsverfahren entsprechend ihrer Reife unmittelbar oder durch einen Vertreter oder eine geeignete Stelle gehört werden (Artikel 12).

Durch die vorgesehene Herauslösung der Regelung des Sorge- und Umgangsrechts aus dem Scheidungsverbund würde dieses Recht des Kindes auf rechtliches Gehör hinfällig, da die Regelung seiner Zukunft nicht mehr regelmäßig im Zuständigkeitsbereich des

Gerichtes liegt. Hierbei wird davon ausgegangen, daß die Eltern in der Lage sind, in eigener Verantwortung für das Wohl ihres Kindes zu sorgen, ohne daß eine staatliche Kontrolle zur Wahrung der Interessen des Kindes nötig wäre. Das gemeinsame Sorgerecht soll nach der Scheidung in der Regel fortbestehen. Nur auf Antrag eines Elternteils soll die elterliche Sorge durch das Familiengericht geregelt werden. Ein eigenes Antragsrecht des Kindes (oder einer Person, die seine Interessen vertritt) ist nicht vorgesehen.

Die Bundeskonferenz für Erziehungsberatung begrüßt, daß mit dem Fortbestehen der elterlichen Sorge als Regelfall der Verantwortung beider Eltern für die Erziehung und Entwicklung ihres Kindes Rechnung getragen wird. Es muß allerdings bezweifelt werden, daß Eltern in der durch Trennung, Scheidung und gerichtliche Auseinandersetzung belasteten Situation jederzeit in der Lage sind, die Interessen des Kindes hinreichend im Auge zu behalten. Es besteht die Gefahr, daß in durch Machtkampf geprägten Situationen das Kind als der schwächste Teil zu kurz kommt und schlimmstenfalls zum Spielball der Interessen der mächtigeren Erwachsenen wird.

Die Bundeskonferenz für Erziehungsberatung empfiehlt deshalb, durch geeignete Maßnahmen sicherzustellen, daß im Falle einer Interessenkollision zwischen Eltern und Kind die Rechte des Kindes im Gerichtsverfahren angemessen vertreten werden, und dem Kind ein eigenes Antragsrecht im Scheidungsverfahren einzuräumen.

Die Verantwortung der Eltern und ihr Recht auf Unterstützung

Für die Erziehung und Entwicklung des Kindes sind in erster Linie die Eltern verantwortlich. Dabei ist das Wohl des Kindes ihr Grundanliegen. Damit dieses auch in schwierigen Situationen gewährleistet ist, formuliert die UN-Kinderkonvention ein Recht der Eltern auf staatliche Unterstützung bei ihrer Erziehungsaufgabe (Artikel 18). Das Fortbestehen der gemeinsamen elterlichen Sorge nach der Ehescheidung stellt erfahrungsgemäß hohe Anforderungen an die Kooperation der Eltern; nicht selten benötigen sie Unterstützung bei der Bewältigung dieser Situation.

Eine solche Unterstützung geschieht zunächst durch das Schaffen von *Rechtssicherheit*, um überflüssige und eskalierende Auseinandersetzungen zu vermeiden.

Die Bundeskonferenz für Erziehungsberatung begrüßt daher, daß (im Unterschied zum Referentenentwurf) im Regierungsentwurf die Rechte des Elternteils, bei dem sich das Kind überwiegend aufhält, in einer Weise ausgedehnt wurden, die seiner besonderen Verantwortung für das Kind und seinen Alltag entspricht (§1687 BGB). Hier ist allerdings eine weitergehende gesetzliche Konkretisierung erforderlich. Andernfalls ist zu befürchten, daß die Konkretisierung dieses zentralen Konfliktpunktes, die dann über die Rechtssprechung in mehreren Instanzen erfolgen würde, lange Zeit in Anspruch nimmt und damit das neue Kindschaftsrecht in den ersten Jahren nach seinem Inkrafttreten zu einer Anheizung von Konflikten führen würde statt die Eltern in ihrer Kooperationsfähigkeit zu stärken.

Die Bundeskonferenz für Erziehungsberatung empfiehlt deshalb, im § 1687 durch „insbesondere-Regelungen" zu beschreiben, welche Entscheidungen im Einvernehmen getroffen werden müssen und wie weit die Alleinentscheidungsbefugnis des Elternteils geht, bei dem sich das Kind überwiegend aufhält.

Die Bundeskonferenz für Erziehungsberatung ist im Einklang mit der Arbeitsgemeinschaft für Jugendhilfe der Auffassung, daß die Alleinentscheidungsbefugnis zumindest die in § 1688, Abs.1, Satz 1 und 2 (RegE) genannten Rechte einschließen sollte. Das sind u.a. das Recht zum Abschluß von Rechtsgeschäften des täglichen Lebens, zur Verwaltung des Arbeitsverdienstes und zum Geltendmachen von Sozialleistungen. Zusätzlich sollte sie näher zu bestimmende Angelegenheiten der Vermögenssorge, der Aufenthaltsbestimmung (z.B. Umzüge, Urlaub) sowie der weitergehenden Gesundheitsvor- und -fürsorge (z.B.Schutzimpfungen) umfassen.

Darüber hinaus ist es nötig, den Eltern und Kindern ein hinreichend ausgebautes und differenziertes *Beratungsangebot* zur Verfügung zu stellen. Bisher ist der Rechtsanspruch auf Erziehungsberatung u.a. an die Voraussetzung geknüpft, daß Schaden für das Kind droht oder bereits eingetreten ist. Mit der Festlegung des Fortbestands der gemeinsamen elterlichen Sorge nach Ehescheidung wird im Gesetzentwurf zum Ausdruck gebracht, daß durch Trennung und Scheidung der Charakter der Eltern-Kind-Beziehung nicht grundsätzlich verändert wird; es kann nicht per se von einer potentiellen Gefährdung des Kindeswohls ausgegangen werden. Gleichwohl sind Trennung und Scheidung sehr belastende

Ereignisse für Eltern und Kinder. Vor, während und nach der Scheidung werden hohe Anforderungen an die Kooperationsfähigkeit der Eltern gestellt. Es muß sichergestellt sein, daß Eltern, die in solchen Situationen Unterstützung benötigen, um Kinder vor schädlichen Situationen und Entwicklungen zu bewahren, diese auch bekommen.

Die Bundeskonferenz für Erziehungsberatung empfiehlt deshalb, Eltern einen individuellen Rechtsanspruch auf Leistungen nach §17 KJHG (Beratung in Fragen der Partnerschaft sowie bei Trennung und Scheidung) einzuräumen und Familiengerichte dazu zu verpflichten, in jedem Scheidungsverfahren auf diesen Rechtsanspruch hinzuweisen.

15. Mai 1996

Fallkonstellationen

Allgemeine Fragen

(1) Der öffentliche Träger vertritt die Ansicht, eine Beratungsstelle sei nur zu finanzieren, soweit sie Klientel „des Jugendamtes" versorgt. Wer kann die Leistung einer Erziehungsberatungsstelle in Anspruch nehmen?

Erziehungsberatungsstellen sind in der Regel auf der Grundlage der §§ 16 Abs. 2 Nr. 2, 17, 18 Abs. 1 u. 4 und 28 KJHG tätig. Sie bieten daher ein vielfältiges und differenziertes Leistungsspektrum mit unterschiedlichen rechtlichen Grundlagen. Im einzelnen bestimmt sich der anspruchsberechtigte Personenkreis folgendermaßen:

- Personensorgeberechtigte, die für ein Kind oder einen Jugendlichen (d.h. bis 18 Jahren) zu sorgen haben (§ 27 Abs. 1; § 17 Abs. 1 KJHG)
- Junge Volljährige bis zur Vollendung des 21. Lebensjahres (§ 41 Abs. 1 KJHG)
- In begründeten Einzelfällen kann die Hilfe auch über das 21. Lebensjahr hinaus fortgesetzt werden (§ 41 Abs. 1 KJHG)
- „Beratung in allgemeinen Fragen der Erziehung und Entwicklung junger Menschen" adressiert neben Müttern und Vätern alle bis zu 27 Jahre alten jungen Menschen (§ 16 Abs. 2 Nr. 2 KJHG)
- In Not- und Konfliktlagen haben Kinder und Jugendliche einen eigenen Anspruch auf Beratung ohne Kenntnis der Personensorgeberechtigten (§ 8 Abs. 3 KJHG)
- Mütter und Väter, die allein für ein Kind oder einen Jugendlichen zu sorgen haben oder tatsächlich sorgen (§ 18 Abs. 1 KJHG)
- Elternteile ohne Sorgerecht haben ebenfalls Anspruch auf Beratung (§ 18 Abs. 4 KJHG)

In jedem dieser Fälle handelt es sich um Klientel der Jugendhilfe und damit auch des Jugendamtes. Außerhalb dieses Kreises stehen lediglich Erwachsene, die keine eigenen Kinder haben bzw. nicht für Kinder oder Jugendliche zu sorgen haben; d.h. allgemeine Ehe- und Lebensberatung.

Mit „Klientel des Jugendamtes" werden gelegentlich auch diejenigen Jugendlichen bezeichnet, die einen Anspruch auf erzieherische Hilfe gemäß § 27 KJHG haben. Insofern könnte hier die Auffassung vertreten sein, eine Beratungsstelle sei nur insoweit zu finanzieren, als der jeweiligen Hilfe ein gewährender Verwaltungsakt des Jugendamts vorausgeht. Diese Auffassung ist schon deswegen irrig, weil das Leistungsspektrum von Erziehungs- und Familienberatung breiter angelegt ist. Aber auch Erziehungsberatung als Hilfe zur Erziehung bedarf eines niederschwelligen Zugangs, so daß die angestrebte Abgrenzung einer Jugendamts-Klientel nicht sachgerecht ist.

(2) Ein Jugendamt vertritt die Auffassung, nur kurzfristige Hilfen dürfen von der Erziehungsberatungsstelle erbracht werden. Längerfristige Maßnahmen seien nicht zulässig. Stimmt das?

Diese Fallkonstellation ist vergleichbar mit der vorhergehenden. Es geht hierbei um die Frage, in welcher Form Erziehungsberatung erbracht wird. Hierzu erteilt das Gesetz keine Vorgaben. Allerdings regelt § 36 Abs. 2 KJHG die Erstellung eines Hilfeplans, wenn eine erzieherische Hilfe „auf längere Zeit" zu leisten ist. Da diese Regelung alle erzieherischen Hilfen betrifft, einschließlich Erziehungsberatung, ergibt sich im Umkehrschluß, daß auch im Bereich der Erziehungsberatung längerfristige Hilfen möglich sind.

(3) Der Träger einer Beratungsstelle möchte Gebühren für Leistungen der Einrichtung einführen. Ist dies zulässig?

Ist die Beratungsstelle in öffentlicher Trägerschaft, gelten die §§ 90, 91 KJHG. Macht der Träger in seiner Beratungsstelle Angebote gemäß § 16 Abs. 2 Nr. 2 KJHG – Beratung in allgemeinen Fragen der Erziehung –, so gilt § 90 Abs. 1 Nr. 2 KJHG, d.h., die Erhebung von Teilnehmerbeiträgen für diese Leistung ist ausgeschlossen. § 90 Abs. 1 Nr. 2 KJHG nimmt das Recht, Teilnehmerbeiträge oder Gebühren für Beratung in allgemeinen Fragen der Erziehung zu erheben, ausdrücklich aus dem Katalog der Befugnisse heraus. Gleiches gilt für Erziehungsberatung als Hilfe zur Erziehung (§ 28 KJHG). § 91 KJHG ist abschließende Regelung für die Heranziehung zu den Kosten. Dort ist § 28 ausdrücklich ausgenommen, so daß eine Befugnis des Trägers, ein Entgelt für die Inanspruchnahme von Erziehungsberatung zu fordern, auch insoweit nicht besteht. Gleiches gilt für die Beratung in Fragen der Partnerschaft, Trennung und Scheidung (§ 17 KJHG) und die Beratung Alleinerziehender und nicht-sorgeberechtigter Elternteile (§ 18 Abs. 1 u. 4 KJHG). Dem Träger ist darüber hinaus untersagt, von den Mitarbeitern zu verlangen, gegen geltendes Recht zu verstoßen.

Für den freien Träger gilt folgendes:
Erbringt er Beratung in allgemeinen Fragen der Erziehung (§ 16 Abs. 2 Nr. 2) oder Erziehungsberatung als Hilfe zur Erziehung (§ 28) als Leistung gemäß § 3 KJHG (was die Regel sein dürfte), so ist er an die gleichen Grundsätze gebunden, wie der öffentliche Träger.

(4) Es soll ein neuer Mitarbeiter in der Beratungsstelle eingestellt werden. Wer ist an den Vorstellungsgesprächen zu beteiligen, wer entscheidet über die Einstellung?
Die Fallkonstellation berührt wiederum Inhalt und Umfang der Organisationskompetenz des Trägers. Da der Dienst- oder Arbeitsvertrag des neuen Mitarbeiters mit dem Träger abgeschlossen wird, bestimmt der Träger die Modalitäten der Einstellungsgespräche und somit auch, wer die Einstellungsgespräche führt und wer daran teilnimmt. Über die Einstellung entscheidet der Träger oder eine von ihm bestimmte Person. Da bei Erziehungsberatung nach § 28 KJHG jedoch Fachkräfte verschiedener Fachrichtungen zusammen wirken sollen, kommt es entscheidend darauf an, ob dieses Zusammenwirken auch mit der neu einzustellenden Fachkraft möglich ist. Es ist daher zweckmäßig, einen Vertreter des Fachteams an der Einstellung zu beteiligen.

(5) Eine Beratungsstelle möchte das Angebot der Einrichtung um „Spieltherapie" ergänzen. Der Träger hält dies nicht für erforderlich.
Ob die Beratungsstelle ihr Angebot um die Spieltherapie (oder andere methodische Ansätze) erweitern kann, ist gesetzlich nicht geregelt. § 28 KJHG regelt, daß bei der Klärung und Bewältigung individueller und familienbezogener Probleme Fachkräfte verschiedener Fachrichtungen zusammenwirken sollen, die mit unterschiedlichen methodischen Ansätzen vertraut sind. Wie und in welcher Form (Beratung, Therapie) dies im Rahmen eines anerkannten Verfahrens zu geschehen hat, ist gesetzlich nicht geregelt. Dies bleibt also der fachlichen Kompetenz der Erziehungsberater überlassen. Der Träger der Erziehungsberatungsstelle kann und darf hierauf grundsätzlich keinen Einfluß nehmen. Dies gilt jedenfalls für die methodischen Ansätze, die bereits in der Einrichtung angeboten werden.

Ob eine Ergänzung des Angebotes erforderlich ist, kann der Träger der Erziehungsberatungsstelle mangels eigener Fachkompetenz nicht beurteilen. Mit dieser Argumentation kann eine Ablehnung der Ergänzung der Einrichtung um „Spieltherapie" nicht erfolgen. Allerdings können bei der Ergänzung des Angebotes Interessen des Trägers insofern berührt sein, als zusätzliche Ressourcen benötigt werden. Stellt der Träger diese nicht zur Verfügung, z.b. weil die wirtschaftlichen Voraussetzungen nicht vorliegen, muß die Beratungsstelle auf eine Ergänzung des Angebotes verzichten. Wenn durch die ablehnende Entscheidung des Trägers der Bestand der Beratungsstelle gefährdet ist, könnte eine Verpflichtung des Trägers in Betracht kommen. Dies könnte etwa der Fall sein, wenn die Akzeptanz der Erziehungsberatungsstelle wegen unzureichender Methoden immer geringer wird und deshalb eine methodische Schwerpunktverlagerung notwendig wird.

Das Argument des Trägers, die Ergänzung der Angebote der Einrichtung sei nicht erforderlich, vermag eine Ablehnung aber nicht zu tragen.

Interne Organisation

(6) In der Beratungsstelle eines freien Trägers sollen Arbeitsplatzanalysen angefertigt werden. Der Geschäftsführer möchte zu diesem Zweck persönlich Telefonkontakte, Teambesprechungen usw. kontrollieren.

Arbeitsplatzanalysen dienen unterschiedlichen Zwecken. Sie können die Einhaltung fachlicher Grundsätze oder des Gebotes des wirtschaftlichen Einsatzes der Arbeitskraft (Effektivität) zum Gegenstand haben. Häufig dienen sie auch als Grundlage für die tarifliche Einordnung der Fachkräfte. Grundsätzlich haben sowohl der öffentliche sowie der freie Träger in ihrer Eigenschaft als Dienstherren das Recht, solche Kontrollen vorzunehmen. Datenschutzrechtlich gelten folgende Regelungen:
- Sozialdaten dürfen zu dem Zweck übermittelt oder genutzt werden, zu dem sie erhoben worden sind (§ 64 Abs. 1 KJHG).
- Eine Speicherung, Veränderung oder Nutzung für andere Zwecke liegt nicht vor, wenn sie für die Wahrnehmung von Aufsichts-, Kontroll- und Disziplinarbefugnissen, der Rechnungsprüfung

oder der Durchführung von Organisationsuntersuchungen für die speichernde Stelle erforderlich ist (§ 67c SGB X).

Die Kontrollbefugnis des Dienstherrn beinhaltet auch die Befugnis, Daten zur Wahrnehmung von Aufsichts-, Kontrollbefugnissen etc., die für die Beratung erhoben wurden, zu nutzen. Dieses Nutzungsrecht wird aber eingeschränkt durch das Erforderlichkeitsgebot. Was zur Kontrolle erforderlich ist, kann nicht abstrakt–generell, sondern muß in jedem Einzelfall unter Berücksichtigung des Vertrauensschutzbedürfnisses des Bürgers bestimmt werden. Was als erforderlich anzusehen ist, ergibt sich aus der die Kontrolle auslösenden Situation.

Der Dienstherr muß also alle Vorkehrungen zum Schutz der personenbezogenen Daten des Bürgers treffen. Im Rahmen einer Arbeitsplatzanalyse reicht es zur Effektivitätskontrolle in bezug auf Telefonkontakte aus, die Zahl und die Dauer der Gespräche auf der Grundlage von Arbeitsaufzeichnungen der Fachkräfte festzustellen. Es ist daher nicht zulässig, die angewählten Rufnummern, die Adressaten der Telefongespräche oder gar den Inhalt dieser Gespräche zu kontrollieren.

An Teambesprechungen kann der Vorgesetzte nur dann teilnehmen, wenn in den Gesprächen über Klienten deren personenbezogene Daten so anonymisiert vorgetragen werden können, daß es nicht möglich ist, die Identität des Klienten offen zu legen.

Ähnliche Grundsätze gelten bei Beratungsstellen freier Träger. Hier beruht der Vertrauensschutz des Klienten auf einem Vertrag zwischen ihm und dem Träger der Beratungsstelle (Beratungsvertrag). Der Vertrag hat Haupt- und Nebenpflichten. Grundsätzlich ist davon auszugehen, daß der freie Träger seinem Klienten Vertrauensschutz in gleichem Umfang zusichert, wie er ihn hätte, wenn er eine Beratungsstelle eines öffentlichen Trägers aufsuchen würde. Die Inhalte der §§ 64 Abs. 1 KJHG sowie 67c Abs. 3 SGB X fließen somit in die vertragliche Beziehung ein, so daß auch beim freien Träger ähnliche Grundsätze gelten wie beim öffentlichen Träger.

Der Vertreter eines Trägers ist aus der Perspektive des in Anspruch nehmenden Bürgers ein Dritter, dem gegenüber der Berater in vollem Umfang zur Verschwiegenheit verpflichtet ist.

(7) Der Träger der Beratungsstelle möchte seine Aufgabe der Dienstaufsicht durch Einblick in die geführten Beratungsdokumen-

tationen wahrnehmen. Ist dies zulässig?
Dem Träger obliegt die Dienst- und Fachaufsicht, d.h. er stellt durch Aufsicht sicher, daß seine Fachkräfte die von ihm vorgegebenen dienstlichen Pflichten einhalten und daß Beratung in einer Erziehungsberatungsstelle auf der Grundlage der gesetzlichen Vorschriften des KJHG nach den anerkannten Regeln der Erziehungsberatung erfolgt. Dienst- und Fachaufsicht sind aber nicht grenzenlos. Sie werden durch das Vertrauensschutzbedürfnis des Klienten begrenzt. Insoweit gelten die gleichen Grundsätze, wie im vorstehenden Fall, auf die hier verwiesen wird (Anonymisierung, Grundsatz der Erforderlichkeit).

(8) Ein Mitarbeiter der Beratungsstelle bewahrt die Dokumentation der von ihm geführten Beratungen nicht in der Einrichtung, sondern grundsätzlich zu Hause auf. Ist dies zulässig?
Der Träger der Einrichtung muß gegenüber dem Klienten sicherstellen, daß Fachkräfte der Beratungsstelle als „Erfüllungshilfen" des Trägers im Sinne § 278 BGB gegenüber dem Klienten alle dem Träger obliegenden Pflichten erfüllen. Der Träger hat Vorkehrungen zu treffen, die sicherstellen, daß Aufzeichnungen über Beratungen Unbefugten nicht zugänglich sind (§ 35 Abs. 1 SGB I). Dazu gehört, sie an einem sicheren Ort verschlossen aufzubewahren. Dieser Ort ist grundsätzlich der Arbeitsplatz des Mitarbeiters oder ein anderer vom Träger angegebener Ort, weil nur diese Orte innerhalb der vom Träger beherrschbaren Sphäre liegen. Damit scheidet die Aufbewahrung der Beratungsdokumentation in der Privatsphäre der Fachkraft aus.

(9) Ein Mitarbeiter erkrankt. Ist ein anderer Mitarbeiter oder der Leiter der Einrichtung befugt, die Beratungsdokumentation einzusehen, um die Beratung fortzusetzen?
Die Beratungsdokumentation wird Inhalte enthalten, die hinsichtlich des Grades der Vertraulichkeit von unterschiedlichem Gewicht sind. Auf keinen Fall ist jedoch auszuschließen, daß sie Daten enthält, die sowohl im Sinne von § 203 StGB als auch von § 65 KJHG nur dem erkrankten Mitarbeiter anvertraut wurden. Aus diesem Grunde ist es notwendig, vor der Einblicknahme in die Dokumentation die Zustimmung des Bürgers einzuholen.

(10) Eine Beratungsstelle des öffentlichen Trägers ist im Sozialrat-

haus untergebracht. Alle Anrufe aus dem Rathaus heraus werden zentral gespeichert. Ist dies zulässig?

Gemeinden und Gemeindeverbänden steht das Recht zu, alle Angelegenheiten der örtlichen Gemeinschaft im Rahmen der Gesetze in eigener Verantwortung zu regeln (Art. 28 Abs. 2 GG). Dieses Recht beinhaltet die Kompetenz, die behördeninterne Organisation festzulegen. Dazu gehört auch das Recht, den Telefonverkehr der Bediensteten nach Zweckmäßigkeitsgesichtspunkten zu ordnen. Die Organisationskompetenz der Behörde ist jedoch nicht unbeschränkt. Sie wird z.B. begrenzt durch gesetzliche Regelungen, die dem Vertrauensschutz des Bürgers dienen.

Wenn die Anrufe von Fachkräften der Erziehungsberatungsstelle mit Klienten gespeichert werden, können über die gewählte Telefonnummer Name und Anschrift des Klienten ohne weiteres von Bediensteten, die Zugang zu dem „Speicher" haben, identifiziert werden. Name und Anschrift von Klienten einer Erziehungsberatungsstelle sind Sozialdaten (personenbezogene Daten) im Sinne von § 35 SGB I. Der Klient hat Anspruch darauf, daß diese Daten vom Sozialleistungsträger (der Gemeinde/Stadt/dem Kreis als Träger der öffentlichen Jugendhilfe) als Sozialgeheimnis gewahrt und nicht unbefugt erhoben, verarbeitet oder genutzt werden. Die Mitarbeiter und Mitarbeiterinnen in Erziehungsberatungsstellen sind darüber hinaus verpflichtet, das Privatgeheimnis ihrer Klienten zu schützen (§ 203 Abs. 1 Nr. 4 StGB). D.h. die bei einer zentralen Speicherung bekanntwerdenden Daten dürfen von ihnen nicht offenbart werden. Der Träger ist daher gehalten, die Arbeitsbedingungen so zu gestalten, daß die Mitarbeiter nicht gegen § 203 Abs. 1 Nr. 4 StGB verstoßen.

Bei einer zentralen Speicherung aller Anrufe aus dem Rathaus ist dies nicht sichergestellt. Daher dürfen die Anrufe – wie das Bundesarbeitsgericht in seinem Urteil vom 13. Jan. 1987 (vgl. in diesem Band S. 222ff.) festgestellt hat – nicht gespeichert werden.

(11) Der Leiter einer Erziehungsberatungsstelle möchte grundsätzlich jede Beratungsakte vorgelegt bekommen. Geht das ohne die jeweilige Zustimmung der Betroffenen?

Der Beratungsstellenleiter handelt, wenn er Leitungsfunktionen wahrnimmt, im Auftrag des Trägers. Die Art und Weise, wie er leitet, welche Anordnungen er trifft etc., leitet sich also von den Vorgaben des Trägers ab. Er ist dem Träger gegenüber verantwortlich, daß die Beratungsstelle ihren Auftrag erfüllt. In der Regel geben Träger nur einen Rahmen vor, regeln aber keine Einzelheiten. Den vom Träger vorgegebenen Rahmen füllt der Leiter eigenverantwortlich aus. Dabei unterliegt er aber auch den gleichen Beschränkungen wie der Träger. Hier kann auf die Ausführungen zu Fall 6 und Fall 7 verwiesen werden. Grundsätzlich gelten auch innerbetrieblich die Vorschriften über den Schutz der Falldaten; d.h., auch im Verhältnis der Fachkräfte untereinander und zu den Leitern. Maßstab des Handelns für Leiter und Fachkräfte ist § 64 Abs. 1 KJHG sowie § 67c Abs. 3 SGB X; d.h., Sozialdaten, die zum Zweck der Beratung erhoben worden sind, dürfen prinzipiell nicht zu einem anderen Zweck übermittelt oder genutzt werden. Eine Zweckänderung liegt hingegen nicht vor, wenn sie für die Wahrnehmung von Aufsichts- und Kontrolluntersuchungen erforderlich ist. Die Nutzung der Daten aus den Beratungsakten steht also unter dem Erforderlichkeitsgebot. Läßt sich der Stellenleiter zur Erfüllung seiner Aufsichtsaufgaben die Beratungsdokumentation vorlegen, muß sichergestellt sein, daß das Erforderlichkeitsgebot beachtet wird. D.h. die Vorlage einer jeden Beratungsdokumentation ohne besonderen Anlaß ist unzulässig. Die Einsichtnahme durch den Leiter der Beratungsstelle kann nur im Einzelfall aufgrund einer besonderen Situation, gleichsam als ultima ratio, als begründet angesehen werden.

(12) Über den Tisch der Leiterin einer Erziehungsberatungsstelle wandert grundsätzlich jede eingehende Post, auch die von Klienten an ihren jeweiligen Berater. Ist das erlaubt?

Für den Postverkehr in Beratungsstellen gelten ähnliche Grundsätze, wie sie zum vorstehenden Fall erarbeitet wurden. Wenn die Leiterin die erkennbar an Fachkräfte der Beratungsstelle adressierte Post öffnet und einsieht, verstößt sie gegen das Erforderlichkeitsgebot, das sie als Leiterin im Rahmen ihrer generell bestehenden Kontrollbefugnis zu beachten hat (§ 64 Abs. 1 KJHHG; § 67c Abs. 3 SGB X). Vgl. auch: *Wahrung des Briefgeheimnisses,* in diesem Band, S. 99ff.).

(13) Der Jugendamtsleiter einer städtischen Erziehungsberatungsstelle möchte die Terminkalender der EB-Mitarbeiter/-innen einsehen. Geht das?

Der Jugendamtsleiter darf personenbezogene Daten, wie sie Terminkalender gewöhnlich enthalten (Name von Klienten, Zeitpunkt des vereinbarten Gesprächs), nur für die Zwecke verwenden, die § 67c Abs. 3 SGB X aufführt:
- Erfüllung von Aufsichts- und Kontrollaufgaben,
- zur Durchführung von Organisationsuntersuchungen.

Der Offenbarung der Namen der Klienten steht jedoch § 203 Abs. 1 Nr. 4 StGB entgegen. Die Fachkräfte sind gebunden, diese Angaben als Privatgeheimnis zu wahren. Der Jugendamtsleiter seinerseits ist an das Erforderlichkeitsgebot gebunden. D.h. zur Wahrnehmung der o.a. Aufgaben ist es nicht erforderlich, die Namen der Klienten zu erfahren. Dem Erforderlichkeitsgebot kann Genüge getan werden, wenn die Fachkraft die aufgeführten Termine ohne Nennung des Namens der Klienten mitteilt.

(14) In einer kommunalen Beratungsstelle machen nach Dienstschluß Reinigungskräfte sauber. Sie haben dabei auch Zugang zum Sekretariat, in dem nach Dienstschluß der Anrufbeantworter läuft, um ggf. Anrufe von Klienten entgegenzunehmen. Diese Anrufe können mitgehört werden. Darf das sein?

Der Träger der Beratungsstelle muß das Sozialgeheimnis wahren, d.h. er hat aktiv durch geeignete Maßnahmen Vorsorge dafür zu treffen, daß personenbezogene Daten von Klienten ausreichend geschützt werden. Das ist hier nicht der Fall. Zu den Sicherheitsvorkehrungen gehört auch, den Telefonverkehr so zu organisieren, daß personenbezogene Daten Dritten gegenüber nicht durch Zufall offenbart werden. Die notwendigen technischen Vorkehrungen können bei den heute üblichen Anrufbeantwortern getroffen werden.

(15) In einer Erziehungsberatungsstelle hat jeder Mitarbeiter über einen zentralen Schlüsselkasten Zugang zu den Schreibtischen der anderen Mitarbeiter, in denen sich deren aktuelle Beratungsakten befinden. Ist das erlaubt?

Hinsichtlich der Pflicht des Dienstherrn, aktiv Vorsorge dafür zu treffen, daß personenbezogene Daten in den Diensträumen ausreichend geschützt sind, kann auf den vorstehenden Fall verwiesen werden. Der Dienstherr ist nicht verpflichtet, einen im Verhältnis zum angestrebten Erfolg unangemessenen Aufwand zu betreiben, um die Daten zu schützen. Es muß grundsätzlich von jedem

Mitarbeiter erwartet werden, daß er nicht unbefugt mit den Schlüsseln anderer Fachkräfte deren Schreibtische öffnet, um Fallunterlagen einzusehen. Im allgemeinen reicht deshalb die Aufbewahrung von Schlüsseln in einem verschließbaren Schlüsselkasten aus. Eine alternative Lösung wäre, daß jeder Mitarbeiter den Schlüssel für seinen Schreibtisch behält und der Leiter einen Zentralschlüssel besitzt, mit dem im Notfall die Schreibtischfächer geöffnet werden können.

Verhältnis zu Klienten

(16) Eine 14-jährige Jugendliche will die Unterstützung der Beratungsstelle in Anspruch nehmen. Sie teilt zugleich mit, daß ihre Eltern dies untersagen würden. Darf sie beraten werden?

Eine 14-jährige Jugendliche ist sozialrechtlich noch nicht handlungsfähig. § 36 SGB I räumt erst mit Vollendung des fünfzehnten Lebensjahres das Recht ein, Anträge auf Sozialleistungen zu stellen. Abweichend von dieser grundsätzlichen Regelung ist aber im Kinder- und Jugendhilfegesetz der Anspruch auf Hilfe zur Erziehung und damit auch auf Erziehungsberatung dem Personensorgeberechtigten zugeordnet worden (§ 27 Abs. 1 KJHG). D.h. daß die Entscheidung über eine Inanspruchnahme bei den Eltern bzw. anderen Personensorgeberechtigten liegt.

Allerdings gestattet § 8 Abs. 3 KJHG eine Ausnahme. Kinder und Jugendliche können auch *ohne Kenntnis* und folglich auch ohne Einwilligung der Personensorgeberechtigten beraten werden, wenn dies aufgrund einer Not- und Konfliktlage erforderlich ist. Die Tatsache der Beratung braucht ihnen auch nicht mitgeteilt werden, solange dies den Beratungszweck vereiteln würde.

Anders gestaltet sich die Situation, wenn den Personensorgeberechtigten *bekannt* ist, daß ihr Kind eine Beratungsstelle in Anspruch nimmt oder aufsuchen will. In diesem Fall können die Eltern der Durchführung der Erziehungsberatung rechtswirksam widersprechen, mit der Folge, daß sie ggf. beendet werden muß.

Ist die Durchführung der Erziehungsberatung jedoch sehr wichtig für das Kind/den Jugendlichen und läßt demnach das Verbot der Eltern einen Mißbrauch der elterlichen Sorge befürchten, so kann das Vormundschaftsgericht gemäß § 50 Abs. 3 KJHG angerufen werden. Das Gericht kann dann gemäß § 1666 BGB die Tätigkeit der Beratungsstelle auch gegen den Willen der Eltern zulassen.

In Notfällen, z.B. bei einem vom Jugendlichen angedrohten Suizid, kann – wenn die vormundschaftsgerichtliche Entscheidung nicht in angemessener Frist herbeigeführt werden kann – auch gegen den erklärten Willen der Eltern ein Handlungsgebot wegen notwendiger Hilfeleistung gegeben sein (§ 330c StGB).

(17) In einem Erstgespräch teilt die Mutter mit, daß sie nicht möchte, daß die Beraterin mit ihren KollegInnen im Team den Fall erörtert. Wie kann sich die Beraterin verhalten?

Beratungen und Therapien können nur im Rahmen einer bestehenden Vertrauensbeziehung erfolgen. Beraterinnen und Berater sind daher gehalten, alle anvertrauten (und sonstwie bekanntgewordenen) Daten geheimzuhalten. Dies sichern § 65 KJHG und § 203 Abs. 1 Nr. 4 StGB dem Betroffenen zu. Diese Geheimhaltungspflicht gilt auch gegenüber den anderen Fachkräften in der Erziehungsberatungsstelle.

Zu Beginn einer Beratung muß deshalb die Arbeitsweise der Beratungsstelle erläutert werden und zu der Fallbesprechung im Team die Einwilligung des Betroffenen eingeholt werden. Nur dessen Einverständnis hebt die Schweigepflicht auf. Lehnt ein Betroffener wie im vorliegenden Fall dies ab, so muß die Beratungsstelle sicherstellen, daß dieser Fall nur in anonymisierter Form besprochen wird.

Wird auch dies durch den Betroffenen abgelehnt, so lehnt er die multidisziplinäre Arbeitsweise der Erziehungsberatung ab und muß von daher von einer Inanspruchnahme absehen. Die offenbar gewünschte Hilfe kann dann nur im Rahmen einer Beratung/Therapie von Niedergelassenen erbracht werden.

Anders könnte nur entschieden werden, wenn die besonderen Umstände und die Schwere des Falles die Hilfeleistung nach § 330c StGB notwendig machen.

(18) In einem Fall von Verdacht auf sexuellen Mißbrauch möchte sich die den Fall bearbeitende Beraterin an das Jugendamt wenden – an den Eltern vorbei. Im Team erörtert sie ihr Vorhaben, doch die anderen Teammitglieder halten die Durchbrechung der Schweigepflicht zum jetzigen Zeitpunkt nicht für richtig. Als die Beraterin zu

erkennen gibt, daß sie diesen Schritt dennoch für erforderlich hält, verbietet es ihr der Leiter.

Die Pflicht zur Wahrung des Vertrauensschutzes in der persönlichen und erzieherischen Hilfe (§ 65 KJHG) ist ebenso wie die Pflicht zur Wahrung des Privatgeheimnisses (§ 203 Abs. 1 Nr. 4 StGB) eine die Beraterin persönlich treffende Rechtspflicht. Sie ist zur Wahrung der ihr anvertrauten Daten verpflichtet. Ergeben sich aber Situationen, in denen ein anderes Rechtsgut, hier: der Schutz des Kindes/Jugendlichen, konkurriert, so kann nur die Beraterin selbst entscheiden, ob sie die ihr obliegende Pflicht verletzt. Denn im Falle einer strafrechtlichen Würdigung durch ein Gericht müßte sich auch die Beraterin persönlich verantworten.

Erteilt nun ein Leiter einer Beratungsstelle in diesem Konfliktfeld eine dienstliche Weisung, so ist die Fachkraft zwar grundsätzlich verpflichtet ihr zu folgen. Wenn sie jedoch befürchtet, daß sie in diesem Fall ein höheres Rechtsgut verletzen würde, so ist die dienstliche Weisung unbeachtlich.

Befürchtet eine Fachkraft allgemein, daß eine ihr erteilte Weisung gegen geltendes Recht verstößt, so muß sie diese Bedenken unmittelbar geltend machen. Bestätigt auch der nächsthöhere Vorgesetzte die Anordnung so ist die Fachkraft von eigener Verantwortung befreit, hat aber die Anordnung auszuführen (vgl. dazu: *Aufsicht über Erziehungsberatungsstellen*, in diesem Band, S. 73ff.).

(19) Ein suizidgefährdeter Jugendlicher wird in der Erziehungsberatungsstelle therapeutisch betreut. Nach seiner Selbsttötung verlangen Angehörige Akteneinsicht. Muß sie gewährt werden?

Nach § 25 SGB X besteht ein Recht auf Akteneinsicht dann, wenn der an einem Verwaltungsverfahren Beteiligte sich durch die Einsichtnahme Klarheit über seine Rechtsposition und seine rechtlichen Möglichkeiten zur Durchsetzung seiner Interessen verschaffen möchte. Beratung und therapeutische Leistungen stellen aber kein Verwaltungsverfahren dar; entsprechend sind Beratungsdokumentationen keine Verfahrensakten. Da das informationelle Selbstbestimmungsrecht Verfassungsrang genießt, ist es rechtskonform, § 25 Abs. 1 SGB X entsprechend anzuwenden und Akteneinsicht auch in die Dokumentation von Beratungen zu gewähren (vgl. *Aktenführung in Erziehungsberatungsstellen*, in diesem Band, S. 57ff.). Das Einsichtsrecht findet aber seine Grenze an den

Geheimhaltungsanspruch Dritter.

Im vorliegenden Fall ist daher das Recht auf Akteneinsicht zu bejahen. Es steht aber nicht generell allen Angehörigen zu, sondern nur den Erben.

Wenn das Recht auf Akteneinsicht als begrenzt auf das Verwaltungsverfahren angesehen wird, verbleibt aber das Recht auf Auskunft gemäß § 67 SGB VIII, das ausdrücklich auch sonstige gespeicherte Daten einbezieht.

(20) Ein Kind ist in der Erziehungsberatungsstelle zum Zwecke eines psychologischen Tests vorgestellt worden. Eine daran anschließende Beratung erfolgte nicht. Die Mutter fordert die Herausgabe der Testunterlagen. Muß diesem Ansinnen entsprochen werden?

Die Betroffenen sind grundsätzlich Inhaber des verfassungsmäßig garantierten Rechts auf informationelle Selbstbestimmung. D.h. sie sind in bezug auf ihre eigenen Daten verfügungsberechtigt. Ein Eingriff in dieses Recht ist nur auf gesetzlicher Grundlage zulässig und das heißt hier, Datenerhebung zur Durchführung des begehrten Tests ist nach § 62 Abs. 1 KJHG möglich. Nach Abschluß dieser Aufgabe liegen alle preisgegebenen Daten wieder voll im Verfügungsbereich der Betroffenen. Die Testunterlagen müssen deshalb herausgegeben werden, sofern keine anderen Gründe entgegenstehen.

Handelt es sich um einen einfachen, formularmäßig durchgeführten Test, so können Gegengründe nicht gegeben sein. Auch Auswertungen von Tests mit hohem interpretativem Aufwand (Rorschach) stellen objektive Analysen des vom Betroffenen präsentierten Materials dar, mit der Folge, daß sie auf Wunsch übergeben werden müssen.

Anders dürfte nur entschieden werden, wenn subjektive Rechte des Testdurchführenden oder anderer beteiligter Dritter zu wahren wären. Dies ist bei psychologischen Tests in der Regel nicht der Fall. Es können aber sehr wohl die Dokumentationen von Beratungen (z.B. bei Gruppensitzungen) die Rechte Dritter tangieren. Die Rechte der Berater und Beraterinnen sollten allerdings auch in diesen Fällen nicht betroffen sein, da ihre subjektiven Reaktionen und Bewertungen zwar als Notizen Grundlage der Beratungsdokumentation sind, diese selbst aber so geführt werden sollte, daß

dem Betroffenen jederzeit Einsicht gewährt werden kann.
Schließlich kann eine Einschränkung dadurch gegeben sein, daß die zur Herausgabe geforderten Unterlagen, „die Entwicklung und Entfaltung der Persönlichkeit des Beteiligten beeinträchtigen können" (§ 25 Abs. 2 Satz 3 SGB X). In diesem Fall ist nur eine fachkundige Erläuterung des Inhalts zulässig.

(21) Der nicht sorgeberechtigte Vater eines Kindes ruft in der Beratungsstelle an und möchte Auskunft über die Probleme, die es mit seinem Kind gibt.
Dem nicht sorgeberechtigten Vater darf keine Auskunft erteilt werden, es sei denn, eine Einwilligung der sorgeberechtigten Mutter liegt vor. Ist das Kind schon über 14 Jahre alt und entsprechend einsichtsfähig, kann es die Einwilligung selbst erteilen. Im übrigen kann der nicht sorgeberechtigte Elternteil bei dem Elternteil, dem die elterliche Sorge zusteht, gemäß § 1632 Abs. 3 BGB Auskunft verlangen, notfalls mit Hilfe des Vormundschaftsgerichts.

(22) Eltern, die über ein Informationsblatt der EB im Erstgespräch erfahren haben, daß sich der Berater über die Gespräche mit ihnen Notizen macht, würden gerne diese Aufzeichnungen einsehen.
Die Betroffenen sind grundsätzlich Inhaber des verfassungsmäßig garantierten Rechts auf informationelle Selbstbestimmung. D.h. sie sind in bezug auf ihre eigenen Daten verfügungsberechtigt. Dieses Recht bleibt auch während der Beratung/Therapie bestehen. Bezogen auf Verwaltungsverfahren gewährt § 25 SGB X ein Recht auf Akteneinsicht. Bei sinnentsprechender Anwendung ist auch in die Dokumentation von Beratungsprozessen Einsicht zu gewähren (vgl. *Aktenführung in Erziehungsberatungsstellen*, in diesem Band, S. 57ff.).
Allerdings findet das Einsichtsrecht seine Grenze in den Geheimhaltungsrechten Dritter (z.B. Dokumentation von Gruppensitzungen) und des Beraters/Therapeuten. Die während der Sitzung gefertigten Notizen gelten als persönliche Aufzeichnung des Beraters. Hier steht sein Persönlichkeitsrecht einer Einsichtnahme entgegen. Eine Einsicht ist nur in die Beratungsdokumentation zu gewähren. Die persönlichen Notizen müssen vom Berater nach Erstellung der Dokumentation vernichtet werden und stehen schon von daher nicht mehr zur Einsicht zur Verfügung.

(23) Am Ende einer Elternberatung können sich die Eltern nicht einigen, ob die Beratungsunterlagen vernichtet oder aufgehoben werden sollen. Der Vater möchte die Löschung, die Mutter die Aufbewahrung. Was soll die Beraterin tun?

Da das Recht auf informationelle Selbstbestimmung nur für die Erfüllung einer begrenzten jugendhilferechtlichen Aufgabe eingeschränkt worden ist. Ist in der Regel nach Abschluß der Beratung/Therapie die Löschung der Daten gemäß § 84 Abs. 2 Satz 2 SGB X durchzuführen.

Wenn allerdings die Mutter die Aufbewahrung mit einem Argument verlangt, das schutzwürdige Interessen des Kindes darlegt (z.B. der nicht geklärte Verdacht auf sexuellen Mißbrauch), dann hat die Beratungsstelle diesem Verlangen zu folgen. Dabei sollte ein Zeitraum für die Aufbewahrung vereinbart werden.

Liegt ein schutzwürdiges Interesse nicht vor, ist auch die Übergabe der Beratungsdokumentation an die Eltern möglich. Sie ist der Löschung äquivalent. Die Eltern müssen ihren Dissens dann außerhalb der Beratungsstelle klären. Rechtlich möglich, aber lebensfremd wäre es, daß die Eltern gemäß § 1628 BGB das Vormundschaftsgericht entscheiden lassen, wenn es sich um eine Angelegenheit von erheblicher Bedeutung handelt.

(24) Eine Beratungsstelle läßt ihre Klienten prinzipiell im unklaren, wie EB-intern mit den Beratungsgesprächen und den Aufzeichnungen umgegangen wird. Gibt es eine Aufklärungspflicht?

Zwischen dem Träger einer Beratungsstelle und dem Bürger wird, wenn dieser eine Beratungsstelle aufsucht, ein Rechtsverhältnis begründet. Dieses Rechtsverhältnis enthält beiderseitige Rechte und Pflichten. Der öffentliche Träger ist an die Regelung des § 36 Abs. 1 KJHG gebunden, wonach Personensorgeberechtigte Kinder- und Jugendliche vor ihrer Entscheidung über die Inanspruchnahme einer Hilfe zur Erziehung und vor einer notwendigen Änderung von Art und Umfang der Hilfe zu beraten sind. Diese Beratung hat zum Ziel, die Adressaten mit allen Fakten vertraut zu machen, die sie kennen müssen, um über die Annahme oder Ablehnung der Hilfe zu entscheiden. Beratung wird hier also in einem umfassenden Sinn verstanden. Da der hilfesuchende Bürger hinsichtlich der Daten, die er im Zusammenhang mit dem Hilfeprozeß bekannt gibt, verfügungsbefugt bleibt, d.h. er bestimmt, was mit seinen Daten zu geschehen hat, gehört auch zu Beginn der Beratungskontakte eine gründliche Aufklärung darüber, wie EB-intern Gespräche ausgewertet und mit Aufzeichnungen umgegangen wird, in den Beratungskontext des 36 Abs. 1 KJHG.

Beim freien Träger ergeben sich die gleichen Pflichten aus der privatrechtlichen Rechtsbeziehung (Vertrag) zum Ratsuchenden.

(25) Im Rahmen einer Diagnostik oder Therapie mit einem Kind bietet der Berater der Mutter an, ihr Kind mit seinem Privat-PKW nach Hause zu fahren, weil die Mutter verhindert ist, das Kind abzuholen.

Der Berater sollte sich vergewissern, ob zu Fahrten mit dem Privat-PKW eine Dienstanweisung existiert. Unabhängig davon genügt eine Absprache mit der Mutter, für die Fahrt selber gelten die üblichen Regeln: Kindersitz auf der Rückbank. Verursacht der Fahrer einen Unfall, steht seine Haftpflichtversicherung für einen Schaden des Kindes ein. Entsteht ein Schaden durch das normale Betriebsrisiko wie Platzen des Reifens u.ä., kommt eine abgeschlossene Insassenunfallversicherung dafür auf. Der Berater kann sich zur weiteren rechtlichen Absicherung eine Haftungsausschlußerklärung unterzeichnen lassen.

Verhältnis zu anderen Institutionen

(26) Ein Kind fällt im Kindergarten durch sein Verhalten auf. Eine Erzieherin bittet die Erziehungsberatung um teilnehmende Beobachtung. Ist dies ohne Einverständnis der Eltern zulässig?

Die Zusammenarbeit zwischen Kindergärten und Erziehungsberatungsstellen kann sowohl fallbezogen wie auch regelmäßig institutionell gestaltet sein. Wird durch einen (oder mehrere) Kindergärten gemeinsame Supervision für die Erzieherinnen in Anspruch genommen, so kann das auffällige Verhalten in der Supervision dargestellt werden. Dabei ist zu beachten, daß die Fallschilderung so erfolgt, daß das betroffene Kind bzw. seine Familie anonym bleiben. Wird dagegen die Erziehungsberatungsstelle selbst um eines konkreten Kindes willen in Anspruch genommen, so ist auch eine teilnehmende Beobachtung datenschutzrechtlich als eine Erhebung von personenbezogenen Daten anzusehen. Sie ist nur mit Einwilligung der Betroffenen – im Falle eines Kindes: seiner Eltern bzw. des Personensorgeberechtigten – zulässig. Allerdings dehnt § 28 KJHG den Kreis der Leistungsberechtigten auf „andere Erziehungsberechtigte" aus. Erziehungsberechtigter im Sinne von § 7 Abs. 1 Nr. 6 KJHG ist „jede sonstige Person über 18 Jahren, soweit sie aufgrund einer Vereinbarung mit dem Personensorgeberechtigten nicht nur vorübergehend und nicht nur für einzelne Verrichtungen Aufgaben der Personensorge wahrnimmt". Erziehungsberechtigte in diesem Sinne sind typischerweise Heimerzieher und Pflegeeltern; Eltern, denen Teile der Personensorge entzogen wurden, bleiben Erziehungsberechtigte (Wiesner u.a., § 7 Rz 13; Jans/Happe/Saurbier, § 7 Rz 34). Alle ambulanten Hilfen und Angebote haben nur zeitlich begrenzte Kontakte mit Kindern bzw. Jugendlichen. Für diese bleibt ihre Familie als Lebenswelt erhalten. Für Erzieherinnen kann deshalb eine dauerhafte Vereinbarung zur Ausübung der Personensorge nicht angenommen werden. Sie gehören damit nicht zum Kreis der Leistungsberechtigten nach § 28 KJHG und können folglich Leistungen der Erziehungsberatung für das einzelne Kind nicht in Anspruch nehmen; sie dürfen eine Erziehungsberatungsstelle nur mit Einwilligung der Eltern einschalten. Anders wäre der Fall gelagert, wenn Pflegeeltern oder ein Heimerzieher die Beratungsstelle um Unterstützung bitten.

(27) Ein Kind hat in der Schule Probleme. Der Berater möchte die Interaktion des Kindes in der Klasse selbst beobachten. Wer muß dazu einwilligen?

Die Schule hat einen eigenständigen Erziehungsauftrag, der von den Ländern in Schulgesetzen geregelt wird. Danach ist der Schulleiter für Erziehung und Unterricht verantwortlich. Je nach Fallkonstellation werden verschiedene Personen durch eine Unterrichtsbeobachtung betroffen sein. Sobald die Interaktion eines Schülers Thema ist, sei dies mit einem Lehrer oder mit anderen Schülern, werden personenbezogene Daten dieser dritten Person erhoben, was rechtlich gesehen deren Einwilligung voraussetzt. Aber auch dann, wenn der zu beobachtende Sachverhalt sich auf das vorgestellte Kind begrenzen läßt, ist zunächst die Einwilligung des jeweiligen Lehrers und die Erlaubnis des Schulleiters erforderlich.

Rechtlich einfacher ist die Einbeziehung einer Lehrkraft in die in der Beratungsstelle geführten Gespräche, wenn sich diese dazu bereit erklärt. Zu den Möglichkeiten der Zusammenarbeit zwischen Schulen und Erziehungsberatungsstellen vgl. die Gemeinsame Bekanntmachung der Bayrischen Staatsministerien für Unterricht und Kultus und für Arbeit und Sozialordnung vom 18. Juli 1989 in: *Informationen für Erziehungsberatungsstellen*, Heft 1/90, S. 18 ff.

(28) Eine Lehrerin ruft an und möchte wissen, ob die Eltern, die sie an die Erziehungsberatungsstelle verwiesen hat, sich angemeldet haben.

Die Lehrerin hat den Eltern die Anregung gegeben, eine Erziehungsberatungsstelle aufzusuchen. Die Inanspruchnahme ist deren eigene Entscheidung. Die Tatsache der Inanspruchnahme und nicht erst der Inhalt einer möglichen Beratung gehört bereits zu dem von den Mitarbeitern einer Erziehungsberatungsstelle zu schützenden Privatgeheimnis (§ 203 Abs. 1 Nr. 4 StGB; BAG-Urteil vom 13.01.87); dies schließt ein mögliches Nicht-Erscheinen ein. Die Lehrerin zählt daher zu den Dritten, denen ein Privatgeheimnis nur mit Zustimmung der Betroffenen mitgeteilt werden kann. Die Lehrerin muß deshalb selbst die Eltern ansprechen. Anderes kann nur gelten, wenn die Eltern – etwa in einem gemeinsamen Gespräch zu Beginn – die Erlaubnis erteilt haben, die Lehrerin einzubeziehen und den Umfang möglicher Mitteilungen definiert haben.

(29) Eine Beraterin läßt sich von den Eltern das Einverständnis geben, über deren 12-jährigen Sohn mit dessen Lehrerin zu sprechen. Geht das ohne Einwilligung des Jugendlichen?

Bei der Erbringung von Leistungen der Hilfe zur Erziehung sind zwei rechtliche Aspekte zu unterscheiden: Leistungsrechtlich sind die Eltern/Personensorgeberechtigten, diejenigen, denen der Anspruch auf die jeweilige Jugendhilfeleistung zusteht. Kinder und Jugendliche sind bis zum Zeitpunkt ihrer Volljährigkeit Adressaten der Leistung. Eine Ausnahme gilt nur für Eingliederungshilfe für seelisch behinderte Kinder und Jugendliche, denen selbst der Rechtsanspruch auf die Leistung zusteht. Datenschutzrechtlich sind auch Kinder und Jugendliche Träger des durch die Verfassung gewährten Grundrechts auf informationelle Selbstbestimmung (Urteil des BVerfG vom 15.12.83, vgl. in diesem Band, S. 243ff.). Es kann von den Eltern nur in dem Maße zugunsten der Kinder ausgeübt werden, in dem diese selbst dazu nicht in der Lage sind (treuhänderisches Elternrecht).

Die Fähigkeit, ein Grundrecht selbständig geltend zu machen, hängt vom Grad der Einsichts- und Urteilsfähigkeit ab. Dieser kann nicht allgemein bestimmt werden, sondern ist im konkreten Fall zu beurteilen. Anhaltspunkte bieten einerseits das siebte Lebensjahr (jüngere Kinder sind nach § 104 Abs. 1 BGB geschäftsunfähig) und andererseits das vierzehnte Lebensjahr (Jugendliche werden z.b. strafmündig (§ 1 Abs. 2 JGG) und können selbst über ihr religiöses Bekenntnis entscheiden (§ 5 Satz RKEG). Für Jugendliche im Sinne § 7 Abs. 1 Nr. 2 KJHG, die also das vierzehnte Lebensjahr vollendet haben, wird deshalb außer Frage stehen, daß nur sie selbst über die Weitergabe von Daten zu ihrer Person, die sie in einem Beratungsgespräch anvertraut haben, entscheiden. Für Kinder zwischen dem vollendeten siebten und dem fünfzehnten Lebensjahr muß im Einzelfall ihre Fähigkeit, die Bedeutung der Datenweitergabe zu erkennen, entscheidend sein bei der Beurteilung, ob ihre Einwilligung erforderlich ist.

(30) Im Rahmen einer Scheidungsberatung können sich die Eltern nicht auf eine Sorgerechtsregelung einigen. Der Berater hatte aber im Verlauf der Beratung einen Vorschlag für das Sorgerecht gemacht. Darüber berichtet der Elternteil, der nach Meinung des Beraters das Sorgerecht bekommen sollte, seinem Anwalt, was dieser wiederum vor Gericht verwendet. Der Richter setzt sich nun mit dem Berater in Verbindung und möchte von diesem dessen Vorschlag bestätigt und gleichzeitig die Gründe für diesen Vorschlag wissen. Darf der Berater sich auf dieses Gespräch einlassen?

Der Vorschlag des Beraters zur Gestaltung der elterlichen Sorge ist im Rahmen eines Beratungsprozesses gemacht, er unterliegt daher ebenso wie die Gründe, die den Berater zu diesem Vorschlag motiviert haben, dem Schutz des Privatgeheimnisses (§ 203 Abs. 1 Nr. 4 StGB). Der Berater kann sich zu seinem Vorschlag vor Gericht nur äußern, wenn *beide* Elternteile ihn von der Verpflichtung aus § 203 Abs. 1 Nr. 4 StGB entbinden. Da diese Voraussetzung nicht vorliegt, muß der Berater von dem Zeugnisverweigerungsrecht, das ihm nach § 383 Abs. 1 Nr. 5 ZPO in Zivilprozessen zusteht, Gebrauch machen.

Wird der Berater von beiden Elternteilen entbunden, so steht ihm ein Zeugnisverweigerungsrecht nicht mehr zu. Denn dieses

Recht schützt die Interessen derjenigen, die den Berater in Anspruch genommen haben; nicht den Berater als solchen. Nach einer Entbindung von der Pflicht zum Schutz des Privatgeheimnisses seiner Klienten kann sich der Berater nicht mehr auf diese Verpflichtung berufen. Jedoch bedarf er für seine Aussage der Genehmigung des Dienstvorgesetzten, denn § 9 BAT verpflichtet Angestellte des öffentlichen Dienstes über Angelegenheiten, die ihnen dienstlich bekannt geworden sind, Verschwiegenheit zu bewahren. Dabei muß sich der Berater nicht selbst um die Aussagegenehmigung bemühen. Sie ist vielmehr nach § 376 Abs. 3 ZPO durch das Prozeßgericht einzuholen. Bei seiner Entscheidung hat der Dienstvorgesetzte die Interessen der Behörde bzw. des freien Trägers zu berücksichtigen: Wenn eine Aussage vor Gericht das Vertrauen der Bevölkerung in die Verschwiegenheit der Fachkräfte der Einrichtung beeinträchtigen und damit deren Arbeitsauftrag gefährden könnte, wäre die Aussagegenehmigung zu versagen (vgl. dazu Urteil des OLG Zweibrücken vom 25.10.94, in diesem Band, S. 234ff.).

(31) Im Rahmen eines Hilfeplanungsprozesses nach § 36 KJHG beim örtlichen Jugendamt wird überlegt, ob für einen 13jährigen Jugendlichen eine Erziehungsbeistandschaft oder eine therapeutische Begleitung durch die Erziehungsberatungsstelle die notwendige und geeignete Hilfe ist. Im Einverständnis mit dem Jugendlichen und seinen Eltern wird Erziehungsberatung ausgewählt. Das Jugendamt möchte nach einiger Zeit wissen, ob der Jugendliche die Beratung tatsächlich in Anspruch nimmt. Darf dies mitgeteilt werden?

Die Problemlage ähnelt der Fallkonstellation 28. Grundsätzlich unterliegen auch hier alle Inhalte der Beratung den Schutzvorschriften aus § 65 KJHG und § 203 Abs. 1 Nr. 4 StGB. Das Jugendamt stellt gegenüber der kommunalen Beratungsstelle – ebenso wie jeder freie Träger für seine Beratungsstelle – einen Dritten dar, dem Privatgeheimnisse nur mit Einwilligung des Betroffenen offenbart werden dürfen. Da im konkreten Fall Erziehungsberatung jedoch als Sozialleistung vom örtlichen öffentlichen Träger gewährt worden ist, hat dieser einen Anspruch darauf zu erfahren, ob die von ihm gewährte Leistung auch tatsächlich in Anspruch genommen wird. Je nach Ausprägung des Falles kann das Jugendamt verpflichtet sein, bei Nicht-Inanspruchnahme der Erziehungsberatung andere geeignete Hilfen zu vermitteln bzw. weitere Maßnahmen einzuleiten. Die Erziehungsberatungsstelle ist deshalb verpflichtet, die Anfrage des Jugendamtes zu beantworten. Um Irritationen zu vermeiden ist es sinnvoll, die notwendigen Rückmeldungen einvernehmlich zu Beginn zwischen Jugendlichem, Beratungsstelle und Jugendamt zu vereinbaren (vgl. Hinweise zur Hilfeplanung nach § 36 KJHG, in: *Informationen für Erziehungsberatungsstelle*, Heft 1/ 95, S. 3 ff.).

Vermischtes

(32) Die Mitarbeiter einer Erziehungsberatungsstelle möchten ihre Aufzeichnungen über Beratungen für eine empirische Untersuchung aufheben. Dürfen sie das und wenn ja, unter welchen Voraussetzungen?

Für den Schutz der Sozialdaten sind § 35 SGB I, §§ 67 – 85a SGB X und die §§ 61 – 68 SGB VIII (KJHG) einschlägig. Das KJHG enthält keine Regelung, ob Aufzeichnungen für eine empirische Untersuchung aufgehoben werden dürfen. § 75 SGB X hingegen enthält eine Regelung der Fallkonstellation, wann eine Offenbarung von Sozialdaten (personenbezogene Daten) für wissenschaftliche Forschung zulässig ist.

Zunächst ist eine Klärung der Begriffe vorzunehmen. Das Aufheben von Aufzeichnungen stellt sich auf den ersten Blick nicht als Fallkonstellation der Offenbarungsbefugnis dar. Es scheint zunächst ein Fall der Datenspeicherung (siehe § 63 KJHG) zu sein. Danach dürfen Sozialdaten nur gespeichert werden, soweit dies für die Erfüllung der jeweiligen Aufgabe erforderlich ist. Das Speichern von Sozialdaten zur Erfüllung der Beratungsaufgabe ist jedoch etwas anderes als die Speicherung und Aufbewahrung für eine empirische Untersuchung. Ist die Aufgabe der Beratung erfüllt, ist eine Speicherung nicht mehr zulässig. Die Aufbewahrung der Daten zu Forschungszwecken stellt daher eine Zweckänderung dar und unterliegt deshalb denselben engen Voraussetzungen, unter denen eine Übermittlung an Dritte zulässig ist.

§ 75 SGB X läßt eine Übermittlung von Sozialdaten (personenbezogener Daten) für die wissenschaftliche Forschung zu, wenn schutzwürdige Belange des Betroffenen nicht beeinträchtigt werden oder das öffentliche Interesse an der Forschung des Geheimhaltungsinteresse des Betroffenen erheblich überwiegt. Dabei ist – soweit zumutbar – eine Einwilligung des Betroffenen einzuholen. Die vorherige Genehmigung der zuständigen obersten Bundes- und Landesbehörde ist erforderlich. Die Genehmigung muß den Empfänger, die Art der Daten und den Kreis der Betroffenen, die Forschung und den Tag, bis zu dem die Daten aufbewahrt werden dürfen, genau bezeichnen.

Eine entsprechende Genehmigung kann für die Erziehungsberatung nur dann erteilt werden, wenn zuvor eine Einwilligung des Betroffenen vorliegt: § 65 KJHG regelt den besonderen Vertrauensschutz in der persönlichen und erzieherischen Hilfe, wenn die Daten „anvertraut" sind. Die Voraussetzungen, unter denen anvertraute Daten offenbart werden können, sind abschließend bestimmt. Ein Verweis auf § 75 SGB X ist nicht vorgesehen. Daher ist die Einwilligung des Betroffenen erforderlich. Stimmt er zu, so können die Aufzeichnungen für eine empirische Untersuchung unter den Voraussetzungen des § 75 SGB X aufgehoben werden. Handelt es sich nicht um anvertraute Daten, sondern um anonymisierte Daten, bei denen also der Personenbezug getilgt worden ist, wie z.B. der KJHG-Statistik, so ist weder die Einwilligung des Betroffenen noch eine Genehmigung erforderlich.

(33) Eine Erziehungsberatungsstelle plant zur Prüfung der Effektivität ihrer Arbeit eine katamnestische Untersuchung und möchte deshalb alle Beratungsunterlagen 2 Jahre aufheben.

Die Beantwortung der Zulässigkeit dieses Vorhabens steht in engem Zusammenhang mit der vorhergehenden Fallkonstellation. Hier geht es um die 2. Alternative des § 75 SGB X, nämlich die Planung im Sozialleistungsbereich durch eine öffentliche Stelle im Rahmen ihrer Aufgaben. Die Voraussetzungen für eine Offenbarung sind dieselben wie bei der Offenbarung für wissenschaftliche Zwecke. Ein Aufbewahren der Beratungsunterlagen ist demnach zulässig, wenn die Betroffenen zustimmen oder es sich um nicht anvertraute Daten handelt.

(34) Ein Gericht ernennt einen Mitarbeiter der Beratungsstelle zum Gutachter. Muß der Mitarbeiter der Ernennung Folge leisten?

Die Frage, wer zur Erstellung von Gutachten für Gerichte

verpflichtet ist, ist in den §§ 407, 408 ZPO, 75, 76 StPO geregelt. Eine Verpflichtung besteht danach für denjenigen, der
- zur Erstattung von Gutachten der erforderten Art öffentlich bestellt ist,
- die Wissenschaft, die Kunst oder das Gewerbe, deren Kenntnisvoraussetzung der Begutachtung ist, öffentlich zum Erwerb ausübt,
- zur Ausübung derselben öffentlich bestellt oder ermächtigt ist,
- sich dazu vor Gericht bereiterklärt hat.

Keine dieser Voraussetzungen liegt für Mitarbeiter der Beratungsstellen vor. Die öffentliche Ermächtigung ist nur gegeben bei Erteilung der Lehrbefugnis oder der ärztlichen Approbation.

Häufiger kommt es jedoch vor, daß Erziehungsberatungsstellen gebeten werden, Gutachten zu erstellen. Hatte sich die Erziehungsberatungsstelle bereits zu einem früheren Zeitpunkt zur Erstellung von Gutachten bereit erklärt, könnte sich hieraus eine Verpflichtung für die Erziehungsberatungsstelle ergeben. Der einzelne Mitarbeiter wäre dann aus dienstrechtlichen Gründen im Rahmen der Aufgabenverteilung verpflichtet, das Gutachten zu erstellen.

(35) In der Erziehungsberatungsstelle wird heilkundliche Psychotherapie angeboten. Gelten besondere Regeln für den Datenschutz?

Heilkundliche Psychotherapie wird auf der Grundlage des Sozialgesetzbuches V – Krankenversicherung – erbracht. Der Schutz von Sozialdaten wird allgemein in § 35 SGB I sowie in §§ 67 – 85a SGB X geregelt. Für den Bereich der Jugendhilfe gelten zudem die speziellen Regelungen der §§ 61 – 68 SGB VIII. Eine vergleichbare Spezialvorschrift kennt das SGB V nicht. Die dort getroffenen Regelungen (§§ 284 – 306) betreffen die Handhabung des Datenschutzes bei den Krankenkassen.

Für den heilkundlichen Psychotherapeuten ist daher weiterhin zentrale Rechtsnorm für sein Handeln § 203 Abs. 1 Nr. 1 bzw. Nr. 2 StGB (Schutz des Privatgeheimnisses).

In Hinblick auf die Aufbewahrung von Behandlungsdokumentationen gilt für Ärzte dabei eine berufsrechtlich festgelegte Frist von zehn Jahren. Heilkundlich tätige Diplompsychologen orientieren sich häufig an dieser Regelung bzw. an dem Berufsrecht des BDP.

Texte anderer Institutionen

Deutscher Städtetag (DST) und Arbeitsgemeinschaft für Jugendhilfe (AGJ)
Empfehlungen für die Zusammenarbeit von Trägern der öffentlichen und freien Jugendhilfe bei der Erziehungsberatung[*]

1. Erziehungsberatung als Leistung im Sinne des SGB VIII (KJHG)

1.1 Beratungsangebote der Jugendhilfe zur Förderung der Erziehung in der Familie und als Hilfe zur Erziehung

Als Angebote der allgemeinen Förderung der Erziehung in der Familie und als Hilfe zur Erziehung haben sich in der Jugendhilfe vielfältige Beratungsangebote in den Diensten und Einrichtungen in öffentlicher und freier Trägerschaft entwickelt. Ihre Aufgaben und die Voraussetzungen für die Inanspruchnahme ihrer Leistungen werden im Achten Buch des Sozialgesetzbuches Kinder- und Jugendhilfegesetz (KJHG) näher beschrieben.

Nach den §§ 16 – 18 KJHG soll Müttern, Vätern, anderen Erziehungsberechtigten und jungen Menschen Beratung als Leistung der allgemeinen Förderung der Erziehung in der Familie angeboten werden. Hierzu gehören insbesondere:
- Beratung in allgemeinen Fragen der Erziehung und Entwicklung junger Menschen (§ 16 Abs. 2 Nr. 2 KJHG),
- Beratung in Fragen der Partnerschaft (§ 17 Abs. 1 KJHG),
- Beratung bei der Ausübung der Personensorge (§ 18 Abs. 1 KJHG),
- Beratung bei der Ausübung des Umgangsrechts (§ 18 Abs. 4 KJHG).

Das Beratungsangebot soll dazu beitragen, daß Mütter, Väter und andere Erziehungsberechtigte ihre Erziehungsverantwortung besser wahrnehmen können.

Erziehungsberatung als Hilfe zur Erziehung nach § 28 KJHG, die vorwiegend in Beratungsstellen stattfindet, soll Kinder, Jugendliche, Eltern und andere Erziehungsberechtigte bei der Klärung und Bewältigung individueller und familienbezogener Probleme und der zugrundeliegenden Faktoren, bei der Lösung von Erziehungsfragen sowie bei Trennung und Scheidung unterstützen.

1.2 Zusammenarbeit von Erziehungsberatung und anderen sozialen Diensten

Erziehungsberatungsstellen richten sich mit ihrem Leistungsangebot an Kinder, Jugendliche, Eltern und andere Erziehungsberechtigte. Die Ratsuchenden wenden sich in der Mehrzahl unmittelbar an die Erziehungsberatungsstelle, werden in einigen Fällen aber auch vom Jugendamt oder anderen sozialen Diensten vermittelt. Um den Ratsuchenden optimale Hilfe anbieten zu können, ist eine gute Kooperation der Beratungsdienste und -einrichtungen und anderen sozialen Diensten – insbesondere dem Allgemeinen Sozialdienst (ASD) – notwendig.

Erziehungsberatung nach § 28 KJHG soll als Angebot so ausgestaltet sein, daß Bürgerinnen und Bürger diesen Dienst unmittelbar und ohne vorherige Beteiligung des Jugendamtes in Anspruch nehmen können. Diese Niederschwelligkeit des Beratungsangebots muß erhalten bleiben.

In der Arbeit der Beratungsstellen wirken Fachkräfte verschiedener Fachrichtungen zusammen, die mit unterschiedlichen methodischen Ansätzen vertraut sind. Zielsetzung der Beratungstätigkeit ist eine bedarfsgerechte Hilfe, die gegebenenfalls auch therapeutische Leistungen mit einschließt.

Erziehungsberatungsstellen informieren die Ratsuchenden über ihre Arbeitsweise und die Kooperation mit anderen sozialen Diensten. Hierzu gehören auch Informationen über den Umgang mit Sozialdaten. Wie grundsätzlich bei allen Leistungen der Jugendhilfe dürfen Sozialdaten der Ratsuchenden nur mit deren Einwilligung an Dritte weitergegeben werden. Eine Weitergabe von Sozialdaten kann insbesondere im Rahmen der Hilfeplanung für die Ausgestaltung der geeigneten Hilfe notwendig werden.

2. Erziehungsberatung im Kontext der Hilfe zur Erziehung nach §§ 27 ff. KJHG

2.1 Rechtsanspruch auf Erziehungsberatung

Nach § 27 Abs. 1 KJHG haben Personensorgeberechtigte bei der Erziehung eines Kindes oder Jugendlichen einen Anspruch auf Hilfe (Hilfe zur Erziehung). Voraussetzung ist, daß eine dem Wohl des Kindes oder Jugendlichen entsprechende Erziehung nicht gewährleistet ist und die Hilfe für seine Entwicklung geeignet und notwendig ist (§ 27 Abs. 1 2. Halbsatz KJHG). Die Hilfen zur Erziehung nach §§ 27 ff. KJHG sind von unterschiedlicher Intensität. Die Hilfen, die durch Erziehungsberatungsstellen angeboten werden, sind ambulante Leistungen, die für alle sozialen Schichten offenstehen und entsprechend niederschwellig ausgestaltet werden müssen (s. oben 1.2).

Der individuelle Rechtsanspruch des Personensorgeberechtigten auf Erziehungsberatung als Hilfe zur Erziehung (§ 28 KJHG) richtet sich an den Träger der öffentlichen Jugendhilfe. Dieser hat dafür Sorge zu tragen, daß entsprechende Angebote in öffentlicher und freier Trägerschaft dem Bedarf entsprechend für die Ratsuchenden zur Verfügung stehen. Er stellt die notwendigen Mittel für die Finanzierung des Angebots bereit und gewährleistet damit die Grundlagen der fachlichen Standards.

2.2 Vereinbarungen des öffentlichen Trägers mit freien Trägern

Um das Angebot an Beratungsstellen in öffentlicher und freier Trägerschaft sicherzustellen und den Leistungsberechtigten die Möglichkeit zu geben, zwischen Einrichtungen und Diensten verschiedener Träger zu wählen (Wunsch- und Wahlrecht – § 5 KJHG), empfiehlt es sich, daß der öffentliche Träger mit freien Trägern für die Leistungen ihrer Erziehungsberatungsstellen in freier Trägerschaft vertragliche Vereinbarungen trifft.

In diesen sollten die Finanzierungsmodalitäten (s. unten 4.) und die fachlichen Standards der Beratungsleistung (z.B. personelle Besetzung, Ausbildung) festgelegt werden. Außerdem sollte vereinbart werden, daß die Beratungsstelle verpflichtet ist, Fälle zu betreuen, die ihr von anderen sozialen Diensten übermittelt werden (Abnahmeverpflichtung).

2.3 Unmittelbare Inanspruchnahme der Erziehungsberatung in freier Trägerschaft

Wenn sich Ratsuchende unmittelbar an eine Erziehungsberatungsstelle wenden und dort Beratungsleistungen als Hilfe zur Erziehung gem. § 28 KJHG erhalten, erledigt sich der gegen den Träger der öffentlichen Jugendhilfe bestehende Rechtsanspruch insoweit. Es bedarf daher keiner Einzelentscheidung durch das Jugendamt. Dieses hat lediglich dafür Sorge zu tragen, daß eine bedarfsgerechte Versorgung mit Beratungsstellen zur Verfügung steht und das Angebot den qualitativen Standards entspricht (s. oben 2.1).

3. Hilfeplan nach § 36 KJHG bei der Erziehungsberatung

Bei der Arbeit der Erziehungsberatungsstellen sind der Beratungsumfang und der zeitliche Rahmen der Beratung in der Regel bereits bei Beginn der Beratungstätigkeit absehbar. Erfahrungsgemäß ist der Beratungsumfang in der Mehrzahl aller Fälle kurz- oder mittelfristig. Nach § 36 Abs. 2 KJHG soll ein Hilfeplan aufgestellt werden, wenn Hilfe voraussichtlich für längere Zeit zu leisten ist. Daher ist ein Hilfeplanverfahren für die meisten Fälle der Erziehungsberatung als Voraussetzung für die Hilfegewährung nicht notwendig.

3.1 Hilfeplanung beim öffentlichen Träger der Jugendhilfe

Wenn beim Jugendamt im Prozeß der Hilfeplanung Erziehungsberatung als eine mögliche Hilfe erwogen wird, sollte rechtzeitig eine Beratungsstelle beteiligt werden. Wird dann Erziehungsberatung als geeignete und notwendige Hilfe festgestellt, wird die weitere Durchführung der Hilfe einer Erziehungsberatungsstelle übertragen. An der Auswahl der Erziehungsberatungsstelle ist der/die Ratsuchende auf der Grundlage des Wahlrechts (§§ 5, 36 Abs. 1 KJHG) zu beteiligen. Die in dieser Weise beauftragte Erziehungsberatungsstelle informiert das zuständige Jugendamt über die Durchführung der Erziehungsberatung. Die Information umfaßt Angaben über die Inanspruchnahme der Beratung, gegebenenfalls die Notwendigkeit der Verlängerung oder Abschluß der Hilfe, nicht jedoch Mitteilungen über den Inhalt der Beratungen.

3.2 Hilfeplanung in der Erziehungsberatungsstelle

Wenn sich der/die Ratsuchende unmittelbar an eine Beratungsstelle wendet und sich im Verlauf der Beratung ergibt, daß diese voraussichtlich für längere Zeit zu leisten ist, bedarf es für die Entscheidung über die im Einzelfall angezeigte Hilfeart gem. § 36 Abs. 2 KJHG eines Hilfeplans. Die Entscheidung soll im Zusammenwirken mehrerer Fachkräfte getroffen werden. Das multidisziplinäre

Team der Erziehungsberatungsstelle im Sinne des § 28 KJHG, das über Kenntnisse zum Gesamtfeld der erzieherischen Hilfen verfügt, entspricht in der Regel dieser Anforderung des Gesetzes.

Zwischen Jugendamt und Beratungsstelle in freier Trägerschaft empfiehlt sich eine Vereinbarung, wonach in denjenigen Fällen, in denen nur Erziehungsberatung nach § 28 KJHG in Betracht kommt, das Hilfeplanverfahren mit dem/der Ratsuchenden in der Erziehungsberatungsstelle durchgeführt wird.

3.3 Wechsel der Hilfeart

Wenn im Rahmen einer eingeleiteten Erziehungsberatung eine andere Hilfe zur Erziehung als besser geeignet erscheint oder neben der Erziehungsberatung eine andere Hilfe ergänzend geleistet werden muß, sind die Personensorgeberechtigten und das Kind oder der Jugendliche über eine notwendige Änderung von Art und Umfang der Hilfe zu beraten (§ 36 Abs. 1 Satz 1 KJHG). Bei einem eventuell notwendigen Wechsel der Hilfeart erfolgt die weitere Hilfeplanung (§ 36 Abs. 2 KJHG) beim Jugendamt (zur Weitergabe von Sozialdaten siehe 1.2).

4. Kosten, Finanzierung

Beratungsleistungen im Rahmen der Förderung der Erziehung in der Familie (§§ 16 ff. KJHG) sind Pflichtaufgaben der kommunalen Selbstverwaltung. Werden diese Aufgaben durch Träger der freien Jugendhilfe wahrgenommen, werden sie nach § 74 KJHG gefördert. Die Länder sind nach § 82 KJHG verpflichtet, auf einen gleichmäßigen Ausbau der Einrichtungen und Angebote hinzuwirken und die Jugendämter und Landesjugendämter bei der Wahrnehmung ihrer Aufgaben zu unterstützen und zu fördern (§ 82 Abs. 1 und Abs. 2 KJHG).

Wenn durch eine Erziehungsberatungsstelle in freier Trägerschaft Erziehungsberatung als Hilfe zur Erziehung (§ 28 KJHG) geleistet wird, besteht grundsätzlich ein Anspruch auf Erstattung der Kosten durch den öffentlichen Träger.

4.1 Vereinbarung über Kosten

In der ganz überwiegenden Mehrzahl aller Erziehungsberatungsstellen werden sowohl Beratungsaufgaben nach §§ 16 ff. KJHG als auch Erziehungsberatung nach § 28 KJHG geleistet. Ihre Anteile können variieren. Eine Zuordnung der Tätigkeit im Einzelfall zu der jeweiligen gesetzlichen Grundlage ist zwar theoretisch möglich, erfordert jedoch einen sehr hohen Verwaltungsaufwand und würde darüber hinaus in vielen Fällen die Niederschwelligkeit des Angebots tangieren. Es ist daher geboten, bei den Vereinbarungen über Kosten nach Finanzierungsmodalitäten zu suchen, die zum einen keinen zusätzlichen Verwaltungsaufwand verursachen, zum anderen die Niederschwelligkeit des Angebots der Hilfe durch eine Erziehungsberatungsstelle wahren.

4.2 Vorschlag für die Finanzierung von Erziehungsberatungsstellen in freier Trägerschaft

Zwischen der Erziehungsberatungsstelle und dem öffentlichen Träger der Jugendhilfe sollte auf der Grundlage von Erfahrungswerten eine Verständigung darüber herbeigeführt werden, wie hoch im Jahresdurchschnitt der Anteil der Fälle der Hilfen zur Erziehung nach § 28 KJHG und der Anteil der Beratungs- und Förderarbeit gem. §§ 16 ff. KJHG ist. Diese Zahlen sind die Grundlage für die Festlegung eines institutionellen Gesamtzuschusses. Dieser institutionelle Gesamtzuschuß soll regelmäßig auf der Grundlage der tatsächlich geleisteten Arbeit überprüft und fortgeschrieben werden; dazu sollten die jährlichen Arbeitsberichte der Beratungsstellen genutzt werden.

Die für die Leistungen nach §§ 16 ff. KJHG unter Berücksichtigung einer angemessenen Eigenleistung vorgesehene Förderung und die pauschalierte Kostenerstattung für die Leistungen nach § 28 KJHG sollten über die Vereinbarung (§ 77 KJHG) so zusammengeführt werden, daß am Ende ein Budget entsteht, das sich aus einer Fördersumme und einer Kostenerstattungssumme zusammensetzt. Die Quotierung der Beiträge und ihre Höhe müssen für die jeweiligen Einrichtungen vor Ort ausgehandelt werden.

Bei der Festlegung dieses „Förderschlüssels" wird zu berücksichtigen sein, daß neben der Beratung im Einzelfall auch aufklärende und präventive, also einzelfallübergreifende Arbeit mit Kindern und Jugendlichen, Eltern und pädagogischen Institutionen geleistet werden soll. Zur Qualitätssicherung von Erziehungsberatungsstellen sollten die Vereinbarungen zur Finanzierung auch Art, Umfang und Ziele der Tätigkeit der Einrichtung festlegen.

5. Jugendhilfeplanung, Statistik

Die freien Träger von Erziehungsberatungsstellen beteiligen sich an der Jugendhilfeplanung des Trägers der öffentlichen Jugendhilfe (§ 80 KJHG). Hierzu gehört insbesondere die Ermittlung des Bedarfs. Dabei ist darauf zu achten, daß für Bürgerinnen und Bürger ein ausreichendes Beratungsangebot als Leistungen der allgemeinen Förderung der Erziehung in der Familie (§§ 16 – 18 KJHG) ortsnah zur Verfügung steht und Beratungsstellen Erziehungsberatung nach § 28 KJHG für alle Ratsuchenden anbieten können, bei denen ein entsprechender Hilfebedarf besteht.

Für die Kinder- und Jugendhilfestatistik sind die Beratungsfälle nach § 28 KJHG zu erheben (vgl. § 98 Ziff. 1a KJHG). Beratungsstellen, die nach dem vorgeschlagenen Modell finanziert wurden, sollten darüber hinaus eine Gesamtstatistik aller Beratungsfälle führen, die als Grundlage für die Festlegung des „Förderschlüssels" verwendet werden kann.

Sozialausschuß des Deutschen Städtetages
Stuttgart, den 3./4. Mai 1995
Vorstand der Arbeitsgemeinschaft für Jugendhilfe,
Nürnberg, den 20./21. Juni 1995

Anmerkung
* Zitiert nach: Zentralblatt für Jugendrecht, Heft 11/1995, S. 496-498.

Deutscher Verein für öffentliche und private Fürsorge
Ergänzungen der Empfehlungen zur Hilfeplanung nach § 36 SGB VIII*⁾

Bei der Verabschiedung der Empfehlungen des Deutschen Vereins zur Hilfeplanung nach § 36 SGB VIII (KJHG) (NDV 1994, 317) wurden die von der Arbeitsgruppe „Hilfeplanung nach § 36 KJHG" und den beteiligten Fachausschüssen vorgelegten Ausführungen zur Hilfeplanung bei der Erziehungsberatung nach § 28 KJHG einstweilen zurückgestellt, weil kurzfristig Bedenken an den Deutschen Verein herangetragen wurden, die sich insbesondere auch auf das Zusammenwirken freier und öffentlicher Träger bei dieser Hilfeart bezogen. Diese Bedenken konnten jetzt ausgeräumt werden, so daß der von dem Vorsitzenden der Arbeitsgruppe „Hilfeplanung nach § 36 KJHG", Herrn Heinz-Hermann Werner, Leiter des Jugendamtes der Stadt Mannheim, erarbeitete Ergänzungstext im Fachausschuß „Jugend und Familie" abschließend erörtert und vom Vorstand des Deutschen Vereins in seiner Sitzung am 7. Dezember 1995 endgültig verabschiedet werden konnte.

Der unter Ziffer – 4.2 § 28 KJHG (Erziehungsberatung) – in die Empfehlungen des Deutschen Vereins zur Hilfeplanung nach § 36 KJHG – eingefügte Ergänzungstext hat folgenden Inhalt:

4.2 §28 KJHG (Erziehungsberatung)

Erziehungsberatung als Hilfe zur Erziehung wird bei Klärung und Bewältigung individueller und familienbezogener Probleme und der zugrundeliegenden Faktoren bei der Lösung von Erziehungsfragen sowie bei Trennung und Scheidung eingesetzt. Anlässe für die Inanspruchnahme der Erziehungsberatung können körperliche Auffälligkeiten, seelische Probleme, Verhaltensauffälligkeiten und Leistungsprobleme sein. In der Regel stehen mehrere Probleme miteinander in Zusammenhang. Zwar wirkt die Erziehungsberatung in unterschiedlichem Maße in die Privatsphäre der Familie hinein, sie übernimmt jedoch keine Funktion in der Familie. Deshalb ist grundsätzlich ein vereinfachtes Hilfeplanungsverfahren ausreichend.

Das vereinfachte Hilfeplanungsverfahren kann von der Erziehungsberatungsstelle selbst durchgeführt werden. Gemäß § 28 KJHG muß jeder Dienst, der Erziehungsberatung vorhält, über Fachkräfte verschiedener Fachrichtungen verfügen, die mit unterschiedlichen methodischen Ansätzen vertraut sind. Durch die multidisziplinäre Kompetenz der Mitarbeiter/-innen der Beratungsstelle sowie durch Dienst- und Fachaufsicht ist die Fachlichkeit im Team der Erziehungsberatungsstelle gesichert.

Die Durchführung des vereinfachten Hilfeplanungsverfahrens durch die Erziehungsberatungsstelle selbst bietet sich auch deswegen an, weil Erziehungsberatungsstellen sich von der Mehrzahl besonderer sozialer Dienste dadurch unterscheiden, daß ratsuchende Eltern, Kinder und Jugendliche sich unmittelbar an den Beratungsdienst wenden. Dieser unmittelbare Zugang entspricht dem Charakter der Erziehungsberatung als niedrigschwelliges Angebot. Die Ratsuchenden haben sich zunächst für diese Hilfe zur Erziehung entschieden: Eine Notwendigkeit, durch das Jugendamt über andere Hilfearten zu entscheiden, besteht daher nicht. Wenn im Rahmen einer eingeleiteten Erziehungsberatung eine andere Hilfe zur Erziehung als möglicherweise besser geeignet erscheint oder neben Erziehungsberatung ergänzend geleistet werden müßte, legt die Erziehungsberatungsstelle dies dem Personensorgeberechtigten dar und zeigt auf, welche weiteren Schritte die Personensorgeberechtigten für den Erhalt der notwendigen und geeigneten Hilfe zu unternehmen haben.

Anmerkung
* Zitiert nach: Nachrichtendienst des Deutschen Vereins, Heft 3/1996, S. 74. Auszüge der Empfehlungen des Deutschen Vereins sind auch abgedruckt in: Informationen für Erziehungsberatungsstellen, 1/95, S. 10 ff.

Die für die Jugendhilfe zuständigen Senatoren und Minister der Länder
Grundsätze für die einheitliche Gestaltung der Richtlinien der Länder für die Förderung von Erziehungsberatungsstellen (1973)*

Die Wandlung gesellschaftlicher Strukturen und die zunehmende Kompliziertheit gesellschaftlicher Vorgänge haben dazu geführt, daß die Familie wie auch die anderen Träger des Erziehungswesens besonderer Hilfe bedürfen, um der Aufgabe gerecht zu werden, eine günstige Persönlichkeitsentwicklung von Kindern und Jugendlichen zu ermöglichen und in der Erziehung befriedigende Formen gesellschaftlichen Lebens vorzuprägen.

Die hier erforderliche Unterstützung kann nur durch eine Vielzahl von Einzelmaßnahmen sichergestellt werden. Notwendig ist eine Erweiterung der im Rahmen beruflicher und behördlicher Erziehungsfunktionen gebotenen – „funktionalen" – Erziehungshilfe. Zur vertieften Beratung und Behandlung schwieriger Erziehungsprobleme sind jedoch auch – „institutionelle" – Hilfen erforderlich, die nur von speziellen Einrichtungen – Erziehungsberatungsstellen – geleistet werden können. Dabei ist nach Feststellung der Weltgesundheitsorganisation davon auszugehen, daß für je 50 000 Einwohner wenigstens ein Erziehungsberatungsteam vorhanden sein soll.

Das in der Bundesrepublik Deutschland bisher unzureichende Angebot derartiger Hilfen haben die Konferenz der Jugendminister und Senatoren und den Ausschuß für Bildung und Wissenschaft des Deutschen Bundestages veranlaßt, den verstärkten Ausbau der Erziehungsberatung in der Bundesrepublik zu fordern. Es wurde u.a. angeregt, die bestehenden Richtlinien der Länder für die Erziehungsberatung mit dem Ziel optimaler Wirksamkeit der Beratungstätigkeit einander anzugleichen. Die Arbeitsgemeinschaft der Obersten Landesjugendbehörden hat diese Anregung aufgegriffen und spricht demgemäß für die Gestaltung der Länderrichtlinien folgende Grundsatzempfehlungen aus:

I. Allgemeines
1. Aufgabe der Jugendämter ist es, die erforderlichen Einrichtungen

und Veranstaltungen zu Beratung in Fragen der Erziehung anzuregen, zu fördern und ggf. zu schaffen, § 5 Abs. 1 Nr. 1 JWG. Zu ihren Pflichtaufgaben zählt damit auch die Bereitstellung von Erziehungsberatungsstellen. Die Einrichtung von Erziehungsberatungsstellen soll im Rahmen der nachfolgenden Grundsätze vom Land gefördert werden.

2. a) Erziehungsberatungsstellen sind mit entsprechend vorgebildeten Fachkräften besetzte Einrichtungen der offenen Jugendhilfe, die in Fragen der Erziehung durch Beratung von Kindern, Jugendlichen, Eltern und anderen an der Erziehung beteiligten Personen oder Stellen dazu beitragen, Erziehungsschwierigkeiten und Entwicklungsstörungen zu beheben und zu vermeiden, wenn die Mittel funktionaler Erziehungshilfen nicht ausreichen.
   b) Erziehungs- und Entwicklungsprobleme stehen in der Regel im Zusammenhang mit übergreifenden Konflikten der ganzen Familie als Gruppe; soweit dies der Fall ist, erfüllt jede Erziehungsberatungsstelle zugleich die Aufgabe der Familienberatung.
3. Diese Grundsätze beziehen sich nicht auf
   a) Beratungsstellen, die sich ausschließlich mit Ehefragen oder der Beratung alleinstehender Erwachsener befassen,
   b) Beratungseinrichtungen, die überwiegend der Lehre und Forschung dienen,
   c) Medizinisch-psychologische Arbeitsgruppen, die ausschließlich bestimmten Institutionen (z.B. Heimen, Kliniken oder Schulen) zur Verfügung stehen,
   d) Beratungsstellen, die sich ausschließlich mit umschriebenen Störungsformen befassen (z.B. Drogenberatungsstellen, Beratungseinrichtungen für Behinderte, §§ 123 ff. BSHG).
4. Träger von Erziehungsberatungsstellen können die Jugendämter und die Gemeinden und Ämter ohne Jugendamt sowie die in § 5 Abs. 4 Nr. 1, 3 und 4 JWG genannten Träger der freien Jugendhilfe sein.

II. Aufgaben

(1) Die Erziehungsberatungsstelle hat folgende Aufgaben:
   a) Feststellung von Verhaltensauffälligkeiten, Erziehungsschwierigkeiten und Entwicklungsstörungen einschließlich der

ihnen zugrunde liegenden Bedingungen unter Berücksichtigung ihrer psychischen, physischen und sozialen Faktoren,
b) Veranlassung oder Durchführung der zur Behebung festgestellter Auffälligkeiten erforderlichen Maßnahmen; sie schließen damit die Durchführung der notwendigen Beratung gegenüber Kindern, Jugendlichen, Eltern oder anderen an der Erziehung beteiligten Personen oder Stellen – gegebenenfalls auch durch schriftliche Stellungnahme – ein und umfassen erforderlichenfalls auch die Durchführung der notwendigen therapeutisch-pädagogischen Behandlung, soweit nicht die Inanspruchnahme anderer Einrichtungen angezeigt ist,
c) Mitwirkung bei vorbeugenden Maßnahmen gegen Erziehungsfehler; die Erziehungsberatungsstelle soll im Rahmen ihrer Möglichkeiten ihre Kenntnisse und Erfahrungen auch anderen Institutionen zur Verfügung stellen und vor allem den Eltern zugänglich machen.

(2) Die Erziehungsberatungsstelle erfüllt ihre Aufgaben in fachlicher Hinsicht unabhängig.

III. Personelle Ausstattung

(1) Jede Erziehungsberatungsstelle muß mindestens eine feste Arbeitsgruppe (Team) von qualifizierten psychologischen, sozialen, therapeutisch-pädagogischen und medizinischen Fachkräften haben.

(2) Diese Arbeitsgruppe muß mit einer personellen Mindestausstattung von drei hauptberuflichen Kräften besetzt sein. Dabei kommen folgende Fachkräfte in Betracht:
a) Diplompsychologe, ggf. mit therapeutischer Zusatzausbildung, jedenfalls mit einer zur Vorbereitung der Erziehungsberatungstätigkeit geeigneten Berufserfahrung von mindestens einem Jahr,
b) Arzt mit Facharztanerkennung für Kinder- und Jugendpsychiatrie oder mit therapeutischer Zusatzausbildung,
c) staatlich anerkannter Sozialarbeiter, möglichst mit heilpädagogischer oder gleichwertiger Zusatzausbildung, mindestens jedoch mit einer zur Vorbereitung der Beratungstätigkeit geeigneten Berufserfahrung von einem Jahr,
d) Psychagoge[1] oder staatlich anerkannter Sozialpädagoge,

möglichst mit heilpädagogischer oder gleichwertiger Zusatzausbildung, mindestens jedoch mit einer zur Vorbereitung der Beratungstätigkeit geeigneten Berufserfahrung von einem Jahr, oder Heilpädagoge, im Ausnahmefall, staatlich anerkannter Erzieher mit heilpädagogischer Zusatzausbildung und mehrjähriger Berufserfahrung.

(3) Im Aufbaustadium muß eine Erziehungsberatungsstelle mindestens mit einer hauptberuflichen Fachkraft im Sinne des Absatzes 2a) und einer hauptberuflichen Fachkraft im Sinne des Absatzes 2c) besetzt sein.

(4) In jedem Fall muß ein Arzt, zumindest als nebenberufliche Kraft, zur Verfügung stehen.

(5) Darüber hinaus können Pädagogen, Theologen, Juristen, Logopäden und andere Fachkräfte in der Erziehungsberatungsstelle tätig werden.

(6) Die Leitung der Erziehungsberatungsstelle muß durch eine hauptberufliche Fachkraft mit abgeschlossener wissenschaftlicher Hochschulausbildung erfolgen, die über eine zur Vorbereitung der Beratungstätigkeit geeignete Berufserfahrung von möglichst drei Jahren, mindestens jedoch von einem Jahr verfügt.

(7) Jede Erziehungsberatungsstelle ist mit mindestens einer Sekretärin zu besetzen. Der Mindestausstattung mit drei hauptberuflichen Fachkräften entspricht eine volle Kraft.

IV. Lage, Unterbringung und sächliche Ausstattung

(1) Die Erziehungsberatungsstelle soll verkehrsgünstig liegen und auch von Kindern und Jugendlichen allein zu erreichen sein.

(2) Sie soll getrennt von den Räumen einer Behörde, Organisation oder Klinik untergebracht sein. Bei der Wahl des Standortes sollen jedoch vorhandene Sondereinrichtungen wie heilpädagogische Kindergärten, Kinderhorte oder Tagesstätten, heilpädagogische Heime, Beobachtungsstationen oder klinische Einrichtungen berücksichtigt und gute Erreichbarkeit angestrebt werden. Eheberatungsstellen sollten – bei organisatorischer Trennung – räumlich unmittelbar angegliedert werden.

(3) In der Erziehungsberatungsstelle sollen ausreichende Räumlichkeiten für die haupt- und nebenberuflichen Fachkräfte, für Praktikanten und Verwaltungskräfte, für die Therapie kleinerer

und größerer Kinder – insbesondere für Werken, Kochen, Gymnastik und Gruppenarbeit – sowie für Elternarbeit zur Verfügung stehen. Als Mindestausstattung müssen ein Arbeitsraum je hauptamtlicher Fachkraft, ein weiterer Arbeitsraum, ein Sekretariat, ein Warteraum und drei für Therapiezwecke geeignete Räume vorhanden sein.

(4) Die Ausgestaltung sämtlicher Räume muß der Forderung nach Unabhängigkeit der Arbeit Rechnung tragen. Alle Räume sollen eine äußerlich ansprechende Atmosphäre schaffen, die es dem Ratsuchenden erleichtert, frei über seine Probleme zu sprechen.

(5) Die Erziehungsberatungsstelle soll über eine ihrer Größe entsprechende Ausstattung an Test-, Spiel-, Therapie- und Beschäftigungsmaterial und über dazugehörige spezielle Einrichtungsgegenstände sowie die notwendige Fachliteratur verfügen.

V. Arbeitsweise der Erziehungsberatungsstelle

(1) Die Inanspruchnahme der Erziehungsberatungsstelle beruht auf dem Grundsatz der Freiwilligkeit. Sie muß dem Ratsuchenden ohne Rücksicht auf seine politische, weltanschauliche oder religiöse Überzeugung offenstehen. Behördliche und freie Stellen der Jugend- und Sozialhilfe, Schulen, Ärzte, Seelsorger und andere mit der Erziehung befaßte Personen sollen den Besuch der Erziehungsberatungsstelle nötigenfalls anregen.

(2) Inwieweit Vormundschaftsgericht, Jugendgericht, sonstige Stellen oder Einzelpersonen die Vorstellung eines Minderjährigen in der Erziehungsberatungsstelle anordnen können, richtet sich nach den jeweils maßgebenden gesetzlichen Grundlagen. Auch wenn die Erziehungsberatungsstelle aufgrund einer angeordneten Vorstellung tätig wird, sollen die Eltern nach Möglichkeit beteiligt werden.

(3) Wird die Erziehungsberatungsstelle von einem Minderjährigen ohne Willen der Erziehungsberechtigten aufgesucht, so soll er angehört werden; erweist sich eine Beratung oder Behandlung als erforderlich, so soll versucht werden, das Einverständnis des Minderjährigen mit der Zuziehung der Erziehungsberechtigten und deren Zustimmung zu erreichen. Die Durchführung der Beratung oder Behandlung gegen den ausdrücklich oder stillschweigend geäußerten Willen der Erziehungsberechtigten ist

nur zulässig, wenn ein Gesetz es erlaubt, z.b. bei Vorliegen eines entsprechenden vormundschaftsgerichtlichen Beschlusses nach § 1666 BGB oder im Falle des Handlungsgebotes bei notwendiger Hilfeleistung nach § 330c StGB.[2]

(4) die Zusammenarbeit der haupt- und nebenberuflichen Fachkräfte der Erziehungsberatungsstelle in der zu bildenden festen Arbeitsgruppe beruht auf dem Grundsatz der Gleichberechtigung. Die notwendigen Entscheidungen über die im Einzelfall zu treffenden Maßnahmen werden in der Arbeitsgruppe beraten. Eine lediglich schriftliche Abstimmung der Fachkräfte untereinander, insbesondere durch Austausch von Befundunterlagen, kann als Zusammenarbeit in diesem Sinne nicht anerkannt werden.

(5) Die in der Erziehungsberatungsstelle tätigen Personen haben bei ihrer Arbeit dem ihnen von dem Ratsuchenden entgegengebrachten Vertrauen Rechnung zu tragen; nach Maßgabe der gesetzlichen Bestimmungen sind sie zur Verschwiegenheit verpflichtet. Für die Auskunftserteilung in gerichtlichen Verfahren gelten die jeweiligen prozessualen Bestimmungen.

(6) Die Erziehungsberatungsstelle erfüllt ihre Aufgaben in engem Zusammenwirken mit dem Jugendamt und den sonstigen Einrichtungen der freien und öffentlichen Jugend- und Familienhilfe, insbesondere heilpädagogischen Sondereinrichtungen, sowie den Einrichtungen der Gesundheitshilfe, des Schulwesens und den Beratungsdiensten der Arbeitsämter. Erforderlichenfalls soll mit Zustimmung des Ratsuchenden Verbindung mit diesen Stellen aufgenommen werden.

VI. Weiterbildung

(1) Jede in der Erziehungsberatungsstelle tätige Fachkraft ist zur beruflichen Weiterbildung verpflichtet. Der Träger soll sie hierfür in angemessenem Umfang unter Fortzahlung der Bezüge freistellen.

(2) Diplom-Psychologen und staatlich anerkannten Sozialarbeitern und Sozialpädagogen, die nicht über die nach diesen Grundsätzen für eine eigenverantwortliche Mitwirkung in der Beratungsgruppe geforderte Berufserfahrung verfügen, soll die Möglichkeit gegeben werden, sich an geeigneten Erziehungsberatungsstellen auf die Beratungtätigkeit vorzubereiten und sich in die

Arbeit einführen zu lassen. Sie sollen an einer längerfristigen Tätigkeit in der Erziehungsberatung interessiert sein.

(3) Die Einführungszeit muß mindestens ein Jahr dauern.

(4) Während der Einführungszeit soll Gelegenheit gegeben werden, das theoretische Fachwissen in der Praxis auf den Gebieten der Diagnostik sowie der Beratung und Behandlung anzuwenden, sich durch eigenes Literaturstudium und durch Teilnahme an Fortbildungsveranstaltungen weiterzubilden, in der Durchführung von Fallarbeiten Möglichkeiten und Grenzen des eigenen Fachbereiches und der eigenen Persönlichkeit sowie das Zusammenwirken der in der Beratungsstelle tätigen Mitarbeit zu erfahren, Einblick in die praktischen Erziehungstätigkeit zu nehmen, die Zusammenarbeit mit anderen Institutionen der Jugend-, Sozial- und Familienhilfe kennenzulernen, sich mit Rechtsfragen der Erziehungsberatung sowie Organisation und Verwaltung einer Erziehungsberatungsstelle zu befassen. Der Einführungszeit muß ein Einführungsplan zugrunde liegen; er soll nach Möglichkeit auf Weiterbildungserfordernisse der in der Erziehungsberatung vertretenen Berufsgruppen Rücksicht nehmen.

(5) Nach Abschluß der Einführungszeit ist ein Zeugnis auszustellen, in welchem zu erwähnen ist, daß die Einführung in einer hierfür behördlich anerkannten Erziehungsberatungsstelle erfolgt ist.

(6) Die Einführungszeit kann nur an einer Erziehungsberatungsstelle abgeleistet werden, die von der zuständigen obersten Landesbehörde oder einer von dieser beauftragten Behörde als für die Weiterbildung geeignet anerkannt ist. Die Anerkennung ist nur auszusprechen, wenn die Erziehungsberatungsstelle über die personelle Mindestausstattung und eine ausreichende räumliche Ausstattung verfügt und der Leiter der Beratungsstelle oder eine andere geeignete Fachkraft ausdrücklich die Verantwortung für die Anleitung der einzuführenden Fachkraft übernimmt. Der Einführungsplan sowie ggf. seine Änderungen sind der anerkennenden Behörde zur Kenntnis zu geben.

VII. Finanzierung

(1) Das Jugendamt hat unter Berücksichtigung der verschiedenen Grundrichtungen der Erziehung darauf hinzuwirken, daß Erziehungsberatungsstellen in ausreichender Zahl einschließlich der

personellen und sächlichen Mittel zur Verfügung stehen. Es hat Einrichtungen der freien Jugendhilfe nach Maßgabe des § 8 JWG nötigenfalls finanziell zu fördern oder die Einrichtung von Beratungsstellen in öffentlicher Trägerschaft zu veranlassen oder selbst zu übernehmen.

(2) Die Inanspruchnahme der Erziehungsberatungsstelle soll grundsätzlich kostenlos ermöglicht werden; Ansprüche gegen Versicherungsträger bleiben unberührt.

(3) Aus Landesmitteln sollen Zuschüsse für Erziehungsberatungsstellen gewährt werden, die diesen Richtlinien entsprechen. Freie Träger müssen nach § 9 JWG anerkannt sein.

(4) Mit Landesmitteln förderungsfähig sind Personal-, Sach- und Investitionskosten einschließlich der erforderlichen Erstausstattung.

(5) Die Zuschüsse werden vorbehaltlich der im Rahmen des Haushaltsplans zur Verfügung stehenden Mittel gewährt. Ein Anspruch auf Landesmittel besteht nicht.

(6) Bei der Bewilligung von Landesmitteln zur Einrichtung neuer Erziehungsberatungsstellen soll darauf geachtet werden, daß sich die geplante Einrichtung in ein bedarfsgerechtes Netz von Beratungsstellen einfügt. In diesem Rahmen sollen Erziehungsberatungsstellen für soziale Brennpunkte vorrangig gefördert werden.

VIII. Abweichungen von den Richtlinien

Für im Einzelfall erforderliche Abweichungen von den Richtlinien ist die Zustimmung der zuständigen obersten Landesbehörde vorbehalten.

Anmerkungen
* Zitiert nach: H.-D. Spittler/F. Specht (Hg.): Basistexte und Materialien zur Erziehungs- und Familienberatung. Göttingen 1984, S. 79-87.
1 Anmerkung der Redaktion: heute wird vom *analytischen Kinder- und Jugendlichenpsychotherapeuten* gesprochen.
2 Anmerkung der Redaktion: seit Inkrafttreten des Kinder- und Jugendhilfegesetzes auch nach § 8 Abs. 3 KJHG

Übersicht über die Landesrichtlinien

Die Bundesländer haben in ihrer großen Mehrzahl auf der Grundlage der vorstehend wiedergegebenen „Grundsätze" eigene Richtlinien zur Förderung von Erziehungsberatungsstellen erlassen. Lediglich Niedersachsen und nach der Deutschen Einheit Mecklenburg-Vorpommern haben keine Richtlinien zur Erziehungsberatung in Kraft gesetzt. Sachsen und Schleswig-Holstein fördern Erziehungsberatung im Rahmen allgemeiner Programme. Die Stadtstaaten Berlin und Hamburg haben die fachlichen Grundsätze der Arbeit von Erziehungsberatungsstellen für die mehrheitlich kommunalen Einrichtungen in einer Ausführungsvorschrift bzw. einer Fachlichen Weisung formuliert. Die Übersicht gibt den Stand im Sommer 1997 wieder.

Baden-Württemberg
Landeswohlfahrtsverband Baden
Grundsätze für die Förderung der Psychologischen Beratungsstellen für Familien und Jugendliche vom 06. Dezember 1996

Bayern
Bayerisches Staatsministerium für Arbeit und Sozialordnung
Vorläufige Richtlinie zur Förderung von Erziehungs-, Jugend- und Familienberatungsstellen vom 14. September 1979.

Berlin
Senatsverwaltung für Schule, Jugend und Sport
Ausführungsvorschriften zu Aufgaben, Arbeitsweise und Ausstattung der Erziehungs- und Familienberatungsstellen der Jugendämter vom 6. Januar 1994.

Brandenburg
Die Richtlinien sind zum 1. Januar 1997 außer Kraft getreten.

Bremen
Das Land Bremen hat keine eigenen Richtlinien für Erziehungsberatung. Die Städte Bremen und Bremerhaven haben die Aufgaben

der Erziehungsberatung für den eigenen Zuständigkeitsbereich beschrieben.

Hamburg
Behörde für Schule, Jugend und Berufsbildung Amt für Jugend
Beratungsstelle für Kinder, Jugendliche und Eltern (Erziehungsberatungsstelle) - Fachliche Weisung 3/91 vom 01. Juli 1991.

Hessen
Hessisches Ministerium für Umwelt, Energie, Jugend, Familie und Gesundheit
Richtlinien für Erziehungsberatungsstellen vom 22. Oktober 1990.

Mecklenburg-Vorpommern
Das Land hat keine Förderrichtlinien erlassen.

Niedersachsen
Das Land hat keine Förderrichtlinien erlassen.

Nordrhein-Westfalen
Ministerium für Arbeit, Gesundheit und Soziales
Richtlinien über die Gewährung von Zuwendungen zur Förderung von Familien- und Lebensberatungsstellen vom 11. Februar 1991 (flexibilisiert durch Erlaß vom 20. Mai 1996, 02. September 1996 und 8. Oktober 1996)

Rheinland-Pfalz
Ministerium für Kultur, Jugend, Familie und Frauen
Förderung sozialer Beratungsstellen. Verwaltungsvorschrift des Ministeriums für Kultur, Jugend, Familie und Frauen vom 28. November 1995.

Saarland
Ministerium für Frauen, Arbeit, Gesundheit und Soziales
Richtlinien zur Förderung von Erziehungs-, Familien-, Ehe- und Lebensberatungsstellen vom 1. März 1983 (flexibilisiert durch Erlaß vom 28. Februar 1997).

Sachsen
Der Staatsminister für Soziales, Gesundheit und Familie
Richtlinie des Sächsischen Staatsministeriums für Soziales, Gesundheit und Familie für die Gewährung von Zuwendungen im Bereich der Jugendhilfe vom 25. Mai 1992.

Sachsen-Anhalt
Ministerium für Arbeit, Soziales und Gesundheit
Richtlinie über die Gewährung von Zuwendungen zur Förderung von Ehe-, Familien-, Lebens- und Erziehungsberatungsstellen im Land Sachsen-Anhalt vom 26. Mai 1995.

Schleswig-Holstein
Der Minister für Arbeit und Soziales, Jugend, Gesundheit und Energie
Landesverordnung über die Bestimmung der erstattungsfähigen Aufwendungen und das Erstattungsverfahren in Bereichen der Jugendhilfe vom 19. November 1992.

Thüringen
Thüringer Ministerium für Soziales und Gesundheit
Neufassung der Richtlinie zur Förderung von Erziehungs-, Ehe-, Familien- und Lebensberatungsstellen in Thüringen vom 10. Mai 1996.

Arbeitsgemeinschaft der Obersten Landesjugendbehörden
Jugendhilfe und Sozialdatenschutz*
Rechtliche Probleme in verschiedenen Aufgabenfeldern

1. Der Trägerbegriff im Rahmen des Sozialdatenschutzes
Für den nach den Vorschriften des Sozialgesetzbuches zu beachtenden Datenschutz gilt der „funktionale Stellenbegriff". Die Bestimmung des Trägers, der zur Geheimhaltung verpflichtet ist, richtet sich demzufolge nach der jeweiligen Aufgabenverantwortung, nicht aber danach, welcher Verwaltungseinheit er zuzurechnen ist. Für die Jugendhilfe bedeutet das, daß bei der Weitergabe von Sozialdaten z.B. an die Sozialhilfeverwaltung desselben Landkreises bzw. derselben Stadt eine Offenbarung dieser Daten vorliegt, nämlich eine Übermittlung der Sozialdaten an eine dritte Stelle. Gemäß § 67 SGB X ist eine Offenbarung (Weitergabe) von personenbezogenen Daten nur zulässig, soweit der Betroffene im Einzelfall eingewilligt hat oder soweit eine gesetzliche Offenbarungsbefugnis nach §§ 68 – 77 SGB X vorliegt.

Der funktionale Stellenbegriff gilt nicht nur im Verhältnis zu verschiedenen Behörden, er gilt vielmehr auch dann, wenn innerhalb einer Behörde verschiedene Stellen im Rahmen ihrer Zuständigkeiten über personenbezogene Daten verfügen. Demzufolge stellt eine Weitergabe von solchen Daten an eine andere Stelle derselben Behörde auch eine Offenbarung von Sozialdaten dar, deren Zulässigkeit sich nach den §§ 67 ff. SGB X zu richten hat. Insofern unterliegen die Personen oder Stellen, denen personenbezogene Daten offenbart worden sind, dem Zweckbindungsgrundsatz des § 78 SGB X. Werden Daten für die Erfüllung sozialer Aufgaben im Rahmen des § 69 SGB X offenbart, ist ferner der Grundsatz der Erforderlichkeit zu beachten. Sozialdaten dürfen nur in dem Umfange weitergegeben werden, in dem sie von dem Adressaten für die Erfüllung seiner Aufgaben benötigt werden. Bei der Formulierung von Auskunftsersuchen ist zu beachten, daß diese Anfragen nur die Sozialdaten enthalten dürfen, die der Empfänger kennen muß, um die Anfrage beantworten zu können.

2. Jugendhilfe und wissenschaftliche Forschung

Für die Sozialplanung und die wissenschaftliche Begleitforschung werden vielfach Daten aus dem Bereich der Jugendhilfe benötigt. Die zulässige Offenbarung von Sozialdaten für diese Zwecke bestimmt sich nach § 67 SGB X (Einwilligung der Betroffenen) oder nach § 75 SGB X (Offenbarung für die Forschung oder Planung). Bei Abwägung der schutzwürdigen Belange des Betroffenen gegenüber dem öffentlichen Interesse an der Forschung oder Planung muß eine Güterabwägung im jeweiligen Einzelfall erfolgen, wobei das öffentliche Interesse nicht extensiv ausgelegt werden darf.

Die nach § 75 Abs. 1 Satz 2 SGB X erforderliche Darstellung, daß eine Zweckerreichung der Forschung oder Planung auf andere Weise nicht möglich ist, muß vom Forscher selbst belegt werden; ebenso muß er nachweisen, daß es nicht zumutbar ist, die Einwilligung des Betroffenen einzuholen.

Ist der Betroffene nicht einwilligungsfähig, ist die Einwilligung seines gesetzlichen Vertreters einzuholen. Bezüglich der Fähigkeit zur Vornahme von Verfahrenshandlungen im Rahmen des Sozialgesetzbuches wird auf § 11 SGB X verwiesen. Grundsätzlich ist bei der Einholung einer Einwilligung zu beachten, daß sie keine Pauschalermächtigung sein darf, daß also für den Betroffenen sowohl der Umfang der zu offenbarenden Daten wie auch der Zweck, wofür sie offenbart werden sollen und der Adressat der Übermittlung aus seiner Einwilligung eindeutig ersichtlich sind.

Wird Planung im Auftrag einer öffentlichen Stelle durchgeführt, ist § 80 SGB X zu beachten. Zur Wahrung der schutzwürdigen Belange der Betroffenen ist vorab zu prüfen, ob eine Weitergabe der Daten in anonymisierter Form möglich ist, ohne den Zweck der Planung zu beeinträchtigen.

3. Amtshilfeersuchen nach § 68 SGB X

§ 68 SGB X verpflichtet im Rahmen der Amtshilfe nur zur Offenbarung bestimmter, enumerativ aufgezählter Daten. Vor einer Offenbarung nach § 68 SGB X sind grundsätzlich die schutzwürdigen Belange des Betroffenen zu prüfen. Ein öffentliches Interesse an der Offenbarung ist grundsätzlich nicht vorrangig gegenüber den schutzwürdigen Belangen des Betroffenen. Im Einzelfall hat hier eine Güterabwägung stattzufinden.

Zu den nach § 68 SGB X zulässigerweise zu offenbarenden Daten zählt auch die derzeitige Anschrift des Betroffenen. Dies kann auch für den vorübergehenden Aufenthaltsort gelten. Angaben, die nach § 68 SGB X offenbart werden können, sollen dazu dienen, mit dem Betroffenen Kontakt aufzunehmen. Sofern kein Grund zu der Annahme besteht, daß dadurch schutzwürdige Belange des Betroffenen beeinträchtigt werden, kann z.b. auch der vorübergehende, kurzfristige Unterbringungsort von Minderjährigen, z.B. im Rahmen einer Krisenintervention, nach § 68 SGB X offenbart werden. Für entsprechende Ersuchen der Polizei durch Durchführung eines Strafverfahrens ist § 73 SGB X als Spezialvorschrift zu beachten.

4. Datenschutz in sozialen Beratungsstellen

Für die Anwendbarkeit des Sozialdatenschutzes nach dem SGB muß bei sozialen Beratungsstellen zunächst geprüft werden, ob sie sich in kommunaler oder freier Trägerschaft befinden. Soweit es sich um eine Einrichtung der Kommune handelt, findet § 35 SGB I in Verbindung mit §§ 67 ff. SGB X Anwendung. Soziale Beratungsstellen freier Träger fallen nicht unter den Anwendungsbereich des SGB. Wenn an freie Träger Sozialdaten weitergegeben werden, ist die Zweckbindung und die Geheimhaltungspflicht des Empfängers nach § 78 SGB X von ihnen zu beachten. Danach dürfen sie solche Sozialdaten nur zu dem Zweck verwenden, zu dem sie ihnen befugt offenbart worden sind und unterliegen darüber hinaus derselben Geheimhaltungsverpflichtung wie die in § 35 SGB I genannten Stellen.

Bei sozialen Beratungsstellen, auf die das SGB Anwendung findet, muß vor allem die zusätzliche Schutzvorschrift des § 76 SGB X (Einschränkung der Offenbarungsbefugnis bei besonders schutzwürdigen personenbezogenen Daten) berücksichtigt werden. Die Pflicht der Behörden, gemäß § 161 StPO Auskunft zu erteilen, wird durch § 35 Abs. 3 SGB I in Verbindung mit § 76 SGB X eingeschränkt, soweit es sich um Daten handelt, die der Behörde von einem Arzt oder einer anderen in § 203 Abs. 1 und 3 des Strafgesetzbuches genannten Person zugänglich gemacht worden sind.

Neben der Prüfung, ob eine Offenbarung von Sozialdaten nach dem SGB durch soziale Beratungsstellen zulässig ist, ist auch die strafrechtliche Sanktion des § 203 StGB für eine Verletzung der Geheimhaltungspflicht zu beachten. Eine befugte Weitergabe von Daten im Sinne des § 203 StGB liegt immer dann vor, wenn derjenige, dem gegenüber die Schweigepflicht besteht, zugestimmt hat. Eine gesetzliche Verpflichtung zur Offenbarung ergibt sich z.B. aus § 138 StGB (siehe auch § 71 Abs. 1 Nr. 1 SGB X).

Im Strafverfahren wird die Pflicht zur Geheimhaltung für die in § 203 StGB genannten Personen durchbrochen, soweit ihnen kein Zeugnisverweigerungsrecht, z.B. aus beruflichen Gründen (§§ 53, 53 a StPO), zusteht und wenn der Eingriff in die verfassungsrechtlich geschützte Privatspäre des Bürgers bei einer Abwägung, die alle Umstände des Einzelfalles in Betracht zu ziehen hat, dem Verhältnismäßigkeitsgrundsatz entspricht.

Wenn die Voraussetzungen des rechtfertigenden Notstandes nach § 34 StGB vorliegen, ist die Weitergabe personenbezogener Daten ebenfalls befugt im Sinne des § 203 StGB.

Wichtig ist, daß auch bei Vorliegen eines gesetzlichen Offenbarungstatbestandes im Sinne der §§ 67ff. SGB X auf keinen Fall zwangsläufig eine Offenbarung im Sinne von § 203 StGB befugt ist. Vielmehr gilt für die Schweigepflicht nach § 203 StGB, daß im Regelfall eine Offenbarung von anvertrauten persönlichen Daten an Dritte nur mit der Zustimmung dessen, dem gegenüber die Schweigepflicht besteht, zulässig ist.

Die Vorschrift des § 203 StGB findet Anwendung unter anderem auf Fachkräfte, die bei einer anerkannten Beratungsstelle im Bereich der Ehe-, Erziehungs-, Jugend- und Suchtberatung tätig sind. Die strafrechtlichen Sanktionen des § 203 StGB gelten auch für Sozialarbeiter und Sozialpädagogen, sofern sie staatlich anerkannt sind.

Das Weisungsrecht des Vorgesetzten beseitigt nicht die individuelle persönliche Verantwortlichkeit des einzelnen Mitarbeiters im Sinne von § 203 StGB. Der Grund dafür ist, daß der Schutz des § 203 StGB nicht zur Disposition des Vorgesetzten steht, seine dienstliche Anordnung oder Genehmigung also eine Offenbarung im Sinne von § 203 StGB nicht rechtfertigt. In der Praxis lassen sich solche Fälle, in denen sich die Einholung der Einwilligung der Betroffenen nicht anbietet oder nicht möglich ist, dadurch lösen, daß die Daten vollständig anonymisiert werden und somit bei der Weitergabe von Daten keine Offenbarung im Sinne des SGB vorliegt.

5. Datenschutz und Schule

Zunehmend mehr stellt sich die Frage, in welchem Umfang und für welche Aufgaben Schulen personenbezogene Daten an die Jugendhilfe weitergeben dürfen. Soweit für die Legitimation des Empfängers der Daten eine gesetzliche Regelung nicht besteht, hat die Schule bei der Weitergabe der Daten die für sie geltenden datenschutzrechtlichen Bestimmungen zu beachten. Bei ausdrücklichen gesetzlichen Verpflichtungen, wie etwa den Aufgaben der Jugendgerichtshilfe in § 38 JGG, besteht z.B. eine Rechtsgrundlage für die Weitergabe von Daten seitens der Schule an die Jugendhilfe.

Soweit die Datenübermittlung zwischen Schule und Jugendamt nicht gesetzlich geregelt ist, empfiehlt es sich, sich um die Einwilligung der Personensorgeberechtigten zur Datenweitergabe in besonderer Weise zu bemühen. Hiermit wird eine wesentliche Stärkung des gegenüber den beteiligten Institutionen notwendigen Vertrauensverhältnisses erzielt.

6. Datenschutz bei Fällen von Kindesmißhandlung

Erhält das Jugendamt von einer Kindesmißhandlung oder einer Straftat gegen ein Kind Kenntnis, sind die erforderlichen Hilfen unter Beachtung des Rechtes auf informationelle Selbstbestimmung zu leisten. Wenn kein gesetzlicher Offenbarungstatbestand vorliegt, muß dieses Wissen jedoch als Sozialgeheimnis gewahrt werden (§ 35 Abs. 1 Satz 1 SGB I). Das Jugendamt darf dann ohne Zustimmung des Betroffenen weder eine Strafanzeige erstatten noch sonstige Auskünfte an Polizei, Staatsanwaltschaft oder Gericht oder andere Stellen geben. Auch gegenüber einem Auskunftsersuchen der Staatsanwaltschaft gemäß § 161 StPO ist der Sozialdatenschutz vorrangig. Dies folgt aus § 35 Abs. 3 SGB I.

Die Weitergabe solcher Informationen kann sich in der Regel nicht auf § 73 Nr. 1 SGB X als Rechtsgrundlage stützen, weil Mißhandlung oder sexueller Mißbrauch von Kindern nur bei Hinzukommen besonders erschwerender Tatmerkmale (Vergewaltigung, sexuelle Nötigung, schwere Körperverletzung oder Todesfolge) den Tatbestand eines Verbrechens verwirklicht.

Eine Befugnis zur Weitergabe seiner Informationen kann das Jugendamt, wenn eine Einwilligung des Betroffenen nicht vorliegt, in der Regel nur aus § 69 Abs. 1 Nr. 1 SGB X herleiten. Danach ist eine Offenbarung personenbezogener Daten zulässig, „soweit sie erforderlich ist für die Erfüllung einer gesetzlichen Aufgabe nach diesem Gesetzbuch oder für die Durchführung eines damit zusammenhängenden gerichtlichen Verfahrens einschließlich eines Strafverfahrens".

Ob das Jugendamt sein Wissen bezüglich einer Kindesmißhandlung (oder einer möglichen Kindesmißhandlung) an Polizei, Staatsanwaltschaft oder Gericht weitergeben darf, richtet sich also danach, ob die Durchführung eines Strafverfahrens oder eines sonstigen gerichtlichen Verfahrens zur Erfüllung der Aufgaben des Jugendamtes, für das Kindeswohl Sorge zu tragen, notwendig ist. Hierzu gehören insbesondere der Schutz des betroffenen Kindes und anderer Kinder vor weiteren Verletzungen sowie die Sicherung aller notwendigen Hilfen für das mißhandelte Kind.

Auch wenn man nach sorgfältiger Prüfung zu dem Ergebnis kommt, daß die Erstattung einer Strafanzeige zulässig wäre, ist nochmals zu prüfen, ob sie zur Erfüllung der Aufgaben des Jugendamtes zweckdienlich ist. Oft kann das Jugendamt ohne sie wirkungsvoller helfen. Dies muß in jedem Einzelfall geprüft werden. Das Jugendamt sollte daher, wenn es eine Strafanzeige erstattet oder in einem Strafverfahren eine Auskunft erteilt, schriftlich aufzeichnen, aus welchen Gründen diese Vorgehensweise erforderlich war und ob hierfür die Einwilligung des betroffenen Kindes bzw. seines gesetzlichen Vertreters vorgelegen hat.

Anmerkung
* Beschlossen in der Sitzung am 5./ 6.10.1989 in Kiel

Arbeitsgemeinschaft für Jugendhilfe
Anwendungshinweise für die Jugendhilfe zum Sozialdatenschutz nach dem 2. SGB-Änderungsgesetz[*)]

Mit der im Juni 1994 erfolgten Änderung von § 73 Abs. 1 SGB X ist der Zugriff der Justiz auf Sozialdaten erleichtert worden. Dies hat in der Jugendhilfe zu einiger Verunsicherung geführt. Auf Wunsch des AGJ-Vorstands hat der Fachausschuß „Rechts- und Organisationsfragen in der Jugendhilfe" die folgenden Anwendungshinweise für den Umgang mit der neuen Rechtslage erarbeitet.

Die Geschäftsstelle des AGJ wäre dankbar über Rückmeldungen aus der Praxis und Informationen über den Umgang der Justiz (Gerichtsentscheidungen) mit den Befugnissen aus § 73 SGB X. Zuschriften werden erbeten an die Arbeitsgemeinschaft für Jugendhilfe, Haager Weg 44, 53127 Bonn.

1. Im Zweiten Gesetz zur Änderung des Sozialgesetzbuchs vom 13. Juni 1994 (BGBl. 1. S. 1229) hat der Gesetzgeber den Anwendungsbereich des § 73 Abs. 1 SGB X erweitert.
- Bisher war für Sozialleistungsträger die unbeschränkte Übermittlung von Sozialdaten an Strafverfolgungsbehörden nur zulässig, wenn dies zur Aufklärung eines Verbrechens erforderlich war. Dies sind Straftaten, die nach dem Strafgesetzbuch im Mindestmaß mit einer Freiheitsstrafe von einem Jahr bedroht sind (vgl. § 12 StGB).
- Nach der Neufassung ist eine Datenübermittlung auch möglich, wenn es sich um eine sonstige Straftat von erheblicher Bedeutung handelt.

Im Bereich der Jugendhilfe sind als Sozialleistungsträger die Jugendämter betroffen und es ist zu befürchten, daß die Lockerung des Sozialdatenschutzes in Zukunft zu einer vermehrten Beschlagnahme von Jugendamtsakten sowie zu zahlreichen Zeugenvernehmungen von JugendamtsmitarbeiterInnen in Strafverfahren führen wird. In Betracht kommen hier Fälle wie die Verletzung der Fürsorge- und Erziehungspflicht (§ 170d StGB), sexueller Mißbrauch von Schutzbefohlenen (§ 223b StGB), die als Vergehen eine Mindeststrafandrohung unter einem Jahr haben, mit denen Jugendämter jedoch viel häufiger in Berührung kommen, als mit Verbrechen.

2. § 73 Abs. 3 SGB X schreibt vor, daß die Übermittlung von Sozialdaten durch den Richter angeordnet wird. Das heißt, für die Beschlagnahme von Jugendamtsakten oder die Vernehmung von MitarbeiterInnen des Jugendamtes ist ein richterlicher Beschluß notwendig. Gegenüber Polizei und Staatsanwaltschaft besteht dagegen keine Übermittlungspflicht.

3. Sozialdaten, die MitarbeiterInnen des Jugendamtes – etwa bei einem Beratungsgespräch – anvertraut werden, dürfen gem. § 65 KJHG nicht übermittelt werden, Beratungsakten also auch nicht beschlagnahmt und JugendamtsmitarbeiterInnen zum Inhalt von Beratungsgesprächen nicht vernommen werden.

4. § 73 SGB X setzt voraus, daß die Übermittlung von Sozialdaten zur Durchführung eines Strafverfahrens erforderlich ist. Auch bei Strafverfahren wegen eines Verbrechens muß im Beschluß die Erforderlichkeit begründet werden.

5. Wenn das Gericht die Übermittlung von Sozialdaten in Strafverfahren wegen einer „sonstigen Straftat von erheblicher Bedeutung" fordert, bestehen schon wegen der Unbestimmtheit dieses Begriffs Zweifel an der Zulässigkeit: Der Begriff „Straftaten von erheblicher Bedeutung" wird zwar in den Sicherheits- und Ordnungsgesetzen (Polizeigesetzen) einiger Bundesländer durch Aufzählung einzelner Vergehen nach dem Strafgesetzbuch näher definiert. Gleichwohl kann diese Definition nicht für die Ausfüllung des unbestimmten Rechtsbegriffs in § 73 SGB X herangezogen werden. Dies ist zum einen deshalb nicht möglich, weil Bestimmungen des Landesrechts nicht dazu herangezogen werden können, eine Vorschrift des Bundesrechts auszulegen. Zum anderen haben auch die Länder keine einheitliche Definition von „Straftaten von erheblicher Bedeutung". So ist beispielsweise in Niedersachsen der sexuelle Mißbrauch nach §§ 174, 176 StGB eingeschlossen (vgl. § 2 Nr. 9 Niedersächsisches Gefahrenabwehrgesetz), während in Nordrhein-Westfalen diese Delikte nicht im Katalog der Straftaten von erheblicher Bedeutung aufgeführt sind (vgl. § 8 Abs. 3 Polizeigesetz NW).

6. Da es keine klare bundesrechtliche Definition dessen gibt, was als „Straftat von erheblicher Bedeutung" anzusehen ist, ist die Vorschrift des § 73 Abs. 1 SGB X (neu) verfassungsrechtlich zumindest bedenklich. Nach dem Volkszählungsurteil des Bundes-

verfassungsgerichts muß die Ermächtigungsgrundlage für Eingriffe in die informationelle Selbstbestimmung des Bürgers genau definiert sein (Normenklarheit). Es ist daher juristisch vertretbar, daß bis zu einer bundesgesetzlichen Klärung Auskünfte oder Aktenvorlagen bei Straftaten, die keine Verbrechen sind, wegen der Unbestimmtheit der gesetzlichen Grundlage in § 73 Abs. 1 SGB X verweigert werden.

7. Auch dann, wenn man der Auffassung folgt, daß § 73 Abs. 1 SGB X trotz seiner Unbestimmtheit bei Straftaten von erheblicher Bedeutung als Einschränkung des Sozialdatenschutzes herangezogen werden kann, muß das Gericht zumindest den Verhältnismäßigkeitsgrundsatz wahren. Im Einzelfall muß im richterlichen Beschluß dargelegt werden, daß angesichts der Schwere des Strafvorwurfs das Recht des Betroffenen auf informationelle Selbstbestimmung und auf Wahrung des Sozialdatenschutzes hinter dem Strafverfolgungsinteresse zurücktreten muß. Hierbei ist der eigenständige Auftrag der Jugendhilfe zu berücksichtigen.

8. Bei den hier in Betracht kommenden Fällen wie Verletzung der Fürsorge- und Erziehungspflicht (§ 170d StGB), sexuellem Mißbrauch von Schutzbefohlenen (§ 176 StGB) und Mißhandlung von Schutzbefohlenen (§ 223b StGB) kann die fachliche Einschätzung des Jugendamtes dahin führen, daß eine vertrauensvolle Zusammenarbeit im Hilfeprozeß auch im Interesse des Kindeswohls vorrangige Bedeutung hat. Dies kann insbesondere dann der Fall sein, wenn mit den Betroffenen Hilfemaßnahmen eingeleitet worden sind. Das Jugendamt sollte insbesondere berücksichtigen, ob dafür gesorgt wird, daß derartige Übergriffe auf Kinder und Jugendliche nicht mehr erfolgen. Im Einzelfall kann es aber auch fachlich geboten sein, daß das Jugendamt bei den genannten Delikten von sich aus die Strafverfolgungsbehörden einschaltet oder Entscheidungen des Vormundschaftsgerichts herbeiführt.

9. Hat das Jugendamt auf Grund der von ihm vorgenommenen Schlüssigkeitsprüfung Zweifel an der Rechtmäßigkeit des gerichtlichen Beschlusses, kann es gem. § 304 StPO Beschwerde einlegen und ggf. gem. § 307 Abs. 2 StPO eine Aussetzung der Vollziehung beantragen.

Anmerkung
* Zitiert nach: Forum Jugendhilfe, Heft 1/1995, S. 21 – 22.

Deutscher Verein für öffentliche und private Fürsorge
Zum Verhältnis von dienstrechtlicher Gehorsamspflicht und strafrechtlicher Schweigepflicht (§ 203 Abs. 1 StGB)*

Eine Sozialpädagogin wurde per Dienstanweisung aufgefordert, bestimmte Verhaltensweisen der von ihr betreuten Jugendlichen (Drogenmißbrauch oder andere schwerwiegende Vergehen) an ihren Dienstvorgesetzten weiterzumelden. Ein Mitglied des Deutschen Vereins bittet anläßlich dieses Sachverhalts um gutachtliche Stellungnahme zu Grundlagen und Grenzen der innerbehördlichen Schweigepflicht.

Aus unserem Gutachten:
1. Dienstrechtlich haben Beschäftigte des öffentlichen Dienstes ihre Vorgesetzten zu beraten und zu unterstützen und sind verpflichtet, die von diesen erlassenen Anordnungen auszuführen (vgl. § 37 BRRG, § 55 BBG, § 8 Abs. 2 BAT). Diese dienstrechtliche „Gehorsamspflicht" steht allerdings ausdrücklich unter dem Vorbehalt, daß das dem Bediensteten aufgetragene Verhalten nicht strafbar ist (vgl. § 38 BRRG, § 56 BBG, § 8 Abs. 2 BAT). Konkret bedeutet dies, daß ein Bediensteter im öffentlichen Dienst sich gegenüber einer Anweisung seines Dienstvorgesetzten auf die ihm durch § 203 StGB auferlegte Schweigepflicht berufen kann (Kühne, NJW 1977, S. 1478 [S. 1480]; ders., in: Arbeitshilfen des Deutschen Vereins Heft 24 [Sozialdatenschutz, Positionen, Diskussionen, Resultate], 1985, S. 155 [S. 157]; Mörsberger, Verschwiegenheitspflicht und Datenschutz 1985, S. 73; BAG, NDV 1987, S. 333).

2. § 203 Abs. 1 Nr. 5 StGB stellt das unbefugte Offenbaren fremder Geheimnisse durch staatlich anerkannte Sozialarbeiter/Sozialpädagogen unter Strafe, sofern diesen das Geheimnis „als" Sozialarbeiter/Sozialpädagogen anvertraut oder sonst bekanntgeworden ist. Die gleiche Strafandrohung trifft gemäß § 203 Abs. 2 Satz 1 Nr. 1 StGB Amtsträger. Einem Geheimnis i.S.d. Satzes 1 stehen Einzelangaben über persönliche oder sachliche Verhältnisse eines anderen gleich, die für Aufgaben der öffentlichen Verwaltung erfaßt worden sind (§ 203 Abs. 2 Satz 2 1. Halbsatz StGB). Soweit solche

Einzelangaben anderen Behörden oder sonstigen Stellen für Aufgaben der öffentlichen Verwaltung bekanntgegeben werden, gilt die Strafandrohung jedoch nicht (§ 203 Abs. 2 Satz 2 2. Halbsatz StGB. Wie sich aus dem systematischen Zusammenhang der Vorschrift ergibt, gilt diese Abschwächung der Schweigepflicht von Amtsträgern damit nicht für Geheimnisse i.S.d. § 203 StGB) (Frommann, in: Arbeitshilfen des Deutschen Vereins Heft 24 [a.a.O.], S. 159 [S. 172 f.]; Wiesner u.a., Komm. z. SGB VIII, 1995, Anhang § 65 [§ 203 StGB] Rdnr. 7).

Aus dem geschilderten Zusammenhang zwischen dienstrechtlicher Gehorsamspflicht und strafrechtlicher Schweigepflicht folgt, daß die im Sachverhalt angesprochene Sozialpädagogin der Dienstanweisung nur Folge leisten muß, wenn sie damit nicht gegen die ihr strafrechtlich auferlegte Schweigepflicht verstößt.

2.1 Zunächst muß es sich bei den Vorkommnissen, die die Sozialpädagogin dem Dienstvorgesetzten melden soll, um fremde Geheimnisse handeln. Geheimnisse sind Tatsachen, die nur einem beschränkten Personenkreis bekannt sind und an deren Geheimhaltung derjenige, den sie betreffen, ein von seinem Standpunkt aus sachlich begründetes Interesse hat (Schöncke/Schröder, Komm. z. StGB, 24. Aufl. 1991, § 203 Rdnr. 5). Bei der möglichen strafrechtlichen Relevanz der zu meldenden Vorkommnisse kann von einem subjektiven Geheimhaltungsinteresse der betroffenen Jugendlichen ausgegangen werden (Frommann, a.a.O., S. 166).

2.2 Dieses fremde Geheimnis muß der Sozialpädagogin anvertraut oder sonst bekanntgeworden sein. (...)

2.3 Die hier einschlägigen Tatsachen müssen der Sozialpädagogin in ihrer Eigenschaft „als Sozialpädagogin" bekanntgeworden sein. Sozialarbeit i.S.d. StGB ist mit Blick auf den Schutzzweck von § 203 Abs. 1 StGB zu bestimmen. Da § 203 Abs. 1 Nr. 5 StGB Sozialpädagogen/innen strafrechtlich den klassischen, seit langem voll professionalisierten Vertrauensberufen (Ärzte, Rechtsanwälte usw.) gleichstellt, ist Sozialarbeit i.S.d. § 203 Abs. 1 Nr. 5 StGB nur die Wahrnehmung strikt vertrauensgebundener Aufgaben im öffentlichen Interesse (Frommann, a.a.O., S. 198 ff.). Allgemein anerkannt ist dies für Tätigkeiten wie beispielsweise der Sachverhaltsermittlung im Außendienst (Klinger/Kunkel, Sozialdatenschutz in der Praxis, 1990, S. 68; Onderka/Schade, in: Arbeitshilfen des Deutschen Vereins 20 [Datenschutz im Sozialen Bereich] 1981, S.

172 [S. 182 f.]; Heckel, NVwZ 1994, S. 224 [S. 228 li.Sp.]). (...)

2.4 Die der Sozialpädagogin in Ausübung ihres Berufes bekanntgewordenen fremden Geheimnisse darf sie gemäß § 203 Abs. 1 Nr. 5 StGB nicht „unbefugt offenbaren". Nach der Gutachtenpraxis des Deutschen Vereins (Gutachten 287/84 vom 22. Januar 1985) liegt eine Offenbarung im Sinne dieser Vorschrift „immer vor, wenn Tatsachen einem anderen mitgeteilt werden, er diese Tatsachen bislang nicht kannte und wenn er aufgrund der Mitteilung den Betroffenen identifizieren kann. Unbefugt i.S.d. § 203 Abs. 1 Nr. 5 StGB ist die Offenbarung eines fremden Geheimnisses immer dann, wenn nicht ein sogenannter Rechtfertigungsgrund vorliegt. Als solcher sind anerkannt:

- die Einwilligung des Betroffenen; diese kann ausdrücklich erfolgen, kann jedoch auch aus dem gesamten Verhalten des Betroffenen zu schließen sein (sogenannte konkludente Einwilligung), wenn der Betroffene substantiiert – nicht unbedingt ausdrücklich – auf die geplante Offenbarung hingewiesen wurde;
- ausdrückliche bundesgesetzliche Mitteilungspflichten; hierzu zählt beispielsweise die Pflicht zur Anzeige geplanter Straftaten gemäß § 138 StGB, nicht jedoch eine aus dem Arbeitsverhältnis zwischen dem Sozialarbeiter/Sozialpädagogen und seinem Arbeitgeber folgende Mitteilungspflicht;
- die Abwehr eines rechtfertigenden Notstandes nach näherer Maßgabe des § 34 StGB;
- Notwehr gemäß § 32 StGB.

Liegt kein Rechtfertigungsgrund für eine Offenbarung vor, so ist der Sozialarbeiter/Sozialpädagoge zur Verschwiegenheit über das fremde Geheimnis, das ihm in Ausübung seines Berufs bekanntgeworden ist, nicht nur berechtigt, sondern auch verpflichtet. Dies trifft (...) nicht auf die Mitteilung solcher Umstände zu, die keine Schlüsse auf die von diesen Umständen Betroffenen zulassen".

Nach allem ist die in der Sachverhaltsschilderung erwähnte Sozialpädagogin bei Vorliegen der oben näher umschriebenen Voraussetzungen des § 203 Abs. 1 Nr. 5 StGB nicht berechtigt, fremde Geheimnisse ihrem Dienstvorgesetzten zu offenbaren.

Anmerkung
* Gutachten vom 22. Juli 1996, zitiert nach: Nachrichtendienst des Deutschen Vereins, Heft 1/1997, S. 22.

Der Deutsche Bundestag
Rechtsberatungsgesetz*

Der Deutsche Bundestag hat in seiner 76. Sitzung am 13. Februar 1992 nach einer Beschlußempfehlung des Petitionsausschusses – Sammelübersicht 44 (Drucksache 12/1957) – beschlossen, das Petitionsverfahren abzuschließen. Die Begründung vom 15. Januar 1992 (Auszug aus dem Protokoll des Petitionsausschusses Nr. 12/22) ist beigefügt.

Beschlußempfehlung das Petitionsverfahren abzuschließen.
Begründung: Der Petent fordert eine Ergänzung des Rechtsberatungsgesetzes, wonach die außergerichtliche Rechtsberatung auch durch anerkannte Träger freier Jugendhilfe zulässig sein soll.

Der Petent ist ein in privater Trägerschaft stehender Verband, der sich für die Belange des Kindes insbesondere im Familienrecht einsetzt. Er beabsichtigt, eine Hilfseinrichtung zu betreiben, die es sich zur Aufgabe machen will, im Interesse des Kindeswohls Mütter und Väter in Fragen der Partnerschaft, Trennung und Scheidung zu beraten. Diese Beratungstätigkeit soll sich neben der Vermittlung psychologisch-pädagogischen Wissens auch auf eine außergerichtliche Rechtsberatung in familienrechtlichen und sonstigen Fragen erstrecken. An dieser außergerichtlichen Rechtsberatung sieht sich der Petent durch das derzeit geltende Rechtsberatungsgesetz (RBerG) gehindert.

Zu dem Begehren wurde eine Stellungnahme des Bundesministers der Justiz (BMJ) eingeholt, die dem Petenten mit dem Endbescheid des Deutschen Bundestags übersandt wird.

Der BMJ weist darauf hin, daß die bestehende gesetzliche Regelung der Forderung des Petenten ausreichend Rechnung trägt. Das RBerG schreibt eine Erlaubnispflicht nur für die geschäftsmäßige Besorgung fremder Rechtsangelegenheiten vor. Im Rahmen der Besorgung von Geschäften wirtschaftlicher Art oder unentgeltlicher sozialer Hilfeleistungen ist dagegen gemäß Artikel 1 § 5 RBerG eine Erlaubnis nicht erforderlich, auch wenn im unmittelbaren Zusammenhang hierzu eine Erledigung rechtlicher Angelegenheiten erfolgt.

In der vom Petenten beabsichtigten außergerichtlichen Rechtsberatung anläßlich einer Scheidung oder Trennung sieht der BMJ eine im unmittelbaren Zusammenhang mit einer sozialen Angelegenheit stehende Beratung, die vom Sinn und Zweck des Artikels 1 § 5 RBerG erfaßt und somit zulässig ist.

Der vom Petenten begehrten Ergänzung des RBerG bedarf es somit nicht. Wegen der weiteren Einzelheiten wird auf die Ausführungen in der Stellungnahme verwiesen.

Da vor diesem Hintergrund die vom Petenten beabsichtigte Rechtsberatung bereits nach geltendem Recht zulässig ist, sieht der Petitionsausschuß keine Notwendigkeit, das Rechtsberatungsgesetz zu ergänzen.

Er empfiehlt daher, das Petitionsverfahren abzuschließen.

Stellungnahme des Bundesministers der Justiz
An das Sekretariat des Petitionsausschusses
des Deutschen Bundestages
Bundeshaus
Bonn 1

Betr.: Rechtsberatungsgesetz

I. Der Petent ist ein in privater Trägerschaft stehender Verband, der sich für die Belange des Kindes insbesondere im Familienrecht einsetzt, und beabsichtigt, eine Hilfseinrichtung zu betreiben, die es sich zur Aufgabe machen will, im Interesse des Kindeswohls Mütter und Väter in Fragen der Partnerschaft, Trennung und Scheidung zu beraten (§ 17 KJHG). Bei dieser Beratungstätigkeit sieht er sich an der neben der Vermittlung psychologisch-pädagogischen Wissens auch beabsichtigten außergerichtlichen Rechtsberatung über die im Einzelfall anzuwendenden familienrechtlichen und sonstigen Bestimmungen durch das Rechtsberatungsgesetz gehindert. Er regt an, das Rechtsberatungsgesetz in Artikel 1 § 3 durch eine neu anzufügende Nr. 9:

„9. Die außergerichtliche Rechtsberatung durch anerkannte Träger freier Jugendhilfe nach § 75 KJHG für deren Geschäftsbereich." zu ergänzen und dadurch eine entsprechende Betätigung von privaten Trennungs- und Scheidungsberatungsstellen zu ermöglichen.

II. 1. Gemäß Artikel 1 § 1 RBerG ist die geschäftsmäßige Besorgung fremder Rechtsangelegenheiten, einschließlich der Rechtsberatung – ohne Unterschied zwischen haupt- und nebenberuflicher oder entgeltlicher und unentgeltlicher Tätigkeit – nur mit Erlaubnis der zuständigen Behörde zulässig. Ausnahme von diesem Erlaubniszwang sieht Artikel 1 § 3 für die dort in Nr. 1 bis 8 ausdrücklich aufgeführten Tätigkeiten vor – so u.a. für die Berufstätigkeit der Notare, sonstigen Personen, die ein öffentliches Amt ausüben sowie der Rechtsanwälte (Nr. 2); oder die Rechtsberatung und Rechtsbetreuung, die von Behörden, von Körperschaften des öffentlichen Rechts im Rahmen ihrer Zuständigkeit ausgeübt wird (Nr. 1). Für die Tätigkeit der Träger der freien Jugendhilfe ist eine derartige, ausdrückliche Ausnahme nicht vorgesehen.

2. Sinn und Zweck des als Berufsordnungsgesetz der Rechtsbeistände aufzufassenden Rechtsberatungsgesetzes (BVerfG NJW 1976, 1349) ist in erster Linie der Schutz der Allgemeinheit. Der Rechtsuchende soll vor der Gefahr bewahrt werden, die Erledigung seiner Rechtsangelegenheiten Personen zu überlassen, die nicht über die für die ordnungsgemäße Erledigung erforderliche Sachkunde verfügen (Altenhoff/Busch/Kampmann/Chemnitz, Rechtsberatungsgesetz, 8. Aufl., Art. 1 § 1 Rdnr. 2; Rennen/Caliebe, Rechtsberatungsgesetz, Artikel 1 § 1 Rdnr. 2): Darüber hinaus soll auch die reibungslose Abwicklung des Rechtsverkehrs gewährleistet werden und die Anwaltschaft vor dem Wettbewerb mit Personen geschützt werden, die weder berufsrechtlichen, gebührenrechtlichen noch sonstigen im Interesse der Rechtspflege gesetzten Schranken unterliegen (Rennen/Caliebe a.a.O. m.w.N.).

3. Das Rechtsberatungsgesetz schreibt aber nur für die geschäftsmäßige Besorgung fremder Rechtsangelegenheiten einschließlich der Rechtsberatung eine Erlaubnispflicht vor; die Besorgung von Geschäften wirtschaftlicher Art oder unentgeltliche soziale Hilfeleistungen werden durch das Gesetz hingegen nicht berührt. Im Rahmen wirtschaftlicher Betätigung ist – wie Artikel 1 § 5 Rechtsberatungsgesetz ausdrücklich vorsieht – auch die Erledigung rechtlicher Angelegenheiten zulässig, wenn diese in unmittelbarem Zusammenhang mit dem Geschäft des Gewerbebetriebes stehen.

Die – ähnlich gelagerte – Frage, ob auch bei der Erledigung sozialer Angelegenheiten eine in unmittelbarem Zusammenhang stehende Rechtsberatung zulässig sein soll, wird vom Rechtsberatungsgesetz, bei dessen Verabschiedung die Entwicklung zum modernen Sozialstaat nicht absehbar war, hingegen nicht ausdrücklich beantwortet. Aus dem dargelegten Sinn und Zweck des Rechtsberatungsgesetzes und der Regelung des Artikels 1 § 5 ist jedoch zu entnehmen, daß eine Rechtsberatung die untrennbar verbunden ist mit einer im Vordergrund stehenden Erledigung einer sozialen Angelegenheit, welche ohne diese Rechtsberatung nicht vollständig oder nicht wirksam durchgeführt werden könnte, nicht von der Erlaubnispflicht erfaßt sein soll (so auch: Mergler/Zink, BSHG, 3. Aufl., § 8 Rdnr. 47; Knopp/Fichtner, BSHG, 4. Aufl., § 8 Rdnr. 27).

Dementsprechend sind zu der Frage, inwieweit Rechtsberatung bei der „Beratung in sonstigen sozialen Angelegenheiten" gemäß § 8 Abs. 2 BSHG durch die Verbände der freien Wohlfahrtspflege – deren selbständige Betätigung auf dem Gebiet der sozialen Aufgaben gemäß § 10 Abs. 2 BSHG ebenso zu achten ist, wie die selbständige Arbeit der freien Jugendhilfe gemäß § 4 Abs. 1, 2 KJHG – erteilt werden darf, bestimmte Grundsätze entwickelt worden (abgedruckt in: Knopp/Fichtner, a.a.O., Rdnr. 29a), die allgemein anerkannt sind. Danach darf bei der Beratung in einer sozialen Angelegenheit auch auf Rechtsfragen aus sonstigen Rechtsgebieten eingegangen werden, wenn dies notwendig ist, so z.B. bei rechtlichen Hinweisen, die im Zusammenhang mit der persönlichen Hilfe in einer besonderen Lebenslage gegeben werden (etwa Aufklärung über die rechtlichen Folgen der Scheidung [vgl. Knopp/Fichtner, a.a.O., Ziffer II 2 a) bb]).

4. Diese für die Rechtsberatung durch freie Verbände der Wohlfahrtspflege zu § 8 Abs. 2 BSHG aufgestellten Grundsätze lassen sich auf die Betätigung der Träger freier Jugendhilfe übertragen. Auch die Träger freier Jugendhilfe nehmen – besondere – soziale Aufgaben wahr, bei denen die persönliche Hilfeleistung im Vordergrund steht. Die etwaige Erörterung und Beratung von Rechtsfragen durch Trennungs- und Scheidungsberatungsstellen im Rahmen des § 17 KJHG steht in untrennbarem Zusammenhang mit der den Schwerpunkt der Tätigkeit

bildenden psychologisch-pädagogischen Hilfeleistung. Sie verstößt daher nicht gegen das Rechtsberatungsgesetz.
5. Auch das JWG, das am 1.1.1991 vom KJHG abgelöst wurde, sah bereits die Betätigung der Träger freier Jugendhilfe auch bei solchen Aufgaben vor, bei denen im Zusammenhang mit der persönlichen Hilfe im Einzelfall auch Rechtsberatung zu erteilen war (so z.B. die Beratung in Fragen der Erziehung gemäß § 5 Abs. 1 Nr. 1 i.V.m. § 5 Abs. 3 Satz 2 JWG oder die Übertragung der Beratung des Pflegers oder Vormunds bei der Ausübung seines Amtes gemäß §§ 18 i.V.m. 47d JWG.

Anmerkung
* Zitiert nach: Zentralblatt für Jugendrecht, Heft 2/1994, S. 75 – 76.

Bundesministerium für Post und Telekommunikation
Verordnung über den Datenschutz für Unternehmen, die Telekommunikationsdienstleistungen erbringen
vom 12. Juli 1996*

§ 1 Zweck und Anwendungsbereich der Verordnung
(1) Diese Verordnung regelt den Schutz personenbezogener Daten der am Fernmeldeverkehr Beteiligten. Die nachfolgenden Bestimmungen gelten für Unternehmen und Diensteanbieter, die der Öffentlichkeit angebotene Telekommunikationsdienstleistungen erbringen oder daran mitwirken. Dem Fernmeldegeheimnis unterliegende Einzelangaben über Verhältnisse einer bestimmten oder bestimmbaren juristischen Person oder Personengesellschaft, sofern sie mit der Fähigkeit ausgestattet ist, Rechte zu erwerben oder Verbindlichkeiten einzugehen, stehen den personenbezogenen Daten gleich.
(2) Soweit diese Verordnung oder andere besondere Rechtsvorschriften keine Regelungen enthalten, gelten die Vorschriften des Bundesdatenschutzgesetzes.

§ 2 Begriffsbestimmungen
Im Sinne dieser Verordnung sind
  1. Beteiligte am Fernmeldeverkehr:
    a) die Vertragspartner (Kunden) bei Verträgen über Telekommunikationsdienstleistungen (Nummer 6) mit einem Unternehmen oder Diensteanbieter (Nummer 2),
    b) die bestimmten oder bestimmbaren natürlichen und juristischen Personen oder Personengesellschaften, sofern sie mit der Fähigkeit ausgestattet sind, Rechte zu erwerben oder Verbindlichkeiten einzugehen, die Telekommunikationsdienstleistungen nutzen, die ein Unternehmen oder ein Diensteanbieter anbietet;
  2. Diensteanbieter:
  alle, die ganz oder teilweise geschäftsmäßig Telekommunikationsdienstleistungen erbringen;
  3. Informationsanbieter:

jeder, der geschäftsmäßig Informationsdienstleistungen anbietet;

4. Kundenkarten:
Karten, mit deren Hilfe Telekommunikationsverbindungen hergestellt und personenbezogene Daten erhoben werden können;

5. Telekommunikationsnetze:
die Gesamtheit der technischen Einrichtungen (Übertragungswege, Vermittlungseinrichtungen und sonstige Einrichtungen, die zur Gewährleistung eines ordnungsgemäßen Betriebes des Telekommunikationsnetzes unerläßlich sind), die zur Erbringung von Telekommunikationsdienstleistungen oder nichtgewerblichen Telekommunikationszwecken dient;

6. Telekommunikationsdienstleistungen:
das gewerbliche Angebot von Telekommunikation einschließlich des Angebotes von Übertragungswegen für beliebige natürliche oder juristische Personen oder Personengesellschaften, sofern sie mit der Fähigkeit ausgestattet sind, Rechte zu erwerben oder Verbindlichkeiten einzugehen, und nicht lediglich für die Teilnehmer geschlossener Benutzergruppen:

7. Unternehmen:
alle, die nach den Vorschriften des Gesetzes über Fernmeldeanlagen eine Fernmeldeanlage betreiben oder daran mitwirken.

§ 3 Zulässigkeit der Datenerhebung, – verarbeitung,- nutzung

(1) Das Unternehmen und die Diensteanbieter dürfen für Telekommunikationszwecke personenbezogene Daten der am Fernmeldeverkehr Beteiligten erheben. Eine Verarbeitung oder Nutzung ist nur zulässig, soweit diese Verordnung oder andere Rechtsvorschriften es erlauben oder der Beteiligte nach dem Bundesdatenschutzgesetz eingewilligt hat.

(2) Die Erbringung von Telekommunikationsdienstleistungen darf nicht von der Angabe personenbezogener Daten abhängig gemacht werden, die nicht erforderlich sind, um diese Dienstleistung zu erbringen; Entsprechendes gilt für die Einwilligung des Beteiligten in die Verarbeitung oder Nutzung der Daten für andere Zwecke. Erforderlich sind auch Angaben, die mit einer Telekommunikationsdienstleistung in sachlichem Zusammenhang stehen und deren Erhebung der im Fernmeldeverkehr gebotenen Sorgfalt entspricht.

(...)

§ 5 Telekommunikationsverbindungen

(1) Das Unternehmen darf folgende personenbezogene Daten zur Bereitstellung Telekommunikationsdienstleistungen (Verbindungsdaten) erheben und verarbeiten, soweit dies erforderlich ist:

1. die Rufnummer oder Kennung des anrufenden und angerufenen Anschlusses oder der Endeinrichtung, personenbezogene Berechtigungskennungen, bei Verwendung von Kundenkarten auch die Kartennummer, bei mobilen Anschlüssen auch die Standortkennung;
2. Beginn und Ende der jeweiligen Verbindung nach Datum und Uhrzeit und, soweit die Entgelte davon abhängen, die übermittelten Datenmengen;
3. die vom Kunden in Anspruch genommene Telekommunikationsdienstleistung;
4. die Endpunkte von festgeschalteten Verbindungen sowie ihren Beginn und ihr Ende nach Datum und Uhrzeit;
5. sonstige zum Aufbau und zur Aufrechterhaltung sowie zur Entgeltberechnung notwendige Verbindungsdaten.

(2) Die gespeicherten Verbindungsdaten dürfen über das Ende der Verbindung hinaus verarbeitet oder genutzt werden, soweit sie zum Aufbau weiterer Verbindungen oder für andere durch diese Verordnung erlaubte Zwecke erforderlich sind. Im übrigen sind Verbindungsdaten mit Ende der Verbindung zu löschen.

(...)

§ 6 Entgeltermittlung und Entgeltabrechnung

(3) Der Diensteanbieter hat nach Beendigung der Verbindung aus den Verbindungsdaten nach § 5 Abs. 1 Nr. 1 bis 3 und 5 unverzüglich die für die Berechnung des Entgelts erforderlichen Daten zu ermitteln; nicht erforderliche Daten sind unverzüglich zu löschen. Die Verbindungsdaten dürfen unter Kürzung der Zielrufnummer um die letzten drei Ziffern zu Beweiszwecken für die Richtigkeit der berechneten Entgelte – vorbehaltlich des Absatzes 4 – bis zu achtzig Tage nach Versendung der Rechnung gespeichert werden.

(...)

(7) Auf schriftlichen Antrag dürfen dem Kunden die nach Absatz 3 Satz 2 und Absatz 4 bis zur Versendung der Rechnung gespeicherten Daten derjenigen Verbindungen mitgeteilt werden, für die er entgeltpflichtig ist (Einzelverbindungsnachweis). Bei Anschlüssen im Haushalt ist die Mitteilung nur zulässig, wenn der Kunde schriftlich erklärt hat, daß er alle zum Haushalt gehörenden Mitbenutzer des Anschlusses darüber informiert hat und künftige Mitbenutzer unverzüglich darüber informieren werde, daß ihm die Verbindungsdaten zur Erteilung des Nachweises bekanntgegeben werden. Bei Anschlüssen in Betrieben und Behörden ist die Mitteilung nur zulässig, wenn der Kunde schriftlich erklärt hat, daß die Mitarbeiter informiert worden sind und künftige Mitarbeiter unverzüglich informiert werden und daß der Betriebsrat oder die Personalvertretung entsprechend den gesetzlichen Vorschriften beteiligt worden oder eine solche Beteiligung nicht erforderlich ist. (...)

(8) Der Einzelverbindungsnachweis nach Absatz 7 darf nicht Verbindungen von Anschlüssen zu Anschlüssen von Personen, Behörden oder Organisationen, die selbst oder deren Mitarbeiter besonderen Verschwiegenheitsverpflichtungen unterliegen, erkennen lassen, soweit die betreffenden Telefonanschlüsse überwiegend einer anonymen Beratung in sozialen oder kirchlichen Bereichen dienen und der Inhaber des angerufenen Anschlusses einen begründeten Antrag gestellt hat. Hierzu gehören neben den in § 203 Abs. 1 Nr. 4 und Nr. 4a des Strafgesetzbuchs genannten Personengruppen insbesondere die Telefonseelsorge und die Gesundheitsberatung.

§ 9 Anzeige der Rufnummer des Anrufers; Anrufweiterschaltung

(1) Hat der Diensteanbieter Anschlüsse angeboten, die die Rufnummer des anrufenden an den angerufenen Anschluß übermitteln, hat er dem anrufenden Kunden kostenfrei die Wahl zwischen
1. dauerndem Ausschluß der Anzeige seiner Rufnummer oder
2. fallweisem Ausschluß der Anzeige seiner Rufnummer für jeden Anruf, soweit die technischen Voraussetzungen hierfür gegeben sind, oder
3. Anzeige der Rufnummer bei jedem von seinem Anschluß getätigten Anruf
einzuräumen. Auf Antrag sind Anschlüsse bereitzustellen, bei

denen eine Übermittlung der Rufnummer des anrufenden Anschlusses an den angerufenen Anschluß kostenfrei ausgeschlossen ist. Die Anschlüsse nach Satz 2 sind auf Antrag des Kunden in dem öffentlichen Kundenverzeichnis nach § 10 Abs. 1 entsprechend zu kennzeichnen. Ist in den Fällen des Satzes 2 eine Kennzeichnung nach Satz 3 erfolgt, so darf an den so gekennzeichneten Anschluß eine Übermittlung der Rufnummer des anrufenden Anschlusses erst dann erfolgen, wenn zuvor die Kennzeichnung in einer Neuauflage des öffentlichen Kundenverzeichnisses nicht mehr enthalten ist.

(...)

(3) Werden Anschlüsse mit der Funktion angeboten, die für diesen Anschluß bestimmten Verbindungen zu einem im Einzelfall bestimmten anderen Anschluß weiterzuleiten, so muß der Diensteanbieter dem Inhaber dieses anderen Anschlusses die Möglichkeit gewährleisten, die Weiterschaltung des Anrufes zu unterdrücken.

(4) Wird ein Anruf weitergeschaltet (Absatz 3), so muß sichergestellt werden, daß diese Tatsache dem Anrufer mitgeteilt wird, soweit dies technisch möglich ist.

Anmerkung
* Auszug aus der Verordnung vom 12. Juli 1996.

Der Hessische Datenschutzbeauftragte
Konsequenzen des § 65 SGB VIII für kommunale Erziehungsberatungsstellen.*

§ 65 SGB VIII sichert einen besonderen Vertrauensschutz in der persönlichen und erzieherischen Hilfe, die die Jugendämter gewähren. Die Regelung lehnt sich an der beruflichen Schweigepflicht in § 203 StGB an, geht jedoch darüber hinaus. Sie richtet sich an alle Mitarbeiter eines Trägers der öffentlichen Jugendhilfe unabhängig von der beruflichen Ausbildung des Mitarbeiters oder dem konkreten Charakter der Beratungsstelle. Immer dann, wenn Daten zum Zwecke persönlicher und erzieherischer Hilfe anvertraut worden sind, gilt der Vertrauensschutz. „Persönliche Hilfe" ist dabei i.S.d. § 11 SGB I zu verstehen als eine besondere Art der Dienstleistung.

Der Kreis der Personen, die sich auf § 65 SGB VIII berufen können, ist damit sehr weit gefaßt. Bedeutsam ist auch, daß sich diese Regelung, anders als die übrigen Datenschutzvorschriften, nicht an den Leistungsträger, sondern an die Mitarbeiter wendet. Damit sind einige Probleme der täglichen Praxis von Beratern gelöst. Die Erfahrungen haben jedoch gezeigt, daß dies nicht ohne weiteres für alle Schwierigkeiten, die sich aus der Verschwiegenheitspflicht für bestimmte Berufsgruppen ergeben, gilt. Vor allem, aus dem Bereich von Erziehungsberatungsstellen in kommunaler Trägerschaft bin ich mehrmals um Klärung von Einzelfragen gebeten worden.

Bei der Beurteilung der Konflikte kann nicht unberücksichtigt bleiben, daß die Beratungsstellen in die Kommunalverwaltung integriert sind und sich somit Fragen der Dienstaufsicht ebenso wie der Fachaufsicht stellen; ähnliches gilt für haushaltsrechtliche Probleme bzw. die Rechnungsprüfung. Andererseits ist auch kein Grund ersichtlich, warum das Verhältnis Berater-Bürger bei diesen Beratungsstellen anders, weniger vertraulich, sein sollte als bei entsprechenden Angeboten freier Träger. Entscheidend muß sein, wie diese Stellen nach außen auftreten, mit welchen Erwartungen der Bürger sie aufsucht. Durch entsprechende Organisationsformen muß der Träger dafür sorgen, daß es keine Konflikte mit der üblichen Behördenstruktur gibt.

6.3.1 Keine Verwendung der anvertrauten Daten für Zwecke der Rechnungsprüfung

Die Reform des Kinder- und Jugendhilferechts hat mit der Regelung in § 64 Abs. 3 SGB VIII klargestellt, daß auch die sensiblen Sozialdaten zur Erfüllung von Aufsichts- und Kontrollbefugnissen, zur Rechnungsprüfung und zur Durchführung von Organisationsuntersuchungen zur Verfügung stehen, soweit sie für die Durchführung der Maßnahmen erforderlich sind. Diese Regelung ist jedoch auf die Daten, die i.S.v. § 65 SGB VIII einem Mitarbeiter eines Trägers der öffentlichen Jugendhilfe anvertraut worden sind, nicht anwendbar. Das folgt zum einen aus der systematischen Stellung des § 65 SGB VIII: Er ist eine Spezialregelung für den Schutz derjenigen personenbezogenen Daten, die zum Zweck persönlicher und erzieherischer Hilfe anvertraut worden sind. Zum anderen folgt dies auch daraus, daß, wie erwähnt, § 65 SGB VIII sich nicht an die datenverarbeitende Stelle „Jugendamt" richtet, sondern als Adressaten den einzelnen Mitarbeiter hat. Eines der Ziele des § 65 SGB VIII ist gerade, dem Mitarbeiter nicht nur eine Verpflichtung gegenüber den Bürgern aufzulegen, sondern ihm ausdrücklich ein persönliches Schweigerecht gegenüber seinem Vorgesetzten und der Dienststelle zu geben.

6.3.3 Datenweitergabe aufgrund einer Einwilligung

Eine Durchbrechung der Verschwiegenheitspflicht ist gem. § 65 SGB VIII möglich, wenn die Voraussetzungen des § 203 StGB vorliegen. Dies ist u.a. dann gegeben, wenn eine Einwilligung des Betroffenen vorliegt. Dabei ist darauf zu achten, daß der Betroffene nur dann wirksam einwilligen kann, wenn ihm bewußt ist, in welchem Umfang welche Information an wen offenbart werden soll. Es kann auf keinen Fall davon ausgegangen werden, daß einem Klienten, der eine kommunale Beratungsstelle aufsucht, bewußt ist, daß diese in die normale Verwaltungsorganisation einschließlich Dienst-/Fachaufsicht und Rechnungsprüfung eingebunden ist. Das Gegenteil ist in der Regel der Fall: Der Klient rechnen mit der Vertraulichkeit, nicht zuletzt auch deshalb, weil sich die Beratungsstellen in den letzten Jahren ausdrücklich bemüht haben, ihre innere Unabhängigkeit gegenüber der Verwaltung deutlich zu machen.

Daher ist die Organisation der Beratung so zu gestalten, daß einerseits dem Klienten bewußt wird, wer welche Informationen bekommen kann, und andererseits auch nur im wirklich erforderlichen Umfang personenbezogene Informationen zur Organisation der Beratungsstelle verwendet werden. Über die Strukturen der Beratungsstelle, aber auch über notwendige Kontakte mit anderen Teilen der Verwaltung muß der Bürger informiert werden. Nur dann kann er eine Vorstellung davon entwickeln, wie mit seinen Informationen umgegangen wird.

6.3.4 Zur inneren Organisation der Beratungsstellen

Die eigentliche Beratung ist eine persönliche Hilfe, die von einer Person und nicht von einer Organisation geleistet wird. Soweit aus fachlichen Gründen ein Austausch über den Inhalt oder die Umstände einer Beratung stattfinden soll, muß der Klient darüber informiert sein. Sieht das Konzept der Beratungsstelle vor, daß in der Regel die Behandlung bzw. die Beratung durch ein Team erfolgt, ist der Betroffene vorab darüber zu informieren. Danach kann ein Austausch im Team stattfinden. Dient der Austausch im Team jedoch im wesentlichen der Reflexion des eigenen Verhaltens des Beraters, dem fachlichen Meinungsaustausch oder findet eine Supervision ggf. auch mit Außenstehenden statt, ist dies in aller Regel nur in anonymisierter Form zulässig.

Von der Organisation der konkreten Beratungsstelle hängt es auch ab, ob der Leiter einer Beratungsstelle, der hauptsächlich Verwaltungsaufgaben wahrnimmt, noch zum Team dieser Beratungsstelle gehört. Zum Team gehört in aller Regel nicht ein Abteilungsleiter innerhalb des Jugendamtes, der nicht in die konkrete Beratungstätigkeit integriert ist. Unerheblich ist insoweit, welche beruflichen Qualifikationen dieser Abteilungsleiter hat. Eine Durchbrechung der Schweigepflicht i.S.d. § 65 SGB VIII findet nämlich auch dann statt, wenn der Empfänger selbst einer entsprechenden beruflichen Schweigepflicht unterliegt.

Bei der Organisation der Abläufe in der Beratungsstelle sowie der Aktenführung ist entsprechend zu verfahren. Zu trennen ist zwischen den Unterlagen und Informationen, die für die reine Organisation notwendig sind, und den Unterlagen, die sich auf die Inhalte der Beratung beziehen.

Zur Organisation gehören u.a. Termine, zuständiger Betreuer, soweit notwendig Vertretungsregelungen, unter bestimmten Voraussetzungen auch Daten zur Abrechnung besonderer Sachverhalte. Auch diese Informationen sind zwar vom Bereich der Schweigepflicht und dem besonderen Vertrauensschutz umfaßt; eine Mitteilung an die Mitarbeiter, die für die organisatorische Abwicklung zuständig sind, ist jedoch zulässig. Der Klient läßt sich auf die Beratung in dieser Beratungsstelle mit der vorgegebenen Organisationsstruktur ein, damit erklärt er auch seine Zustimmung zur Datenweitergabe für diese Zwecke im notwendigen Umfang.

6.3.4.1 Terminkalender
Manche Beratungsstellen führen Anmeldebücher. Dort werden Namen, Telefonnummern, Datum der telefonischen Anmeldung sowie Datum und Berater des Erstgesprächs eingetragen. Dies soll der internen Kontrolle dienen, ob und mit wem ein erstes Beratungsgespräch stattgefunden hat. Dies hilft u.a. bei Auskünften, die aufgrund telefonischer Nachfrage an die Klienten zu geben sind, etwa zu vereinbarten Terminen u.ä. Auf diese Weise läßt sich auch feststellen, wer für den Betroffenen Ansprechperson in der Beratungsstelle ist. Allerdings ist darauf zu achten, daß diese Terminbücher nicht unbegrenzt aufbewahrt werden dürfen. (...)

6.3.4.3 Aktenführung durch die Berater
Die Unterlagen, die zur Organisation der Beratungsstelle, sowie die Informationen, die im Rahmen der Mitwirkungspflichten notwendig sind, sind strikt zu trennen von allen Unterlagen, die der Berater für sich als Hilfe im Beratungsprozeß erstellt. Die Aufzeichnungen, die sich der einzelne Berater über Abläufe und Entwicklungen des Beratungsprozesses macht, dürfen nur ihm zugänglich sein. Dazu ist es notwendig, daß ihm die Beratungsstelle eine Gelegenheit gibt, solche Unterlagen so aufzubewahren, daß sie vor dem Zugriff anderer Personen geschützt sind. Diese Beratungsunterlagen sind nicht ohne ausdrückliche Zustimmung des Betroffenen anderen Beratern, etwa im Vertretungsfall, zugänglich. Sie müssen deutlich kürzer als sonstige Verwaltungsunterlagen aufbewahrt und dürfen nicht mit diesen vermischt werden.

6.3.5 Fachliche Beratung der Mitarbeiter
Die Mitarbeiter müssen aus der Schweigepflicht auch Konsequen-

zen für ihren Umgang mit Kollegen und Vorgesetzten ziehen. Genausowenig wie der Vorgesetzte von sich aus Einblick in die Beratungsakten nehmen darf, ist es dem Berater erlaubt, in Fällen, in denen er von sich aus meint, eine Unterstützung zu benötigen, diese „zur Entscheidung" dem Vorgesetzten vorzulegen. Fachliche Unterstützung zur weiteren Gestaltung des Beratungsverlaufs kann er sich sowohl beim Vorgesetzten als auch bei Kollegen, die nicht selbst mit dem Fall befaßt sind, in anonymisierter Form holen. Wo dies aus fachlichen Gesichtspunkten als nicht ausreichend erscheint, muß der Berater mit dem Klienten klären, ob er für diesen Zweck die Schweigepflicht aufheben darf. (...)

Anmerkung
* Auszug aus dem Zwanzigsten Tätigkeitbericht des Hessischen Datenschutzbeauftragten vom 31. Dezember 1991, S. 30-35. Zu den nicht abgedruckten Passagen vergl. die nachfolgenden *Ergänzungen zum zwanzigsten Tätigkeitsbericht*.

Ergänzungen zum Zwanzigsten Tätigkeitsbericht des Hessischen Datenschutzbeauftragten*

Der Zwanzigste Tätigkeitsbericht des Hess. Datenschutzbeauftragten vom 31. Dezember 1991 stellt unter Ziffer 6 Konsequenzen der Datenschutzregelungen des Kinder- und Jugendhilfegesetzes für kommunale Erziehungsberatungsstellen dar. Dabei haben einige Formulierungen Anlaß zu Mißverständnissen gegeben. Die Kommission Rechtsfragen der Bundeskonferenz für Erziehungsberatung hatte am 13. November 1992 Gelegenheit, diese Teile des Berichts mit Frau Dr. Dembowski, Mitarbeiterin des Hessischen Datenschutzbeauftragten, zu diskutieren. Dabei wurde zu folgenden Punkten Übereinstimmung festgestellt:

(1) Zusammenarbeit mit anderen Teilen der Verwaltung
   Klienten in einer kommunalen Erziehungsberatungsstelle können Adressaten einer Entscheidung des Jugendamtes sein. Insoweit dabei eine Mitwirkungspflicht nach § 60 SGB I gegeben ist, trifft diese ausschließlich den Klienten selbst. Sofern die Erziehungsberatungsstelle an dieser Entscheidung beteiligt ist (z.B. durch Gutachtenerstellung), kann sie nur tätig werden, wenn sie der Klient von der Schweigepflicht entbindet.

(2) Zentrale Klientenkartei
Wenn in größeren Kommunen mehrere Beratungsstellen mit jeweils eigenem Fachteam (Nebenstellen) zu einem Dienst organisatorisch zusammengefaßt sind, so rechtfertigt dies nicht die Einrichtung einer zentralen Kartei, in der die Namen der Klienten, Datum des Erstkontaktes und aufgesuchte Beratungsstelle gespeichert sind. Die Tatsache, daß eine Beratungsstelle aufgesucht worden ist, unterliegt auch bei kommunaler Trägerschaft der Schweigepflicht. Als Beratungsstelle ist dabei die jeweilige Nebenstelle mit eigenem Fachteam anzusehen.

Den Ausführungen des Tätigkeitsberichts lag der Fall einer Beratungsstelle zugrunde, bei der jeder Mitarbeiter in einem anderen Stadtteil tätig war. Die hier geführte Klientenkartei ist als die Kartei dieser einen Beratungsstelle (mit dezentral tätigen Mitarbeitern) anzusehen.

(3) Gebührenabrechnung für therapeutische Behandlung
Bei einzelnen Erziehungsberatungsstellen mußten sich - auf der Grundlage des Jugendwohlfahrtsgesetzes - Eltern an den Kosten für Therapiestunden beteiligen. Nach dem KJHG gilt Erziehungsberatung nach § 28 als pädagogische und damit verbundene therapeutische Leistung. Eine Heranziehung zu den Kosten ist nach § 91 KJHG nicht zulässig. Es ergibt sich daher auch keine Befugnis zur Weitergabe der für Abrechnungszwecke benötigten Daten.

(4) Information des Klienten
Die Zusammenarbeit im Team der Beratungsstelle ist ein Faktum, über das die Klienten informiert werden müssen. Dabei schließt „informieren" in diesem Kontext die Möglichkeit des Widerspruchs ein, d.h. für die Weitergabe personenbezogener Daten ist die Einwilligung des Klienten erforderlich.

Anmerkung
* Zitiert nach: Informationen für Erziehungsberatungsstellen, Heft 3/92, S. 26.

Der Bundesbeauftragte für den Datenschutz
Innerbehördliche Schweigepflicht
bei Berufsgeheimnissen*

Die Frage, welche Wirkungen die Schweigepflicht beamteter oder angestellter Träger von Berufsgeheimnissen im Sinne des § 203 Abs. 1 StGB (z.b. Ärzte, Psychologen, Erziehungsberater, Sozialarbeiter) im innerdienstlichen Verkehr hat, ist immer wieder Gegenstand datenschutzrechtlicher Erörterungen. Die Reichweite der „innerbehördlichen Schweigepflicht" bei Berufsgeheimnissen ist umstritten.

Einen wesentlichen Beitrag zur Klärung dieser Fragen hat das Bundesarbeitsgericht mit seinem Urteil vom 13. Januar 1987 (1 AZR 267/85) geleistet, in dem festgestellt wird, „daß der beklagte Landkreis nicht berechtigt ist, bei den von den Nebenstellen der Beratungsstelle für Erwachsene, Kinder und Jugendliche ausgehenden dienstlichen Telefongesprächen die vollständige Rufnummer des Gesprächspartners zu erfassen, soweit der Kläger in seiner Eigenschaft als Berufspsychologe/Berater Klienten anruft".

Zur Begründung hat das BAG u.a. ausgeführt: „Eine fachgerechte psychologische Beratung und Behandlung, die Aussicht auf Erfolg haben soll, setzt ein Vertrauensverhältnis zwischen der zu betreuenden Person und dem Psychologen voraus, dessen Entstehen wesentlich dadurch bedingt ist, daß die Beratung und Behandlung vertraulich bleibt, d.h. anderen Personen nicht bekannt wird. Davon, daß die psychologische Beratung und Behandlung von Personen eine solche Vertraulichkeit erfordert und daß die behandelte Person gegen den Psychologen eine Anspruch auf Wahrung dieser Vertraulichkeit hat, geht § 203 Abs. 1 Nr. 2 und 4 StGB aus. Nach dieser Vorschrift macht sich strafbar, wer als Berufspsychologe mit staatlich anerkannter wissenschaftlicher Abschlußprüfung oder als Ehe-, Erziehungs- oder Jugendberater sowie Berater in Suchtfragen in einer öffentlichen oder öffentlich anerkannten Beratungsstelle ein fremdes Geheimnis, namentlich ein zum persönlichen Lebensbereich gehörendes Geheimnis unbefugt offenbart. Schon die Tatsache, daß jemand die Beratung oder Behandlung des Klägers in seiner Eigenschaft als Berufspsychologe in Anspruch nimmt, ist ein solches Geheimnis im Sinne von § 203

StGB und nicht erst das Problem oder die Krankheit, die Anlaß für die Inanspruchnahme des Berufspsychologen ist. Dieses Geheimnis zu wahren, ist der angestellte Berufspsychologe auch gegenüber seinem Arbeitgeber verpflichtet .... Er (der Arbeitgeber) darf vom angestellten Diplom-Psychologen nicht Auskunft darüber verlangen, wer ihn in seiner Eigenschaft als Berater in Anspruch genommen hat."

Diese deutlichen Hinweise auf den hohen Stellenwert der Berufsgeheimnisse auch im innerdienstlichen Verkehr sind zu begrüßen. Wenn danach schon die Bekanntgabe der Rufnummer des Klienten an den Arbeitgeber bzw. Dienstherrn unbefugt ist, weil damit seine Name festgestellt werden kann, so ist m.E. erst recht die Offenbarung personenbezogener Daten bzw. die Überlassung nicht anonymisierter Unterlagen z.B. an vorgesetzte Personen oder Stellen zum Zwecke der Dienst- oder Fachaufsicht oder etwa zur Einleitung oder Durchführung von Verwaltungsmaßnahmen unbefugt, soweit nicht im Einzelfall ein konkreter Rechtfertigungsgrund (Einwilligung, gesetzliche Mitteilungspflicht, rechtfertigende Interessenabwägung gemäß § 34 StGB) vorliegt. Eine generelle Pflicht oder ein allgemeines Recht zur Mitteilung geheimer Tatsachen oder zur Vorlage entsprechender Vorgänge läßt sich mit diesen Rechtfertigungsgründen jedoch nicht begründen. Auch Dienstanweisungen, Verwaltungsvorschriften oder sonstige allgemeine interne Regelungen sowie dienst- oder arbeitsvertragliche Regelungen reichen als Rechtfertigung von Offenbarungen nicht aus.

Anmerkungen
* Auszug aus dem Zehnten Tätigkeitsbericht des Bundesbeauftragten für den Datenschutz vom 01. Januar 1988, S. 60.
[1.] Anmerkung der Redaktion: Das Urteil ist in diesem Band dokumentiert, S. 222ff.)

Der Hessische Datenschutzbeauftragte
Datenschutz in der Erziehungsberatungsstelle*

Eine Reihe von Anfragen und Eingaben bezog sich 1981 auf das Problem der sog. „innerbehördlichen Schweigepflicht". Diese Frage wird unter Praktikern der Sozialarbeit intensiv debattiert, hat jedoch bisher in der allgemeinen Datenschutzdiskussion noch kaum Beachtung gefunden. Dabei geht es um die Frage, welche Konsequenz und Reichweite die in § 203 Abs. 1 Strafgesetzbuch (StGB) statuierte Geheimhaltungspflicht des Sozialarbeiters, des Psychologen oder des Mitarbeiters von Beratungsstellen im innerdienstlichen Informationsverkehr der Sozialbehörden hat; ob nur gegenüber außenstehenden Dritten – das ist unbestritten –, sondern unter bestimmten Umständen auch gegenüber Kollegen, Vorgesetzten, Aufsichtsbehörden oder Prüfungsgremien geheimzuhalten. Im Hintergrund dieser Fragestellung stehen unterschiedliche Auffassungen über die Stellung und Rolle der Sozialarbeit im Gesamtsystem staatlicher Sozialpolitik sowie über die Notwendigkeit „informationeller Abschottung" im Interesse klientelorientierter Sozialbetreuung.

Aktuelle Anlässe dieser Anfragen waren z.B.
- die Aufforderung des Leiters eines Jugendamtes an die – diesem Amt organisatorisch angegliederte – Erziehungsberatungsstelle, ihm Akten über Beratungsfälle vorzulegen,
- das Verlangen einer Prüfungskommission an einen Schulpsychologen, ihr Einsicht in die Unterlagen von begutachteten Schülern zu gewähren,
- die mit einer Dienstanweisung an alle Sozialarbeiter einer Kommune verfügte Pflicht, ausnahmslos jeden Klientenkontakt aktenmäßig festzuhalten.

In allen drei Fällen äußerten die betroffenen Mitarbeiter unter Berufung auf ihre Schweigepflicht Bedenken gegen die Aktenweitergabe an bzw. Einsichtnahme durch Dritte.

Diese Einzelfälle signalisieren ein grundlegendes Problem öffentlich-rechtlich organisierter Sozialarbeit: das Spannungsverhältnis zwischen notwendiger Informationsweitergabe zur Durchführung bzw. Abwicklung von Sozialleistungen einerseits und der Diskretion und Verschwiegenheit des einzelnen Sozialarbeiters andererseits, die Voraussetzung für ein Vertrauensverhältnis zum ratsuchenden Bürger sind. Die öffentliche Sozialverwaltung liefert, besonders in den Kommunen, vielfach ein Hilfe- und Beratungsangebot, das dem der freien Wohlfahrtsverbände entspricht; das gilt etwa für die Familien-, Erziehungs- und Drogenberatung. Bei dieser Tätigkeit spielt die persönliche Vertrauensbeziehung zwischen Berater und Klienten eine zentrale Rolle. Der Klient legt seine Intimsphäre offen in der Erwartung strikter Vertraulichkeit. Auf der anderen Seite ist der einzelne Mitarbeiter des Sozialamtes oder des Jugendamtes, anders als sein Kollege bei einem freien Träger, Teil einer Behörde. „Behörde" aber steht für formalisierte Verwaltungsverfahren, für hierarchische Kontrolle, für eine Einheit, die intern keine informationellen Freiräume vorsieht oder duldet. Sind Daten erst einmal in eine Behörde gelangt, stehen sie dort für die breite Palette der gesetzlichen Aufgaben zur Verfügung; andere Behörden können grundsätzlich im Wege der Amtshilfe auch für andere Verwaltungszwecke auf diese Datenbestände zugreifen.

Die Aufgaben der Sozialbehörden führen unter Umständen zu einer Reihe von Maßnahmen, die in die Sphäre des Bürgers eingreifen und ggf. auch gegen seinen Willen durchgeführt werden können. Am Beispiel demonstriert: Der Ratsuchende, der in der Sprechstunde eines freien Wohlfahrtsverbandes seine Erziehungsprobleme diskutiert, kann der Vertraulichkeit des Gesprächs sicher sein. Muß er aber, wenn er das gleiche gegenüber einem Mitarbeiter des Jugendamtes tut, damit rechnen, daß unter Umständen eine Fürsorgeerziehung eingeleitet wird? Diese Divergenz läßt das Problem genauer orten, das auf der juristischen Ebene zur Diskussion um die „innerbehördliche Schweigepflicht" führt: Die traditionellen Bedingungen administrativer Informationsverarbeitung und -nutzung entsprechen nicht den besonderen Funktionsvoraussetzungen beratender und betreuender Sozialarbeit.

Rechtliche Lösungsansätze
Der Gedanke, daß auch innerhalb von Verwaltungseinheiten, d.h. zwischen verschiedenen Mitarbeitern der gleichen Behörde, Datenbestände funktionsbezogen abgeschottet werden, ist nicht neu. So beinhaltet beispielsweise der Grundsatz der Vertraulichkeit von Personalakten seit jeher, daß persönliche Daten der Bediensteten nur den mit der Personalsachbearbeitung betrauten Mitarbeitern

zugänglich sein dürfen. Die Datenschutzgesetze enthalten mit der Konstruktion des „Datengeheimnisses" das informationelle Strukturprinzip, daß personenbezogene Daten auch innerhalb speichernder Stellen (Behörden, Unternehmen) nur zu dem zur jeweiligen rechtmäßigen Aufgabenerfüllung gehörenden Zweck – der durch den Dienst- oder Organisationsplan, durch die Geschäftsverteilung usw. konkretisiert wird – bekanntzugeben, zugänglich zu machen oder sonst zu nutzen sind. Die neuen Vorschriften über das Sozialgeheimnis im Zehnten Buch des Sozialgesetzbuchs (§§ 67 SGB X) sind dagegen für die juristische Bewältigung des geschilderten Problems nicht einschlägig. Sie regeln und begrenzen die Weitergabe von Sozialdaten durch „Sozialleistungsträger", sind also an die Behörde oder Körperschaft adressiert.

Die Geheimhaltungspflicht des „§ 203 Abs. 1 StGB jedoch trifft jedes Mitglied der in dieser Vorschrift genannten Berufsgruppen (etwa Ärzte, Rechtsanwälte, Berufspsychologen, Mitarbeiter staatlich anerkannter Beratungsstellen usw.) wie jede Strafrechtsnorm persönlich. Die Berufsgeheimnisse gelten zunächst unabhängig davon, ob der Betroffene freiberuflich tätig ist oder als Arbeitnehmer oder Beamter in einer Behördenorganisation eingebunden ist. Keine Rolle spielt die gleichzeitige Eigenschaft als „Amtsträger" im Sinne des Abs. 2 des § 203, der den Geheimnisschutz für die Datenweitergabe im Wege der Amtshilfe ausschließt. Dennoch besteht ein wichtiger Unterschied: Geht man davon aus, daß beispielsweise der Klient der Sozialverwaltung seine Angaben, die Geheimnisse enthalten, der Behörde oder dem Amt als solchem, nicht aber einem bestimmten Amtsträger gegenüber macht und auch im letzteren Fall sein Vertrauen nicht dem Bediensteten in Person, sondern als Repräsentanten der Sozialbehörde entgegenbringt („funktionales Vertrauen"), greift § 203 Abs. 1 StGB für die juristische Bewertung der Zirkulation der „Geheimnisse" innerhalb dieser Behörde nicht ein. Werden Informationen von vornherein für einen bestimmten Personenkreis gegeben, sind diese Personen untereinander keine tauglichen Täter im Sinne des § 203 Abs. 1 StGB, weil sie der Informationsgeber gleichermaßen zum Vertrauensträger gemacht hat.

Anders jedoch dann, wenn Grundlage für die Mitteilung von Geheimnissen erkennbar die Vertrauensbeziehung zu einem bestimmten Behördenangehörigen ist, insbesondere wenn dieser zugleich Inhaber einer besonderen Vertrauensstellung im Sinne der in § 203 Abs. 1 genannten Berufsgeheimnisse ist. In dieser Konstellation bedeutet auch die Weitergabe durch diesen Mitarbeiter an seinen Kollegen oder Vorgesetzten ein „Offenbaren" im Sinne der genannten Bestimmung, das keineswegs allein durch das dienstrechtliche Verhältnis gerechtfertigt ist. Die Gehorsamspflicht aus dem Dienst- oder Arbeitsverhältnis allein vermag in diesen Fällen die Geheimhaltungspflicht des Sozialarbeiters, Berufspsychologen, Ehe- oder Jugendberaters etc. nicht zu durchbrechen; vielmehr muß als Legitimation für eine Offenbarung eine gesetzliche Mitteilungspflicht oder einer der anerkannten Rechtfertigungsgründe des Strafrechts vorliegen.

Es ist nicht einfach, in Anbetracht des umfassenden fürsorgerischen Auftrags der Sozialverwaltung besonders im Bereich der Sozial- und Jugendhilfe und angesichts der Vielfalt ihrer ineinandergreifenden Aufgaben und Befugnisse eine klare Grenze zwischen dem Sozialarbeiter, Psychologen usw. in seiner Rolle als Behördenangehöriger einerseits und als Partner einer kommunikativen Zweierbeziehung mit dem Klienten andererseits zu ziehen. Vieles hängt hier vom Einzelfall ab, etwa von der Stellung des einzelnen Mitarbeiters in der Informations- und Entscheidungshierarchie der Sozialbehörde und von seiner genauen Aufgabenstellung. Für den Bereich der Sozial- und Jugendhilfe ist angeregt worden, zwischen der Mitwirkung an Verwaltungsverfahren bei der Abwicklung von Sach- und Geldleistungen (Behördenfunktion) und der auf persönlicher Beziehung zum Klienten basierenden Interaktion (dann auch „innerbehördlich" Schweigepflicht) zu unterscheiden. Diese Ansätze bedürfen noch weiterer Präzisierung, um die Reichweite der Berufsgeheimnisse von Behördenbediensteten klar definieren zu können. Problematisch erscheint dies insbesondere deshalb, weil bei vielen Mitarbeitern der Sozialverwaltung beide Tätigkeiten schwer trennbar miteinander verknüpft sind.

Dennoch gibt es Bereiche, in denen sich Konturen klarer abzeichnen, in denen das individuelle Anvertrauen von Geheimnissen so eindeutig im Vordergrund steht, daß Konsequenzen aus dem Berufsgeheimnis auch für den innerdienstlichen Verkehr mit Informationen unvermeidlich sind. Zwei dieser Berufsgruppen werden im folgenden herausgegriffen: die Mitarbeiter von Beratungsstellen und die Schulpsychologen.

(...)

Die Geheimhaltungspflicht der Mitarbeiter von Beratungsstellen

Eindeutig institutionell abgrenzbar im Sinne eines abzuschottenden „informationellen Freiraums" sind die Beratungsstellen für Ehe-, Erziehungs-, Jugend- und Drogenprobleme. Auch wenn sie von Kommunen oder sonstigen öffentlichen Stellen betrieben werden, muß die Beratung und Betreuung unter den gleichen Arbeitsbedingungen stattfinden können wie bei freien Trägern. Dazu gehört aber auch die sichere Erwartung des Ratsuchenden, daß strikte Vertraulichkeit gewahrt wird, auch in dem Sinne, daß seine persönlichen Daten nicht zu anderen, etwa administrativen Zwecken verwandt werden. Die staatliche Organisation dieser Stellen darf nicht dazu führen, daß der hilfesuchende Bürger mit seinen Problemen verwaltet wird. Die öffentlich-rechtliche Trägerschaft ebenso wie die organisatorische Anbindung an Behörden oder Ämter dürfen daher hinsichtlich der Einhaltung der Schweigepflicht keinen Unterschied machen. Diesem Postulat entspricht es, wenn die hessischen Richtlinien sowohl für Erziehungsberatungsstellen (StAnz. 51/1980 S. 2391) als auch für Jugend- und Drogenberatungsstellen (StAnz. 1/1981 S. 35) Aufgaben, Tätigkeiten, Arbeitsweise und Ausstattung unabhängig von der Trägerschaft gleich regeln. Die Erziehungsberatungsstelle arbeitet nach diesen Richtlinien „in eigener Verantwortung", „sie soll getrennt von den Räumen einer Behörde ... untergebracht sein" (Nr. 7.2), Verbindung wegen eines bestimmten Klienten zu Sozial-, Jugend- und Gesundheitsamt soll sie nur mit Zustimmung des Ratsuchenden aufnehmen (Nr. 8.5).

Diese konkreten Anforderungen aus fachlicher Sicht unterstreichen, was die Sammlung und Nutzung personenbezogener Angaben angeht, exemplarisch die Notwendigkeit, diese Stellen vom Datenbestand auch derjenigen Ämter und Behörden, denen sie an- oder in diese sie eingegliedert sind, abzutrennen. Konkret: Mitarbeitern dieser Stellen erlegt § 203 Abs. 1 Nr. 4 und 4 a StGB auch „innerbehördlich" eine Geheimhaltungspflicht auf, weil ihnen „zum persönlichen Lebensbereich gehörende Geheimnisse" individuell anvertraut worden sind. Die Weitergabe einzelner Mitteilungen, erst recht von Gutachten oder Akten, bedarf der Zustimmung des Klienten oder eines besonderen Rechtfertigungsgrundes (z.B. gesetzliche Mitteilungspflicht, übergesetzlicher Notstand usw.). Damit nicht zu verwechseln ist die Frage, ob der Betroffene in bestimmten Fällen dazu verpflichtet ist, seine Einwilligung zu geben, damit eine Sozialbehörde den Anspruch auf beantragte Sozialleistungen überprüfen kann (vgl. dazu §§ 60 ff. SGB I über die Mitwirkungspflicht).

Anmerkung
* Auszug aus dem Zehnten Tätigkeitsbericht des Hessischen Datenschutzbeauftragten vom 31. Dezember 1981, S. 56-60.

Durchführungserlasse zum Heilpraktikergesetz (HeilprG)

Aufgrund des Urteils des Bundesverwaltungsgerichts vom 10. Februar 1983 (bestätigt durch das Urteil des Bundesverfassungsgerichts vom 10. Mai 1988), das die heilkundliche psychotherapeutische Tätigkeit von Diplom-Psychologen der Erlaubnispflicht nach § 1 Abs. 1 des Heilpraktikergesetzes unterwirft, haben die Länder den Vollzug des HeilprG entsprechend geregelt.
Dabei wird zumeist festgestellt:
 "Typischerweise keine Ausübung der Heilkunde stellt die psychologische Beratung in bestimmten sozialen Konfliktlagen dar (z.B. Ehe- und Familienberatung, schulpsychologische Dienste etc.). Das gleiche gilt für die Demonstration psychotherapeutischer *Fälle* in Lehre und Forschung. Dies schließt nicht aus, daß im Einzelfall doch Ausübung der Heilkunde stattfindet. In diesen Fällen muß es dem Dipl.-Psychologen selbstverantwortlich überlassen bleiben, ob er im Hinblick auf den Straftatbestand des § 5 HeilprG die genannte Erlaubnis erwirbt."
(Bay. Staatsministerium des Inneren,
Erlaß vom 25. Juli 1983)

Die Länder Nordrhein-Westfalen und Schleswig-Holstein haben darüber hinaus ausgeführt:
"Durch diesen Erlaß werden nicht geregelt:
- ...
- Tätigkeiten, die sich auf die Aufarbeitung, Beratung und Überwindung sozialer und individueller Lebenskonflikte – die nicht zugleich körperliche oder seelische Erkrankungen darstellen – durch pädagogische und/oder psychologische Maßnahmen und/oder Methoden beschränken. Diese nicht heilkundlich psychologisch-beratende Tätigkeit kann daher insbesondere auch von nicht als Diplom-Psychologen ausgebildeten Berufsgruppen ohne Erlaubnis ausgeübt werden."
(Der Sozialminister des Landes Schleswig-Holstein,
Erlaß vom 02. Januar 1987)

Gerichtsurteile

Urteile zur Beratung

Schutz des Privatgeheimnisses in der Beratung vs. Beschlagnahme von Klientenakten
Urteil des Bundesverfassungsgerichts vom 24. Mai 1977[*]

1. Das Grundrecht des Trägers einer im Sinne des § 203 Abs. 1 Nr. 4 StGB öffentlich-rechtlich anerkannten Suchtkrankenberatungsstelle aus Art. 2 Abs. 1 GG und die Grundrechte ihrer Klienten aus Art. 2 Abs. 1 in Verbindung mit Art. 1 Abs. 1 GG sind verletzt, wenn durch die Beschlagnahme von Klientenakten die Belange der Gesundheitsfürsorge in einem solchen Maße beeinträchtigt werden, daß der durch den Eingriff verursachte Schaden außer Verhältnis zu dem mit der Beschlagnahme angestrebten und erreichbaren Erfolg steht.

2. Die Beschlagnahme solcher Akten verletzt den Grundsatz der Verhältnismäßigkeit, wenn sie sich lediglich auf den allgemeinen Verdacht stützt, daß sich Klienten der Beratungsstelle durch Erwerb und Besitz von Betäubungsmitteln strafbar gemacht und solche Mittel illegal bezogen haben.
(S. 353f.)

Besteht der konkrete Verdacht, daß in den Räumen einer Drogenberatungsstelle mit Rauschgift gehandelt wird, so begegnet die Durchführung einer Razzia mit dem Ziel, in jenen Räumen illegale Rauschgifthändler zu ermitteln, keinerlei verfassungsrechtlichen Bedenken. Im vorliegenden Fall bestand ein solcher Verdacht; denn die Beratungsstelle des Caritasverbandes hatte in ihrem Jahresbericht für 1974 selbst darauf hingewiesen, daß immer wieder Drogenhändler versuchten, in der „Teestube" Rauschgift abzusetzen.
(S. 370)

Art. 2 Abs. 1 GG gewährleistet dem Beschwerdeführer zu 1) als eingetragenem Verein den Schutz seiner allgemeinen Handlungsfreiheit (vgl. BVerfGE 29, 260 [265f.]). Dieser umfaßt nicht nur die Einrichtung einer Suchtkrankenberatungsstelle, sondern auch deren bestimmungsmäßes Wirken im Rahmen der Gesetze.

Den Klienten der Beratungsstelle, zu denen auch die Beschwerdeführer zu 4) – 7) zählen, steht das Grundrecht auf Achtung ihrer Intim- und Privatspähre zu (Art. 2 Abs. 1 in Verbindung mit Art. 1 Abs. 1 GG). Die Klientenakten der Beratungsstelle mit den Aufzeichnungen des Beraters über Gespräche, Tests, therapeutische Maßnahmen und den eigenen schriftlichen Äußerungen des Ratsuchenden betreffen zwar nicht die unantastbare Intimspähre, wohl aber den privaten Bereich des Klienten. Sie nehmen damit – ähnlich wie ärztliche Karteikarten (Krankenblätter) – teil an dem Schutz, den das Grundrecht aus Art. 2 Abs. 1 in Verbindung mit Art. 1 Abs. 1 GG dem einzelnen vor dem Zugriff der öffentlichen Gewalt gewährt (vgl. BVerfGE 32, 373 [379]).

Freilich sind staatliche Eingriffe in den Schutzbereich jener Grundrechte nicht schlechthin ausgeschlossen. Bedeutung und Tragweite des durch sie gewährleisteten Schutzes können nicht losgelöst von anderen, gleichfalls schutzwürdigen Interessen bestimmt werden. Den verfassungsrechtlichen Maßstab, mit dessen Hilfe sich eine sachgerechte Gewichtung jener zu wahrenden Belange treffen läßt, bietet der Grundsatz der Verhältnismäßigkeit. Er zieht sowohl im Bereich der allgemeinen Handlungsfreiheit (Art. 2 Abs. 1 GG) als auch im spezielleren Bereich der Privatspähre des einzelnen (Art. 2 Abs. 1 in Verbindung mit Art. 1 Abs. 1 GG) den staatlichen Eingriffen Grenzen und bestimmt damit zugleich die Reichweite der genannten Grundrechte (BVerfGE 32, 373 [379]; 34, 238 [246]). Diese Grenzen sind durch Abwägung der in Betracht kommenden Interessen zu ermitteln. Führt diese zu dem Ergebnis, daß die dem Eingriff entgegenstehenden Interessen im konkreten Fall ersichtlich wesentlich schwerer wiegen als diejenigen Belange, deren Wahrung die staatliche Maßnahme dienen soll, so verletzt der gleichwohl erfolgte Eingriff den Grundsatz der Verhältnismäßigkeit.

Dem läßt sich, soweit ein Eingriff in Form einer strafprozessualen Beschlagnahme in Frage steht, nicht entgegenhalten, die Staatsanwaltschaft sei nach dem Legalitätsprinzip grundsätzlich verpflichtet, wegen aller verfolgbaren Straftaten bei zureichendem Tatverdacht einzuschreiten und dabei im Rahmen der gesetzlichen Bestimmungen auch von den ihr zur Verfügung stehenden verfahrensrechtlichen Zwangsmitteln Gebrauch zu machen; denn auch

hierbei ist der Verfassungsgrundsatz der Verhältnismäßigkeit zu beachten.
(S. 372f.)

Das Interesse an einer leistungsfähigen Strafjustiz gehört in den Gewährleistungsbereich des Rechtsstaatsprinzips (Art. 20 Abs. 3 GG). Soweit der Grundsatz der Rechtsstaatlichkeit die Idee der Gerechtigkeit als wesentlichen Bestandteil enthält, verlangt er auch die Aufrechterhaltung einer funktionstüchtigen Rechtspflege, ohne die Gerechtigkeit nicht verwirklicht werden kann. Wiederholt hat das Bundesverfassungsgericht deshalb die Bedürfnisse einer wirksamen Strafverfolgung anerkannt, das öffentliche Interesse an einer möglichst vollständigen Wahrheitsermittlung im Strafprozeß betont und die Aufklärung schwerer Straftaten als wesentlichen Auftrag eines rechtsstaatlichen Gemeinwesens bezeichnet (BVerfGE 33, 367 [383]; 38, 105 [115 f.]; 38, 312 [321]; 39, 156 [163]; 41, 246 [250]).
(S. 374)

Die Belange der Gesundheitsfürsorge verdichten sich im Bereich der Hilfsmaßnahmen für Suchtkranke und Suchtgefährdete zum Interesse an der Einrichtung von Drogenberatungsstellen und am Schutz ihrer Tätigkeit. Unabdingbare Voraussetzung für die Arbeit solcher Stellen ist die Bildung eines Vertrauensverhältnisses zwischen Berater und Klienten. Dies gilt sowohl für die Anbahnung der Berater-Klienten-Beziehung als auch für deren Aufrechterhaltung. Muß der Klient damit rechnen, daß seine während der Beratung gemachten Äußerungen und die dabei mitgeteilten Tatsachen aus einem persönlichen Lebensbereich – einschließlich des Eingeständnisses strafbarer Handlungen: des Erwerbs und Besitzes von Drogen – Dritten zugänglich werden, so wird er regelmäßig gar nicht erst bereit sein, von der Möglichkeit, sich beraten zu lassen, Gebrauch zu machen. Darüber hinaus kann er vom Berater wirksame Hilfe zumeist nur erwarten, wenn er sich rückhaltlos offenbart und ihn zum Mitwisser von Angelegenheiten seines privaten Lebensbereichs macht. Das ist vor allem im Hinblick auf die Ursachen und Motive notwendig, die für den Drogenmißbrauch bestimmend sind und die oft in tieferen Schichten der Persönlichkeit wurzeln. Demgemäß sichert auch die Drogenbera-

tungsstelle des Caritasverbandes in Aachen ihren Klienten ausdrücklich Vertraulichkeit und Verschwiegenheit zu. Die grundsätzliche Wahrung des Geheimhaltungsinteresses der Klienten ist Vorbedingung des Vertrauens, das sie um ihrer selbst willen dem Berater entgegenbringen müssen und damit zugleich Grundlage für die funktionsgerechte Tätigkeit der Beratungsstelle, deren Beistand die Klienten brauchen. Die für die Arbeit einer solchen Stelle notwendige Vertrauensbasis ist folglich im Regelfall zerstört, sobald Strafverfolgungsorgane Klientenakten beschlagnahmen. Eine solche Zwangsmaßnahme gefährdet zugleich das Wirken anderer, nicht unmittelbar betroffener Beratungsstellen.
(S. 375f.)

Die Beschlagnahme von Klientenakten bietet in der Regel nur insoweit Aussicht auf Ermittlungserfolge, als es sich um die Aufklärung von Straftaten der Klienten selbst handelt, die sich des verbotenen Erwerbs und Besitzes von Rauschgift schuldig gemacht haben. Dabei ist zu berücksichtigen, daß die Strafverfolgungsbelange innerhalb des Bereichs der Aufklärung und Ahndung von Vergehen nach dem Betäubungsmittelgesetz ein unterschiedliches Gewicht haben. Die schärfste Strafdrohung gilt den illegalen Händlern, während die strafgesetzlichen Sanktionen den Drogenverbraucher nicht mit vergleichbarer Härte treffen (vgl. einerseits Absatz 4, andererseits Abs. 5 des § 11 BTMG). Die Interessen der Strafverfolgung wiegen mithin schwerer, soweit die Bekämpfung illegaler Händler in Rede steht, hingegen leichter, soweit es darum geht, den staatlichen Strafanspruch gegenüber Drogenverbrauchern zur Geltung zu bringen.

Das geltende Recht schützt das Vertrauen der Klienten auf die Geheimhaltung der Angaben, die sie im Rahmen des Beratungsverhältnisses gemacht haben. Das folgt aus § 203 Abs. 1 Nr. 4 StGB, der Mitarbeiter von Suchtkrankenberatungsstellen einem strafbewehrten Schweigegebot unterwirft. Indem dieser Tatbestand von der Möglichkeit einer öffentlich-rechtlichen Anerkennung solcher Stellen ausgeht, setzt er ihre Existenzberechtigung voraus. Das öffentliche Interesse an der Unterhaltung von Drogenberatungsstellen kommt auch darin zum Ausdruck, daß Bund, Länder und kommunale Gebietskörperschaften beträchtliche Mittel aufwenden, um die Arbeit solcher Stellen zu fördern.

Aus diesen allgemeinen Gesichtspunkten ergibt sich, daß die Belange der Bekämpfung des Drogenmißbrauchs das öffentliche Interesse an der Suchtkrankenberatung nicht generell überwiegen. Wäre die Beschlagnahme von Klientenakten einer Suchtkrankenberatungsstelle unter den in der Strafprozeßordnung normierten Voraussetzungen stets zulässig, so würde dies im Regelfall die für die Arbeit der betroffenen Stelle notwendige Vertrauensbasis zerstören und zugleich die Tätigkeit aller anderen Beratungsstellen gefährden. Dies kann im Interesse einer leistungsfähigen Gesundheitsfürsorge auf dem Gebiet der Suchtkrankenberatung nicht hingenommen werden.

Auf der anderen Seite sind die genannten Umstände aber auch nicht geeignet, in jenem Bereich den generellen Vorrang gesundheitsfürsorgerischer Belange vor den Interessen der Strafrechtspflege zu begründen. Nicht jede Suchtkrankenberatungsstelle erscheint des verfassungsrechtlichen Schutzes vor der Beschlagnahme ihrer Klientenakten würdig, und sie kann dieses Privileg nicht ohne Rücksicht auf die Besonderheiten des jeweiligen Falles in Anspruch nahmen. Vielmehr erfordern bei der Beantwortung der Frage, ob Klientenakten einer solchen Beratungsstelle der Beschlagnahme unterliegen, neben jenen allgemeinen Gesichtspunkten auch fallspezifische Umstände Beachtung, die geeignet sein können, im Rahmen der gebotenen Interessenabwägung von Fall zu Fall den einen oder anderen Belangen ein Übergewicht zu verleihen. Eine Verletzung von Grundrechten der Betroffenen kann in diesem Zusammenhang aber nur dann angenommen werden, wenn durch die Beschlagnahme der Klientenakten die gesundheitsfürsorgerischen Belange in einem solchen Maße beeinträchtigt werden, daß der durch den Eingriff verursachte Schaden außer Verhältnis zu dem mit der Beschlagnahme angestrebten und erreichbaren Erfolg stehen wird. Welche Umstände dabei im einzelnen zu berücksichtigen sind und welches Gewicht ihnen jeweils beizumessen ist, läßt sich nicht für alle denkbaren Sachverhalte abschließend festlegen. Zur Entscheidung des vorliegenden Falles genügen folgende Erwägungen:

Schutz gegen die Beschlagnahme ihrer Klientenakten verdienen nur solche Beratungsstellen, die im Sinne des § 203 Abs. 1 Nr. 4 StGB öffentlich-rechtlich anerkannt sind. Denn ohne eine solche Anerkennung bestünde die Gefahr, daß unter dem Deckmantel von

Beratungsstellen Organisationen gegründet würden, denen es lediglich darauf ankäme, den Beschlagnahmeschutz in Anspruch zu nehmen, um ein bestimmtes Wissen dem Zugriff der Strafverfolgungsorgane entziehen zu können.

Aber auch die Beschlagnahme von Klientenakten einer öffentlich-rechtlich anerkannten Drogenberatungsstelle ist nicht schlechthin verfassungswidrig. Nur eine solche Beratungsstelle kann den Beschlagnahmeschutz für sich in Anspruch nehmen, die alle zumutbaren Vorkehrungen dagegen getroffen hat, daß sie selbst oder ihre Mitarbeiter in den Verdacht geraten, am Drogenhandel beteiligt zu sein oder ihn zu dulden. Dies erfordert insbesondere eine sorgfältige Auswahl und Überwachung der Mitarbeiter durch den Träger der Beratungsstelle.

Es besteht die Möglichkeit, daß sich eine anerkannte Drogenberatungsstelle – zunächst ohne Wissen des Trägers – zu einer Verteilungsstelle für Rauschgift entwickelt und einer Bande illegaler Händler als Organisationszentrum dient, wobei die angeblichen Klientenakten in Wahrheit die Buchführung darüber enthalten, welche Drogenmenge der Zwischenhändler von der Zentrale erhalten hat und mit ihr abrechnen muß. Auch können sich im Einzelfall Anhaltspunkte dafür ergeben, daß eine bestimmte Klientenakte Aufschluß über ein größeres Kapitalverbrechen liefert. In solchen und vergleichbaren Fällen, die sich einer erschöpfenden Aufzählung entziehen, steht der Beschlagnahme ein verfassungsrechtliches Hindernis nicht entgegen.

Anders muß aber die verfassungsrechtliche Wertung dort ausfallen, wo die Beschlagnahme der Klientenakten lediglich dazu dienen soll, die Klienten des strafbaren Erwerbs und Besitzes von Rauschgift zu überführen und – ohne weitere Anhaltspunkte – den von ihnen zu ihren Lieferanten führenden Weg sichtbar zu machen. Der Verdacht, daß Klienten einer Beratungsstelle solche Straftaten begangen haben und von irgendwelchen Händlern beliefert worden sind, ist bereits mit der bloßen Tatsache gegeben, daß die Drogenberatungsstelle *existiert* und *funktioniert*. Er gründet sich auf die Überlegung, daß es da, wo es Drogenberatungsstellen gibt, auch Drogenabhängige geben muß und daß dort, wo Drogenabhängige sind, auch Händler vorhanden sein müssen, die ihnen das Rauschgift verschafft haben. Ein derartiger bloßer „Betriebsverdacht" kann, soll nicht das Beratungswesen in der Suchtkrankenhilfe insgesamt der Zerstörung anheimfallen, in keinem Fall ausreichen, die Beschlagnahme von Klientenakten einer öffentlichrechtlichen Beratungsstelle vor der Verfassung zu rechtfertigen.

Demgemäß verletzt die Beschlagnahme von Klientenakten einer im Sinne des § 203 Abs. 1 Nr. 4 StGB öffentlich-rechtlich anerkannten Suchtkrankenberatungsstelle den Grundsatz der Verhältnismäßigkeit, wenn sie sich lediglich auf den allgemeinen Verdacht stützt, daß sich Klienten der Beratungsstelle durch Erwerb und Besitz von Betäubungsmitteln strafbar gemacht und solche Mittel illegal bezogen haben.

(S. 377-380)

Anmerkung
* Veröffentlicht in den *Entscheidungen des Bundesverfassungsgerichts*, 44. Band, S. 353-384.

Schweigepflicht gegenüber Erziehungsberechtigten
Urteil des Bundesverfassungsgerichts vom 9. Februar 1982[*]

1. Die Eltern haben aufgrund des Art. 6 Abs. 2 Satz 1 GG einen Anspruch auf Information über Vorgänge im Bereich der Schule, deren Verschweigen die ihnen obliegende individuelle Erziehung des Kindes beeinträchtigen könnte.
2. Zur Vereinbarkeit der Regelung des Bremischen Schulverwaltungsgesetzes (§ 13 Abs. 2) über die Schweigepflicht von Schülerberatern gegenüber den Erziehungsberechtigten mit dem grundrechtlich gesicherten Informationsanspruch der Eltern.
(S. 360)

Art. 6 Abs. 2 Satz 1 GG garantiert den Eltern das Recht auf Pflege und Erziehung ihrer Kinder. Die Erziehung des Kindes ist damit primär in die Verantwortung der Eltern gelegt, wobei dieses „natürliche Recht" den Eltern nicht vom Staate verliehen worden ist, sondern von diesem als vorgegebenes Recht anerkannt wird. Die Eltern können grundsätzlich frei von staatlichen Einflüssen und Eingriffen nach eigenen Vorstellungen darüber entscheiden, wie sie die Pflege und Erziehung ihrer Kinder gestalten und damit ihrer Elternverantwortung gerecht werden wollen. Das Elternrecht unterscheidet sich von den anderen Freiheitsrechten des Grundrechtskatalogs wesentlich dadurch, daß es keine Freiheit im Sinne einer Selbstbestimmung der Eltern, sondern zum Schutze des Kindes gewährt. Es beruht auf dem Grundgedanken, daß in aller Regel Eltern das Wohl des Kindes mehr am Herzen liegt als irgendeiner anderen Person oder Institution. Das Elternrecht ist Freiheitsrecht im Verhältnis zum Staat, der in das Erziehungsrecht der Eltern grundsätzlich nur eingreifen darf, wenn das dem Staat nach Art. 6 Abs. 2 Satz 2 GG zukommende Wächteramt dies gebietet. In der Beziehung zum Kind muß das Kindeswohl die oberste Richtschnur der elterlichen Pflege und Erziehung sein. Art. 6 Abs. 2 Satz 1 GG statuiert – dies kommt deutlich im Wortlaut der Vorschrift zum Ausdruck – Grundrecht und Grundpflicht zugleich. Man hat das

Elternrecht daher ein fiduziarisches Recht, ein dienendes Grundrecht, eine im echten Sinne anvertraute treuhänderische Freiheit genannt (Vgl. Saladin, Rechtsbeziehungen zwischen Eltern und Kindern als Gegenstand des Verfassungsrechts in: Festschrift für Hans Hinderling, 1976, S. 175 [199]; Oppermann, Gutachten zum 51. Deutschen Juristentag in: Verhandlungen des Deutschen Juristentages, 1976, C. 100; Ossenbühl, Schule im Rechtsstaat, DÖV 1977, S. 801 ff.).
(S. 376f.)

Das Bremische Schulverwaltungsgesetz hat in seinem Teil I, 2. Abschnitt, §§ 11 ff. erstmals in einem Gesetz die Beratung im Schulwesen als Institution eingeführt. Aufgabe der Beratung ist es, „zur Förderung von Schülern beizutragen, die Entwicklung der Schule zu unterstützen, Schulprobleme zu verhindern und eingetretene Schulschwierigkeiten zu beheben" (§ 11). Die schulpsychologische Beratung, die Schullaufbahnberatung, die Drogenberatung und andere Beratungsdienste werden von fachlich vorgebildeten Beratern wahrgenommen. Die zentralen Beratungsdienste sind in der Stadtgemeinde Bremen beim Senator für Bildung, in der Stadtgemeinde Bremerhaven beim Magistrat eingerichtet (§ 12). Die Berater haben im Einverständnis mit dem Schulleiter Zugang zum Unterricht und zu den Konferenzen, soweit die Beratungsaufgaben ihre Teilnahme erforderlich machen. Sie unterliegen der beamtenrechtlichen und dienstrechtlichen Schweigepflicht. Mit § 13 Abs. 2 und 3 BremSchulVvG wurden erstmals in der Bundesrepublik die näheren Modalitäten der besonderen Schweigepflicht dieser Berater zur Wahrung des Persönlichkeitsschutzes des Betroffenen umschrieben.

Entsprechend dem Informationsanspruch, der den Eltern aus Art. 6 Abs. 2 Satz 1 GG zusteht, geht § 13 Abs. 2 BremSchulVvG davon aus, daß die besondere Schweigepflicht der Berater grundsätzlich nicht gegenüber den Erziehungsberechtigten der betroffenen Minderjährigen gilt.

Zu einem sinnvollen Zusammenwirken von Eltern und Schule bei der gemeinsamen Erziehung des Kindes gehört ein offenes gegenseitiges Vertrauensverhältnis. Der Informationsanspruch der Eltern bezieht sich grundsätzlich auch auf die Erkenntnisse der schulischen Berater. Deren Einsichten und Erfahrungen im Umgang mit dem Kinde in der Schule können gerade für die individuelle, den Eltern zuvörderst obliegende Erziehung von erheblicher Bedeutung sein. Wenn der Berater ein Vertrauensverhältnis zu dem Schulkinde findet, werden ihm – etwa in persönlichen Gesprächen – oft Umstände zur Kenntnis gelangen, die sich nicht auf den Schulsektor beschränken, sondern auch den intimen Familienbereich berühren. Alles dies kann Gewicht für die Erfüllung der elterlichen Erziehungspflicht haben.

Es ist jedoch nicht zu verkennen, daß in besonders gelagerten Fällen eine Information der Eltern zu Reaktionen führen kann, die im Interesse des Kindeswohls nicht zu verantworten sind. Die Probleme und Schwierigkeiten des Kindes können gerade in einem Elternhaus ihre Ursache haben, in dem kein Vertrauensverhältnis zwischen Eltern und Kind mehr besteht (z.B. bei Kindesmißhandlungen). Es sind auch Fälle von Alkohol- und Drogensucht denkbar, in denen die Einschaltung der Eltern den Heilerfolg beeinträchtigen mag (vgl. K. Engler, Schweigerechte und Informationspflichten des Lehrers – am Beispiel von Drogenproblemen in der Schule betrachtet, RdJB 1979, S. 62 ff., S. 130 ff. [131 f.]). Hier kann es im Interesse des Kindes geboten sein, daß der Berater auch den Eltern gegenüber schweigt, um den Heilerfolg nicht zu gefährden und das Vertrauensverhältnis zwischen ihm und dem Kinde nicht in Frage zu stellen. Die mit einem derartigen, durch das Kindeswohl gebotenen Vorgehen verbundene Einschränkung des elterlichen Informationsrechts ist mit Art. 6 Abs. 2 Satz 1 GG vereinbar; denn der treuhänderische Charakter des elterlichen Erziehungsrechts bindet dieses an das Kindeswohl und enthält in sich keine Befugnisse, welche dieses gefährden oder vereiteln (vgl. Böckenförde, a.a.O., S. 65).

Dabei ist jedoch zu bedenken, daß es in erster Linie die Eltern sind, die nach Art. 6 Abs. 2 Satz 1 GG ihre Kinder zu erziehen haben. Sie sollen das Recht haben, Pflege und Erziehung „nach ihren eigenen Vorstellungen frei zu gestalten" (BVerfGE 24, 119 [143]; 31, 194 [204]; 47, 46 [69 f.]). Diese Verantwortung ist eine Eltern-Verantwortung und jedenfalls keine primäre Staatsverantwortung. Die Eltern genießen insoweit Vorrang vor anderen Erziehungsträgern. Allerdings sind im Bereich der Schule Erziehungsrecht der Eltern und staatlicher Erziehungsauftrag einander gleichgestellt. Bei der hier in Frage stehenden Schweigepflicht der Berater geht es jedoch darum, daß den Eltern Informationen vorenthalten werden sollen, die für die individuelle Erziehung des Kindes von wesentlicher Bedeutung sein können. Die im Interesse des Kindeswohls gebotene Schweigepflicht der Berater kann deshalb nur in Ausnahmefällen das grundrechtlich gesicherte Informationsrecht der Eltern beschränken.

Ob die in § 13 Abs. 2 BremSchulVvG statuierte Schweigepflicht der Berater mit Art. 6 Abs. 2 Satz 1 GG vereinbar ist, hängt entscheidend davon ab, wie die Bestimmung auszulegen ist. Satz 3 dieser Vorschrift knüpft die Schweigepflicht an die Entscheidung des Beraters darüber, ob eine Information an die Eltern „Gesundheit und Wohlergehen der betroffenen Minderjährigen gefährden" würde. „Gesundheit" ist ein vielschichtiger Begriff für das „normale", d.h. nicht „krankhafte" Befinden des Kindes. Nach der Definition der Weltgesundheitsbehörde in ihrer Satzung vom 22. Juli 1946 ist Gesundheit „der Zustand vollständigen körperlichen, geistigen und sozialen Wohlbefindens und nicht nur das Freisein von Krankheit und Gebrechen" (vgl. BVerfGE 56, 54 [74]). Ähnlich unbestimmt erscheint „Wohlergehen", ein Begriff, der bisher weder durch die Rechtsprechung noch im wissenschaftlichen Schrifttum gedeutet und in seinem Inhalt näher umgrenzt worden ist. Hinzu kommt, daß auch „gefährden" auslegungsbedürftig ist, wobei insbesondere die Festlegung der Gefahrengrenze Probleme aufwirft. Es kann fraglich sein, ob schon eine abstrakte Gefährdung oder erst eine gegenwärtige konkrete Gefahr hinreichend ist, um die Verschwiegenheitspflicht gegenüber den Erziehungsberechtigten auszulösen.

Im ganzen gesehen würde die Generalklausel „Gefährdung von Gesundheit und Wohlergehen" des betroffenen Kindes bei weiter Auslegung nicht genügen, um die engbegrenzte Schweigepflicht der Berater mit der im grundrechtsrelevanten Bereich erforderlichen Bestimmtheit gegenüber dem durch Art. 6 Abs. 2 Satz 1 GG geschützten Informationsrecht der Eltern abzugrenzen.

Indessen ist eine so weite Auslegung nicht zwingend geboten. Eine gesetzliche Vorschrift ist nicht verfassungswidrig, wenn eine Auslegung möglich ist, die im Einklang mit dem Grundgesetz steht, und die Vorschrift bei dieser Auslegung sinnvoll bleibt (so schon BVerfGE 2, 266 [282]; st. Rspr.). Die vom Gesetzgeber verwendeten auslegungsfähigen und auslegungsbedürftigen Begriffe brauchen

nicht unbedingt in einer undifferenzierten Weite verstanden zu werden. Wortlaut und Sinngehalt der als Ausnahme konzipierten Vorschrift des § 13 Abs. 2 BremSchulVvG lassen auch eine einschränkende Auslegung zu. Der Berater wird auch in den Fällen der oben geschilderten Art in der Regel die Eltern informieren müssen. Bei einem minderjährigen Schüler in geordneten familiären Verhältnissen wird die gebotene Hilfe ohne Einschaltung der Eltern normalerweise gar nicht möglich sein. Insbesondere wenn Probleme des Schülers in der Klassenkonferenz besprochen werden müssen, wird eine vorherige Information der Eltern schon deshalb geboten sein, weil andernfalls die vertrauensvolle Zusammenarbeit zwischen Schule und Elternhaus ernstlich gefährdet sein könnte. Die Annahme einer Schweigepflicht auch gegenüber den Erziehungsberechtigten setzt daher Abwägung aller Umstände des Einzelfalles, etwa des Alters und der Reife des betroffenen Schülers, seiner familiären Beziehungen und sonstiger Abhängigkeiten innerhalb und außerhalb der Schule voraus. Der Berater muß ferner das Elternhaus so gut kennen, daß er die Folgen einer Information aufgrund konkreter Tatsachen richtig einschätzen kann. Erscheint die Familie nicht gänzlich verständnislos, so wird es zunächst Aufgabe des Beraters sein, auf die Eltern einzuwirken, sich der Probleme ihres Kindes anzunehmen. Als verfassungskonform kann daher nur eine Auslegung des § 13 Abs. 2 BremSchulVvG angesehen werden, die das Schweigerecht der Berater gegenüber den Erziehungsberechtigten auf die Ausnahmefälle begrenzt, in denen konkrete Tatsachen vorliegen, welche bei Information der Erziehungsberechtigten die unmittelbare und gegenwärtige Gefahr einer körperlichen oder seelischen Schädigung des Kindes wahrscheinlich machen. Diese Auslegung beläßt der Vorschrift einen vernünftigen, dem erkennbaren Gesetzeszweck nicht zuwiderlaufenden Sinn.
(S. 383-387)

Das Elternrecht dient als pflichtgebundenes Recht dem Wohle des Kindes; es muß seinem Wesen und Zweck nach zurücktreten, wenn das Kind ein Alter erreicht hat, in dem es eine genügende Reife zur selbständigen Beurteilung der Lebensverhältnisse und zum eigenverantwortlichen Auftreten im Rechtsverkehr erlangt hat. Als ein Recht, das um des Kindes und dessen Persönlichkeitsentfaltung willen besteht, liegt es in seiner Struktur begründet, daß es in dem Maße, in dem das Kind in die Mündigkeit hineinwächst, überflüssig und gegenstandslos wird (Böckenförde, a.a.O., S. 67). Da die Entscheidungsfähigkeit des Jugendlichen für die verschiedenen Lebens- und Handlungsbereiche sich in der Regel unterschiedlich entwickelt, ist jeweils eine Abwägung zwischen Erziehungsbedürftigkeit und Selbstbestimmungsfähigkeit des Jugendlichen erforderlich. Dabei hat für die Ausübung höchstpersönlicher Rechte der Grundsatz zu gelten, daß der zwar noch Unmündige, aber schon Urteilsfähige die ihm um seiner Persönlichkeit willen zustehenden Rechte soll eigenständig ausüben können. Die geltende Rechtsordnung kennt deshalb Regelungen, die von der allgemeinen zivilrechtlichen Mündigkeit abweichen (z.B. § 5 des Gesetzes über die religiöse Kindererziehung – Entscheidungsrecht des Kindes über Religionszugehörigkeit, § 607 Abs. 1 Satz 1 ZPO – Prozeßfähigkeit des Ehegatten in Ehesachen, § 59 FGG – Beschwerderecht des Mündels, § 2229 BGB – Testierfähigkeit Minderjähriger, § 60 Nr. 1, § 61 Nr. 1 StPO – Eidesmündigkeit, § 36 SGB I – Handlungsfähigkeit Minderjähriger im Sozialleistungsrecht – und § 61 BetrVerfG – passives Wahlrecht als Jugendvertreter; vgl. ferner die Zusammenstellung der wichtigsten Teilmündigkeitsregelungen bei Hinz in: Münchner Kommentar zum BGB, 1978, Bd. 5, § 1626 Rdnr. 25 ff.). Derartige Regelungen stellen keinen unzulässigen Eingriff in das Elternrecht dar, wenn sie unter Abwägung der dargelegten Gesichtspunkte sachlich gerechtfertigt sind. Das trifft für die Regelung in § 13 Abs. 3 Satz 1 BremSchulVvG zu, wonach der betroffene Minderjährige selbst den Berater von der Schweigepflicht entbinden kann, sofern seine natürliche Einsichtsfähigkeit die Bedeutung und Tragweite seiner Entscheidung einzuschätzen vermag.

Zu demselben Ergebnis gelangt eine Beurteilung unter strafrechtlichen Gesichtspunkten: Die Berater im Schulwesen unterliegen gemäß § 203 Abs. 1 Nr. 4 StGB einer strafrechtlich sanktionierten Verschwiegenheitspflicht und können deshalb in strafrechtlich relevanter Weise von dieser Schweigepflicht nur durch den Betroffenen befreit werden. Der Berater ist danach zu einer Offenbarung der ihm anvertrauten Geheimnisse nur befugt, wenn der Verfügungsberechtigte zugestimmt hat. Die Verfügungsberechtigung über ein anvertrautes Geheimnis im Sinne des § 203 StGB wird von der herrschenden Meinung allein dem Geheimnisträger zugesprochen (vgl. Schönke/Schröder, StGB 20. Aufl., § 203 Rdnr. 23 m.w.N.). Für die Wirksamkeit seines Einverständnisses genügt die natürliche Einsichtsfähigkeit des Verfügungsberechtigten in die Bedeutung und Tragweite seiner Entscheidung (siehe Schönke/ Schröder, a.a.O., Rdnr. 24).

(S. 387-389)

Anmerkung
* Veröffentlicht in den *Entscheidungen des Bundesverfassungsgerichts*, 59. Band, S. 360 – 392.

Erfassung von Telefonnummern der Klienten in einer zentralen Telefonanlage
Urteil des Bundesarbeitsgerichts vom 13. Januar 1987*

Es wird festgestellt, daß der beklagte Landkreis nicht berechtigt ist, bei den von den Nebenstellen der Beratungsstelle für Erwachsene, Kinder und Jugendliche ausgehenden dienstlichen Telefongesprächen die vollständige Rufnummer des Gesprächspartners zu erfassen, soweit der Kläger in seiner Eigenschaft als Berufspsychologe/ Berater Klienten anruft.
(S. 2)

Die Zulässigkeit der umstrittenen Telefondatenerfassung gegenüber dem Kläger kann sich damit nur aus den das Arbeitsverhältnis des Klägers beherrschenden Normen des Individualrechts oder dem niedersächsischen Datenschutzgesetz selbst ergeben.

Nach diesen Vorschriften ist der beklagte Landkreis dem Kläger gegenüber nicht berechtigt, bei den vom Kläger in seiner Eigenschaft als Berater geführten Dienstgesprächen auch die Zielnummer zu erfassen.

Der Kläger ist Psychologe mit staatlich anerkannter Abschlußprüfung als Diplom-Psychologe. Er ist als solcher in der Beratungsstelle des beklagten Landkreises beschäftigt. Seine arbeitsvertragliche Aufgabe ist die psychologische Beratung und Behandlung von Erwachsenen, Kindern und Jugendlichen, die eine solche Beratung oder Behandlung wünschen oder bei denen die Behandlung aus anderen Gründen erfolgen muß. Zu diesen Personen gehören gefährdete Personen wie Drogensüchtige und Suizidgefährdete. Eine fachgerechte psychologische Beratung und Behandlung, die Aussicht auf Erfolg haben soll, setzt ein Vertrauensverhältnis zwischen der zu betreuenden Person und dem Psychologen voraus, dessen Entstehen wesentlich dadurch bedingt ist, daß die Beratung und Behandlung vertraulich bleibt, d.h. anderen Personen nicht bekannt wird. Davon, daß die psychologische Beratung und Behandlung von Personen eine solche Vertraulichkeit erfordert und daß die behandelte Person gegen den Psychologen einen Anspruch auf Wahrung dieser Vertraulichkeit hat, geht § 203 Abs. 1 Nr. 2 und

4 StGB aus. Nach dieser Vorschrift macht sich strafbar, wer als Berufspsychologe mit staatlich anerkannter wissenschaftlicher Abschlußprüfung oder als Ehe-, Erziehungs- oder Jugendberater sowie Berater für Suchtfragen in einer öffentlichen oder öffentlich anerkannten Beratungsstelle ein fremdes Geheimnis, namentlich ein zum persönlichen Lebensbereich gehörendes Geheimnis unbefugt offenbart. Schon die Tatsache, daß jemand die Beratung oder Behandlung des Klägers in seiner Eigenschaft als Berufspsychologe in Anspruch nimmt, ist ein solches Geheimnis im Sinne von § 203 StGB und nicht erst das Problem oder die Krankheit, die Anlaß für die Inanspruchnahme des Berufspsychologen ist.

Dieses Geheimnis zu wahren, ist der angestellte Berufspsychologe auch gegenüber seinem Arbeitgeber verpflichtet (OVG Lüneburg, NJW 1975, 2263; Lenckner in Schöne/Schröder, StGB 22. Aufl., § 203 Rz 45 und 53; Thomas Scholz, NJW 1981, 1987, 1990; Kühne, NJW 1977, 1478, 1480). Davon ist auch der beklagte Landkreis bis zur Einführung der Telefondatenerfassung ausgegangen, als er für die Beratungsstelle amtsberechtigte Nebenstellen zur Verfügung stellte, so daß für den Kläger die Notwendigkeit entfiel, ein Dienstgespräch unter Angabe der Zielnummer bei der Vermittlung anzumelden. Ist damit der angestellte Berufspsychologe auch seinem Arbeitgeber gegenüber verpflichtet, das ihm anvertraute fremde Geheimnis, nämlich die Beratung oder Behandlung einer anderen Person, zu wahren, so ist auf der anderen Seite der Arbeitgeber kraft seiner Fürsorgepflicht gegenüber dem angestellten Berufspsychologen gehalten, alles zu unterlassen, was diesen in einen Konflikt mit seiner Geheimhaltungspflicht bringen kann. Er darf vom angestellten Diplom-Psychologen nicht Auskunft darüber verlangen, wer ihn in seiner Eigenschaft als Berater in Anspruch genommen hat. Er muß die Arbeitsbedingungen so gestalten, daß der angestellte Diplom-Psychologe seiner Geheimhaltungspflicht auch nachkommen kann und bei Erfüllung seiner Arbeitspflicht mit den ihm zur Verfügung gestellten Arbeitsmitteln nicht notwendig und unvermeidbar von ihm zu wahrende fremde Geheimnisse offenbart.

Dadurch, daß der beklagte Landkreis bei den vom Kläger als Diplom-Psychologen geführten Dienstgesprächen mit zu betreuenden Personen die Zielnummer erfaßt, verschafft er sich Kenntnis von einem fremden Geheimnis, daß der Kläger zu wahren verpflichtet ist. Bei Kenntnis der Zielnummer ist der Inhaber des durch diese Zielnummer ausgewiesenen Telefonanschlusses bestimmbar. Der Landkreis geht selbst davon aus, daß von den Auswertern der Fernsprechteilnehmer, jedenfalls aber der Anschlußinhaber eines bestimmten Telefongespräches ermittelt werden kann. Auf welche Weise dies geschieht, ist gleichgültig. Unerheblich ist in diesem Zusammenhang auch, daß die Auswerter bei Telefongesprächen der Beratungsstelle von einer Ermittlung des Gesprächsteilnehmers absehen sollen. Diese Weisung ist einmal jederzeit abänderbar, zum anderen kommt es allein darauf an, ob über die Zielnummer der Anschlußinhaber ermittelt werden kann.

Über die angewählte Zielnummer kann nur der Anschlußinhaber ermittelt werden. Dieser muß nicht notwendig mit derjenigen Person identisch sein, die die Beratung oder Behandlung des Klägers als Diplom-Psychologe in Anspruch genommen hat. Sind Anschlußinhaber und Gesprächspartner des Klägers nicht identisch, so wird durch das Bekanntwerden der Zielnummer noch kein Geheimnis des Gesprächspartners offenbar. Daß gerade mit ihm telefoniert worden ist, ist aus der Kenntnis des Anschlußinhabers nicht herzuleiten. Darauf kommt es jedoch nicht an. Ruft der Kläger als Diplom-Psychologe eine zu betreuende Person unter einer ihm bekannten Telefonnummer an, wird es sich bei dieser Telefonnummer regelmäßig, jedenfalls in einer Vielzahl der Fälle, um die Telefonnummer eines privaten Anschlußinhabers handeln. Zwischen dem Gesprächspartner und dem Anschlußinhaber müssen Beziehungen bestehen, die den Gesprächspartner berechtigen, die Telefonnummer des Anschlußinhabers anzugeben und diesen Anschluß für ein Gespräch mit dem Kläger zu nutzen. Bei diesen Beziehungen wird es sich vielfach um familiäre, zumindest aber um freundschaftliche Beziehungen handeln. Jedenfalls in einer Vielzahl von Fällen läßt daher die über die Zielnummer vermittelte Kenntnis des Anschlußinhabers zumindest den Schluß zu, daß – wenn schon nicht der Anschlußinhaber selbst, so doch – ein Familienmitglied oder Verwandter des Anschlußinhabers vom Kläger in seiner Eigenschaft als Berufspsychologe angerufen worden ist. Die Tatsache aber, daß ein Familienmitglied oder Verwandter des Anschlußinhabers psychologische Beratung oder Betreuung durch den Kläger erfahren hat, ist ein zum persönlichen Lebensbereich gehörendes Geheimnis auch des Anschlußinhabers selbst. Auch dieses Geheimnis zu offenbaren, ist dem Kläger verwehrt. Der beklagte Landkreis darf vom Kläger nicht die Offenbarung dieses Geheimnisses verlangen.

Wenn die Telefonanlage des beklagten Landkreises die Zielnummer des vom Kläger geführten Telefongesprächs schon in dem Moment erfaßt, in dem der Kläger die Nummer anwählt und das Gespräch zustandekommt, so führt diese Ausgestaltung der Telefonanlage dazu, daß der Kläger notgedrungen bei von ihm geführten Gesprächen mit zu betreuenden Personen ein fremdes Geheimnis, das zu wahren er verpflichtet ist, offenbart. Unabhängig davon, ob die Führung eines solchen Telefongesprächs in Kenntnis der Tatsache, daß die Zielnummer erfaßt und damit ein fremdes Geheimnis bekannt wird, schon ein strafbares Offenbaren eines fremden Geheimnisses im Sinne von § 203 StGB ist, verletzt der Kläger damit das in ihn gesetzte Vertrauen der betreuten Person, daß dieser über das geführte Telefongespräch Dritten keine Kenntnis gibt.

Unter diesen Umständen kann der Kläger nur wählen zwischen der Möglichkeit, das Telefongespräch zu führen, davon aber dem beklagten Landkreis Kenntnis zu geben, oder das Telefongespräch zu unterlassen, wenn er nicht auf öffentliche Fernsprechzellen oder seinen Privatapparat ausweichen will.

Der beklagte Landkreis kann vom Kläger auch nicht verlangen, daß er solche Telefongespräche mit zu betreuenden Personen dann unterläßt, wenn deren Registrierung durch die Telefonanlage von diesen nicht gestattet wird. Soweit solche Gespräche aus der Sicht des beratenden Psychologen zur Erreichung des Beratungsziels oder Behandlungserfolgs erforderlich sind, kann der beklagte Landkreis dem Kläger diese Gespräche nicht untersagen oder letztlich nicht dadurch unmöglich machen, daß sie durch die automatische Erfassung der Zielnummer des Telefongesprächs den Kläger zwingt, ein fremdes Geheimnis im dargelegten Sinne zu offenbaren. Daß die Auswerter der Telefongespräche ihrerseits zur Verschwiegenheit verpflichtet sind, ändert nichts daran, daß vom Kläger mit dem Telefongespräch schon ein fremdes Geheimnis offenbar wird (vgl. Lenckner in Schönke/Schröder, a.a.O., § 203 Rz 19; Dreher/Tröndle, StGB, 43. Aufl., § 203 Rz 26).

Der beklagte Landkreis ist daher schon aufgrund des Arbeitsvertrages dem Kläger gegenüber verpflichtet, die Erfassung der

Zielnummer bei solchen Dienstgesprächen zu unterlassen, die der Kläger als Diplom-Psychologe mit von ihm zu beratenden oder zu behandelnden Personen führt. (...)

Die Verarbeitung der Telefondaten dient der Kontrolle des Telefonverhaltens der Arbeitnehmer. Mit ihrer Hilfe soll festgestellt werden, ob Arbeitnehmer Dienstgespräche nicht über eine zulässige Grenze hinaus ausdehnen und ob diese ihre Privatgespräche auch als solche deklarieren. Eine solche Kontrolle des Arbeitsverhaltens und der ordnungsgemäßen Nutzung der Telefonanlage für Privatgespräche wird durch den Zweck des Arbeitsverhältnisses und des durch die Gestattung von Privatgesprächen begründeten Rechtsverhältnisses grundsätzlich gerechtfertigt. Art und Weise der Arbeitsleistung bestimmt der Arbeitgeber aufgrund seines Direktionsrechts. Er ist berechtigt, die Arbeitsleistung des Arbeitnehmers zu überwachen und davon Kenntnis zu nehmen, in welcher Weise der Arbeitnehmer seine Arbeitsleistung erbringt. Eine dabei erfolgende Verarbeitung personenbezogener Daten der Arbeitnehmer hält sich daher grundsätzlich im Rahmen der Zweckbestimmung des Arbeitsverhältnisses. Das gilt jedoch insoweit nicht, als dem Arbeitgeber eine Kontrolle der Arbeitsleistung des Arbeitnehmers aufgrund der besonderen Ausgestaltung des Arbeitsverhältnisses nicht gestattet ist. Es kann – wie oben dargelegt – der beklagte Landkreis die Arbeit des Klägers nicht so weit kontrollieren und überwachen, daß ihm dadurch ein vom Kläger zu wahrendes Geheimnis einer dritten Person bekannt wird. Die zum Zwecke einer solchen unzulässigen Kontrolle der Arbeitsleistung erfolgende Verarbeitung personenbezogener Daten des Klägers hält sich nicht mehr im Rahmen der Zweckverstimmung des Arbeitsverhältnisses und ist daher nicht nach § 23 Satz 1 1. Alternative BDSG zulässig.

Auch berechtigte Interessen des beklagten Landkreises außerhalb des mit dem Kläger bestehenden Vertragsverhältnisses machen die Erfassung und Speicherung der vom Kläger bei Dienstgesprächen angerufenen Zielnummer nicht zulässig. Zwar hat der beklagte Landkreis ein berechtigtes Interesse daran, die Ausgaben für Telefongespräche seiner Bediensteten dadurch zu senken, daß er diese aufzeichnet und überwacht, und auch daran, daß Privatgespräche als solche deklariert und damit auch bezahlt werden. Dieses Interesse berechtigt aber den beklagten Landkreis nicht, im Rahmen der zu diesem Zweck erfolgenden Telefondatenerfassung

sich Kenntnisse von Umständen zu verschaffen, die ihm der Kläger nicht offenbaren darf und auf deren Mitteilung durch den Kläger er keinen Anspruch hat. Die Kenntnis solcher Umstände verschafft sich aber der beklagte Landkreis, wenn er bei den vom Kläger geführten dienstlichen Telefongesprächen mit zu betreuenden Personen die Zielnummer erfaßt. Fehlt es damit schon an einem berechtigten Interesse des beklagten Landkreises an der Speicherung dieser Zielnummer, so kann dahingestellt bleiben, ob dadurch nicht auch schutzwürdige Belange des Klägers und des jeweiligen Anschlußinhabers beeinträchtigt werden.
(S. 12-20)

Anmerkung
* Auszüge aus dem Urteil, S. 2, 12-20.

Schweigepflicht in der Supervision
Urteil des Bay. Obersten Landesgerichts
vom 8. November 1994*

Auch die Offenbarung eines Geheimnisses gegenüber einem selbst Schweigepflichtigen erfüllt den Tatbestand des § 203 Abs. 1 StGB.

Der Angeklagte, von Beruf Diplom-Psychologe, war als Therapeut, zuletzt als Erziehungsleiter, in einem Heim angestellt, in dem psychisch gestörte, schwer erziehbare Jugendliche betreut wurden.

Im April 1991 übernahm er die Therapie der „inzwischen" 21 Jahre alten Zeugin C. Diese wies Borderline-Persönlichkeitsstörungen, geringe Belastbarkeit und starke affektive Impulsivität auf. Unter Druck und Spannungen kam es zu autoaggressiven Handlungen, z.B. brachte sie sich Ritze oder Schnitte im Bereich der Unterarme bei, äußerte auch Selbstmordgedanken, denen im Jahre 1991 einmal entsprechende Handlungen folgten. Der Angeklagte kam zu der Ansicht, Ursache dieser psychischen Störungen seien „sexuelle Mißbrauchserfahrungen", wenngleich diese Symptome gelegentlich auch andere Ursachen hätten. Etwa im Juli 1991 verließ die Zeugin das Heim und wechselte in das sogenannte außenbetreute Wohnen. Sie wurde aber weiterhin als Patientin des Angeklagten psychotherapeutisch und pädagogisch durch das Heim betreut.

Am 2.2.1993 eröffnete die Zeugin dem Angeklagten bei einer von ihr erbetenen außerplanmäßigen Unterredung – nachdem sie ihn zuvor gefragt hatte, ob er zur Verschwiegenheit verpflichtet sei –, daß sie in der Zeit seines Urlaubs sexuelle Beziehungen zum Heimleiter, der sie in dieser Zeit betreut hatte, aufgenommen habe. Der Angeklagte war der Meinung, diese Beziehungen könnten schwerste psychische Störungen zur Folge haben, auch Suizidgefahr hielt er für nicht ausschließbar. Zudem erschien es ihm unerträglich, daß dem Heim ein Leiter vorstand, der selbst sexuelle Kontakte zu den Schutzbefohlenen aufnahm. Am 9.2.1993 trug der Angeklagte den Fall der Supervision vor, einem Gremium von Therapeuten des Heimes, dem er selbst und zwei Diplom-Pädagogen angehörten, die ebenso wie er selbst zur Verschwiegenheit verpflichtet waren.

Das Amtsgericht verurteilte den Angeklagten wegen Verletzung von Privatgeheimnissen (§ 203 Abs. 1 Nr. 2 StGB) zur Geldstrafe von 75 Tagessätzen zu 50.- DM. Das Landgericht sprach ihn auf seine Berufung hin frei. Mit der Revision rügte die Staatsanwaltschaft die Verletzung des sachlichen Rechts. Das Rechtsmittel hatte Erfolg.

Das Landgericht hat angenommen, der Angeklagte habe zum Teil nicht unbefugt, zum Teil jedenfalls in nicht vermeidbarem Verbotsirrtum gehandelt. Diese Annahme findet jedoch in den Urteilsgründen keine Stütze.

1. Daß der Angeklagte mit der Weitergabe des ihm in seiner Eigenschaft als Diplom-Psychologe und Therapeut von der Zeugin C. Anvertrauten ein fremdes, zum persönlichen Lebensbereich der Zeugin gehörendes Geheimnis offenbart hat i.S. v. § 203 Abs. 1 Nr. 2 StGB, ist so offensichtlich, daß es keiner näheren Erörterung bedarf. Lediglich auf die Frage, ob der Tatbestand deshalb nicht erfüllt ist, weil die Mitteilungsempfänger ebenfalls zum Schweigen verpflichtet waren, ist im Hinblick auf die Darlegungen der Verteidigung einzugehen. Diese Frage ist zu verneinen.

Keines der Merkmale des objektiven Tatbestandes des § 203 Abs. 1 Nr. 2 StGB wird dadurch ausgeschlossen, daß der Empfänger der Mitteilung seinerseits schweigepflichtig ist. Dies gilt insbesondere für das Merkmal „offenbart". Unter Offenbaren ist jede Mitteilung über die geheimzuhaltende Tatsache an einen Dritten zu verstehen, der das Geheimnis noch nicht oder noch nicht sicher kennt (Lackner StGB 20. Auflage., § 203 Rdnr. 17; Dreher/Tröndle StGB 46. Auflage, § 203 Rdnr. 26 m.w.N.). Es versteht sich von selbst, daß von dieser Definition auch die Weitergabe des Geheimnisses an einen Schweigepflichtigen erfaßt wird. Angesichts der nicht eingrenzbaren Vielzahl von Personen, die einer Schweigepflicht unterworfen sind, wäre im übrigen der Schutz des § 203 StGB illusorisch, wollte man die Mitteilung an jede von ihnen als nicht tatbestandsmäßig ansehen. In der Literatur besteht demzufolge Einigkeit darüber, daß es für die Erfüllung des Tatbestandes des § 203 StGB unerheblich ist, ob der Empfänger der Mitteilung seinerseits schweigepflichtig ist, sofern er nur außerhalb des Kreises steht, dem das Geheimnis bisher schon zugänglich war (vgl. statt vieler LK/Jähnke StGB 10. Auflage, § 203 Rdnr. 40; Lackner a.a.O.; Dreher/Tröndle a.a.O.; Schönke/Schröder/Lencker StGB 24. Auflage, § 203 Rdnr. 19; speziell zur Schweigepflicht des Berufspsychologen: Kühne NJW 1977, 1478/1482). In der Rechtssprechung wird – soweit ersichtlich – dieselbe Auffassung vertreten (OLG Stuttgart NJW 1987, 1490 f.; OVG Lüneburg NJW 1975, 2263 f.; VG Münster MedR 1984, 118 f.). Dies gilt auch für die Rechtssprechung des Bundesgerichtshof (BGH). Soweit die Verteidigung meint, der BGH sehe die Weitergabe eines Geheimnisses an einen schweigepflichtigen Empfänger als nicht tatbestandsmäßig an, dürfte dies auf einem Mißverständnis des als Beleg angeführten Urteils (BGHSt 4, 355 f.) beruhen. In dieser Entscheidung hat der BGH seinen schuldausschließenden Tatbestandsirrtum i.S. v. § 59 StGB a.F. angenommen, weil der Täter an die Voraussetzungen einer ihn rechtfertigenden Situation glaubte. In späteren Entscheidungen wird deutlich, daß der BGH die Weitergabe eines Geheimnisses an einen Schweigepflichtigen als tatbestandsmäßig i.S. v. § 203 StGB ansieht; denn andernfalls hätte er – z.B. bei der Bewertung von Praxisübernahmen (vgl. BGH NJW 1974, 602) – nicht auf das Rechtsinstitut der mutmaßlichen Einwilligung zurückgreifen müssen. In jüngster Zeit hat der BGH ausdrücklich hervorgehoben, daß es für die tatbestandlichen Voraussetzungen des § 203 Abs. 1 StGB unerheblich ist, daß die Weitergabe an eine Person erfolgt, die gleichfalls der ärztlichen Schweigepflicht unterliegt (BGHZ 116, 269/ 272).

2. Dem Urteil kann nicht entnommen werden, unter welchem rechtlichen Gesichtspunkt das Landgericht die Offenbarung als „nicht befugt" angesehen hat. Anhaltspunkte dafür, daß die Zeugin C. konkludent ihr Einverständnis mit der Weitergabe des dem Angeklagten Anvertrauten an die Mitglieder der Supervision erteilt hätte (vgl. VG Münster a.a.O. S. 119; Schönke/Schröder/Lenckner § 203 Rdnr. 24), finden sich im Urteil nicht. Die Zeugin hat sich vor ihrer Offenbarung gegenüber dem Angeklagten dessen Schweigepflicht versichert; es drängt sich daher auf, daß sie damit jedwede Weitergabe untersagen wollte. Unerheblich ist in diesem Zusammenhang, daß der Angeklagte – wie das Landgericht festgestellt hat – ihr nicht zugesichert hat, in jedem Fall zur Verschwiegenheit verpflichtet zu sein.

Entscheidend ist, *was* er ihr gesagt hat; dazu enthält das Urteil keine Feststellungen. Die Ausführungen in den Urteilsgründen lassen nur vermuten, daß das Landgericht § 34 StGB (rechtfertigender Notstand) im Auge hatte. Unter diesem Gesichtspunkt sind die getroffenen Feststellungen jedoch lückenhaft und die Erwägungen des Landgerichts unzureichend.

Die für die Anwendung des § 34 StGB vorauszusetzende Notstandslage hat das Landgericht offenbar in einer Gefahr für die Psyche, möglicherweise auch für das Leben der Zeugin C. (Suizidgefahr) gesehen. Daß eine gegenwärtige Gefahr in dieser Hinsicht tatsächlich bestand, hat es jedoch nicht festgestellt.

Gefahr ist ein Zustand, in dem nach den konkreten Umständen der Eintritt eines Schadens nahe liegt (Lackner § 34 Rdnr. 2; LK/Hirsch StGB 11. Auflage – 13. Lfg. – § 34 Rdnr. 26). Eine Gefahr ist gegenwärtig, wenn bei natürlicher Weiterentwicklung der Dinge der Eintritt eines Schadens sicher oder doch höchstwahrscheinlich ist, falls nicht alsbald Abwehrmaßnahmen ergriffen werden, oder wenn der ungewöhnliche Zustand nach menschlicher Erfahrung und natürlicher Weiterentwicklung der gegebenen Sachlage jederzeit in einen Schaden umschlagen kann (BGH NJW 1989, 176). Eine gegenwärtige Gefahr in diesem Sinne hat das Landgericht nicht festgestellt. Soweit es ausführt „Das Ereignis, daß der Heimleiter sexuelle Kontakte zu der Zeugin C. aufgenommen hatte, konnte die vom Angeklagten befürchteten psychischen Folgen haben", spricht es damit nur die Möglichkeit, nicht aber die Wahrscheinlichkeit oder gar die Gewißheit eines Gesundheitsschadens an.

Zudem bleibt offen, auf welcher tatsächlichen Grundlage die Annahme des Landgerichts beruht, das fragliche Ereignis könne die vom Angeklagten befürchteten „psychischen Folgen" haben. Das Landgericht teilt allein die Einschätzung des Angeklagten selbst mit, nach der die Ursache der psychischen Störungen der Zeugin (möglicherweise) in „sexuellen Mißbrauchserfahrungen" liege und die sexuelle Beziehung der Zeugin zum Heimleiter „im Sinne der Psychologie" einen sexuellen Mißbrauch darstellen könne. Eine Auseinandersetzung damit, ob diese Einschätzung zutrifft, fehlt. Maßstab für die Beurteilung der Frage, ob im Zeitpunkt des Handelns des Angeklagten eine gegenwärtige Gefahr im Sinne von § 34 StGB vorlag, ist die objektive nachträgliche Prognose eines sachkundigen Beobachters (LK/Hirsch § 34 Rdnr. 29; Lackner § 34 Rdnr. 2). Daß das Landgericht über die erforderliche Sachkunde verfügte, läßt sich dem Urteil nicht entnehmen.

Das angefochtene Urteil läßt ferner eine Auseinandersetzung mit der Frage vermissen, ob die – angenommene – Gefahr durch ein anderes, milderes Mittel als die Offenbarung des Geheimnisses hätte abgewendet werden können. Dies ist nicht ohne weiteres von der Hand zu weisen. Der Angeklagte hatte die Zeugin zuvor schon behandelt, wobei er ebenfalls von der Möglichkeit „sexueller Mißbrauchserfahrungen" ausging. Offenbar war die Therapie erfolgreich; darauf läßt die Tatsache schließen, daß die Zeugin das Heim wenige Monate nach Beginn der Behandlung durch den Angeklagten verlassen konnte. Es ist deshalb nicht von vornherein auszuschließen, daß der Angeklagte aufgrund seiner eigenen therapeutischen Fähigkeiten die von ihm angenommene Gefahr, nach seiner Ansicht begründet durch sexuellen Mißbrauch der Zeugin, hätte abwenden können. In erster Linie hätte sich dem Angeklagten aufdrängen müssen zu explorieren, ob tatsächlich Anhaltspunkte für die von ihm angenommene Gefährdung der Zeugin zu finden waren. Dies ist nach dem Urteilsinhalt nicht geschehen; danach hat der Angeklagte sich auf bloße theoretische Überlegungen beschränkt. Zudem hat das Landgericht nicht in Betracht gezogen, ob der Angeklagte sich an eine *externe* Supervision hätte wenden müssen, weil dadurch die Anonymität der Zeugin C. hätte gewahrt werden können.

Schließlich hat das Landgericht nicht erwogen, ob das geschützte Interesse (Abwehr „psychischer Folgen") das beeinträchtigte (Geheimhaltung) wesentlich überwiegt, wie die Anwendung des § 34 StGB voraussetzt. Insoweit hätte eine umfassende Abwägung der widerstreitenden Interessen unter Berücksichtigung aller für die Bewertung bedeutsamen Umstände vorgenommen werden müssen (Dreher/Tröndle § 34 Rdnr. 8 ff.).

3. Rechtliches Bedenken begegnet schließlich auch der Annahme des Landgerichts, der Angeklagte habe „zumindest" in einem entschuldbaren Verbotsirrtum gehandelt, soweit er mit der Offenbarung des Geheimnisses die Absicht verfolgte zu erörtern, ob der Heimleiter wegen der sexuellen Beziehung zur Zeugin C. noch als solcher tragbar sei. Diese Wertung ist schon im Ansatz verfehlt. Eine Aufspaltung des Verhaltens des Angeklagten in zwei unterschiedlich zu beurteilende Komplexe ist nicht zulässig. Der Angeklagte hat durch *eine* Handlung nur *ein* Geheimnis offenbart. Dieses Verhalten kann nur insgesamt entweder befugt oder unbefugt sein; nur im letzteren Falle könnte sich die Frage eines Verbotsirrtums stellen. Bei zutreffender Bewertung – die offensichtlich auch der Sachverhaltdarstellung des Urteils zugrunde liegt – dürfte das Verhalten

des Angeklagten darauf hinauslaufen, daß er mit dem *einen* Geheimnisbruch *zwei* von ihm angenommene Gefahren abwenden wollte, nämlich die der Zeugin C. drohende sowie die für den Ruf des Heimes. Das Verhalten des Angeklagten hätte somit insgesamt unter dem Blickwinkel des § 34 StGB gewertet werden müssen.

Im übrigen genügen die Ausführungen des Landgerichts nicht den strengen Maßstäben, die nach der Rechtssprechung an die Vermeidbarkeit eines Verbotsirrtums zu legen sind, wenn der Täter – wie hier der Angeklagte hinsichtlich der Befugnis zur Offenbarung – keine Auskunft eingeholt hat (vgl. Bay ObLGSt 1988, 139 m.w.N.). Daß es – sei es beim Träger des Heimes, der Arbeiterwohlfahrt, oder außerhalb, z.B. in der Anwaltschaft – niemanden geben sollte, der zur Frage der Befugnis einen verläßlichen Rechtsrat erteilen könnte, wie das Landgericht meint, ist nicht nachvollziehbar.

Anmerkung
* Zitiert nach: *Recht und Psychiatrie*, Heft 1/1995, S. 39 – 41.

Aussagegenehmigung für Berater im Zivilprozeß
Urteil des Oberlandesgerichts Zweibrücken
vom 25. Oktober 1994[*]

1. Eine von einer Diözese als Eheberaterin angestellte Diplom-Psychologin gehört damit zu den „anderen Personen des öffentlichen Dienstes" und bedarf zur Aussage über Umstände, welche ihrer aus dem Arbeitsverhältnis abgeleiteten Verschwiegenheitspflicht unterliegen, der Genehmigung ihres Dienstherrn.
2. Der Streitwert eines Zwischenstreites über ein Zeugnisverweigerungsrecht entspricht jedenfalls dann dem Streitwert der Hauptsache (hier: einer Ehesache), wenn die Beweisfrage die gesamte Hauptsache betrifft.

Die Klägerin nimmt den Beklagten auf Zahlung von Trennungsunterhalt in Anspruch. Der Beklagte ist der Auffassung, er schulde der Klägerin keinen Unterhalt, weil sie ihren Unterhaltsanspruch wegen eines schwerwiegenden Fehlverhaltens verwirkt habe. Die Klägerin behauptet, der Beklagte habe seinerseits durch Verfehlungen von erheblichem Gewicht zu ihrem Ausbruch aus der Ehe beigetragen. Anläßlich einer Eheberatung durch die Dipl.-Psychologin L. habe er eingeräumt, „in erheblicher Weise intimen Kontakt zu anderen Frauen unterhalten zu haben". Der Beklagte bestreitet, ein solches Fehlverhalten eingestanden zu haben. Beide Parteien haben sich zum Beweis der Richtigkeit ihres Vorbringens auf das Zeugnis der Dipl.-Psychologin L. bezogen und diese im Laufe des Rechtsstreits von der Verpflichtung zur Verschwiegenheit entbunden.

Der Senat hat die Vernehmung der Dipl.-Psychologin L. als Zeugin angeordnet. Diese hat nach Erhalt der Ladung mitgeteilt, daß sie von ihrem Aussageverweigerungsrecht gemäß § 383 Abs. 1 Nr. 6 ZPO Gebrauch mache und sich außerdem auf das von ihrem Vorgesetzten, Pfarrer Dr. B., ausgeübte und von diesem abgeleitete Zeugnisverweigerungsrecht gemäß § 383 Abs. 1 Nr. 4 ZPO berufe. Sie sei ferner zur Aussage nicht verpflichtet, weil die gemäß § 376 ZPO erforderliche Genehmigung ihres Dienstherrn nicht vorliege.

Entscheidungsgründe: Über die Rechtmäßigkeit der Aussageverweigerung eines Zeugen ist durch Zwischenurteil zu entscheiden. Demgemäß ist festzustellen, daß die Zeugin nicht verpflichtet ist, zu dem Beweisthema des Beweisbeschlusses des Senats v. 14.6.1994 auszusagen. Dabei kann offenbleiben, ob sie – obgleich von den Parteien von ihrer Verpflichtung zur Verschwiegenheit entbunden – die Aussage aufgrund der zunächst von ihr in Anspruch genommenen Zeugnisverweigerungsrechte gemäß § 383 Abs. 1 Nr. 4 und 6 ZPO verweigern kann.

Die Zeugin ist jedenfalls nicht zur Aussage verpflichtet, weil ihr Dienstherr ihr nicht die Genehmigung erteilt hat, über Tatsachen auszusagen, von denen sie bei der Erfüllung ihrer dienstlichen Aufgabe Kenntnis erlangt hat. Nach § 1 des zwischenzeitlich von der Zeugin vorgelegten Arbeitsvertrages v. 29.4.1990 ist sie als Angestellte in den kirchlichen Dienst der Diözese Speyer eingestellt. Nach § 1 Abs. 1 des Staatsvertrages zwischen dem Land Rheinland-Pfalz und den Bistümern Limburg, Mainz, Speyer und Trier ist kirchlicher Dienst öffentlicher Dienst. Demnach gehört die Zeugin zu den „anderen Personen des öffentlichen Dienstes", die der Regelung des § 376 ZPO unterworfen sind. Diese Vorschrift besagt, daß für die Vernehmung solcher Personen als Zeugen über Umstände, auf die sich ihre Pflicht zur Amtsverschwiegenheit bezieht, und für die Genehmigung zur Aussage die besonderen beamtenrechtlichen Vorschriften gelten. Die Rechtsverhältnisse der kirchlichen Angestellten bestimmen sich – darauf nimmt auch § 2 des vorgenannten Arbeitsvertrages Bezug – nach dem Bundesangestellten Tarifvertrag (BAT). Nach § 9 BAT hat der Angestellte über Angelegenheiten der Verwaltung oder des Betriebes, deren Geheimhaltung durch gesetzliche Vorschriften vorgesehen oder auf Weisung des Arbeitgebers angeordnet worden ist, Verschwiegenheit zu bewahren. Über die Genehmigungsbedürftigkeit von Zeugenaussagen ist in § 9 BAT nichts gesagt. Jedoch wird allgemein angenommen, daß sich die in § 9 BAT normierte Schweigepflicht der Angestellten des öffentlichen Dienstes auf Aussagen vor Gericht erstreckt, so daß demnach auch die Angestellten zu einer gerichtlichen Aussage über die ihrer Schweigepflicht unterliegenden Vorgänge und Tatsachen der Genehmigung ihrer Dienstvorgesetzten bedürfen (vgl. Uttlinger/Breyer/Kiefer/Hoffmann/Pühler, BAT § 9).

Die Erteilung sowie die Versagung der Genehmigung sind Verwaltungsakte, deren Rechtmäßigkeit das Prozeßgericht nicht zu überprüfen hat. Die Versagung der Genehmigung kann vielmehr nur von demjenigen in dem dafür vorgesehenen Verfahren angefochten werden, der ein rechtliches Interesse an der Aussage hat. Ein

Anspruch auf Aussetzung des Rechtsstreits gemäß § 148 ZPO bis zur rechtskräftigen Entscheidung über die Erteilung der Genehmigung besteht nicht. Die Entscheidung über die Aussetzung steht vielmehr im Ermessen des Gerichts. Bei der Ausübung des Ermessens muß das Gericht die Aussichten des Rechtsstreits über die Erteilung der Genehmigung berücksichtigen (vgl. MünchKomm/Damrau, ZPO, § 376 Rz. 15 ff.). Demnach kommt hier eine Aussetzung des Rechtsstreits über einen Unterhaltsanspruch nicht in Betracht, weil keine begründete Aussicht auf die Erteilung der Genehmigung besteht.

Anmerkung
* Zitiert nach: *Zeitschrift für das gesamte Familienrecht*, Heft 11/1995, S. 679.

Herausgabe eines Gutachtens
Urteil des Landgerichts Koblenz vom 23. Dezember 1978[*]

Der Kläger nimmt die Beklagte auf Herausgabe eines über ihn erstatteten psychologischen Gutachtens in Anspruch. Das Amtsgericht hat ihm durch Beschluß vom 26. Juli 1978 das Armenrecht für diese Klage versagt.

Dagegen richtet sich die zulässige (925, 567, 569 ZPO) Beschwerde des Klägers, mit der er sein Armenrechtsgesuch weiter verfolgt. Die Beschwerde hat keinen Erfolg.

Dem Antragsteller steht ein Anspruch auf Herausgabe des Gutachtens nicht zu.

§ 810 BGB scheidet als Anspruchsgrundlage aus. Diese Vorschrift gewährt nur ein Recht auf Einsicht, nicht auf Herausgabe. Sie bezieht sich zudem lediglich auf Urkunden, die Rechtsgeschäfte oder Rechtsverhältnisse betreffen. Dazu zählt das psychologische Gutachten einer öffentlichen Erziehungsberatungsstelle nicht. Es ist seiner Zweckbestimmung nach dem ärztlichen Krankenunterlagen gleichzustellen. Bei solchen Unterlagen scheidet eine Herausgabe schon deshalb aus, weil sie schützenswerte Persönlichkeitsrechte dessen verletzten würde, der die Unterlagen erstellt hat und im übrigen auch nicht im wohlverstandenen Interesse des Patienten selbst läge (OLG Celle NJW 1978/1200). Nichts anderes kann für ein im Rahmen einer Erziehungsberatung erstattetes psychologischen Gutachten gelten.

Die Herausgabe des Gutachtens an den Kläger ist auch nicht ausnahmsweise deshalb geboten, weil er es im Rahmen eines gegen ihn schwebenden Strafverfahrens zu verwerten wünscht. Er kann es jederzeit als Beweismittel benennen; es wird alsdann beigezogen werden. Er kann sich auch vorab über den Inhalt des Gutachtens informieren, da ihn, nach ausdrücklicher Erklärung der Beklagten, die Einsichtnahme nicht verwehrt wird. Darauf hat das Amtsgericht zutreffend hingewiesen.

Der Klage fehlt aus all diesen Gründen die hinreichende Erfolgsaussicht, sodaß dem Kläger das Armenrecht zu Recht versagt wurde.

Anmerkung
[*] Auszüge aus dem Urteil, S. 2 – 3.

Rechtsberatung im Rahmen von Trennungs- und Scheidungsberatung
Urteil des Landgerichts Memmingen vom 7. September 1994*

Eine kommunale „Beratungsstelle für Familien und Jugendliche" hat im Rahmen einer Trennungs- und Scheidungsberatung nach § 17 KJHG vorrangig Informationen über rechtliche Möglichkeiten der Partner zur Gestaltung ihrer verantwortlichen Elternschaft im Interesse der Kinder zu vermitteln.

Im Einzelfall kann die fachliche Beratung oder Mediation nach § 17 KJHG aber auch die Kenntnis sonstiger Scheidungsfolgen (z.B. Unterhalt, Versorgungsausgleich, Zugewinn) voraussetzen. Besteht insoweit ein untrennbarer Zusammenhang, ist auch die Erteilung solcher zusätzlicher Rechtsinformationen vom gesetzlichen Auftrag zur umfassenden Sorgerechtsberatung der Eltern gedeckt.

In solchen Fällen liegt auch keine unerlaubte Rechtsberatung nach § 1 RBerG vor. Jedenfalls handeln die Beratungsstelle und der für sie tätige Berater im Rahmen des Behördenvorbehalts nach § 3 Nr. 1 RBerG.

I. Der Kläger ist ein eingetragener Verein, der etwa 50 bei dem Landgericht Memmingen zugelassene Rechtsanwälte vertritt. Sein satzungsmäßiger Zweck ist die Wahrung, Pflege und Förderung der beruflichen und wirtschaftlichen Belange der Memminger Anwaltschaft.

Die beklagte Stadt betreibt in Memmingen eine „Städtische Beratungsstelle für Familien und Jugendliche" als Einrichtung nach dem Kinder- und Jugendhilfegesetz vom 26.6.1990.

Der Kläger beanstandet eine für die städtische Beratungsstelle von einem ehrenamtlich tätigen Richter im Ruhestand genommene Rechtsberatung: Dieser habe für die Beratungsstelle u.a. für ein scheidungswilliges, anwaltlich vertreten gewesenes Ehepaar am 23.8.1993 eine komplette Berechnung des Zugewinns und des Zugewinnausgleichsanspruchs der Ehefrau vorgenommen, darüber hinaus eine Scheidungsvereinbarung entworfen, in der u.a. der nacheheliche Ehegattenunterhalt, der Zugewinnausgleich, die Freistellung von Verbindlichkeiten, die steuerliche Veranlagung, die Hausratsteilung und der Versorgungsausgleich geregelt werden sollten.

Solche Beratungen seien kein Einzelfall gewesen. Sie stellten eine unzulässige Besorgung fremder Rechtsangelegenheiten dar i.S.d.§ 1 Rechtsberatungsgesetz (RBerG), die nicht deshalb durch § 17 Abs. 2 KJHG gedeckt sei, weil sie im Rahmen der Kinder- und Jugendhilfeberatung erfolgt sei. Selbst bei extensiver Auslegung gehörten die Bereiche, wie im Klageantrag näher beschrieben (also Ermittlung des Zugewinns und Scheidungsvereinbarungen mit Ehegattenunterhalt ...) nicht zum Aufgabenreich der Jugendberatungsstelle.

Die Beklagte müsse solche Tätigkeiten deshalb unterlassen. ...

Die Beklagte beantragt, die Klage abzuweisen.

Funktionell zuständig seien für den Rechtsstreit allenfalls die Verwaltungsgerichte, weil es um die Frage gehe, ob eine Behörde in Ausübung hoheitlicher Tätigkeit ihre gesetzlich zugewiesenen Grenzen überschritten habe; dies sei eine öffentlich-rechtliche Frage.

Allerdings habe sie die Grenze tatsächlich nicht überschritten, sondern sich im Rahmen des § 17 KJHG gehalten.

Die Eheleute hätten im Rahmen ihrer Beratung gebeten, auch die Folgen der Scheidung, insbesondere die vermögensrechtlichen Auswirkungen aufzuzeigen. In diesem Zusammenhang habe der Berater der Jugendhilfestelle, der ehemalige Vorsitzende Richter beim Landgericht Memmingen B., und insoweit auch eine qualifizierte Person, modellhaft eine Scheidungsvereinbarung entworfen, wobei ausdrücklich darauf hingewiesen worden sei, daß die Regelungen im einzelnen durch die Anwälte erfolgen müsse. All dies sei im Rahmen der erlaubten Beratung geschehen, sogar im Beisein eines Diplom-Psychologen. In anderen Fällen sei eine Aushändigung schriftlicher Berechnungsunterlagen nicht erfolgt.

Ein Unterlassungsanspruch bestehe deshalb nicht; eine Absicht, sich im Wettbewerb zur Anwaltschaft zu betätigen, habe nicht vorgelegen; auch sei Wiederholungsgefahr nicht gegeben, weil der leitende Rechtsdirektor der Stadt sogleich zugesagt habe, künftig jeden Anschein einer Rechtsberatung auf dem genannten Gebiet unterlassen und die Interessen der Anwaltschaft respektieren zu wollen.

Der Kläger widersetzt sich diesem Vorbringen. ...

II. Der Rechtsstreit ist einvernehmlich von den Parteien rechtswirksam für erledigt erklärt worden. ...

Da der Rechtsstreit in der Hauptsache für erledigt erklärt ist, ist nunmehr gemäß § 91 a ZPO nur noch über die Kosten des Verfahrens zu entscheiden.

Dabei ist die Entscheidung unter Berücksichtigung der allgemeinen Grundsätze des Kostenrechts nach billigem Ermessen danach zu treffen, wer in der Sache mutmaßlich obsiegt hätte.

a) Der Rechtsweg zu den ordentlichen Gerichten ist gegeben, weil der Kläger einen Unterlassungsanspruch wegen unzulässiger Rechtsberatung geltend macht. Diese ist nicht eine Frage des Verwaltungs- oder Sozialrechts sondern des materiellen-bürgerlichen Rechts.

b) Der Kläger hierzu gemäß § 13 Abs. 2 Nr. 2 UWG aktivlegitimiert, erblickt in der beanstandeten Vorgehensweise (vgl. den Antrag in der Unterlassungsklage) des für die städtische Beratungsstelle tätigen Richters a.D. eine unzulässige geschäftsmäßige Besorgung fremder Rechtsangelegenheiten, die einen wettbewerbsrechtlichen Unterlassungsanspruch nach § 1 UWG begründe.

c) Unstreitig ist die vom Kläger beanstandete Aktivität erfolgt im Rahmen einer – geschäftsmäßigen – Beratung eines zur Scheidung entschlossenen Ehepaares durch die „Städtische Beratungsstelle für Familien und Jugendliche", wobei – wie die Beklagte vorträgt – bei diesem Beratungsgespräch der ehrenamtlich tätige Vorsitzende Richter a.D. beim Landgericht und jedenfalls zeitweilig auch ein Psychologe eingeschaltet war.

Diese Beratungsstelle nimmt die Aufgaben wahr im Rahmen des Sozialgesetzes zur Neuordnung des Kinder- und Jugendhilferechts (vgl. § 1 SGB VIII KJHG) vom 26.6.1990, das am 1.1.1991 in Kraft getreten ist.

Ihren Aufgabenbereich beschreibt § 2 und wird inhaltlich durch die Vorschriften der §§ 17, 18 KJHG näher ausgefüllt. Danach trifft grundsätzlich zu, wovon auch der Kläger ausgeht, daß Beratungsziel einer solchen Kindes- und Jugendhilfeeinrichtung allein das Wohl der Kinder zu sein hat, d.h. das Ziel muß sein, im Falle der Trennung oder Scheidung der Eltern diese zu befähigen, gemeinsam mit dem Berater Konfliktlösungsmodelle und ein Konzept zu entwickeln für die nacheheliche Elternschaft (vgl. MünchKomm Anm. 8 zu § 1 KJHG). Es geht also bei der nach § 17 KJHG durchzuführenden Beratung (für die ab 1.1.1995 ein Rechtsanspruch besteht) nicht in erster Linie um Informationserteilung über Rechte des einen Ehegatten gegenüber dem Partner, von dem man sich trennen will, oder darum, wie die Eltern ihre persönlichen Scheidungsfolgen (Ehegattenunterhalt, Versorgungsausgleich, Zugewinn...) regeln wollen, sondern um Information über rechtliche Möglichkeiten zur Gestaltung ihrer verantwortlichen Elternschaft im Interesse der Kinder und Schaffung und Ausarbeitung entsprechender Bedingungen und Modelle (MünchKomm Anm. 12 zu § 17 KJHG; FamRZ 92, 617, FamRZ 93, 621, FamRZ 91, 253; NJW 91, 1 ff.).

Das sieht im Grunde auch die Beklagte so, wie sich aus ihrem Schreiben vom 14.4.1994 ergibt, welches der Kläger zum Anlaß genommen hat, die Hauptsache für erledigt zu erklären.

Allerdings hält die Kammer dafür, daß die Jugendberatungsstelle im Rahmen ihrer Mittlerschaft eine strikte Trennung und Ausklammerung auch solcher Scheidungsfolgenfragen nicht stets wird vornehmen können.

Die Kammer schließt sich insoweit der Rechtsmeinung von Coester an (FamRZ 92, 620), wenn dieser ausführt, fachliche Beratung oder Mediation i.S.d. § 17 KJHG setze nicht nur Kenntnisse der sorgerechtlichen Grundsätze bei Trennung und Scheidung voraus, sondern auch der sonstigen Scheidungsfolgen (so im übrigen auch Zettner FamRZ 93, 622). Oft wird deshalb ohne Klarheit über das Scheidungsverfahren, der Ehewohnung, des Kindes- und Ehegattenunterhalts ein tragfähiges Sorgerechtskonzept nicht entwickelt werden können. Der Elternteil, der um das Sorgerecht kämpft, wird deshalb vielfach wissen müssen und wollen, was er vom anderen an Unterhalt zu gewärtigen hat oder wie überhaupt sich seine vermögensrechtliche Situation nach der Trennung und Scheidung entwickeln wird.

In solchen Fällen kann deshalb diese sozialpädagogische Hilfestellung der Beratungseinrichtung auch die Erteilung solcher zusätzlicher rechtlicher Informationen vom gesetzlichen Auftrag zur umfassenden Sorgerechtsberatung der Eltern mit umfaßt sein. Wegen des in solchen Fällen nicht ausschließbaren untrennbaren Zusammenhangs, liegt deshalb insoweit auch eine unerlaubte Rechtsberatung i.S.d. § 1 RBerG nicht vor.

Das RBerG geht im übrigen von solchen untrennbaren Zusammenhängen für bestimmte Tätigkeitsbereiche als notwendige Hilfsgeschäfte selbst aus, wie sich aus § 5 a.a.O. ergibt.

Die Beratungsstelle und der für sie tätige Berater handelt insoweit daher im Rahmen des Behördenvorbehalts nach § 3 RBerG, der solche Tätigkeiten von der unerlaubten Rechtsberatung ausnimmt.

Ob gegenständlich, wie vorstehend beschrieben, ein solcher untrennbarer Zusammenhang zwischen den tatsächlichen Beratungsgegenständen gegeben war, ist offen, zumal nach beiderseitigem Vorbringen auch offen ist, ob die als Anlage K 3 vorgelegte Vereinbarung überhaupt als unterschriftsreife Vereinbarung für die Parteien gedacht war.

Der Kläger hat hierzu nichts vorgetragen und auch die Beklagte hat nähere Einzelheiten für das Vorliegen solcher besonderer Umstände, aus denen sich der untrennbare Zusammenhang hätte ergeben können, nicht substantiiert dargetan.

Da der Rechtsstreit erledigt ist, ist eine Beweisaufnahme zur näheren Abklärung dazu nicht möglich.

Letztlich ist deshalb offen, wie der Rechtsstreit, wäre er nicht übereinstimmend für erledigt erklärt worden, ausgegangen wäre und ob der Kläger einen Unterlassungsanspruch nach § 1 UWG – soweit überhaupt vorliegend wegen des gesetzgeberischen Ziels von einem Handeln zu Zwecken des Wettbewerbs hätte ausgegangen werden können (vgl. dazu Baumbach-Hefermehl Anm. 214 Einl. zu UWG, Anm. 17 Allgemein zu UWG) – oder aber jedenfalls ein solcher nach § 823 Abs. 2 i.V.m. § 8, 1 RBerG (Schutzgesetz), § 1004 BGB (vgl. Palandt Anm. 29 zu § 1004; Baumbach-Hefermehl Anm. 260 Einl. UWG; Althoff 8. Aufl. Anm. 153 zu RBerG), im Hinblick auf das Verteidigungsvorbringen der Beklagte hatte durchsetzen können. Dies rechtfertigt es, gemäß § 91 a ZPO die Kosten des Verfahrens gegeneinander aufzuheben.

Anmerkung
* Zitiert nach: *Der Amtsvormund*, Heft 1/1995, S. 117-120.

Urteile zur weiteren Themen

Das informationelle Selbstbestimmungsrecht
Urteil des Bundesverfassungsgerichts
vom 15. Dezember 1983[*]

Leitsätze:
1. Unter den Bedingungen der modernen Datenverarbeitung wird der Schutz des Einzelnen gegen unbegrenzte Erhebung Speicherung, Verwendung und Weitergabe seiner persönlichen Daten von dem allgemeinen Persönlichkeitsrecht des Art. 2 Abs. 1 in Verbindung mit Art. 1 Abs. 1 GG umfaßt. Das Grundrecht gewährleistet insoweit die Befugnis des Einzelnen, grundsätzlich selbst über die Preisgabe und Verwendung seiner persönlichen Daten zu bestimmen.
2. Einschränkungen dieses Rechts auf „informationelle Selbstbestimmung" sind nur im überwiegenden Allgemeininteresse zulässig. Sie bedürfen einer verfassungsgemäßen gesetzlichen Grundlage, die dem rechtsstaatlichen Gebot der Normenklarheit entsprechen muß. Bei seinen Regelungen hat der Gesetzgeber ferner den Grundsatz der Verhältnismäßigkeit zu beachten. Auch hat er organisatorische und verfahrensrechtliche Vorkehrungen zu treffen, welche der Gefahr einer Verletzung des Persönlichkeitsrechts entgegenwirken.
3. Bei den verfassungsrechtlichen Anforderungen an derartige Einschränkungen ist zu unterscheiden zwischen personenbezogenen Daten, die in individualisierter, nicht anonymer Form erhoben und verarbeitet werden, und solchen, die für statistische Zwecke bestimmt sind.
Bei der Datenerhebung für statistische Zwecke kann eine enge und konkrete Zweckbindung der Daten nicht verlangt werden. Der Informationserhebung und -verarbeitung müssen aber innerhalb des Informationssystems zum Ausgleich entsprechende Schranken gegenüberstehen.
4. Das Erhebungsprogramm des Volkszählungsgesetzes 1983 (§ 2 Nr. 1 bis 7, §§ 3 bis 5) führt nicht zu einer mit der Würde des Menschen unvereinbaren Registrierung und Katalogisierung der Persönlichkeit; es entspricht auch den Geboten der Normenklar-

heit und der Verhältnismäßigkeit. Indessen bedarf es zur Sicherung des Rechts auf informationelle Selbstbestimmung ergänzender verfahrensrechtlicher Vorkehrungen für Durchführung und Organisation der Datenerhebung.
5. *Die in § 9 Abs. 1 bis 3 des Volkszählungsgesetzes 1983 vorgesehenen Übermittlungsregelungen (unter anderem Melderegisterabgleich) verstoßen gegen das allgemeine Persönlichkeitsrecht. Die Weitergabe zu wissenschaftlichen Zwecken (§ 9 Abs. 4 VZG 1983) ist mit dem Grundgesetz vereinbar.*
(S. 1f.)

Prüfungsmaßstab ist in erster Linie das durch Art. 2 Abs. 1 in Verbindung mit Art. 1 Abs. 1 GG geschützte allgemeine Persönlichkeitsrecht.

Im Mittelpunkt der grundgesetzlichen Ordnung stehen Wert und Würde der Person, die in freier Selbstbestimmung als Glied einer freien Gesellschaft wirkt. Ihrem Schutz dient – neben speziellen Freiheitsverbürgungen – das in Art. 2 Abs. 1 in Verbindung mit Art. 1 Abs. 1 GG gewährleistete allgemeine Persönlichkeitsrecht, das gerade auch im Blick auf moderne Entwicklungen und die mit ihnen verbundenen neuen Gefährdungen der menschlichen Persönlichkeit Bedeutung gewinnen kann (vgl. BVerfGE 54, 148 [153]. Die bisherigen Konkretisierungen durch die Rechtssprechung umschreiben den Inhalt des Persönlichkeitsrechts nicht abschließend. Es umfaßt – wie bereits in der Entscheidung BVerfGE 54, 148 [155] unter Fortführung früherer Entscheidungen (BVerfGE 27, 1 [6] – Mikrozensus; 27, 344 [350 f.] – Scheidungsakten; 32, 373 [379] – Arztkartei; 35, 202 [220] – Lebach; 44, 353 [372 f.] – Suchtkrankenberatungsstelle) angedeutet worden ist – auch die aus dem Gedanken der Selbstbestimmung folgende Befugnis des Einzelnen, grundsätzlich selbst zu entscheiden, wann und innerhalb welcher Grenzen persönliche Lebenssachverhalte offenbart werden (vgl. ferner BVerfGE 56, 37 [41 ff.] – Selbstbezichtigung; 63, 131 [142 f.] – Gegendarstellung).

Diese Befugnis bedarf unter den heutigen und künftigen Bedingungen der automatischen Datenverarbeitung in besonderem Maße des Schutzes. Sie ist vor allem deshalb gefährdet, weil bei Entscheidungsprozessen nicht mehr wie früher auf manuell zusammengetragene Karteien und Akten zurückgegriffen werden muß, vielmehr heute mit Hilfe der automatischen Datenverarbeitung Einzelangaben über persönliche oder sachliche Verhältnisse einer bestimmten oder bestimmbaren Person (personenbezogene Daten [vgl. § 2 Abs. 1 BDSG]) technisch gesehen unbegrenzt speicherbar und jederzeit ohne Rücksicht auf Entfernungen in Sekundenschnelle abrufbar sind. Sie können darüber hinaus – vor allem beim Aufbau integrierter Informationssysteme – mit anderen Datensammlungen zu einem teilweise oder weitgehend vollständigen Persönlichkeitsbild zusammengefügt werden, ohne daß der Betroffene dessen Richtigkeit und Verwendung zureichend kontrollieren kann. Damit haben sich in einer bisher unbekannten Weise die Möglichkeiten einer Einsicht- und Einflußnahme erweitert, welche auf das Verhalten des Einzelnen schon durch den psychischen Druck öffentlicher Anteilnahme einzuwirken vermögen.

Individuelle Selbstbestimmung setzt aber – auch unter den Bedingungen moderner Informationsverarbeitungstechnologien – voraus, daß dem Einzelnen Entscheidungsfreiheit über vorzunehmende oder zu unterlassende Handlungen einschließlich der Möglichkeit gegeben ist, sich auch entsprechend dieser Entscheidung tatsächlich zu verhalten. Wer nicht mit hinreichender Sicherheit überschauen kann, welche ihn betreffende Informationen in bestimmten Bereichen seiner sozialen Umwelt bekannt sind, und wer das Wissen möglicher Kommunikationspartner nicht einigermaßen abzuschätzen vermag, kann in seiner Freiheit wesentlich gehemmt werden, aus eigener Selbstbestimmung zu planen oder zu entscheiden. Mit dem Recht auf informationelle Selbstbestimmung wären eine Gesellschaftsordnung und eine diese ermöglichende Rechtsordnung nicht vereinbar, in der Bürger nicht mehr wissen können, wer was wann und bei welcher Gelegenheit über sie weiß.

(S. 41-43)

Hieraus folgt: Freie Entfaltung der Persönlichkeit setzt unter den modernen Bedingungen der Datenverarbeitung den Schutz des Einzelnen gegen unbegrenzte Erhebung, Speicherung, Verwendung und Weitergabe seiner persönlichen Daten voraus. Dieser Schutz ist daher von dem Grundrecht des Art. 2 Abs. 1 in Verbindung mit Art. 1 Abs. 1 GG umfaßt. Das Grundrecht gewährleistet insoweit die Befugnis des Einzelnen, grundsätzlich selbst über die Preisgabe und Verwendung seiner persönlichen Daten zu bestimmen.

Dieses Recht auf „informationelle Selbstbestimmung" ist nicht schrankenlos gewährleistet. Der Einzelne hat nicht ein Recht im Sinne einer absoluten, uneinschränkbaren Herrschaft über „seine" Daten; er ist vielmehr eine sich innerhalb der sozialen Gemeinschaft entfaltende, auf Kommunikation angewiesene Persönlichkeit. Information, auch soweit sie personenbezogen ist, stellt ein Abbild sozialer Realität dar, das nicht ausschließlich dem Betroffenen allein zugeordnet werden kann. Das Grundgesetz hat, wie in der Rechtssprechung des Bundesverfassungsgerichts mehrfach hervorgehoben ist, die Spannung Individuum – Gemeinschaft im Sinne der Gemeinschaftsbezogenheit und Gemeinschaftsgebundenheit der Person entschieden (BVerfGE 4, 7 [15]; 8, 274 [329]; 27, 1 [7]; 27, 344 [351 f.]; 33, 303 [334]; 50, 290 [353]; 56, 37 [49]). Grundsätzlich muß daher der Einzelne Einschränkungen seines Rechts auf informationelle Selbstbestimmung im überwiegenden Allgemeininteresse hinnehmen.

Diese Beschränkungen bedürfen nach Art. 2 Abs. 1 GG – wie in § 6 Abs. 1 des Bundesstatistikgesetzes auch zutreffend anerkannt worden ist – einer (verfassungsmäßigen) gesetzlichen Grundlage, aus der sich die Voraussetzungen und der Umfang der Beschränkungen klar und für den Bürger erkennbar ergeben und die damit dem rechtsstaatlichen Gebot der Normenklarheit entspricht (BVerfGE 45, 400 [420] m.w.N.). Bei seinen Regelungen hat der Gesetzgeber ferner den Grundsatz der Verhältnismäßigkeit zu beachten. Dieser mit Verfassungsrang ausgestattete Grundsatz folgt bereits aus dem Wesen der Grundrechte selbst, die als Ausdruck des allgemeinen Freiheitsanspruchs des Bürgers gegenüber dem Staat von der öffentlichen Gewalt jeweils nur soweit beschränkt werden dürfen, als es zum Schutz öffentlicher Interessen unerläßlich ist (BVerfGE 19, 342 [348]; ständige Rechtssprechung). Angesichts der bereits dargelegten Gefährdungen durch die Nutzung der automatischen Datenverarbeitung hat der Gesetzgeber mehr als früher auch organisatorische und verfahrensrechtliche Vorkehrungen zu treffen, welche der Gefahr einer Verletzung des Persönlichkeitsrechts entgegenwirken (vgl. BVerfGE 53, 30 [65]; 63, 131 [143]).

(S. 43f.)

Ein Zwang zur Angabe personenbezogener Daten setzt voraus, daß der Gesetzgeber den Verwendungszweck bereits spezifisch und präzise bestimmt und daß die Angaben für diesen Zweck geeignet und erforderlich sind. Damit wäre die Sammlung nicht anonymisierter Daten auf Vorrat zu unbestimmten oder noch nicht bestimmbaren Zwecken nicht zu vereinbaren. Auch werden sich alle Stellen, die zur Erfüllung ihrer Aufgaben personenbezogene Daten sammeln, auf das zum Erreichen des angegebenen Zieles erforderliche Minimum beschränken müssen.

Die Verwendung der Daten ist auf den gesetzlich bestimmten Zweck begrenzt. Schon angesichts der Gefahren der automatisierten Datenverarbeitung ist ein – amtshilfefester – Schutz gegen Zweckentfremdung durch Weitergabe- und Verwertungsverbote erforderlich. Als weitere verfahrensrechtliche Schutzvorkehrungen sind Aufklärungs-, Auskunfts- und Löschungspflichten wesentlich. (S. 46)

Bei der Datenerhebung für statistische Zwecke kann eine enge und konkrete Zweckbindung der Daten nicht verlangt werden. Es gehört zum Wesen der Statistik, daß die Daten nach ihrer statistischen Aufbereitung für die verschiedensten, nicht von vornherein bestimmbaren Aufgaben verwendet werden sollen; demgemäß besteht auch ein Bedürfnis nach Vorratsspeicherung. Das Gebot einer konkreten Zweckumschreibung und das strikte Verbot der Sammlung personenbezogener Daten auf Vorrat kann nur für Datenerhebungen zu nichtstatistischen Zwecken gelten, nicht jedoch bei einer Volkszählung, die eine gesicherte Datenbasis für weitere statistische Untersuchungen ebenso wie für den politischen Planungsprozeß durch eine verläßliche Feststellung der Zahl und der Sozialstruktur der Bevölkerung vermitteln soll. Die Volkszählung muß Mehrzweckerhebung und -verarbeitung, also Datensammlung und -speicherung auf Vorrat sein, wenn der Staat den Entwicklungen der industriellen Gesellschaft nicht unvorbereitet begegnen soll. Auch wären Weitergabe- und Verwertungsverbote für statistisch aufbereitete Daten zweckwidrig.

Ist die Vielfalt der Verwendungs- und Verknüpfungsmöglichkeiten damit bei der Statistik von der Natur der Sache her nicht im voraus bestimmbar, müssen der Informationserhebung und -verarbeitung innerhalb des Informationssystems zum Ausgleich entsprechende

Schranken gegenüberstehen. Es müssen klar definierte Verarbeitungsvoraussetzungen geschaffen werden, die sicherstellen, daß der Einzelne unter den Bedingungen einer automatischen Erhebung und Verarbeitung der seine Person betreffenden Angaben nicht zum bloßen Informationsobjekt wird. (...)

Unbeschadet des multifunktionalen Charakters der Datenerhebung und -verarbeitung zu statistischen Zwecken ist Voraussetzung, daß diese allein als Hilfe zur Erfüllung öffentlicher Aufgaben erfolgen. Es kann auch hier nicht jede Angabe verlangt werden. Selbst bei der Erhebung von Einzelangaben, die für statistische Zwecke gebraucht werden, muß der Gesetzgeber schon bei der Anordnung der Auskunftspflicht prüfen, ob sie insbesondere für den Betroffenen die Gefahr der sozialen Abstempelung (etwa als Drogensüchtiger, Vorbestrafter, Geisteskranker, Asozialer) hervorrufen können und ob das Ziel der Erhebung nicht auch durch eine anonymisierte Ermittlung erreicht werden kann. (...)

Zur Sicherung des Rechts auf informationelle Selbstbestimmung bedarf es ferner besonderer Vorkehrungen für Durchführung und Organisation der Datenerhebung und -verarbeitung, da die Informationen während der Phase der Erhebung – und zum Teil auch während der Speicherung – noch individualisierbar sind; zugleich sind Löschungsregelungen für solche Angaben erforderlich, die als Hilfsangaben (Identifikationsmerkmale) verlangt wurden und die eine Deanonymisierung leicht ermöglichen würden, wie Name, Anschrift, Kennummer und Zählerliste (vgl. auch § 11 Abs. 7 Satz 1 BStatG.). Von besonderer Bedeutung für statistische Erhebungen sind wirksame Abschottungsregelungen nach außen. Für den Schutz des Rechts auf informationelle Selbstbestimmung ist – und zwar auch schon für das Erhebungsverfahren – die strikte Geheimhaltung der zu statistischen Zwecken erhobenen Einzelangaben unverzichtbar, solange ein Personenbezug noch besteht oder herstellbar ist (Statistikgeheimnis); das gleiche gilt für das Gebot einer möglichst frühzeitigen (faktischen) Anonymisierung, verbunden mit Vorkehrungen gegen eine Denanonymisierung.

Erst die vom Recht auf informationelle Selbstbestimmung geforderte und gesetzlich abzusichernde Abschottung der Statistik durch Anonymisierung der Daten und deren Geheimhaltung, soweit sie zeitlich begrenzt noch einen Personenbezug aufweisen, öffnet den Zugang der staatlichen Organe zu den für die Planungsaufga-

ben erforderlichen Informationen. Nur unter dieser Voraussetzung kann und darf vom Bürger erwartet werden, die von ihm zwangsweise verlangten Auskünfte zu erteilen.
(S. 47 – 50)

Wird den erörterten Anforderungen in wirksamer Weise Rechnung getragen, ist die Erhebung von Daten zu ausschließlich statistischen Zwecken nach dem derzeitigen Erkenntnis- und Erfahrungsstand verfassungsrechtlich unbedenklich. Es ist nicht erkennbar, daß das Persönlichkeitsrecht der Bürger beeinträchtigt werden könnte, wenn die erhobenen Daten nach ihrer Anonymisierung oder statistischen Aufbereitung (vgl. § 11 Abs. 5 und 6 BSatG) von Statistischen Ämtern anderen staatlichen Organen oder sonstigen Stellen zur Verfügung gestellt werden.

Besondere Probleme wirft eine etwaige Übermittlung (Weitergabe) der weder anonymisierten noch statistisch aufbereiteten, also noch personenbezogenen Daten auf. Erhebungen zu statistischen Zwecken umfassen auch individualisierte Angaben über den einzelnen Bürger, die für die statistischen Zwecke nicht erforderlich sind und die – davon muß der befragte Bürger ausgehen können – lediglich als Hilfsmittel für das Erhebungsverfahren dienen. Alle diese Angaben dürfen zwar kraft ausdrücklicher gesetzlicher Ermächtigung weitergeleitet werden, soweit und sofern dies zu statistischen Aufbereitung durch andere Behörden geschieht und dabei die zum Schutz des Persönlichkeitsrechts gebotenen Vorkehrungen, insbesondere das Statistikgeheimnis und das Gebot der frühzeitigen Anonymisierung, ebenso durch Organisation und Verfahren zuverlässig sichergestellt sind wie bei den Statistischen Ämtern des Bundes und der Länder. Eine Weitergabe der für statistische Zwecke erhobenen, nicht anonymisierten oder statistisch aufbereiteten Daten für Zwecke des Verwaltungsvollzugs kann hingegen in unzulässiger Weise in das Recht auf informationelle Selbstbestimmung eingreifen (vgl. ferner unten C IV 1).
(S. 51f.)

Die zu statistischen Zwecken erhobenen, noch nicht anonymisierten, also noch personenbezogenen Daten dürfen – wie bereits ausgeführt (oben C II 2b cc) – kraft ausdrücklicher gesetzlicher Ermächtigung weitergeleitet werden, soweit und sofern dies zu

statistischen Aufbereitung durch andere Behörden erfolgt und wenn dabei die zum Schutz des Persönlichkeitsrechts gebotenen Vorkehrungen, insbesondere das Statistikgeheimnis und das Gebot der Anonymisierung, in gleicher Weise zuverlässig sichergestellt sind wie bei den Statistischen Ämtern des Bundes und der Länder. Würden hingegen personenbezogene, nicht anonymisierte Daten, die zu statistischen Zwecken erhoben sind, für Zwecke des Verwaltungsvollzuges weitergeben (Zweckentfremdung), würde in unzulässiger Weise in das Recht auf informationelle Selbstbestimmung eingegriffen.
(S. 61)

Anmerkung
* Veröffentlicht in den *Entscheidungen des Bundesverfassungsgerichts*, 65. Band, S. 1 – 71.

Elternverantwortung und Kindesrechte
Urteil des Bundesverfassungsgerichts vom 29. Juli 1968*

Generalnorm ist Art. 6 Abs. 1 GG; er statuiert ein umfassendes an die Adresse des Staates gerichtetes Schutzgebot, das weder durch einen Gesetzesvorbehalt noch auf andere Weise beschränkt ist. Die dreifache verfassungsrechtliche Bedeutung dieser Vorschrift ist bereits durch die Rechtssprechung des Bundesverfassungsgerichts geklärt; sie enthält sowohl eine Institutsgarantie wie ein Grundrecht auf Schutz vor störenden Eingriffen des Staates und darüber hinaus eine wertentscheidende Grundsatznorm für das gesamte Ehe und Familie betreffende Recht (BVerfGE 6, 55 [71 f.]). In allen diesen Beziehungen ist die Familie als ein geschlossener, eigenständiger Lebensbereich zu verstehen; die Verfassung verpflichtet den Staat, diese Einheit und Selbstverantwortlichkeit der Familie zu respektieren und zu fördern.

Demgegenüber betreffen Art. 6 Abs. 2 und 3 GG als speziellere Bestimmungen die Eltern-Kind-Beziehung und bestimmen zugleich die Funktion des Staates und ihre Grenzen in diesem Bereich. Abs. 2 Satz 1 hebt den Vorrang der Eltern bei der Erziehung und Pflege der Kinder hervor und garantiert ihn verfassungsrechtlich; jedoch läßt schon das Wort „zuvörderst" erkennen, daß neben den Eltern auch der Staat die Funktion eines Erziehungsträgers mit entsprechenden Pflichten hat. Darüber hinaus legt Abs. 2 Satz 2 dem Staat das Amt auf, über die Pflege und Erziehung der Kinder durch die Eltern zu wachen. Abs. 3 regelt schließlich einen speziellen Eingriff des Staates in die Pflege und Erziehung und statuiert hierfür einen ausdrücklichen Gesetzesvorbehalt.
(S. 135 f.)

Die Eltern haben das Recht, die Pflege und Erziehung ihrer Kinder nach ihren eigenen Vorstellungen frei zu gestalten und genießen insoweit, vorbehaltlich des Art. 7 GG, Vorrang vor anderen Erziehungsträgern. Dieser Grundrechtsschutz darf aber nur für ein Handeln in Anspruch genommen werden, das bei weitester Anerkennung der Selbstverantwortlichkeit der Eltern noch als Pflege und Erziehung gewertet werden kann, nicht aber für das Gegenteil:

die Vernachlässigung des Kindes. Die Verfassung macht dies durch die Verknüpfung des *Rechts* zur Pflege und Erziehung mit der *Pflicht* zu dieser Tätigkeit deutlich. Diese Pflichtbindung unterscheidet das Elternrecht von allen anderen Grundrechten; sie ist auch anderer Art als die Sozialgebundenheit des Eigentums (vgl. Art. 14 Abs. 2 GG). In Art. 6 Abs. 2 Satz 1 GG sind Recht und Pflicht von vornherein unlöslich miteinander verbunden; die Pflicht ist nicht eine das Recht begrenzende Schranke, sondern ein wesensbestimmender Bestandteil dieses „Elternrechts", das insoweit treffender als „Elternverantwortung" bezeichnet werden kann (vgl. BVerfGE 10, 59 [67, 76 ff.]; Erwin Stein, Die rechtsphilosophischen und positivrechtlichen Grundlagen des Elternrechts, in Stein-Joest-Dembois, Elternrecht, 1958, S. 5 ff. [S.10]). Art. 6 Abs. 2 Satz 1 GG schützt danach die freie Entscheidung der Eltern darüber, wie sie dieser natürlichen Verantwortung gerecht werden wollen; er schützt nicht diejenigen Eltern, die sich dieser Verantwortung entziehen.

Wenn Eltern in dieser Weise versagen, greift das Wächteramt des Staates nach Art. 6 Abs. 2 Satz 2 GG ein; der Staat ist nicht nur berechtigt, sondern auch verpflichtet, die Pflege und Erziehung des Kindes sicherzustellen. Diese Verpflichtung des Staates folgt nicht allein aus dem legitimen Interesse der staatlichen Gemeinschaft an der Erziehung des Nachwuchses (vgl. § 1 JWG), aus sozialstaatlichen Erwägungen oder etwa aus allgemeinen Gesichtspunkten der öffentlichen Ordnung; sie ergibt sich in erster Linie daraus, daß das Kind als Grundrechtsträger selbst Anspruch auf den Schutz des Staates hat. Das Kind ist ein Wesen mit eigener Menschenwürde und dem eigenen Recht auf Entfaltung seiner Persönlichkeit im Sinne der Art. 1 Abs. 1 und Art. 2 Abs. 1 GG. Eine Verfassung, welche die Würde des Menschen in den Mittelpunkt ihres Wertsystems stellt, kann bei der Ordnung zwischenmenschlicher Beziehungen grundsätzlich niemandem Rechte an der Person eines anderen einräumen, die nicht zugleich pflichtgebunden sind und die Menschenwürde des anderen respektieren. Die Anerkennung der Elternverantwortung und der damit verbundenen Rechte findet daher ihre Rechtfertigung darin, daß das Kind des Schutzes und der Hilfe bedarf, um sich zu einer eigenverantwortlichen Persönlichkeit innerhalb der sozialen Gemeinschaft zu entwickeln, wie sie dem Menschenbilde des Grundgesetzes entspricht (vgl. BVerfGE 7, 198 [205]; s.a. die Erklärung der Vereinten Nationen über die Rechte des

Kindes vom 20. November 1959 [Yearbook of the United Nations, 1959, S. 198]). Hierüber muß der Staat wachen und notfalls das Kind, das sich noch nicht selbst zu schützen vermag, davor bewahren, daß seine Entwicklung durch einen Mißbrauch der elterlichen Rechte oder eine Vernachlässigung Schaden leidet.

In diesem Sinne bildet das Wohl des Kindes den Richtpunkt für den Auftrag des Staates gemäß Art. 6 Abs. 2 Satz 2 GG (vgl. BVerfGE 10, 59 [84]). Dies bedeutet nicht, daß jedes Versagen oder jede Nachlässigkeit den Staat berechtigt, die Eltern von der Pflege und Erziehung auszuschalten oder gar selbst diese Aufgabe zu übernehmen; vielmehr muß er stets dem grundsätzlichen Vorrang der Eltern Rechnung tragen. Zudem gilt auch hier der Grundsatz der Verhältnismäßigkeit. Art und Ausmaß des Eingriffs bestimmen sich nach dem Ausmaß des Versagens der Eltern und danach, was im Interesse des Kindes geboten ist. Der Staat muß daher nach Möglichkeit zunächst versuchen, durch helfende unterstützende, auf Herstellung oder Wiederherstellung eines verantwortungsgerechten Verhaltens der natürlichen Eltern gerichtete Maßnahmen sein Ziel zu erreichen. Er ist aber nicht darauf beschränkt, sondern kann, wenn solche Maßnahmen nicht genügen, den Eltern die Erziehungs- und Pflegerechte vorübergehend und sogar dauernd entziehen; in diesen Fällen muß er zugleich positiv die Lebensbedingungen für ein gesundes Aufwachsen des Kindes schaffen.
(S. 143 - 145)

Anmerkung
* Veröffentlicht in den *Entscheidungen des Bundesverfassungsgerichts*, 24. Bd., S. 119 - 155

Urteil des Bundesverfassungsgerichts vom 9. Februar 1982[*]

Art. 6 Abs. 2 Satz 1 GG garantiert den Eltern das Recht auf Pflege und Erziehung ihrer Kinder. Die Erziehung des Kindes ist damit primär in die Verantwortung der Eltern gelegt, wobei dieses „natürliche Recht" den Eltern nicht vom Staate verliehen worden ist, sondern von diesem als vorgegebenes Recht anerkannt wird. Die Eltern können grundsätzlich frei von staatlichen Einflüssen und

Eingriffen nach eigenen Vorstellungen darüber entscheiden, wie sie die Pflege und Erziehung ihrer Kinder gestalten und damit ihrer Elternverantwortung gerecht werden wollen. Das Elternrecht unterscheidet sich von den anderen Freiheitsrechten des Grundrechtskatalogs wesentlich dadurch, daß es keine Freiheit im Sinne einer Selbstbestimmung der Eltern, sondern zum Schutze des Kindes gewährt. Es beruht auf dem Grundgedanken, daß in aller Regel Eltern das Wohl des Kindes mehr am Herzen liegt als irgendeiner anderen Person oder Institution. Das Elternrecht ist Freiheitsrecht im Verhältnis zum Staat, der in das Erziehungsrecht der Eltern grundsätzlich nur eingreifen darf, wenn das dem Staat nach Art. 6 Abs. 2 Satz 2 GG zukommende Wächteramt dies gebietet. In der Beziehung zum Kind muß das Kindeswohl die oberste Richtschnur der elterlichen Pflege und Erziehung sein. Art. 6 Abs. 2 Satz 1 GG statuiert – dies kommt deutlich im Wortlaut der Vorschrift zum Ausdruck – Grundrecht und Grundpflicht zugleich. Man hat das Elternrecht daher ein fiduziarisches Recht, ein dienendes Grundrecht, eine im echten Sinne anvertraute treuhänderische Freiheit genannt (vgl. Saladin, Rechtsbeziehungen zwischen Eltern und Kinder als Gegenstand des Verfasungsrechts in: Festschrift für Hans Hinderling, 1976, S. 175 [199]; Oppermann, Gutachten zum 51. Deutschen Juristentag in: Verhandlungen des Deutschen juristentages, 1976, C. 100; Ossenbühl, Schule im Rechtsstaat, DÖV 1977, S. 801 ff.)
(S. 376f.)

Anmerkung
* Veröffentlicht in den *Entscheidungen des Bundesverfassungsgerichts*, 59. Band, S. 361 -392

Elternrecht nichtehelicher Väter
Urteil des Bundesverfassungsgerichts
vom 7. März 1995[*]

Art. 6 Abs. 2 Satz 1 GG ordnet das Elternrecht den Eltern zu, also zwei Personen gemeinsam. Das spricht für die Auslegung, daß beide leibliche Eltern in den Schutzbereich des Grundrechts einbezogen sind. Allerdings setzt die gemeinsame Ausübung des Rechts auf Pflege und Erziehung des Kindes ein Mindestmaß an Übereinstimmung zwischen den Eltern und eine soziale Beziehung jedes Elternteils zu dem Kind voraus. Fehlt es hieran, können die einzelnen elterlichen Befugnisse weitgehend einem Elternteil allein zugewiesen werden. Es ist aber nicht gerechtfertigt, schon das Elternrecht selbst bei nichtehelichen Kindern von vornherein nur einem Elternteil unter völligem Ausschluß des anderen zuzuordnen
(S. 177)

Wortlaut und Gehalt der verfassungsrechtlichen Gewährleistung wird deshalb am besten eine Auslegung gerecht, die alle Väter nichtehelicher Kinder in den Schutzbereich der Norm jedenfalls dann einbezieht, wenn sie nach den einschlägigen gesetzlichen Vorschriften als Väter feststehen, die zugleich aber dem Gesetzgeber die Befugnis zuerkennt, bei der Ausgestaltung der konkreten Rechte und Pflichten beider Elternteile den unterschiedlichen tatsächlichen Verhältnissen Rechnung zu tragen.
  Die Einbeziehung aller leiblichen Eltern in den Schutzbereich des Art. 6 Abs. 2 Satz 1 GG bedeutet daher nicht, daß allen leiblichen Vätern und Müttern die gleichen Rechte im Verhältnis zu ihrem Kind eingeräumt werden müssen.
(S. 178)

Die Einbeziehung aller Väter nichtehelicher Kinder in den Schutzbereich schließt danach eine differenzierende Ausgestaltung ihrer Rechtsstellung unter Berücksichtigung der unterschiedlichen tatsächlichen Verhältnisse nicht aus. Insbesondere kann der Gesetzgeber einem Elternteil die Hauptverantwortung für die Erziehung zuordnen, wenn die Voraussetzungen für eine gemeinsame Ausübung der Elternbefugnisse fehlen. Bei der Ausgestaltung der

Rechte von Vätern nichtehelicher Kinder darf er auch dem Umstand Rechnung tragen, daß nicht generell vom Bestehen einer sozialen Beziehung auszugehen ist, und berücksichtigen, ob der Vater Interesse an der Entwicklung seines nichtehelichen Kindes zeigt. *(S.179)*

Anmerkungen
* Veröffentlicht in den *Entscheidungen des Bundesverfassungsgerichts*, 92. Bd., S. 158 – 190.

Gemeinsame elterliche Sorge unverheirateter Eltern
Urteil des Bundesverfassungsgerichts vom 7. Mai 1991[*]

Die Vorschrift des § 1738 Abs. 1 BGB ist mit Art. 6 Abs. 2 und 5 GG nicht vereinbar, soweit sie auch für die Fälle gilt, in denen der Vater und die Mutter mit dem Kind zusammenleben, beide bereit und in der Lage sind, die Elternverantwortung gemeinsam zu übernehmen und dies dem Kindeswohl entspricht. Die Regelung führt dazu, daß der Vater eines nichtehelichen Kides die elterliche Verantwortung mit allen Rechtsfolgenden der Ehelicherklärung nur zu Lasten der Mutter erlangen kann oder daß er die volle Elternstellung nicht erhält, weil der zwingend vorgeschriebene Verlust des mütterlichen Sorgerechts dem Kindeswohl nicht entspricht. Für die damit verbundene Einschränkung des Elternrechts und Benachteiligung des nichtehelichen Kindes gibt es keinen rechtfertigenden Grund.

Das Elternrecht steht nach Art. 6 Abs. 2 Nr. 1 GG „den Eltern" zu. Die Verfassungsnorm geht zwar von dem Regelfall aus, in dem das Kind mit den durch die Ehe verbundenen Eltern in einer Familiengemeinschaft zusammenlebt und Vater und Mutter das Kind gemeinsam pflegen und erziehen (BVerfGE 56, 363 [382] = NJW 1981, 1201; BVerfGE 61, 358 [372] = NJW 1983, 101). Der Schutz des Art. 6 Abs. 2 GG greift aber auch dann ein, wenn diese Voraussetzungen nicht vorliegen. So kommt er auch der Mutter des nichtehelichen Kindes zu (vgl. BVerfGE 24, 119 [135] = NJW 1968, 2233). Ob der Vater des nichtehelichen Kindes sich ebenfalls generell auf das Elternrecht berufen kann, bedarf hier keiner Prüfung. Die Elternstellung im Sinne dieser Grundrechtsnorm kann ihm jedenfalls dann nicht abgesprochen werden, wenn er mit dem Kind und der Mutter zusammenlebt und damit die Voraussetzungen für die Wahrnehmung seiner elterlichen Verantwortung erfüllt (vgl. BVerfGE 56, 363 [384] = NJW 1981, 1201; BVerfGE 79, 203 [210] = NJW 1989, 1275).

Mit der ausnahmslosen Regelung in § 1738 Abs. 1 BGB verweigert der Gesetzgeber jeweils einem Elternteil die volle rechtliche Elternstellung selbst in den Fällen, in denen der Vater mit dem Antrag auf Ehelicherklärung seine Bereitschaft zur Übernahme der vollen Elternverantwortung beweist und die Mutter zur weiteren Ausübung der elterlichen Sorge bereit und in der Lage ist. (...)

In den Fällen, in denen ein Vater die Ehelichkeitserklärung mit der Maßgabe beantragt, ihm die elterliche Sorge gemeinsam mit der Mutter zu übertragen, und die Mutter diesem Antrag zustimmt, steht jedenfalls fest, daß ein Konflikt zwischen den Eltern, der einer staatlichen Schlichtung bedarf, nicht besteht, die in § 1738 Abs. 1 BGB ausnahmslos angeordnete Rechtsfolge kann sich daher in diesen Fällen nicht auf die Aufgabe des Staates stützen, die Rechtsordnung und den Rechtsfrieden zu wahren und über den Ausgleich widerstreitender Interessen der Eltern zu entscheiden (vgl. BVerfGE 61, 358 [373] = NJW 1983, 101).

Die Voraussetzungen für einen Eingriff in das Elternrecht in Ausübung des staatlichen Wächteramtes liegen ebenfalls nicht vor. Der generelle Ausschluß des gemeinsamen Sorgerechts für Eltern nichtehelicher Kinder ist nicht aus Gründen des Kindeswohls geboten; die zwingende Zuordnung zu nur einem Elternteil kann im Gegenteil das Kindeswohl erheblich beeinträchtigen.

Leben Vater und Mutter mit dem Kind zusammen und sind beide bereit und in der Lage, die Elternverantwortung zu übernehmen, so entspricht es regelmäßig dem Kindeswohl, wenn beiden Eltern das Sorgerecht zuerkannt wird. Insbesondere kann es für das Wohl des Kindes von erheblicher Bedeutung sein, daß Vater und Mutter in Schulfragen die Elternbefugnisse ausüben können. Ein gemeinsames Sorgerecht ist darüber hinaus geeignet, den Eltern ihre gemeinsame Verantwortung für das Kind deutlich machen und zur Stetigkeit der Beziehungen beizutragen. Das Kind, das in einer nichtehelichen Lebensgemeinschaft aufwächst, hat deshalb ein erhebliches Interesse daran, daß die emotionalen Bindungen an seine beiden Eltern rechtlich abgesichert werden (vgl. Lempp, ZfJ 1984, 305 [308 f.]). (...)

Mit der verfassungsrechtlichen Bedeutung des Elternrechts als treuhänderischem Recht, das sich von den anderen Grundrechten durch die Verknüpfung von Rechten und Pflichten unterscheidet (vgl. BVerfGE 56, 363 [381 f.] = NJW 1981, 1201; BVerfGE 64, 180 [189] = NJW 1983, 2491; BVerfGE 72, 155 [172] = NJW 1986, 1859), wäre es nicht vereinbar, den Eltern die für die Wahrnehmung ihrer Elternverantwortung erforderlichen Rechte zu versagen, weil sie sich gegen eine Eheschließung entschieden haben; denn diese persönliche Entscheidung der Eltern darf sich nicht zu Lasten des Kindes auswirken (vgl. dazu BVerfGE 56, 363 [384 f.] = NJW 1981, 1201). (...)

Anmerkung
* Zitiert nach: *Neue Juristische Wochenschrift*, 1991, Heft 31, S. 1944 u. 1945

Stellung von Pflegeeltern
Urteil des Bundesverfassungsgerichts
vom 17. Oktober 1984*

Wenn ein Kind gegen den Willen der Eltern in Pflege gegeben wird, so ist dies der stärkste vorstellbare Eingriff in das Elternrecht des Art. 6 Abs. 2 Satz 1 GG, der in gleicher Intensität das Kind selbst trifft, das von seinen Eltern getrennt wird (vgl. BVerfGE 60, 79 [91]). Dabei gebührt den Eltern der Schutz des Art. 6 Abs. 3 GG nicht nur im Augenblick der Trennung der Kinder von der Familie, sondern auch, wenn es um Entscheidungen über die Aufrechterhaltung dieses Zustands geht.

Andererseits ist zu berücksichtigen, daß § 1632 Abs. 4 BGB erst zu einem Zeitpunkt Bedeutung gewinnt, zu dem sich das Kind bereits längere Zeit in Pflege befindet, so daß die unmittelbare Trennungsphase bereits abgeschlossen ist. Dementsprechend stellt die Vorschrift nicht auf die Trennung von den Eltern, sondern auf die Wegnahme von den Pflegeeltern ab. Sie geht davon aus, daß zwischen dem Kind und seinen Pflegeeltern als Folge eines länger andauernden Pflegeverhältnisses eine gewachsene Bindung entstanden sein kann (vgl. Verh. des Deutschen Bundestages, 8. Wp., 151. Sitzung, Sten. Ber. S. 12035). Unter dieser Voraussetzung ist auch die aus dem Kind und den Pflegeeltern bestehende Pflegefamilie durch Art. 6 Abs. 1 GG geschützt, so daß Art. 6 Abs. 3 GG bei der Entscheidung über die Herausnahme des Kindes aus seiner „sozialen" Familie auch auf Seiten der Pflegeeltern nicht gänzlich außer acht bleiben darf.

(S. 187)

Eine Entscheidung nach § 1632 Abs. 4 BGB setzt zunächst die Feststellung voraus, daß eine Kollision zwischen dem Interesse der Eltern an der Herausgabe des Kindes und dem Kindeswohl besteht. Die Eltern sind nach § 50a FGG persönlich und auch zu der Frage zu hören, wie eine durch die Rückführung des Kindes bestehende Gefährdung seines leiblichen und seelischen Wohls durch geeignete Maßnahmen abgewendet werden kann. Auf diese Weise wird der verfassungsrechtlichen Gewährleistung des Elternrechts Rechnung getragen. Zwar ist bei einer länger andauernden Familienpflege

daneben die Pflegeperson zu hören (§ 50 c FGG), der zudem in § 1632 Abs. 4 BGB ein eigenes Antragsrecht auf Verbleiben des Kindes in der Pflegestelle eingeräumt wird. Darin liegt aber keine Verletzung von Art. 6 Abs. 2 Satz 1 GG im Hinblick auf die leiblichen Eltern. Einmal entspricht es dem Interesse des Kindes, wenn seine derzeitigen Bezugspersonen sich zu Fragen äußern können, die im Zusammenhang mit einer Übersiedlung des Kindes stehen, und wenn dem Antrag der Eltern auf Herausgabe des Kindes mit einem eigenen Antrag der Pflegeeltern auf Verbleiben des Kindes bei ihnen begegnet werden kann (vgl. BTDrucks. 8/2788, S. 40). Zum anderen wird damit gleichzeitig der Gewährleistung des Art. 6 Abs. 1 GG entsprochen, soweit diese die Pflegefamilie umfaßt.
(S. 188 f.)

Anmerkung
* Veröffentlicht in den *Entscheidungen des Bundesverfassungsgerichts*, 68. Bd., S. 176 – 192.

Urteil des Bundesverfassungsgerichts vom 14. April 1987*

§ 1632 Abs. 4 BGB ist verfassungskonform dahin auszulegen, daß dem Herausgabeverlangen der Eltern oder eines Elternteils, mit dem nicht die Zusammenführung der Familie, sondern ein Wechsel der Pflegeeltern bezweckt wird, nur stattzugeben ist, wenn mit hinreichender Sicherheit eine Gefährdung des körperlichen, geistigen oder seelischen Wohls des Kindes ausgeschlossen werden kann.
(S. 217)

Bei einer Entscheidung nach § 1632 Abs. 4 BGB, die eine Kollision zwischen dem Interesse der Eltern oder des allein sorgeberechtigten Elternteils an der Herausgabe des Kindes und dem Kindeswohl voraussetzt, verlangt die Verfassung eines Auslegung der Regelung, die sowohl dem Elternrecht aus Art. 6 Abs. 2 Satz 1 GG als auch der Grundrechtsposition des Kindes aus Art. 2 Abs. 1 in Verbindung mit Art. 1 Abs. 1 GG Rechnung trägt. Im Rahmen der erforderlichen Abwägung ist bei der Auslegung von gesetzlichen

Regelungen im Bereich des Art. 6 Abs. 2 GG in gleicher Weise wie bei Entscheidungen des Gesetzgebers zu beachten, daß das Wohl des Kindes letztlich bestimmend sein muß (vgl. BVerfGE 68, 176 [188]).

Das Verhältnis des Elternrechts zum Persönlichkeitsrecht des Kindes wird durch die besondere Struktur des Elternrechts geprägt. Dieses ist wesentlich ein Recht im Interesse des Kindes, wie sich schon aus dem Wortlaut des Art. 6 Abs. 2 Satz 1 GG ergibt, der vom Recht zur Pflege und Erziehung des Kindes spricht und auf diese Weise das Kindesinteresse in das Elternrecht einfügt (vgl. BVerfGE 59, 360 [382]). Es entspricht auch grundsätzlich dem Kindeswohl, wenn sich ein Kind in der Obhut seiner Eltern befindet; denn die Erziehung und Betreuung eines minderjährigen Kindes durch Mutter und Vater innerhalb einer harmonischen Gemeinschaft gewährleistet am ehesten, daß das Kind zu einer eigenverantwortlichen Persönlichkeit heranwächst (vgl. BVerfGE 56, 363 [395]). Dieser Idealzustand ist aber nicht immer gegeben und liegt dann nicht vor, wenn Kinder in einer Pflegefamilie aufwachsen. Dabei kann die Begründung des Pflegeverhältnisses auf einem freiwilligen Entschluß der Eltern oder des allein sorgeberechtigten Elternteils beruhen; häufig wird es jedoch behördlich angeordnet sein. Unabhängig von der Art ihres Zustandekommens ist in Übereinstimmung mit Art. 6 Abs. 2 Satz 1 GG anzustreben, Pflegeverhältnisse nicht so zu verfestigen, daß die leiblichen Eltern mit der Weggabe in nahezu jedem Fall den dauernden Verbleib des Kindes in der Pflegefamilie befürchten müssen. Das schließt indessen nicht aus, daß § 1632 Abs. 4 BGB selbst Entscheidungen ermöglichen muß, die aus der Sicht der Eltern nicht akzeptabel sind, weil sie sich in ihrem Elternrecht beeinträchtigt fühlen (vgl. BVerfGE 68, 176 [189 f.]).
(S. 218f.)

Bei der Abwägung zwischen Elternrecht und Kindeswohl im Rahmen von Entscheidungen nach § 1632 Abs. 4 BGB ist es indessen von Bedeutung, ob das Kind wieder in seine Familie zurückkehren soll oder ob nur ein Wechsel der Pflegefamilie beabsichtigt ist. Danach bestimmt sich das Maß der Unsicherheit über mögliche Beeinträchtigungen des Kindes, das unter Berücksichtigung seiner Grundrechtsposition hinnehmbar ist. Die Risikogrenze ist generell weiter zu ziehen, wenn die leiblichen Eltern oder ein Elternteil wieder selbst die Pflege des Kindes übernehmen wollen. Eine andere Ausgangslage ist aber dann gegeben, wenn das Kind nicht in den Haushalt von Vater und Mutter aufgenommen werden soll, sondern lediglich seine Unterbringung in eine neue Pflegefamilie bezweckt wird, ohne daß dafür wichtige, das Wohl des Kindes betreffende Gründe sprechen. Die Durchsetzung des Personensorgerechts nach § 1631 Abs. 1 BGB in der Form des Aufenthaltsbestimmungsrechts ist in einem solchen Fall mit Art. 2 Abs. 1 in Verbindung mit Art. 1 Abs. 1 GG nur vereinbar, wenn mit hinreichender Sicherheit auszuschließen ist, daß die Trennung des Kindes von seinen Pflegeeltern mit psychischen oder physischen Schädigungen verbunden sein kann.

(S. 220)

Anmerkung
* Veröffentlicht in den Entscheidugen des Bundesverfassungsgerichts, 75. Band, S. 201 – 223.

Das Subsidiaritätsprinzip in der Jugendhilfe
Urteil des Bundesverfassungsgerichts
vom 18. Juli 1967*

Nach dem *Jugendwohlfahrtsgesetz* ist es Aufgabe des Jugendamtes, die für die Wohlfahrt der Jugend erforderlichen Einrichtungen und Veranstaltungen anzuregen, zu fördern und gegebenenfalls zu schaffen (§ 5 Abs. 1 JWG). Es hat unter Berücksichtigung der verschiedenen Grundrichtungen der Erziehung darauf hinzuwirken, daß die für die Wohlfahrt der Jugend erforderlichen Einrichtungen und Veranstaltungen ausreichend zur Verfügung stehen. Soweit *geeignete* Einrichtungen und Veranstaltungen der Träger der freien Jugendhilfe vorhanden sind, erweitert oder geschaffen werden, ist von eigenen Einrichtungen und Veranstaltungen des Jugendamtes abzusehen (§ 5 Abs. 3 Satz 1 und 2 JWG). Das Jugendamt muß aber dann, wenn Personensorgeberechtigte die vorhandenen Träger der freien Jugendhilfe nicht in Anspruch nehmen wollen, weil diese der von ihnen bestimmten Grundrichtung der Erziehung (§ 3) – z.B. in konfessioneller Hinsicht – nicht entsprechen, dafür sorgen, daß die erforderlichen Einrichtungen geschaffen werden (§ 5 Abs. 3 Satz 3 JWG).

Daraus ergibt sich folgendes: Das Jugendamt muß zunächst prüfen, welche Einrichtungen und Veranstaltungen für die Wohlfahrt der Jugend nach den örtlichen Verhältnissen *erforderlich* sind und ob sie *ausreichend* zur Verfügung stehen. Das Jugendamt soll aber nur dann selbst Einrichtungen schaffen und Veranstaltungen vorsehen, wenn seine Anregungen und Fördermaßnahmen bei den Trägern der freien Jugendhilfe nicht zum Ziel führen; letzteres ist auch dann der Fall, wenn der freie Träger keine angemessene Eigenleistung aufbringen kann oder wenn die Einrichtung des freien Trägers deshalb für die örtlichen Bedürfnisse nicht als ausreichend angesehen werden kann, weil sie z.B. von einem Bekenntnis geprägt ist, dem in der Gemeinde nur eine Minderheit angehört. Es kann aber nicht angenommen werden, daß ein Gesetz, das öffentliche und private Jugendhilfe zu sinnvoller Zusammenarbeit zusammenführen will, die Gemeinden und Gemeindeverbände als Träger der Jugendämter durch die Vorschrift des § 5 Abs. 3 Satz 2 JWG zwingen will, bereits vorhandene öffentliche Einrichtungen zu

schließen. Wo geeignete Einrichtungen der Jugendämter ausreichend zur Verfügung stehen, kann von ihnen weder eine Förderung neuer Einrichtungen der Träger der freien Jugendhilfe verlangt werden noch eine Schließung bereits vorhandener öffentlicher Einrichtungen zugunsten freier Einrichtungen, die erst noch neu geschaffen werden müßten. Derselbe Grundsatz des sinnvollen Einsatzes finanzieller Mittel und der Zusammenarbeit verbietet es aber auch, von den Gemeinden zu verlangen, daß sie von einem mit bescheidenen Mitteln möglichen Ausbau vorhandener eigener Einrichtungen absehen und statt dessen mit erheblich höherem Aufwand die Schaffung einer neuen Einrichtung eines Trägers der freien Jugendhilfe fördern. Umgekehrt soll das Jugendamt dort, wo *geeignete* Einrichtungen der Träger der freien Jugendhilfe bereits vorhanden sind, die schon allein gewährleisten, daß die für die Wohlfahrt der Jugend *erforderlichen* Einrichtungen *ausreichend* zur Verfügung stehen, keine Mittel für die Schaffung eigener Einrichtungen einsetzen, sondern vielmehr seine Mittel für die Förderung der freien Einrichtungen verwenden (§ 5 Abs. 1, § 7, § 8 JWG). Mit der Verwendung der unbestimmten Rechtsbegriffe „erforderlich", „ausreichend" und „geeignet" will der Gesetzgeber sicherstellen, daß Einrichtungen und Veranstaltungen für die Wohlfahrt der Jugend in einer den jeweiligen örtlichen Gegebenheiten angepaßten Weise und unter wirtschaftlich sinnvollem Einsatz öffentlicher und privater Mittel bereitgestellt werden. Die Gesamtverantwortung dafür, daß dieses Ziel des Gesetzes erreicht wird, trägt nach § 5 Abs. 1 JWG das Jugendamt.
(S. 200-202)

Nach der unter Ziff. 1 dargelegten Auslegung ist der Zweck der Bestimmungen die Erzielung des bestmöglichen Erfolgs durch Koordinierung öffentlicher und privater Anstrengungen. Normadressaten sind jeweils nur die Träger der – öffentlichen – Sozialhilfe und der öffentlichen Jugendhilfe, also auf örtlicher Ebene die kreisfreien Städte und die Landkreise. Nur ihnen werden von dem Gesetz Pflichten auferlegt. Die Tätigkeit der Träger der freien Jugendhilfe und Wohlfahrtspflege wird vom Gesetz überhaupt nicht „geregelt"; sie sind in der Gestaltung ihrer Arbeit völlig frei (vgl. § 7 JWG und § 10 Abs. 1 BSHG). Das Recht der öffentlichen Fürsorge umfaßt nicht nur die Bestimmung dessen, was an materiellen

Fürsorgeleistungen von den dazu verpflichteten öffentlichen Träger zu erbringen ist, sondern auch organisatorische Bestimmungen und Abgrenzungen. (..).

Die verwaltungsmäßige Ausführung der Bestimmungen und die letzte Verantwortung für die Gewährung der Hilfe liegt bei den Gemeinden und Gemeindeverbänden, gehört also zur Landesverwaltung. Die Träger der freien Jugendhilfe und die freien Wohlfahrtsverbände handeln im Rahmen der Vorschriften nicht als beliehene Träger öffentlicher Verwaltung, sondern als private Organisationen, die freie Jugendhilfe und freie Wohlfahrtspflege leisten. Es wird also nicht eine staatliche Aufgabe im Wege der Gesetzgebung „privatisiert".
(S. 203f.)

Man kann daher nicht sagen, zum geschützten Kernbereich der Selbstverwaltung gehöre kraft Herkommens, daß die Gemeinde auf dem Gebiet der Jugend- und Sozialhilfe keinerlei gesetzliche Beschränkung ihres Aufgabenbereichs zugunsten der Tätigkeit der freien Jugendhilfe und der Wohlfahrtsverbände hinzunehmen brauche. Außerdem bleibt den Gemeinden die Gesamtverantwortung dafür, daß in beiden Bereichen durch behördliche und freie Tätigkeit das Erforderliche geschieht. Wie schon unter Ziffer 1 ausgeführt, bringt die Regelung nur eine Abgrenzung der Aufgaben zwischen Gemeinde und privaten Trägern, die lediglich eine vernünftige Aufgabenverteilung und eine möglichst wirtschaftliche Verwendung der zur Verfügung stehenden öffentlichen und privaten Mittel sicherstellen soll. Die Gemeinden sollen sich bei allen Planungen vorher vergewissern, ob und inwieweit die freien Verbände die Aufgaben erfüllen können. Die freien Verbände andererseits könnten nicht mit einer Förderung eines Vorhabens durch die Gemeinde rechnen, wenn sie, etwa aus reinem Prestigebedürfnis, eigene Einrichtungen schaffen würden, die ihrer Art nach den örtlichen Bedürfnissen nicht genügen können oder die nicht erforderlich sind, weil geeignete Einrichtungen der Gemeinde in ausreichendem Maße zur Verfügung stehen.
(S. 206)

Anmerkung
* Veröffentlicht in den *Entscheidungen des Bundesverfassungsgerichts*, 22. Bd., S. 180 – 220.

Verpflichtungsgrad einer Soll-Vorschrift
Urteil des Bundesverwaltungsgerichts vom 25. Juni 1975[*]

Bei der Entscheidung darüber, ob eine Sollvorschrift angewendet oder nicht angewendet wird, wird Ermessen betätigt. Dem Grundsatz nach ist bei einer Ermessensentscheidung zu fordern, daß nachprüfbare Gründe für die Betätigung des Ermessens angegeben werden. Diese Begründungspflicht hat aber ihre Grenzen, wenn eine Sollvorschrift in Regelfällen angewendet wird und Gesichtspunkte für eine Abweichung im Einzelfall fehlen. Bei der Anwendung von Sollvorschriften ist der Ermessensspielraum der zuständigen Stelle sehr eng (vgl. BVerwGE 20, 117 [118] mit Bezugnahme auf BVerwGE 12, 284): Nur wenn ein wichtiger Grund der vorgesehenen Handhabung entgegensteht, also in atypischen Fällen, darf sie anders verfahren, als im Gesetz vorgesehen ist. In Regelfällen bedarf es keiner besonderen Begründung für die Anwendung der Sollvorschrift.
(S. 23)

Anmerkung
[*] Veröffentlicht in den *Entscheidungen des Bundesverwaltungsgerichts*, 49. Bd., S. 16 – 24.

Urteil des Bundesverwaltungsgerichts vom 17. August 1978[*]

Eine Soll-Vorschrift verpflichtet die Behörde, grundsätzlich so zu verfahren, wie es im Gesetz bestimmt ist; wenn keine Umstände vorliegen, die den Fall als atypisch erscheinen lassen, bedeutet das „Soll" ein „Muß" (vgl. BVerwGE 49, 16 [23] mit weiteren Nachweisen). Nur für atypische Fälle bleibt die Möglichkeit offen, anders zu entscheiden, wobei die materielle Beweislast für die hierfür maßgebenden Umstände die Behörde trifft.
(S. 223)

Anmerkung
[*] Veröffentlicht in den *Entscheidungen des Bundesverwaltungsgerichts*, 56. Bd., S. 220 – 227.

Nachträgliche Kostenübernahme
Urteil des Bundesverwaltungsgerichts
vom 25. August 1987[*]

Zur Verpflichtung des Trägers öffentlicher Jugendhilfe, Hilfe zur Erziehung durch Übernahme der Kosten einer durch einen Träger der freien Jugendhilfe bereits durchgeführten psychotherapeutischen Behandlung zu gewähren.

Der Senat hat seiner bisherigen Rechtssprechung sowohl zum Jugendhilferecht (vgl. BVerwGE 74, 206) als auch zum Sozialhilferecht (vgl. BVerwGE 35, 287; 70, 121; Urteile vom 19. Juni 1984 – BVerwG 5 C 125.83 – [Buchholz 436.0 § 39 BSHG Nr. 3) und vom 16. Januar 1986 – BVerwG 5 C 36.84 – [Buchholz 436.0 § 39 BSHG Nr. 5]) stets zugrunde gelegt, daß der Jugendhilfe- oder der Sozialhilfeträger zur Übernahme der Kosten bereits durchgeführter Hilfsmaßnahmen verpflichtet sein kann. Der vom Berufungsgericht angeführte Charakter des Jugendwohlfahrtsgesetzes als Erziehungsgesetz hat nicht zur Folge, daß die Leistungen der Jugendhilfe auf erzieherische Hilfen in der Form von „Sachleistungen" beschränkt wären. Zwar sind die Jugendämter in erster Linie gehalten, die erforderliche Hilfe durch eigene Einrichtungen und Veranstaltungen „originär" zu gewähren. Geschieht dies jedoch nicht, und wird dem Minderjährigen die notwendige erzieherische Hilfe anderweitig zuteil – etwa durch Unterbringung in einem Heim oder durch erzieherische Behandlung –, hat sich damit der Anspruch auf erzieherische Hilfe nicht in der Weise erledigt, daß nunmehr keinerlei Verpflichtungen des Jugendamtes mehr bestünden. Lagen die gesetzlichen Voraussetzungen für die Gewährung öffentlicher Jugendhilfe vor, kann und muß der Jugendhilfeträger vielmehr noch nachträglich diese Hilfe leisten, indem er die Kosten der bereits durchgeführten Maßnahmen übernimmt, soweit diese Kosten nicht nach den §§ 80 ff. JWG vom Minderjährigen oder seinen Eltern zu tragen sind. Hierdurch wird nicht die Gefahr geschaffen, daß der Jugendhilfeträger von den Personensorgeberechtigten vor vollendete Tatsachen gestellt werden könnte und auf diese Weise Maßnahmen finanzieren müßte, für die er sonst nicht aufzukommen hätte. Denn der Anspruch auf die Übernahme der Kosten bereits durchgeführter Hilfe ist in derselben Weise vom Vorliegen der gesetzlichen Voraussetzungen abhängig wie die primäre Verpflichtung des Jugendamtes, erzieherische Jugendhilfe als „Sachleistung" zu gewähren.

Anmerkung
* Zitiert nach: *Nachrichtendienst des Deutschen Vereins für öffentliche und private Fürsorge*, Heft 3/1988, S. 91.

Urteil des Bundesverwaltungsgerichts vom 27. Mai 1993*

Orientierungssatz
1. Der Kostenübernahmeanspruch findet seine Rechtsgrundlage nicht in § 683 BGB in analoger Anwendung im öffentlichen Recht. Damit, daß ein privater Träger einer Einrichtung, der die von einem Träger der Jugendhilfe geschuldete Sach- und Dienstleistung der erzieherischen Hilfe erbringt, wird nicht schon ein Geschäft des Trägers der Jugendhilfe wahrgenommen. Denn dies setzte weiter voraus, daß der private Heimträger mit der tatsächlichen Betreuung des Jugendlichen dessen Jugendhilfeanspruch gegen den Träger der Jugendhilfe erfüllt. Das bewirkt eine nicht unentgeltliche Heimbetreuung durch den privaten Heimträger jedoch nicht.
2. Soweit ein Dritter nur eine tatsächliche Betreuung erbringt, die dafür anfallenden Kosten aber gerade nicht tragen will, ist der Jugendliche nach wie vor auf Hilfe angewiesen, sein Jugendhilfeanspruch also noch nicht erfüllt.
3. Der Übertragung des auf die Bezahlung der Heimkosten, also auf eine Geldleistung gerichteten Anspruchs steht § 53 Abs. 1 SGB I nicht entgegen, wenn die Abtretung dazu dienen soll, daß der Kläger seine Aufwendungen ersetzt erhält, die im Vorgriff auf Jugendhilfeleistungen gemacht worden (vgl. dazu § 53 Abs. 2 Nr. 1 SGB I). ...

Nicht richtig ist aber die Ansicht, daß ein privater Träger einer Einrichtung, der die von einem Träger der Jugendhilfe geschuldete Sach- und Dienstleistung der erzieherischen Hilfe erbringt, damit schon ein Geschäft des Trägers der Jugendhilfe wahrnimmt. Denn dies setzte weiter voraus, daß der private Heimträger mit der tatsächlichen Betreuung des Jugendlichen dessen Jugendhilfeanspruch gegen den Träger der Jugendhilfe erfüllt. Das hat die nicht unentgeltliche Heimbetreuung durch den Kläger jedoch nicht bewirkt.

Aus dem Wesen der Erziehung und der auf die Erziehung gerichteten Aufgabe des – hier noch anwendbaren – Gesetzes für Jugendwohlfahrt folgt, daß die erzieherische Hilfe nach diesem Gesetz eine auf die Person des Jugendlichen wirkende Hilfe sein muß. Das schränkt die Jugendhilfe allerdings nicht auf nur unmittelbare Sach- und Dienstleistungen durch den Jugendhilfeträger selbst ein. Vielmehr ist auch eine mittelbare Aufgabenerfüllung unter Einschaltung Dritter, z.B. durch Träger privater oder anderer öffentlicher Einrichtungen, möglich. Soweit ein solcher Dritter, hier der Kläger als privater Heimträger, nur eine tatsächliche Betreuung erbringt, die dafür anfallenden Kosten aber gerade nicht tragen will, ist der Jugendliche nach wie vor auf Hilfe angewiesen, sein Jugendhilfeanspruch also noch nicht erfüllt. Dementsprechend hat der Senat in einem Fall, in dem der Jugendliche erzieherische Hilfe von einem Dritten erhalten hatte, die Kosten hierfür aber noch offen waren, entschieden, daß dann, wenn die gesetzlichen Voraussetzungen für die Gewährung öffentlicher Jugendhilfe für die tatsächlich erhaltende Erziehung vorgelegen haben, Jugendhilfe durch Übernahme der Kosten dieser Erziehungsmaßnahmen zu leisten ist (Beschluß vom 25. August 1987).

Anmerkung
* Zitiert nach: *Deutsches Verwaltungsblatt*, 1993, S. 1268-1269.

Heilpraktikererlaubnis für Psychologen
Urteil des Bundesverwaltungsgerichts
vom 10. Mai 1988*

Die Anwendung des § 1 Abs. 1 HPG auf psychotherapeutisch tätige Diplom-Psychologen hält einer verfassungsrechtlichen Prüfung stand.
1. Der Erlaubniszwang nach dem Heilpraktikergesetz ist eine zulässige Beschränkung der durch Art. 12 Abs. 1 GG gewährleisteten Berufsfreiheit nichtärztlicher Psychotherapeuten.
   a) Gegen die Rechtssprechung der Fachgerichte und die Verwaltungspraxis, die das Heilpraktikergesetz nach Art. 123 Abs. 1 GG und Art. 125 in Verbindung mit Art. 74 Nr. 19 GG als weitergeltendes Bundesrecht behandeln, bestehen aus verfassungsrechtlicher Sicht keine Bedenken. Das Ziel des Gesetzes, die Volksgesundheit durch einen Erlaubniszwang für Heilbehandler ohne Bestallung zu schützen, ist durch Art. 12 Abs. 1 GG gedeckt. Es widerspricht daher nicht dem Grundgesetz. Bei der Gesundheit der Bevölkerung handelt es sich um ein besonders wichtiges Gemeinschaftsgut (vgl. BVerfGE 9, 338 [346]; 13, 97 [107]; 25, 236 [247], zu dessen Schutz eine solche subjektive Berufszulassungsschranke nicht außer Verhältnis steht (BVerfGE 7, 377 [406 f.]; 13, 97 [107]. (...)
   b) Auch die Anwendung des somit weiterhin gültigen § 1 Abs. 1 HPG auf psychotherapeutisch tätige Diplom-Psychologen ist mit Art. 12 Abs. 1 GG vereinbar. Sie führt insbesondere nicht zu einer verfassungswidrigen Veränderung oder Festlegung eines vorgegebenen Berufsbildes. Art. 12 Abs. 1 GG erfaßt nicht nur die Berufe, die sich in bestimmten, traditionellen oder sogar rechtlich fixierten Berufsbildern darstellen, sondern auch die vom Einzelnen frei gewählten untypischen (erlaubten) Betätigungen, aus denen sich dann wieder neue, feste Berufsbilder ergeben mögen (BVerfGE 7, 377[397]). (...)
   Daß heilkundliche Tätigkeit grundsätzlich nicht erlaubnisfrei sein soll, hat im Hinblick auf die Volksgesundheit unterschiedslos seinen Sinn, gleichgültig welche Vor- oder Aus-

bildung der Bewerber aufweist. Es geht um eine präventive Kontrolle, die nicht nur die fachlichen Kenntnisse und Fähigkeiten, sondern auch die Eignung für den Heilkundeberuf im allgemeinen erfaßt. Deshalb unterliegt selbst die ärztliche Heiltätigkeit nach § 2 Abs. 1 der Bundesärzteordnung der Erlaubnispflicht in Form der Approbation.

c) Problematischer ist § 2 Abs. 1 Buchst. i der 1. DVO zum Heilpraktikergesetz, der die Überprüfung der Kenntnisse und Fähigkeiten der Bewerber generell vorschreibt, ohne in irgendeiner Wiese zu differenzieren. Diese Norm hat offenkundig den „eigentlichen" Heilpraktiker ohne einschlägige Vorbildung im Blick. Dennoch läßt sie nicht den Schluß zu, daß die Anwendung des Heilpraktikergesetzes auf psychotherapeutisch tätige Diplom-Psychologen nicht „paßt".(...)

d) Verfassungsrechtlich bedenklich ist allerdings der in § 1 Abs. 3 HPG statuierte Zwang, die Berufsbezeichnung „Heilpraktiker" zu führen. Mit diesem Begriff sind in der Tat fest umrissene Vorstellungen verbunden, die mit der Tätigkeit des akademisch ausgebildeten Psychotherapeuten so gut wie nichts zu tun haben. Es besteht auch kein sachlicher Grund, die Berufsbezeichnung auf das gesamte Berufsbild der nichtapprobierten Heilbehandler anzuwenden.

Anmerkung
* Auszüge aus dem Urteil, S. 18-21.

Mitwirkung des Jugendamtes im familiengerichtlichen Verfahren
Urteil des Oberlandesgerichts Frankfurt a.M. vom 28. Oktober 1991[*]

Dem Amtsgericht ist allerdings darin beizustimmen, daß es die Fassung des § 50 KJHG dem Jugendamt nicht erlaubt, sich auf eine bloße Beratung der Eltern zurückzuziehen. Die vom Jugendamt vertretene Ansicht, es habe lediglich diesen Beratungsauftrag und im übrigen den Wunsch von Eltern, sorgerechtliche Fragen selbst zu regeln, auch unter Berücksichtigung des Kindeswohles zu respektieren, geht schon am Wortlaut des § 50 KJHG vorbei. Nach dieser Vorschrift hat das Jugendamt zunächst einmal das Familiengericht bei allen Maßnahmen, die die Sorge für die Person von Kindern betreffend, zu unterstützen, und es *hat* in den entsprechenden gerichtlichen Verfahren mitzuwirken § 50 Abs. 1. Im Gesetzgebungsverfahren ist dieser Wunsch des Gesetzgebers, der Pflicht des Richters, das Jugendamt anzuhören, die Pflicht des Jugendamtes zur aktiven Mitarbeit im gerichtlichen Verfahren gegenüberzustellen, deutlich zum Ausdruck gekommen (vgl. BT-Drucksache 11/5948: Stellungnahme des Bundesrates, Nr. 55 zu Art. 1 = ZfJ 90, 237; von Bundesregierung = aaO. S. 255 und Bundestag = a.a.O. S. 336 so übernommen). Die Art dieser Mitarbeit ist auch nicht unklar geblieben. In § 50 Abs. 2 KJHG ist dem Jugendamt aufgegeben, nicht nur über angebotene und erbrachte (Beratungs-) Leistungen zu berichten; es hat auch „erzieherische und soziale Gesichtspunkte zur Entwicklung des Kindes" einzubringen. Sinn dieser Regelung ist, daß das Jugendamt seine besondere Erfahrung und Sachkunde zum Wohl des Kindes im gerichtlichen Verfahren ins Spiel bringt, sich wie ein Sachverständiger „gutachtlich" äußert (Bundesratsstellungnahme BT-Drucksache = ZfJ a.a.O.). Dies wird so auch in kommentierenden Äußerungen gesehen (vgl. hierzu: Rauscher NJW 91, 1087, 1088; Coester FamRZ 91, 253, 263; Knappert ZFJ 91, 396, 402; Krug-Grüner-Dalichau, KJHG, § 50 Anm. II, Schellhorn/Wienand, KJHG, § 50 Rz. 16). Soweit die Meinung vertreten wird, das Jugendamt könne und dürfe nur die Eltern beraten und müsse sich darauf beschränken, weil es sonst Gefahr laufe, bei Stellungnahmen gegenüber dem Gericht das Vertrauen der Eltern zu verlieren (Kaufmann ZfJ 91, 18, 21), verweigert sie sich damit *einem* Teil der Aufgaben des Jugendamtes, den der Gesetzgeber ihm von Wortlaut und Sinn der Vorschrift her ausdrücklich zugewiesen hat. Das dies nicht richtig sein kann, zeigt sich einmal in den Fällen, in denen Eltern keine Beratung wünschen. Auch hier hat das Jugendamt nach wie vor die Aufgabe, im familiengerichtlichen Verfahren, d.h. gegenüber dem Gericht erzieherischen und soziale Gesichtspunkte zur Entwicklung *dieses* Kindes einzubringen (§ 50 Abs. 2 KJHG), zum Wohle des Kindes. Im übrigen soll das Jugendamt dazu beitragen, daß das Gericht eine sachgerechte Entscheidung trifft. Es macht wenig Sinn, damit von Seiten des Jugendamtes erst im Beschwerderechtszug anzufangen.

Steht also fest, daß das Jugendamt aktiv und beratend für Eltern und Gericht im Sorgerechtsverfahren mitzuwirken hat, so gibt das Gesetz jedoch keine Anweisung dafür, wie dies zu geschehen habe. Der Frage muß an dieser Stelle nicht im einzelnen nachgegangen werden, weil jedenfalls die vom Familiengericht hier geforderte Art der Mitwirkung so nicht zulässig ist. Das KJHG hat dem Jugendamt die Mitwirkung im familiengerichtlichen Verfahren als eigene Aufgabe zugewiesen und nicht als Erfüllung gerichtlicher oder vom Gericht auferlegter Aufgaben (Wienand in Schellhorn/Wienand KJHG, § 50 Rz. 3; Krug-Grüner-Dalichau, KJHG, § 50 Anm. III, 1; vgl. auch Coester FamRZ 91, 263 bei VII; Rauscher NJW 91, 1088 zu II 3). Es bleibt also dem Jugendamt überlassen, wie es dieser Aufgabe nachkommt (vgl. z.B. Knappert ZfJ 91, 402), vor allem, wie es sich die Erkenntnisse verschafft, die es ihm möglich machen, in fachlich fundierter Weise „soziale und erzieherische Gesichtspunkte zur Entwicklung des Kindes" einzubringen (§ 50 Abs. 2 KJHG). Daß solch ein fachlicher Ratschlag an das Gericht einer ausreichenden Begründung bedarf, um die Beteiligten überzeugen zu können oder mindestens nachvollziehbar zu sein, liegt auf der Hand. (...)

Dabei muß berücksichtigt werden, daß es in erster Linie Aufgabe des Gerichts ist, für sich den Sachverhalt zu ermitteln, der ihm erst eine Entscheidung erlaubt (§ 12 FGG; vgl.: KGFamRZ 60, 500 f.; OLG München FamRZ 79, 70 f.; OLG Stuttgart FamRZ 87, 406; BayObLG FamRZ 81, 595 f.; Keidel/Kuntze/Winkler, FGG, 12. Aufl., § 12 Rz 43, 44). Nur ausnahmsweise und in engem Rahmen darf sich das Gericht dabei der Hilfe Dritter, hier: des Jugendamtes bedienen.

Darauf hat der Senat bereits früher hingewiesen (DAVorm 89, 868; Beschluß vom 07.09.1989 – 5 WF 170/89 – nicht veröffentlicht; vgl. auch Keidel a.a.O., Rz 44).

Anmerkungen
* Auszüge aus dem Urteil, S. 5-7.
* Anmerkung der Redaktion: Ebenso hat das Oberlandesgericht Schleswig-Holstein in seinem Urteil vom 24.01.1994 entschieden.

Beachtlichkeit des Kindeswillens
Urteil des Oberlandesgerichtes Celle
vom 20. Oktober 1994[*]

Die Kinder haben ihre Rückgabe bei ihrer Anhörung vor dem Senat erneut, was die Antragstellerin wohl auch nicht in Abrede nimmt, ausdrücklich und entschieden abgelehnt. Der Senat ist aufgrund der Anhörung der Kinder auch davon überzeugt, daß sie ein Alter und eine Reife erreicht haben, angesichts derer es angebracht erscheint, ihre Meinung zu berücksichtigen (Art. 13 II HKiEntÜ). Soweit im angefochtenen Beschluß ausgeführt wird, die Kinder seien erst sieben und neun Jahre alt, so daß von einem beachtlichen Kindeswillen hier nicht die Rede sein könne, kann dem nicht gefolgt werden. Zunächst steht auch dieser Satz im Zusammenhang mit den Ausführungen, die sich gegen das vom Amtsgericht, eingeholte Gutachten wenden, so daß unklar erscheint, ob das Familiengericht überhaupt den Kindeswillen selbst und seine Beachtlichkeit geprüft hat oder nur seine zutreffende Prüfung und Schilderung durch den Privatgutachter. Im übrigen wird aber, sollte doch ersteres der Fall sein, nicht deutlich, ob das Familiengericht den Willen sieben und neun Jahre alter Kinder generell die Beachtlichkeit absprechen will, oder ob es konkret das Alter und die Reife der hier betroffenen Kinder nicht für ausreichend erachtet, ihren Wunsch zu berücksichtigen – wofür es in beiden Fällen allerdings einer Begründung ermangelt. Denn eine feste Altersgrenze, vor deren Erreichen die Berücksichtigung des Kindeswillens ausgeschlossen ist, existiert nicht, wovon ersichtlich auch sonst in der Rechtssprechung ausgegangen wird. (...)

Das folgt zunächst schon daraus, daß eine solche Altersgrenze im Haager Übereinkommen nicht genannt ist. Die muß auch bewußt unterblieben sein, da an anderer Stelle – in Art. 4 HKiEntÜ – von der Möglichkeit, eine Altersgrenze zu ziehen, Gebrauch gemacht worden ist.

Zum anderen wird auch durch die zusätzliche Forderung nach einer ausreichenden „Reife" wegen des bekanntermaßen unterschiedlich verlaufenden menschlichen Reifeprozesses das Merkmal „Alter" relativiert und individualisiert. Schließlich versteht sich von selbst, daß bei der Prüfung, ob der von einem Kind geäußerte Wille als ernsthaft anzusehen ist, und der Entscheidung, ihn zu berücksichtigen, unabdingbar auf den Gegenstand des Willens abzustellen ist. Während etwa ein neunjähriges Kind in aller Regel nach Abschluß der Grundschule nicht über die erforderliche Reife verfügen wird, für seine künftige Ausbildung die Wahl zwischen einer allgemeinbildenden oder einer weiterführenden Schule zu treffen, wird andererseits ein siebenjähriges Kind in der Regel, vor die Wahl gestellt, entweder in den Judo- oder in den Fußballverein einzutreten, sich zu entscheiden wissen.

Vorliegend ist zu beachten, daß das Haager Übereinkommen in erster Linie dem Zweck dient, möglichst schnell den status quo ante wiederherzustellen (vgl. Siehr, a.a.O., Einl. Rz. 2), quasi eine Besitzkehr durchzusetzen, wie sie für das Sachenrecht in § 859 BGB normiert ist. Deshalb ist nicht auf das Kindeswohl schlechthin abzustellen; darüber ist vielmehr im Rahmen eines Sorgerechtsverfahrens in der Regel endgültig am Ort des gewöhnlichen Aufenthaltes des Kindes zu entscheiden (vgl. Siehr, a.a.O.). Dementsprechend ist in Art. 16 HKiEntÜ das Verbot einer Sachentscheidung über das Sorgerecht im Zufluchtsstaat vor der Entscheidung über einen Antrag gemäß Art. 8 HKiEntÜ statuiert. Nach Art. 17 HKiEntÜ steht – vorbehaltlich des Art. 13 – nicht einmal eine im Zufluchtsstaat schon ergangene Sorgerechtsentscheidung der Rückführung in den Fluchtstaat entgegen, wenn die Voraussetzungen des Art. 3 HKiEntÜ vorliegen. Schließlich ist auch anerkannt, daß es dem Ziel des Übereinkommens widerspricht, langwierige Ermittlungen anzustellen (vgl. Siehr, a.a.O., Art. 13 Rz. 55).

Daraus folgt: Für die vorliegend nach Art. 13 II HKiEntÜ zu treffende Entscheidung ist nur auf das Alter und die Reife der Kinder A. und C. abzustellen. Der Grad ihrer Reife ist nicht abstrakt zu bestimmen, auch nicht im Maßstab des Kindeswohls im Hinblick auf eine noch zu treffende Sorgerechtsregelung, sondern nur im konkreten Bezug auf die hier anstehende Entscheidung der Rückgabe.
(S. 955 f.)

Anmerkungen
* Zitiert nach: *Zeitschrift für das gesamte Familienrecht*, Heft 15/1995, S. 955 – 956.

Anmerkung der Redaktion: Das Urteil ist hier wegen der allgemein gültigen Aussagen zum Kindeswillen dokumentiert.

Beschlagnahme von Sozialdaten
Urteil des Bundesgerichtshofes
vom 18. März 1992*

Behördenakten können beschlagnahmt werden, wenn die oberste Dienstbehörde keine Sperrerklärung abgibt.
Der Beschlagnahmeantrag ist zulässig (§§ 98 Abs. 1, 162 Abs. 1, 169 Abs. 1 Satz 2 StPO) und begründet. Der Anordnung einer Beschlagnahme steht insbesondere nicht der Umstand entgegen, daß sich die betreffenen Unterlagen im Gewahrsam einer Behörde, nämlich des Hessischen Landesamtes für Verfassungsschutz, befinden. (...)
1. Die Frage, ob Akten oder sonstige in amtlicher Verwahrung befindliche Schriftstücke grundsätzlich beschlagnahmt werden dürfen, ist in Rechtssprechung und Literatur umstritten und höchstrichterlich bisher nicht geklärt. (...)
2. Der Beschlagnahme unterliegen nach der zentralen Bestimmung des § 94 Abs. 1 und 2 StPO generell alle Gegenstände, die als Beweismittel für die Untersuchung von Bedeutung sein können und vom Gewahrsamsinhaber nicht freiwillig herausgeben werden. Ausnahmen können sich im Einzelfall aus den §§ 96, 97 StPO, aus verfassungsrechtlichen Gesichtspunkten (z.B. Art. 10 GG i.V.m. § 99 StPO), aus dem Gebot der Verhältnismäßigkeit oder aus speziellen Vorschriften anderer Gesetze (z.B. § 30 AO, § 35 SGB-AT) ergeben. (...)
3. Aus § 96 StPO läßt sich ein allgemeines und ausnahmsloses Beschlagnahmeverbot für Behördenakten nicht herleiten. (...)
4. Entscheidend für die Frage der Zulässigkeit der Beschlagnahme von Behördenakten ist letztlich das verfassungsrechtliche Prinzip der Gewaltenteilung (Art. 20 Abs. 2 Satz 2 GG). Es steht einer Zwangsmaßnahme nicht entgegen; vielmehr gebietet es sie als letztes Mittel zur Erfüllung der der Rechtssprechung übertragenen Aufgaben. (...)
5. Im übrigen betrifft die Frage nach der Zulässigkeit der Beschlagnahme keineswegs nur die in § 96 StPO erwähnten Akten und Schriftstücke. Sie stellt sich ebenso bei sonstigen amtlich verwahrten Gegenständen, die als Beweismittel in Betracht kommen und den Strafverfolgungsbehörden nicht mittels Sperr-

erklärung vorenthalten werden können. Für solche Beweismittel kann weder aus der Spezialvorschrift des § 96 StPO noch, wie dargelegt, aus verfassungsrechtlichen Bestimmungen etwas hergeleitet werden, was gegen die Statthaftigkeit der Beschlagnahme spricht. (...)

6. Ist mithin § 96 StPO aufgrund seiner Stellung im Gesetz und seines Regelungsgehalts als eine besondere Ausnahmevorschrift des Rechts der Beschlagnahme anzusehen und stehen übergeordnete rechtliche Gesichtspunkte, insbesondere solche des Verfassungsrechts, einer gerichtlichen Beschlagnahme von Gegenständen in amtlicher Verwahrung nicht entgegen, so verbleibt es auch für diese Beweismittel bei der Zulässigkeit einer Beschlagnahme nach den allgemeinen Regeln; der Gegenstand darf beschlagnahmt werden, wenn er als Beweismittel für die Untersuchung von Bedeutung sein kann und nicht freiwillig herausgegeben wird (§ 94 Abs. 1 u. 2 StPO). Soweit – bei Akten und sonstigen Schriftstücken – eine wirksame Sperrerklärung vorliegt, verbietet § 96 StPO nicht nur das Herausgabeverlangen, sondern ebenso die Beschlagnahme, weil nur auf diese Weise der Schutz der dort genannten Rechtsgüter gewährleistet ist. Insofern unterscheidet sich die sachbezogene Einschränkung der Herausgabepflicht nach § 96 StPO wesentlich von der personenbezogenen Einschränkung des § 95 Abs. 2 Satz 2 StPO, der die Möglichkeit der Beschlagnahme unberührt läßt. (...)

Anmerkungen
* Zitiert nach: *Juristenzeitung*, Heft 7/1993, S. 365 – 370.

Urteil des Landgerichts Braunschweig vom 13. Juni 1986[*]

Eine Beschlagnahmeanordnung im Ermittlungsverfahren ist nur erlaubt, soweit nicht der Schutzbereich von Sozialgeheimnissen angegriffen wird.

Der Schutz des Sozialgeheimnisses aus § 35 SGB I steht einer gerichtlichen Beschlagnahmeanordnung gem. §§ 98, 94 StPO entgegen. Der Beschlagnahmebeschluß des AG Goslar mußte aufgehoben werden.

1. Während grundsätzlich die richterliche Beschlagnahmeanordnung gem. § 98 StPO die Herausgabepflicht des Gewahrsamsinhabers gem. § 94 StPO begründet, sind bereits im § 97 Abs. 1 StPO jene beschlagnahmefreien Gegenstände aufgeführt, die sich im Gewahrsam zeugnisverweigerungsberechtigter Personen befinden.

   Im vorliegenden Fall bedarf es keiner Klärung, ob i.S. von § 94 Abs. 1 Nr. 3 StPO zwischen der Geschädigten und der Amtsärztin des Landkreises Goslar ein Vertrauensverhältnis entstanden ist, das ein Zeugnisverweigerungsrecht der Amtsärztin aus beruflichen Gründen gem. § 53 Nr. 3 StPO begründet (vgl. hierzu LG Braunschweig, NJW 1978, 2108). Vielmehr ergibt sich aus der spezialgesetzlichen Regelung des § 35 Abs. 3 SGB I ein auch im Strafverfahren geltendes Zeugnisverweigerungsrecht und Beschlagnahmeverbot zu Gunsten der Sozialbehörde.

2. Das Sozialgeheimnis gewährt dem Betroffenen einen Anspruch darauf, daß Einzelangaben über seine personenbezogenen Daten von den Leistungsträgern als Sozialgeheimnis gewahrt und nicht unbefugt offenbart werden (§ 35 Abs. 1 SGB I). Das Gesetz ordnet ausdrücklich an, daß eine Offenbarung nur unter den Voraussetzungen der §§ 67 bis 77 SGB X zulässig ist und darüber hinaus „keine Auskunftspflicht, keine Zeugnispflicht und keine Pflicht zur Vorlegung oder Auslieferung von Schriftstücken, Akten, Dateien und sonstigen Datenträgern" bestehe (§ 35 Abs. 2 u. 3 SGB I). (...)

3.2 Eine Offenbarungsbefugnis aus den §§ 68 bis 77 SGB X kann nicht abgeleitet werden. So läßt etwa § 68 Abs. 1 SGB X im Rahmen der Amtshilfe lediglich die Offenbarung der „unempfindlichen Sozialdaten" (Name, Anschrift, Geburtsdatum usw.) zu.

   Die darüber hinausgehende Offenbarung „empfindlicher Sozialdaten" zur Durchführung eines Strafverfahrens ist lediglich bei der Aufklärung eines Verbrechens auf richterliche Anordnung zugelassen (§ 73 Nr. 1 SGB X). Für die Aufklärung von Vergehen ist gem. Nr. 2 dieses Paragraphen lediglich die Offenbarung der „unempfindlichen Sozialdaten" zulässig. Verbrechen sind jedoch rechtswidrige Taten, die im Mindestmaß mit Freiheitsstrafe von einem Jahr bedroht sind (§ 12 Abs. 1 StGB).

   Im vorliegenden Fall sind nur Vergehen Gegenstände des Ermittlungsverfahrens, denn sowohl Körperverletzung gem.

§ 223 StGB wie auch Mißhandlung von Schutzbefohlenen gem. § 223b StGB unterschreiten das Mindeststrafmaß für Verbrechen. Die Offenbarungstatbestände im übrigen sind nicht einschlägig. Dies gilt auch für § 76 SGB X, der eine Verlängerung des Sozialdatenschutzes in solchen Fällen vorsieht, in denen die Sozialleistungsträger geheimhaltungsbedürftige Sozialdaten von dritten zeugnisverweigerungsberechtigten Personen erhalten haben (vgl. im einzelnen Knopp, in Bley u.a., § 76 SGB X, Anm. 2).

3.3 Die in den Sozialgesetzbüchern I und X getroffenen Offenbarungsbefugnisse stellen nach dem Willen des Gesetzgebers eine abschließende Regelung dar. Demzufolge können weder Generalklauseln noch Einzeltatbestände eine Ergänzung schaffen. Folglich finden neben den sozialrechtlichen Offenbarungsbefugnissen sämtliche Prozeßordnungsvorschriften zum Beweisverfahren keine ergänzende Anwendung (vgl. Bley, in: Bley u.a. § 35 SGB I Anm. 7a).

Bley führt hierzu überzeugend aus (Anm. 8 m.w.Nachw.): „Dies bedeutet: Gerichte und Behörden bei denen Verfahren anhängig sind, in denen es auf geschützte Sozialdaten ankommt, dürfen Kenntnis hiervon im Wege der Beweiserhebung nur dann erhalten, wenn einer der im X. Buch enthaltenen Ausnahmetatbestände ... erfüllt ist oder die Bezugsperson in die Offenbarung eingewilligt hat ... Fehlt es hieran, sind die Sozialverwaltungsträger ... und seine Bediensteten zur Ablehnung eines an sie ergehenden Ersuchens um Auskunft, zur Verweigerung der Zeugenaussage sowie zur Verweigerung der Vorlage oder Auslieferung der Akten nicht nur berechtigt, sondern verpflichtet ... Auch eine Beschlagnahme von Akten durch die Staatsanwaltschaft ist ausgeschlossen ... Den Bediensteten des verpflichteten Verwaltungsträgers darf keine Genehmigung zur Aussage als Zeuge ... erteilt werden ... Gerichte und sonstige Dienststellen werden deshalb – wie schon bisher – auch künftig gut daran tun, dem Verfahrensbeteiligten, der Anspruch auf Sozialdatenschutz hat, rechtzeitig um seine schriftliche Einwilligung zur Offenbarung der für das Verfahren wesentlichen Daten zu bitten ..."

Anmerkung
* Zitiert nach: *Neue Juristische Wochenschrift*, Heft 41/1986, S. 2586 – 2587.

Urteil des Landgerichts Berlin vom 19. Februar 1992[*]

Sachverhalt:
Das Jugendamt R. führt über die 15 Jahre alte Geschädigte H.B. und ihre Eltern die Sozialakte, die nach Angaben des Jugendamts unter anderem Aufzeichnungen über Beratungsgespräche der zuständigen Sozialarbeiterin enthält. Die Beschuldigten sind der Vater der Geschädigten H. B. und ihr Bruder H. B.

Aufgrund eines Durchsuchungsbeschlusses des Amtsgerichts T. vom 9. Oktober 1991 hat die Polizei die Sozialakte beschlagnahmt. Das Jugendamt hatte sie unter ausdrücklichem Widerspruch herausgegeben. Mit dem angefochtenen Beschluß hat das Amtsgericht T. die Beschlagnahme der Akte gemäß § 98 Abs. 2 StPO richterlich bestätigt.

Aus den Gründen:
Die dagegen vom Jugendamt erhobene Beschwerde ist zulässig (§ 304 Abs. 1, 2 StPO) und begründet.

Ob die Beschlagnahme von Behördenakten überhaupt zulässig ist (so Kammergericht – 4 Ws 110/89 – vom 22. Juni 1989) oder nicht, kann hier dahinstehen. Im vorliegenden Fall steht ihr jedenfalls das Sozialgeheimnis entgegen.

Gemäß § 35 Abs. 1 SGB I hat jeder Anspruch darauf, daß Einzelangaben über seine persönlichen und sachlichen Verhältnisse (personenbezogene Daten) von den Leistungsträgern als Sozialgeheimnis gewahrt und nicht unbefugt offenbart werden. Leistungsträger bei der Gewährung von Sozialleistungen einschließlich Jugendhilfe mit persönlicher und erzieherischer Hilfe nach §§ 8, 11 SGB I, §§ 1 Abs. 3, 2 SGB VIII sind unter anderem die Jugendämter, § 12 SGB I, § 69 Abs. 1, Abs. 3 SGB VIII. Soweit sie personenbezogene Daten nicht offenbaren dürfen, besteht gemäß § 35 Abs. 3 SGB I keine Auskunfts- oder Zeugnispflicht und keine Pflicht zur Vorlage oder Auslieferung von Schriftstücken, Akten, Dateien und sonstigen Datenträgern. Daraus folgt für diese Fälle auch ein Beschlagnahmeverbot von Akten (Kleinknecht/Meyer, StPO, 40. Aufl., Rdn. 6 zu § 161 StPO, Hauck/Haines, SGB X 1, 2, Rd. 46 zu § 35 SGB I).

Eine Offenbarung personenbezogener Daten ist gemäß § 35

Abs. 2 SGB I nur unter den Voraussetzungen der §§ 67 bis 77 SGB X zulässig. Eine Einwilligung der Betroffenen zur Offenbarung nach § 67 Nr. 1 SGB X liegt nicht vor. Darüber hinaus kommen im vorliegenden Fall nur die §§ 73 und 69 Abs. 1 Nr. 1 SGB X in Betracht. Deren Voraussetzungen sind ebenfalls nicht gegeben. Gemäß § 73 Nr. 1 SGB X ist eine Offenbarung auf richterliche Anordnung zulässig, soweit sie zur Aufklärung eines Verbrechens erforderlich ist. Gegenstand des Ermittlungsverfahrens ist jedoch das Vergehen der Mißhandlung Schutzbefohlener nach § 223b StGB. Bei der Aufklärung von Vergehen dürfen nur Personalien, Arbeitgeber und Angaben zu Geldleistungen offenbart werden, § 73 Nr. 2 i.V. m. § 72 Abs. 1 Satz 2 SGB X. Das rechtfertigt die Beschlagnahme der Betreuungsakte nicht.

Gemäß § 69 Abs. 1 Nr. 1 SGB X ist eine Offenbarung zulässig, soweit sie erforderlich ist für die Erfüllung einer gesetzlichen Aufgabe nach dem Sozialgesetzbuch durch einen Leistungsträger (1. Alternative) oder für die Durchführung eines damit zusammenhängenden gerichtlichen Verfahrens einschließlich eines Strafverfahrens (2. Alternative). Zwar gehört es zu den Aufgaben der Jugendämter, Kinder und Jugendliche vor Gefahren für ihr Wohl zu schützen (§ 1 Abs. 3 SGB VIII) und damit Mißhandlungen entgegenzuwirken. Ob die Jugendämter dazu auch Strafanzeigen erstatten und von sich aus Sozialdaten offenbaren dürfen, ist strittig (dafür unter anderem Senat von Berlin in Drucksache Nr. 673 der 10. Wahlperiode des Abgeordnetenhauses von Berlin, woraus sich jedoch eine entsprechende Verpflichtung der Träger der Jugend- oder Sozialhilfe nicht herleiten läßt). Gemäß § 64 SGB VIII (KJHG) dürfen personenbezogene Daten nur zu dem erhobenen Zweck verwendet und im Sinne des § 69 SGB X offenbart werden, soweit der Erfolg einer zu gewährenden Leistung nicht in Frage gestellt wird. Unter anderem unter Berufung darauf hat das Jugendamt R. eine Offenbarung abgelehnt (und die Senatsverwaltung für Inneres der zuständigen Sozialarbeiterin eine Aussagegenehmigung versagt). Da die Prüfung der Offenbarungsbefugnis gemäß § 69 Abs. 1 Nr. 1 1. Alternative SGB X dem Leistungsträger obliegt (Borchert/Hase/Walz, SGB X 2, Rdn. 96 zu § 69 SGB X, Willenbücher/Borcherding in ZfSH/SGB 1988 S. 130), ist diese Entscheidung hinzunehmen. Die Zulässigkeit einer Offenbarung gemäß § 69 Abs. 1 Nr. 1 2. Alternative SGB X wäre hier nur gegeben, wenn das

Verfahren bereits bei Gericht anhängig wäre. Das Ermittlungsverfahren der Staatsanwaltschaft oder ihrer Hilfsorgane wird davon nicht erfaßt (Hauck/Haines, a.a.O., Rdn. 25 zu § 69 SGB X, Borchert/Hase/Walz, a.a.O., Rdn. 102, 103 zu § 69, Rdn. 42 zu § 73 SGB X). Die richterliche Durchsuchungsanordnung und Beschlagnahmebestätigung macht das vorliegende Ermittlungsverfahren noch nicht zu einem gerichtlichen Strafverfahren. (Das ergibt sich auch aus einem Vergleich mit § 73 SGB X, wonach in den dortigen Fällen nur eine richterliche Anordnung notwendig ist.)

Eine Offenbarungspflicht nach den Vorschriften des Sozialgesetzbuches ist damit derzeit nicht gegeben. Das mag für die Strafverfolgungsbehörde unbefriedigend sein, entspricht aber dem hohen Stellenwert des Sozialgeheimnisses im SGB.

Anhaltspunkte dafür, daß eine Offenbarung und damit die Aktenbeschlagnahme in vorliegender Sache ausnahmsweise gemäß § 34 StGB zulässig sein könnte (vgl. dazu Willenbücher/Borcherding, a.a.O., S. 160), liegen nicht vor ... Nach alledem ist die Beschlagnahme der Sozialakte nicht zulässig. Sie ist aufzuheben und die Akte herauszugeben (§ 309 Abs. 2 StPO).

Anmerkung
* Zitiert nach: *Nachrichtendienst des Deutschen Vereins*, Heft 12/1992, S. 417.

Urteil des Landgerichts Offenburg vom 24. September 1993*

Sachverhalt:

Das Jugendamt O. führt über die Geschädigte eine Sozialakte, die u.a. Aufzeichnungen über Gespräche des Erziehungsbeistands mit der Geschädigten, ihren Verwandten und Freunden enthält. Gegen den Erziehungsbeistand hat die Geschädigte Anzeige wegen sexuellen Mißbrauchs von Schutzbefohlenen erstattet.

Das Landratsamt O. hat das Verlangen des Schöffengerichts auf Herausgabe der Akten mit dem Hinweis auf das Sozialgeheimnis nach § 35 SGB I verweigert. Das Landgericht O. hat mit Beschluß angeordnet, daß die Akte über die Erziehungsbeistandsschaft beschlagnahmt wird.

Aus den Gründen:
Am 3. April 1992 erhob die Staatsanwaltschaft O. gegen den Angeschuldigten Anklage mit dem Vorwurf, daß dieser in der Zeit von Frühjahr 1984 bis zum 18. Geburtstag der N. an dieser in Ausübung seiner Funktion als Erziehungshelfer unter Mißbrauch des Betreuungsverhältnisses sexuelle Handlungen vorgenommen habe. Mit Beschluß vom 2. Juni 1993 lehnte das Amtsgericht – Schöffengericht – O. die Eröffnung des Hauptverfahrens gegen den Angeschuldigten ab. Hiergegen richtet sich die am 21. Juni 1993 rechtzeitig eingegangene sofortige Beschwerde der Nebenklägerin.

Das Amtsgericht – Schöffengericht – O. hat die Eröffnung des Hauptverfahrens mit der Begründung abgelehnt, die vorgeworfene Straftat sei verjährt. Die Verjährungsfrist für Vergehen gemäß § 174 StGB beträgt gemäß § 78 Abs. 2 Nr. 4 StGB fünf Jahre. Eine Unterbrechung der Verjährungsfrist fand vorliegend mit der ersten Vernehmung des Beschuldigten am 12. April 1991 statt. Entsprechend wäre die als fortgesetzt angeklagte Tat verjährt, wenn sie vor dem 12. April 1986 abgeschlossen gewesen wäre. Dies hängt wiederum davon ab, ob nach dem 12. April 1986 das von § 174 Abs. 1 Nr. 2 StGB vorausgesetzte Betreuungsverhältnis des Angeschuldigten zu N. noch fortbestand. Über den Endzeitpunkt der Betreuung der N. durch den Angeschuldigten gibt es in den Akten sowohl von seiten des Angeschuldigten als auch von Seiten der Geschädigten und des Jugendamtes unterschiedliche Angaben. Zwar hat das Jugendamt O. in einem Schreiben vom 3. März 1993 die Betreuungszeit mit von Februar 1983 bis Februar 1987 andauernd angegeben. In einem Schreiben vom 19. März 1993 hat das Landratsamt O. berichtigend mitgeteilt, daß die „eigentliche Betreuungszeit" bereits im November 1985 beendet war. Andererseits befindet sich ein Aktenvermerk, der augenscheinlich zur Betreuungsakte gehört, vom 24. Februar 1987 in Kopie in den Strafakten. Nach Auffassung der Kammer ist die Beiziehung der Jugendamtsakten zur Klärung der Art des Betreuungsverhältnisses und seiner Dauer unerläßlich.

Das Landratsamt O. hat ein entsprechendes Verlangen des Schöffengerichts auf Herausgabe der Akten mit dem Hinweis auf das Sozialgeheimnis gemäß § 35 SGB I verweigert. Die Geheimnispflicht hinsichtlich von Sozialdaten steht vorliegend jedoch einer Herausgabe nicht entgegen. Nach neuerer Rechtssprechung verbietet in einem solchen Fall auch die Vorschrift des § 96 StPO die Beschlagnahme von Behördenakten nicht.

Zu Recht hat das Landratsamt O. darauf hingewiesen, daß eine Herausgabe der Akte aufgrund der Vorschrift des § 73 SGB X nicht in Betracht kommt. Das Jugendamt hat jedoch übersehen, daß eine Herausgabebefugnis sich aus § 69 Abs. 1 Nr. 1 SGB X ergibt. § 69 Abs. 1 Nr. 1 SGB X sieht eine Offenbarungsmöglichkeit von Sozialdaten für Strafverfahren dann vor, wenn diese mit einer gesetzlichen Aufgabe der entsprechenden Behörde im Zusammenhang stehen, also quasi eine Fortführung einer behördlichen Tätigkeit darstellen. Gesetzliche Aufgaben des Jugendamtes sind sicher solche nach dem Jugendwohlfahrtsgesetz. Mit der im Rahmen des Jugendwohlfahrtsgesetzes zu leistenden Erziehungsbeistandschaft steht das vorliegende Strafverfahren in unmittelbarem Zusammenhang. Es besteht der Verdacht, daß ein Mitarbeiter der Behörde Straftaten gerade in Erfüllung dieser Beistandschaft vorgenommen hat. Aufgabe des Jugendamtes ist es aber, dafür Sorge zu tragen, daß Mitarbeiter, die als Erziehungshelfer tätig werden, diese Tätigkeit nicht zur Begehung von Straftaten an den der Erziehung Unterstellten mißbrauchen. Das vorliegende Strafverfahren hängt mit dieser Pflicht unmittelbar zusammen.

Da das Jugendamt diese Herausgabemöglichkeit nach § 69 Abs. 1 Nr. 1 SGB X verkannt hat, ergibt sich im vorliegenden Fall aus dem Sozialgeheimnis kein Beschlagnahmeverbot. Die Kammer hat nicht übersehen, daß § 69 Abs. 1 Nr. 1 SGB X der Behörde nur die Möglichkeit eröffnet, Sozialdaten zu offenbaren, sie hierzu also nicht verpflichtet. Die Kammer ist jedoch zu der Auffassung gelangt, daß wegen der Besonderheiten des vorliegenden Falls die Weigerung der Behörde, die Akte herauszugeben, einer Beschlagnahme der Akte nicht entgegensteht.

Dies ergibt sich aus dem Schutzzweck des § 69 SGB X in Verbindung mit § 35 SGB I. Das Sozialgeheimnis dient dem Schutz des Bürgers, dessen Sozialdaten bei Inanspruchnahme staatlicher Leistungen gespeichert werden müssen, nicht dem Schutz der Behörde vor Einblick in ihre Arbeitsweise. Bei der Frage, ob sie Daten nach § 69 Abs. 1 Nr. 1 SGB X offenbart, hat die Behörde entsprechend nur zu prüfen, ob ihr das Geheimhaltungsinteresse des Betroffenen unter Umständen wichtiger erscheint als ihre Möglichkeit, bei der Aufklärung einer Straftat mitzuwirken. Vorliegend hat die Betroffene aber offensichtlich kein Interesse an der Einhaltung des Sozialgeheimnisses. Sie selbst hat den Angeschuldigten angezeigt und betreibt nunmehr als Nebenklägerin das Strafverfahren gegen ihn. Sie hat Teile der Jugendamtsakte, die ihr in Kopie vom Angeschuldigten zur Verfügung gestellt wurden, selbst zu den Strafakten gereicht. Schließlich hat ihre Vertreterin die Beschlagnahme der Jugendamtsakten beantragt. Aus diesem Gesamtverhältnis der Geschädigten ergibt sich, daß sie an der Zurückhaltung ihrer Daten gerade kein Interesse hat. Andererseits geht es hier um die Aufklärung eines gewichtigen Strafvorwurfs gegen einen Mitarbeiter der Behörde. Wenn die Betroffene vorliegend die Herausgabe der gesamten Akte sogar fordert, um gegen einen ehemaligen Mitarbeiter der Behörde vorzugehen, bleibt dieser keine Möglichkeit mehr, mit Blick auf das Geheimhaltungsinteresse der Betroffenen die Akte im Strafverfahren zurückzuhalten. Die Akte ist deshalb als Beweismittel zu beschlagnahmen. Ein Beschlagnahmeverbot entsteht nicht.

Anmerkung
* Zitiert nach: *Nachrichtendienst des Deutschen Vereins*, Heft 5/1994, S. 199 – 200.

Redaktionelle Anmerkungen zur möglichen Beschlagnahme von Beratungsdokumentationen.

Die vorstehend dokumentierten Urteile des Landgerichts Berlin vom 19.02.1992 sowie des Landgerichts Offenburg vom 24.09.1993 legen die Frage nahe, ob ggf. eine Beschlagnahme von Beratungsdokumentationen in Erziehungs- und Familienberatungsstellen zulässig wäre.

1. Sowohl in der Entscheidung des Landgerichts Berlin als auch in der des Landgerichts Offenburg ging es um die Frage, ob Akten des *Jugendamtes* beschlagnahmt werden durften. Die Frage, ob die rechtlichen Begründungen auch auf Erziehungsberatungsstellen in *öffentlicher Trägerschaft* übertragen werden können, ist wie folgt zu beantworten:
Gemäß § 61 Abs. 1 SGB VIII gelten die Vorschriften für den Schutz von Sozialdaten in der Jugendhilfe für alle Stellen des Trägers öffentlicher Jugendhilfe, soweit sie Aufgaben nach

diesem Buch wahrnehmen. „Stelle" ist nach § 67 Abs. 9 SGB X die Organisationseinheit einer Gebietskörperschaft, die eine Aufgabe nach einem der besonderen Teile des SGB funktional durchführt. Erziehungsberatung ist im SGB VIII geregelt, einem Buch des SGB. Erziehungsberatung wird in der Regel in Beratungsstellen in diesem Sinne *funktional* durchgeführt, so daß die rechtlichen Begründungen ohne weiteres auch auf die Frage der Beschlagnahme von Beratungsdokumentationen übertragen werden können, die in Beratungsstellen öffentlicher Jugendhilfeträger geführt werden.

2. Bei Beratungsstellen von Trägern der *freien Jugendhilfe* gilt folgendes:

In der neueren Rechtssprechung (vgl. z.B. Oberlandesgericht Zweibrücken, Zeitschrift für das gesamte Familienrecht 1995, S. 679) sowie in der Kommentarliteratur (vgl. z.B. Wiesner/ Mörsberger Kommentar SGB VIII § 61 Rdn. 26 ff.) läßt sich eine Tendenz erkennen, wonach der Schutz des Vertrauens in die Verschwiegenheit von Beratern in Beratungsstellen in kirchlicher Trägerschaft (Kirchengemeinde, Diözese) ebenso hoch zu bewerten ist, wie bei Fachkräften in öffentlichen Beratungsstellen. Danach ist wohl die Annahme gerechtfertigt, daß bei Beschlagnahme von Akten kirchlicher Träger die gleichen rechtlichen Maßstäbe zu gelten haben, wie dies bei öffentlichen Trägern angenommen wird.

Für Beratungsstellen in Trägerschaft von Wohlfahrtsverbänden gilt im übrigen § 78 Abs. 1 Satz 1 SGB X, wonach diese als Empfänger von Sozialdaten verpflichtet sind, diese in demselben Umfang geheimzuhalten wie Sozialleistungsträger.

Hinzu kommt, daß die strafprozessualen Vorschriften über die Aktenherausgabepflicht und die Beschlagnahme von Akten als im Range unter der Verfassung stehende Gesetze stets verfassungskonform anzuwenden sind. Ihr Inhalt und damit auch ihre Begrenzungen sind zu bestimmen aus dem Sinngehalt und im Einklang mit der Verfassung. Wenn also für Klienten von Beratungsstellen öffentlicher Träger gilt, daß die Interessen der Strafverfolgungsbehörden an der Aufdeckung einer Straftat nicht in jedem Fall Vorrang haben vor dem Schutz des Vertrauens des Beschuldigten in die Verschwiegenheit von Fachkräften der Sozialleistungsträger, so muß dies auch gelten, wenn es um Akten in Beratungsstellen von Kirchen und Wohlfahrtsverbänden geht, die von Bürgern aufgesucht werden, deren Vertrauen in die Verschwiegenheit aus Gründen der Pflicht zur Gleichbehandlung (Artikel 3 GG) keinen geringeren staatlichen Schutz genießen darf, wie der von Ratsuchenden öffentlicher Beratungsstellen.

Ferdinand Kaufmann

Zeugnisverweigerungsrecht von Sozialarbeitern/Sozialpädagogen
Urteil des Oberlandesgerichtes Hamm vom 30. September 1991*

Für das *Recht der Zeugnisverweigerung* gelten im Verfahren der freiwilligen Gerichtsbarkeit gemäß § 15 Abs. 1 S. 1 FGG die Vorschriften der §§ 383 bis 390 ZPO entsprechend. Für die beiden Zeuginnen kommt daher zunächst ein Verweigerungsrecht nach § 383 Abs. 1 Nr. 6 ZPO in Betracht.

Danach sind zur Verweigerung des Zeugnisses Personen berechtigt, denen kraft ihres Amtes, Standes oder Gewerbes Tatsachen anvertraut sind, deren Geheimhaltung durch ihre Natur oder durch gesetzliche Vorschrift geboten ist, in betreff der Tatsachen, auf welche die Verpflichtung zur Verschwiegenheit sich bezieht.

Dabei geht der Senat aufgrund der von den Zeuginnen wahrgenommenen Tätigkeit davon aus, daß sie eine berufliche Ausbildung als Sozialpädagoginnen haben. Ob Angehörigen der sozialpflegerischen Berufe, also hier einem Sozialpädagogen oder etwa – davon kaum zu trennen – einem Sozialarbeiter, ein Zeugnisverweigerungsrecht im Hinblick auf die ihnen aus Anlaß ihrer beruflichen Tätigkeit anvertrauten Tatsachen zusteht, wird nicht einheitlich beantwortet. Für den Bereich des *Strafverfahrens* sind die zur Zeugnisverweigerung berechtigten Berufsgruppen in § 53 Abs. 1 StPO enumerativ und abschließend aufgeführt. Die Gruppe der sozialpflegerischen Berufe ist in dieser Vorschrift (von dem Sonderfall in § 53 Abs. 1 Nr. 3 a StPO abgesehen) nicht vom Zeugniszwang ausgenommen. Diese gesetzgeberische Entscheidung hat auch vor dem Grundgesetz Bestand (BVerfG NJW 1972, 2214 ff.). Auch für den *Bereich der ZPO* ist in der Rechtssprechung angenommen worden, daß sich aus § 383 Abs. 1 Nr. 6 ZPO ein Zeugnisverweigerungsrecht für Sozialarbeiter nicht ableiten lasse. (OLG Köln – Familiensenat -, FamRZ 1986, 709; BayObLG FamRZ 1990, 1012, 1013; ebenso Baumbach-Hartmann, ZPO, 49. Aufl., § 383 Anm. 3 C b).

Demgegenüber wird in der neueren Kommentarliteratur ein Zeugnisverweigerungsrecht für Sozialarbeiter verschiedentlich bejaht (Stein/Jonas-Schumann, ZPO, 20. Aufl. § 383, Rdn. 81; Zöller-Stephan, ZPO, 16 Aufl., § 383 Rdn. 19 in Abweichung von den Vorauflagen).

Die letztere Auffassung hat die überzeugenderen Gründe für sich, und zwar jedenfalls insoweit, als die Berufsgruppen der Sozialpädagogen und Sozialarbeiter nicht generell vom Zeugnisverweigerungsrecht ausgeschlossen werden kann. Die Beschränkung des Zeugnisverweigerungsrechtes auf bestimmte Berufsgruppen in der strafprozessualen Vorschrift des § 53 Abs. 1 StPO ist das Ergebnis einer gesetzgeberischen Abwägung zwischen dem staatlichen Gemeinschaftsinteresse an der Gewährleistung einer effektiven Strafverfolgung einerseits und dem Geheimhaltungsinteresse des einzelnen, insbesondere dem Schutz seiner privaten Lebensspähre (BVerfG aaO). Der Ausgangspunkt der zivilprozessualen Vorschrift ist demgegenüber ein anderer, da die durch eine berufliche Tätigkeit begründete Vertrauenssphäre uneingeschränkt ohne Eingrenzung auf bestimmte Berufsgruppen geschützt wird. Dementsprechend ist einhellig anerkannt, daß das Zeugnisverweigerungsrecht über § 53 Abs. 1 StPO hinaus den Angehörigen auch sonstiger Berufe zusteht, deren Ausübung die Kenntnis schutzwürdiger Geheimnisse Dritter bedingt, u.a. den Mitarbeitern von Banken (Zöller-Stephan, aaO, § 383 Rdnr. 20). Hat aber im Rahmen des § 383 Abs. 1 Nr. 6 ZPO der Schutz der Vertrauenssphäre uneingeschränkt Vorrang, bestehen keine überzeugenden Gründe dafür, das zu einem Sozialarbeiter bzw. Sozialpädagogen begründete Vertrauensverhältnis generell von dem Schutz durch das Zeugnisverweigerungsrecht auszunehmen. Ein Wertungswiderspruch zwischen dem Schutz des Bankgeheimnisses einerseits und dem im Regelfall vorwiegend die private Lebensführung und die Intimsphäre betreffenden Vertrauensbereich zwischen einem Sozialarbeiter bzw. Sozialpädagogen und dem jeweiligen Klienten, der ohne Schutz durch das Zeugnisverweigerungsrecht bliebe, wäre unverkennbar. Hinzu kommt, daß § 203 Abs. 1 Nr. 5 StGB die unbefugte Offenbarung eines zum persönlichen Lebensbereich gehörenden Geheimnisses durch einen staatlich anerkannten Sozialarbeiter oder staatlich anerkannten Sozialpädagogen unter Strafe stellt. Die strafbewehrte Geheimhaltungspflicht und das Zeugnisverweigerungsrecht sind zwar nicht in allen Bereichen deckungsgleich. Für die Auslegung der zivilprozessualen Vorschrift im Lichte dieser strafrechtlichen Bestimmung bestehen jedoch keine Hinderungsgründe. § 383 Abs. 1 Nr. 6 StPO räumt gerade den Angehörigen derjenigen Berufe ein uneingeschränktes Zeugnisverweigerungsrecht ein, denen durch gesetzliche Vorschrift die Geheimhaltung der ihnen im Rahmen ihrer beruflichen Tätigkeit anvertrauten Tatsachen geboten ist.

Der Senat läßt jedoch abschließend dahingestellt, ob sich das Zeugnisverweigerungsrecht der Zeuginnen S. und N. bereits aus § 383 Abs. 1 Nr. 6 ZPO ergibt. Im vorliegenden Fall ist das Zeugnisverweigerungsrecht jedenfalls unmittelbar aus verfassungsrechtlichen Grundsätzen herzuleiten. Einer Vorlage der Sache an den BGH gemäß § 28 Abs. 2 FGG im Hinblick auf die vom Bayerischen Obersten Landgericht in seiner genannten Entscheidung vertretene Auffassung zum Zeugnisverweigerungsrecht eines Sozialarbeiters bedarf es deshalb nicht, weil sich das Bayerische Oberste Landgericht mit diesem Gesichtspnkt nicht befaßt hat. Das BVerfG hat in seiner bereits herangezogenen Entscheidung darauf hingewiesen, daß im Einzelfall ausnahmsweise und unter ganz besonders strengen Voraussetzungen eine Begrenzung des Zeugniszwangs *unmittelbar aus der Verfassung* folge, wenn unabhängig von der Berufszugehörigkeit des Zeugen dessen Vernehmung wegen der Eigenart des Beweisthemas in den durch Art. 2 Abs. 1 i.V.m. Art. 1 Abs. 1 GG grundrechtlich geschützten Bereich der privaten Lebensgestaltung des einzelnen, insbesondere seine Intimsphäre, eingegriffen würde. Dieser vom BVerfG aufgezeichnete Weg bezieht sich allerdings auf den Zeugniszwang des Sozialarbeiters im Strafverfahren und die unter Berücksichtigung des Grundsatzes der Verhältnismäßigkeit erforderliche Abwägung gegenüber dem staatlichen Strafverfolgungsinteresse. Hier geht es jedoch nicht um die Aufklärung strafrechtlicher Vorwürfe, sondern im Rahmen einer vormundschaftsgerichten Entscheidung nach den §§ 1666, 1666 a BGB um die Festellung eines etwaigen, über die bisher bereits nachgewiesenen Erziehungsdefizite hinausgehenden Erziehungsversagens der Eltern. In diesem Zusammenhang ist dem Schutz des privaten Lebensbereiches und der Intimspähre der Eltern ein von vornherein größeres und aufgrund der besonderen Umstände des vorliegenden Falles ausschlaggebendes Gewicht beizumessen:

Die Beteiligten zu 1) haben sich mit einer Tätigkeit der Zeugin N. im Rahmen der sozialpädagogischen Familienhilfe innerhalb ihres Haushaltes einverstanden erklärt. Die Zeugin hat dadurch einen tiefen Einblick in die private Lebens- und Intimspähre der Eltern

gewonnen. Diese haben der Familienhelferin das besondere Vertrauen entgegengebracht, das erforderlich ist, um eine sozialpädagogische Arbeit dem Ziel einer Veränderung des Erziehungsverhaltens gegenüber den Kindern überhaupt mit Aussicht auf Erfolg durchführen zu können. Es wäre für die Eltern schlechthin unerträglich, wenn sie nunmehr hinnehmen müßten, daß die Familienhelferin als Zeugin im gerichtlichen Verfahren einzelne Vorgänge aus ihrem Familienleben offenbaren müßte, etwa auch solche zum intimsten Lebensbereich gehörende Vorgänge wie die Art und Weise der Austragung von Beziehungskonflikten der Eltern untereinander und deren Auswirkung auf die Kinder. Die Ausübung des staatlichen Wächteramtes im Verfahren nach § 1666 BGB erfordert eine solche Aufklärungsmaßnahme nicht. Das Verfahren wird vielmehr in besonderem Maße vom *Verhältnismäßigkeitsgrundsatz* beherrscht, wie die gesetzliche Vorschrift des § 1666 BGB besonders zum Ausdruck bringt. Der Einsatz der sozialpädagogischen Familienhilfe diente dazu, eine Veränderung des Erziehungsverhaltens der Eltern zu bewirken und auf diese Weise vormundschaftsgerichtliche Maßnahmen, die mit einer Trennung der Kinder von den Eltern verbunden sind, zu vermeiden. Das für eine solche Maßnahme erforderliche *Vertrauensverhältnis zu der Familienhelferin* könnte von vornherein begründet werden, wenn die Eltern mit einer späteren Zeugenaussage der Familienhelferin über die Einzelheiten ihres Familienlebens rechnen und diese deshalb vorrangig als Überwachungsorgan der mit einer späteren Sachentscheidung befaßten Stellen ansehen müßten. Der vom Gesetz ausdrücklich gewollte Vorrang der Hilfestellung gegenüber dem vormundschaftsgerichtlichen Eingriff in die elterliche Sorge wäre nicht mehr gewährleistet. Eine mit dem Ziel der Feststellung eines Erziehungsversagens in einzelnen Situationen durchgeführte Zeugenaussage stellt sich damit qualitativ anders als ein bewertender Entwicklungsbericht über den Erfolg der Maßnahme dar, zu dessen Erstattung man die Familienhelferin nach dem Zweck ihres Einsatzes als berechtigt wird ansehen müssen.
(S. 1082 – 1084)

Anmerkung
* Zitiert nach: *Der Amtsvormund*, Heft 12/1991, S. 1079 – 1089.

Gesetzestexte
(Auszüge)

Sozialgesetzbuch Erstes Buch (SGB I)*
Allgemeiner Teil

§ 8 Kinder- und Jugendhilfe
Junge Menschen und Personensorgeberechtigte haben im Rahmen dieses Gesetzbuchs ein Recht, Leistungen der öffentlichen Jugendhilfe in Anspruch zu nehmen. Sie sollen die Entwicklung junger Menschen fördern und die Erziehung in der Familie unterstützen und ergänzen.

§ 11 Leistungsarten
Gegenstand der sozialen Rechte sind die in diesem Gesetzbuch vorgesehenen Dienst-, Sach- und Geldleistungen (Sozialleistungen). Die persönliche und erzieherische Hilfe gehört zu den Dienstleistungen.

§ 12 Leistungsträger
Zuständig für die Sozialleistungen sind die in den §§ 18 bis 29 genannten Körperschaften, Anstalten und Behörden (Leistungsträger). Die Abgrenzung ihrer Zuständigkeit ergibt sich aus den besonderen Teilen dieses Gesetzbuches

§ 14 Beratung
Jeder hat Anspruch auf Beratung über seine Rechte und Pflichten nach diesem Gesetzbuch. Zuständig für die Beratung sind die Leistungsträger, denen gegenüber die Rechte geltend zu machen oder die Pflichten zu erfüllen sind.

§ 16 Antragstellung
(1) Anträge auf Sozialleistungen sind beim zuständigen Leistungsträger zu stellen. Sie werden auch von allen anderen Leistungsträgern, von allen Gemeinden und bei Personen, die sich im Ausland aufhalten, auch von den amtlichen Vertretungen der Bundesrepublik Deutschland im Ausland entgegengenommen.
(2) Anträge, die bei einem unzuständigen Leistungsträger, bei einer für die Sozialleistung nicht zuständigen Gemeinde oder bei einer amtlichen Vertretung der Bundesrepublik Deutschland im Ausland gestellt werden, sind unverzüglich an den zuständigen Leistungs-

träger weiterzuleiten. Ist die Sozialleistung von einem Antrag abhängig, gilt der Antrag als zu dem Zeitpunkt gestellt, in dem er bei einer der in Satz 1 genannten Stellen eingegangen ist.

(3) Die Leistungsträger sind verpflichtet, darauf hinzuwirken, daß unverzüglich klare und sachdienliche Anträge gestellt und unvollständige Angaben ergänzt werden.

§ 17 Ausführung der Sozialleistungen

(1) Die Leistungsträger sind verpflichtet, darauf hinzuwirken, daß
1. jeder Berechtigte die ihm zustehenden Sozialleistungen in zeitgemäßer Weise, umfassend und schnell erhält,
2. die zur Ausführung von Sozialleistungen erforderlichen sozialen Dienste und Einrichtungen rechtzeitig und ausreichend zur Verfügung stehen und
3. der Zugang zu den Sozialleistungen möglichst einfach gestaltet wird, insbesondere durch Verwendung allgemein verständlicher Antragsvordrucke.

(2) (gestrichen).

(3) In der Zusammenarbeit mit gemeinnützigen und freien Einrichtungen und Organisationen wirken die Leistungsträger darauf hin, daß sich ihre Tätigkeit und die der genannten Einrichtungen und Organisationen zum Wohl der Leistungsempfänger wirksam ergänzen. Sie haben dabei deren Selbständigkeit in Zielsetzung und Durchführung ihrer Aufgaben zu achten. Die Nachprüfung zweckentsprechender Verwendung bei der Inanspruchnahme öffentlicher Mittel bleibt unberührt. Im übrigen ergibt sich ihr Verhältnis zueinander aus den besonderen Teilen dieses Gesetzbuchs; § 97 Abs. 2 des Zehnten Buches findet keine Anwendung.

§ 27 Leistungen der Kinder und Jugendhilfe

(1) Nach dem Recht der Kinder- und Jugendhilfe können in Anspruch genommen werden:
1. Angebote der Jugendarbeit, der Jugendsozialarbeit und des erzieherischen Jugendschutzes,
2. Angebote zur Förderung der Erziehung in der Familie,
3. Angebote zur Förderung Kindern in Tageseinrichtungen und in Tagespflege,
4. Hilfe zur Erziehung, Eingliederungshilfe für seelisch behinderte Kinder und Jugendliche sowie Hilfe für junge Volljährige

einschließlich der Nachbetreuung.

(2) Zuständig sind die Kreise und die kreisfreien Städte, nach Maßgabe des Landesrechts auch kreisangehörige Gemeinden; sie arbeiten mit der freien Jugendhilfe zusammen.

§ 35 Sozialgeheimnis

(1) Jeder hat Anspruch darauf, daß die ihn betreffenden Sozialdaten (§ 67 Abs. 1 Zehntes Buch) von den Leistungsträgern nicht unbefugt erhoben, verarbeitet oder genutzt werden (Sozialgeheimnis). Die Wahrung des Sozialgeheimnisses umfaßt die Verpflichtung, auch innerhalb des Leistungsträgers sicherzustellen, daß die Sozialdaten nur Befugten zugänglich sind oder nur an diese weitergegeben werden. Sozialdaten der Beschäftigten und ihrer Angehörigen dürfen Personen, die Personalentscheidungen treffen oder daran mitwirken können, weder zugänglich sein noch von Zugriffsberechtigten weitergegeben werden. Der Anspruch richtet sich auch gegen die Verbände der Leistungsträger, die Arbeitsgemeinschaften der Leistungsträger und ihrer Verbände, die in diesem Gesetzbuch genannten öffentlich-rechtlichen Vereinigungen, die Künstlersozialkasse, die Deutsche Bundespost, soweit sie mit der Berechnung oder Auszahlung von Sozialleistungen betraut ist, die Hauptzollämter, soweit sie Aufgaben nach § 107 Abs. 1 des Vierten Buches, § 66 des Zehnten Buches und § 150a des Arbeitsförderungsgesetzes durchführen, und die Stellen, die Aufgaben nach § 67c Abs. 3 des Zehnten Buches wahrnehmen. Die Beschäftigten haben auch nach Beendigung ihrer Tätigkeit bei den genannten Stellen das Sozialgeheimnis zu wahren.

(2) Eine Erhebung, Verarbeitung und Nutzung von Sozialdaten ist nur unter den Voraussetzungen des Zweiten Kapitels des Zehnten Buches zulässig.

(3) Soweit eine Übermittlung nicht zulässig ist, besteht keine Auskunftspflicht, keine Zeugnispflicht und keine Pflicht zur Vorlegung oder Auslieferung von Schriftstücken, Akten und Dateien.

(4) Betriebs- und Geschäftsgeheimnisse stehen Sozialdaten gleich.

(5) Sozialdaten Verstorbener dürfen nach Maßgabe des Zweiten Kapitels des Zehnten Buches verarbeitet oder genutzt werden. Sie dürfen außerdem verarbeitet oder genutzt werden, wenn schutzwürdige Interessen des Verstorbenen oder seiner Angehö-

rigen dadurch nicht beeinträchtigt werden können.

§ 36 Handlungsfähigkeit
(1) Wer das fünfzehnte Lebensjahr vollendet hat, kann Anträge auf Sozialleistungen stellen und verfolgen sowie Sozialleistungen entgegennehmen. Der Leistungsträger soll den gesetzlichen Vertreter über die Antragstellung und die erbrachten Sozialleistungen unterrichten.

(2) Die Handlungsfähigkeit nach Absatz 1 Satz 1 kann vom gesetzlichen Vertreter durch schriftliche Erklärung gegenüber dem Leistungsträger eingeschränkt werden. Die Rücknahme von Anträgen, der Verzicht auf Sozialleistungen und die Entgegennahme von Darlehen bedürfen der Zustimmung des gesetzlichen Vertreters.

§ 37 Vorbehalt abweichender Regelungen
(1) Das Erste und Zehnte Buch gelten für alle Sozialleistungsbereiche dieses Gesetzbuchs, soweit sich aus den übrigen Büchern nichts Abweichendes ergibt; Artikel II § 1 bleibt unberührt. Der Vorbehalt gilt nicht für die §§ 1 bis 17 und 31 bis 36. Das Zweite Kapitel des Zehnten Buches geht dessen Erstem Kapitel vor, soweit sich die Ermittlung des Sachverhalts auf Sozialdaten erstreckt.

§ 38 Rechtsanspruch
Auf Sozialleistungen besteht ein Anspruch, soweit nicht nach den besonderen Teilen dieses Gesetzbuchs die Leistungsträger ermächtigt sind, bei der Entscheidung über die Leistung nach ihrem Ermessen zu handeln.

§ 39 Ermessensleistungen
(1) Sind die Leistungsträger ermächtigt, bei der Entscheidung über Sozialleistungen nach ihrem Ermessen zu handeln, haben sie ihr Ermessen entsprechend dem Zweck der Ermächtigung auszuüben und die gesetzlichen Grenzen des Ermessens einzuhalten. Auf pflichtgemäße Ausübung des Ermessens besteht ein Anspruch.

(2) Für Ermessensleistungen gelten die Vorschriften über Sozialleistungen, auf die ein Anspruch besteht, entsprechend, soweit

sich aus den Vorschriften dieses Gesetzbuchs nichts Abweichendes ergibt.

§ 40 Entstehen der Ansprüche

(1) Ansprüche auf Sozialleistungen entstehen, sobald ihre im Gesetz oder auf Grund eines Gesetzes bestimmten Voraussetzungen vorliegen.

(2) Bei Ermessensleistungen ist der Zeitpunkt maßgebend, in dem die Entscheidung über die Leistung bekanntgegeben wird, es sei denn, daß in der Entscheidung ein anderer Zeitpunkt bestimmt ist.

§ 41 Fälligkeit

Soweit die besonderen Teile dieses Gesetzbuchs keine Regelung enthalten, werden Ansprüche auf Sozialleistungen mit ihrem Entstehen fällig.

§ 60 Angabe von Tatsachen

(1) Wer Sozialleistungen beantragt oder erhält, hat
  1. alle Tatsachen anzugeben, die für die Leistung erheblich sind, und auf Verlangen des zuständigen Leistungsträgers der Erteilung der erforderlichen Auskünfte durch Dritte zuzustimmen,
  2. Änderungen in den Verhältnissen, die für die Leistung erheblich sind oder über die im Zusammenhang mit der Leistung Erklärungen abgegeben worden sind, unverzüglich mitzuteilen,
  3. Beweismittel zu bezeichnen und auf Verlangen des zuständigen Leistungsträgers Beweisurkunden vorzulegen oder ihrer Vorlage zuzustimmen.

Satz 1 gilt entsprechend für denjenigen, der Leistungen zu erstatten hat.

(2) Soweit für die in Absatz 1 Nr. 1 und 2 genannten Angaben Vordrucke vorgesehen sind, sollen diese benutzt werden.

§ 65 Grenzen der Mitwirkung

(1) Die Mitwirkungspflichten nach den §§ 60 bis 64 bestehen nicht, soweit
  1. ihre Erfüllung nicht in einem angemessenen Verhältnis zu der in Anspruch genommenen Sozialleistung oder ihrer Erstattung steht oder

2. ihre Erfüllung dem Betroffenen aus einem wichtigen Grund nicht zugemutet werden kann oder
3. der Leistungsträger sich durch einen geringeren Aufwand als der Antragsteller oder Leistungsberechtigte die erforderlichen Kenntnisse selbst beschaffen kann.

(2) Behandlungen und Untersuchungen,
1. bei denen im Einzelfall ein Schaden für Leben oder Gesundheit nicht mit hoher Wahrscheinlichkeit ausgeschlossen werden kann,
2. die mit erheblichen Schmerzen verbunden sind oder
3. die einen erheblichen Eingriff in die körperliche Unversehrtheit bedeuten,

können abgelehnt werden.

(3) Angaben, die dem Antragsteller, dem Leistungsberechtigten oder ihnen nahestehenden Personen (§ 383 Abs. 1 Nr. 1 bis 3 der Zivilprozeßordnung) die Gefahr zuziehen würden, wegen einer Straftat oder einer Ordnungswidrigkeit verfolgt zu werden, können verweigert werden.

§ 66 Folgen fehlender Mitwirkung

(1) Kommt derjenige, der eine Sozialleistung beantragt oder erhält, seinen Mitwirkungspflichten nach den §§ 60 bis 62, 65 nicht nach und wird hierdurch die Aufklärung des Sachverhalts erheblich erschwert, kann der Leistungsträger ohne weitere Ermittlungen die Leistung bis zur Nachholung der Mitwirkung ganz oder teilweise versagen oder entziehen, soweit die Voraussetzungen der Leistung nicht nachgewiesen sind. Dies gilt entsprechend, wenn der Antragsteller oder Leistungsberechtigte in anderer Weise absichtlich die Aufklärung des Sachverhalts erheblich erschwert.

(2) Kommt derjenige, der eine Sozialleistung wegen Pflegebedürftigkeit, wegen Arbeitsunfähigkeit, wegen Gefährdung oder Minderung der Erwerbsfähigkeit oder wegen Arbeitslosigkeit beantragt oder erhält, seinen Mitwirkungspflichten nach den §§ 62 bis 65 nicht nach und ist unter Würdigung aller Umstände mit Wahrscheinlichkeit anzunehmen, daß deshalb die Arbeits-, Erwerbs-, oder Vermittlungsfähigkeit beeinträchtigt oder nicht verbessert wird, kann der Leistungsträger die Leistung bis zur Nachholung der Mitwirkung ganz oder teilweise versagen oder

entziehen.

(3) Sozialleistungen dürfen wegen fehlender Mitwirkung nur versagt oder entzogen werden, nachdem der Leistungsberechtigte auf diese Folge schriftlich hingewiesen worden ist und seiner Mitwirkungspflicht nicht innerhalb einer ihm gesetzten angemessenen Frist nachgekommen ist.

Anmerkung
* Zuletzt geändert durch Gesetz am 07.08.1996.

Sozialgesetzbuch Zehntes Buch (SGB X)*
Verwaltungsverfahren

Erstes Kapitel: Verwaltungsverfahren

§ 8 Begriff des Verwaltungsverfahrens
Das Verwaltungsverfahren im Sinne dieses Gesetzbuchs ist die nach außen wirkende Tätigkeit der Behörden, die auf die Prüfung der Voraussetzungen, die Vorbereitung und den Erlaß eines Verwaltungsaktes oder auf den Abschluß eines öffentlich-rechtlichen Vertrages gerichtet ist; es schließt den Erlaß des Verwaltungsaktes oder den Abschluß des öffentlich-rechtlichen Vertrages ein.

§ 9 Nicht-Förmlichkeit des Verwaltungsverfahren
Das Verwaltungsverfahren ist an bestimmte Formen nicht gebunden, soweit keine besonderen Rechtsvorschriften für die Form des Verfahrens bestehen. Es ist einfach und zweckmäßig durchzuführen.

§ 13 Bevollmächtigte und Beistände
(1) Ein Beteiligter kann sich durch einen Bevollmächtigten vertreten lassen. Die Vollmacht ermächtigt zu allen das Verwaltungsverfahren betreffenden Verfahrenshandlungen, sofern sich aus ihrem Inhalt nicht etwas anderes ergibt. Der Bevollmächtigte hat auf Verlangen seine Vollmacht schriftlich nachzuweisen. Ein Widerruf der Vollmacht wird der Behörde gegenüber erst wirksam, wenn er ihr zugeht.

(2) Die Vollmacht wird weder durch den Tod des Vollmachtgebers noch durch eine Veränderung in seiner Handlungsfähigkeit oder seiner gesetzlichen Vertretung aufgehoben; der Bevollmächtigte hat jedoch, wenn er für den Rechtsnachfolger im Verwaltungsverfahren auftritt, dessen Vollmacht auf Verlangen schriftlich beizubringen.

(3) Ist für das Verfahren ein Bevollmächtigter bestellt, muß sich die Behörde an ihn wenden. Sie kann sich an den Beteiligten selbst wenden, soweit er zur Mitwirkung verpflichtet ist. Wendet sich die Behörde an den Beteiligten, muß der Bevollmächtigte verständigt werden. Vorschriften über die Zustellung an Bevollmächtigte bleiben unberührt.

(4) Ein Beteiligter kann zu Verhandlungen und Besprechungen mit einem Beistand erscheinen. Das von dem Beistand Vorgetragene gilt als von dem Beteiligten vorgebracht, soweit dieser nicht unverzüglich widerspricht.

(5) Bevollmächtigte und Beistände sind zurückzuweisen, wenn sie geschäftsmäßig fremde Rechtsangelegenheiten besorgen, ohne dazu befugt zu sein. Befugt im Sinne des Satzes 1 sind auch die in § 73 Abs. 6 Satz 3 des Sozialgerichtsgesetzes bezeichneten Personen, sofern sie kraft Satzung oder Vollmacht zur Vertretung im Verwaltungsverfahren ermächtigt sind.

(6) Bevollmächtigte und Beistände können vom schriftlichen Vortrag zurückgewiesen werden, wenn sie hierzu ungeeignet sind; vom mündlichen Vortrag können sie zurückgewiesen werden, wenn sie zum sachgemäßen Vortrag nicht fähig sind. Nicht zurückgewiesen werden können Personen, die zur geschäftsmäßigen Besorgung fremder Rechtsangelegenheiten befugt sind.

(7) Die Zurückweisung nach den Absätzen 5 und 6 ist auch dem Beteiligten, dessen Bevollmächtigter oder Beistand zurückgewiesen wird, schriftlich mitzuteilen. Verfahrenshandlungen des zurückgewiesenen Bevollmächtigten oder Beistandes, die dieser nach der Zurückweisung vornimmt, sind unwirksam.

§ 18 Beginn des Verfahrens

Die Behörde entscheidet nach pflichtgemäßem Ermessen, ob und wann sie ein Verwaltungsverfahren durchführt. Dies gilt nicht, wenn die Behörde auf Grund von Rechtsvorschriften
   1. von Amts wegen oder auf Antrag tätig werden muß,
   2. nur auf Antrag tätig werden darf und ein Antrag nicht vorliegt.

§ 20 Untersuchungsgrundsatz

(1) Die Behörde ermittelt den Sachverhalt von Amts wegen. Sie bestimmt Art und Umfang der Ermittlungen; an das Vorbringen und an die Beweisanträge der Beteiligten ist sie nicht gebunden.

(2) Die Behörde hat alle für den Einzelfall bedeutsamen, auch die für die Beteiligten günstigen Umstände zu berücksichtigen.

(3) Die Behörde darf die Entgegennahme von Erklärungen oder Anträgen, die in ihren Zuständigkeitsbereich fallen, nicht deshalb verweigern, weil sie die Erklärung oder den Antrag in der Sache für unzulässig oder unbegründet hält.

§ 25 Akteneinsicht durch Beteiligte

(1) Die Behörde hat den Beteiligten Einsicht in die das Verfahren betreffenden Akten zu gestatten, soweit deren Kenntnis zur Geltendmachung oder Verteidigung ihrer rechtlichen Interessen erforderlich ist. Satz 1 gilt bis zum Abschluß des Verwaltungsverfahrens nicht für Entwürfe zu Entscheidungen sowie die Arbeiten zu ihrer unmittelbaren Vorbereitung.

(2) Soweit die Akten Angaben über gesundheitliche Verhältnisse eines Beteiligten enthalten, kann die Behörde statt dessen den Inhalt der Akten dem Beteiligten durch einen Arzt vermitteln lassen. Sie soll den Inhalt der Akten durch einen Arzt vermitteln lassen, soweit zu befürchten ist, daß die Akteneinsicht dem Beteiligten einen unverhältnismäßigen Nachteil, insbesondere an der Gesundheit, zufügen würde. Soweit die Akten Angaben enthalten, die die Entwicklung und Entfaltung der Persönlichkeit des Beteiligten beeinträchtigen können, gelten die Sätze 1 und 2 mit der Maßgabe entsprechend, daß der Inhalt der Akten auch durch einen Bediensteten der Behörde vermittelt werden kann, der durch Vorbildung sowie Lebens- und Berufserfahrung dazu geeignet und befähigt ist. Das Recht nach Absatz 1 wird nicht beschränkt.

(3) Die Behörde ist zur Gestattung der Akteneinsicht nicht verpflichtet, soweit die Vorgänge wegen der berechtigten Interessen der Beteiligten oder dritter Personen geheimgehalten werden müssen.

(4) Die Akteneinsicht erfolgt bei der Behörde, die die Akten führt. Im Einzelfall kann die Einsicht auch bei einer anderen Behörde oder bei einer diplomatischen oder berufskonsularischen Vertretung der Bundesrepublik Deutschland im Ausland erfolgen; weitere Ausnahmen kann die Behörde, die die Akten führt, gestatten.

(5) Soweit die Akteneinsicht zu gestatten ist, können die Beteiligten Auszüge oder Abschriften selbst fertigen oder sich Ablichtungen durch die Behörde erteilen lassen. Die Behörde kann Ersatz ihrer Aufwendungen in angemessenem Umfang verlangen.

§ 31 Begriff des Verwaltungsaktes

Verwaltungsakt ist jede Verfügung, Entscheidung oder andere hoheitliche Maßnahme, die eine Behörde zur Regelung eines

Einzelfalls auf dem Gebiet des öffentlichen Rechts trifft und die auf unmittelbare Rechtswirkung nach außen gerichtet ist. Allgemeinverfügung ist ein Verwaltungsakt, der sich an einen nach allgemeinen Merkmalen bestimmten oder bestimmbaren Personenkreis richtet oder die öffentlich-rechtliche Eigenschaft einer Sache oder ihre Benutzung durch die Allgemeinheit betrifft.

§ 33 Bestimmtheit und Form des Verwaltungsaktes
(1) Ein Verwaltungsakt muß inhaltlich hinreichend bestimmt sein.
(2) Ein Verwaltungsakt kann schriftlich, mündlich oder in anderer Weise erlassen werden. Ein mündlicher Verwaltungsakt ist schriftlich zu bestätigen, wenn hieran ein berechtigtes Interesse besteht und der Betroffene dies unverzüglich verlangt.
(3) Ein schriftlicher Verwaltungsakt muß die erlassende Behörde erkennen lassen und die Unterschrift oder die Namenswiedergabe des Behördenleiters, seines Vertreters oder seines Beauftragten enthalten.
(4) Bei einem schriftlichen Verwaltungsakt, der mit Hilfe automatischer Einrichtungen erlassen wird, können abweichend von Absatz 3 Unterschrift und Namenswiedergabe fehlen. Zur Inhaltsangabe können Schlüsselzeichen verwendet werden, wenn derjenige, für den der Verwaltungsakt bestimmt ist oder der von ihm betroffen wird, auf Grund der dazu gegebenen Erläuterungen den Inhalt des Verwaltungsaktes eindeutig erkennen kann.

§ 35 Begründung des Verwaltungsaktes
(1) Ein schriftlicher oder schriftlich bestätigter Verwaltungsakt ist schriftlich zu begründen. In der Begründung sind die wesentlichen tatsächlichen und rechtlichen Gründe mitzuteilen, die die Behörde zu ihrer Entscheidung bewogen haben. Die Begründung von Ermessensentscheidungen muß auch die Gesichtspunkte erkennen lassen, von denen die Behörde bei der Ausübung ihres Ermessens ausgegangen ist.
(2) Einer Begründung bedarf es nicht,
1. soweit die Behörde einem Antrag entspricht oder einer Erklärung folgt und der Verwaltungsakt nicht in Rechte eines anderen eingreift,
2. soweit demjenigen, für den der Verwaltungsakt bestimmt ist oder der von ihm betroffen wird, die Auffassung der Behörde

über die Sach- und Rechtslage bereits bekannt oder auch ohne schriftliche Begründung für ihn ohne weiteres erkennbar ist,
3. wenn die Behörde gleichartige Verwaltungsakte in größerer Zahl oder Verwaltungsakte mit Hilfe automatischer Einrichtungen erläßt und die Begründung nach den Umständen des Einzelfalles nicht geboten ist,
4. wenn sich dies aus einer Rechtsvorschrift ergibt,
5. wenn eine Allgemeinverfügung öffentlich bekanntgegeben wird.
(3) In den Fällen des Absatzes 2 Nr. 1 bis 3 ist der Verwaltungsakt schriftlich zu begründen, wenn der Beteiligte, dem der Verwaltungsakt bekanntgegeben ist, es innerhalb eines Jahres seit Bekanntgabe verlangt.

Zweites Kapitel: Schutz der Sozialdaten

§ 67 Begriffsbestimmungen

(1) Sozialdaten sind Einzelangaben über persönliche oder sachliche Verhältnisse einer bestimmten oder bestimmbaren natürlichen Person (Betroffener), die von einer in § 35 des Ersten Buches genannten Stelle im Hinblick auf ihre Aufgaben nach diesem Gesetzbuch erhoben, verarbeitet oder genutzt werden. Betriebs- und Geschäftsgeheimnisse sind alle betriebs- oder geschäftsbezogenen Daten, auch von juristischen Personen, die Geheimnischarakter haben.
(2) Aufgaben nach diesem Gesetzbuch sind, soweit dieses Kapitel angewandt wird, auch
1. Aufgaben aufgrund von Verordnungen, deren Ermächtigungsgrundlage sich im Sozialgesetzbuch befindet,
2. Aufgaben aufgrund von über- und zwischenstaatlichem Recht im Bereich der sozialen Sicherheit,
3. Aufgaben aufgrund von Rechtsvorschriften, die das Erste und Zehnte Buch des Sozialgesetzbuchs für entsprechend anwendbar erklären, und
4. Aufgaben aufgrund des Arbeitssicherheitsgesetzes und Aufgaben, soweit sie den in § 35 des Ersten Buches genannten Stellen durch Gesetz zugewiesen sind. § 8 Abs. 1 Satz 2 des Arbeitssicherheitsgesetzes bleibt unberührt.
(3) Eine Datei ist
1. eine Sammlung von Sozialdaten, die durch automatisierte

Verfahren nach bestimmten Merkmalen ausgewertet werden kann (automatisierte Datei), oder

2. jede sonstige Sammlung von Sozialdaten, die gleichartig aufgebaut ist und nach bestimmten Merkmalen geordnet, umgeordnet und ausgewertet werden kann (nicht-automatisierte Datei). Nicht hierzu gehören Akten und Aktensammlungen, es sei denn, daß sie durch automatisierte Verfahren umgeordnet und ausgewertet werden können.

(4) Eine Akte ist jede sonstige amtlichen oder dienstlichen Zwecken dienende Unterlage; dazu zählen auch Bild- und Tonträger. Nicht hierunter fallen Vorentwürfe und Notizen, die nicht Bestandteil eines Vorganges werden sollen.

(5) Erheben ist das Beschaffen von Daten über den Betroffenen.

(6) Verarbeiten ist das Speichern, Verändern, Übermitteln, Sperren und Löschen von Sozialdaten. Im einzelnen ist, ungeachtet der dabei angewendeten Verfahren

1. Speichern das Erfassen, Aufnehmen oder Aufbewahren von Sozialdaten auf einem Datenträger zum Zwecke ihrer weiteren Verarbeitung oder Nutzung,

2. Verändern das inhaltliche Umgestalten gespeicherter Sozialdaten,

3. Übermitteln das Bekanntgeben gespeicherter oder durch Datenverarbeitung gewonnener Sozialdaten an einen Dritten (Empfänger) in der Weise, daß

a) die Daten durch die speichernde Stelle an den Empfänger weitergegeben werden oder

b) der Empfänger von der speichernden Stelle zur Einsicht oder zum Abruf bereitgehaltene Daten einsieht oder abruft;

Übermitteln im Sinne dieses Gesetzbuchs ist auch das Bekanntgeben nicht gespeicherter Sozialdaten,

4. Sperren das vollständige oder teilweise Untersagen der weiteren Verarbeitung oder Nutzung von Sozialdaten durch entsprechende Kennzeichnung,

5. Löschen das Unkenntlichmachen gespeicherter Sozialdaten.

(7) Nutzen ist jede Verwendung von Sozialdaten, soweit es sich nicht um Verarbeitung handelt, auch die Weitergabe innerhalb der speichernden Stelle.

(8) Anonymisieren ist das Verändern von Sozialdaten derart, daß die Einzelangaben über persönliche oder sachliche Verhältnis-

se nicht mehr oder nur mit einem unverhältnismäßig großen Aufwand an Zeit, Kosten und Arbeitskraft einer bestimmten oder bestimmbaren natürlichen Person zugeordnet werden können.

(9) Speichernde Stelle ist jede Person oder Stelle, die Sozialdaten für sich selbst speichert oder durch andere im Auftrag speichern läßt. Werden Sozialdaten bei einem Leistungsträger im Sinne des § 12 des Ersten Buches gespeichert, ist speichernde Stelle der Leistungsträger. Ist der Leistungsträger eine Gebietskörperschaft, so sind eine speichernde Stelle die Organisationseinheiten, die eine Aufgabe nach einem der besonderen Teile dieses Gesetzbuchs funktional durchführen.

(10) Dritter ist jede Person oder Stelle außerhalb der speichernden Stelle. Dritte sind nicht der Betroffene sowie diejenigen Personen und Stellen, die im Geltungsbereich dieses Gesetzbuchs Sozialdaten im Auftrag verarbeiten oder nutzen.

(11) Nicht-öffentliche Stellen sind natürliche und juristische Personen, Gesellschaften und andere Personenvereinigungen des privaten Rechts, soweit sie nicht unter § 81 Abs. 3 fallen.

§ 67a Datenerhebung

(1) Das Erheben von Sozialdaten durch in § 35 des Ersten Buches genannte Stellen ist zulässig, wenn ihre Kenntnis zur Erfüllung einer Aufgabe der erhebenden Stelle nach diesem Gesetzbuch erforderlich ist.

(2) Sozialdaten sind beim Betroffenen zu erheben. Ohne seine Mitwirkung dürfen sie nur erhoben werden,

1. bei den in § 35 des Ersten Buches oder in § 69 Abs. 2 genannten Stellen, wenn

a) diese zur Übermittlung der Daten an die erhebende Stelle befugt sind,

b) die Erhebung beim Betroffenen einen unverhältnismäßigen Aufwand erfordern würde und

c) keine Anhaltspunkte dafür bestehen, daß überwiegende schutzwürdige Interessen des Betroffenen beeinträchtigt werden,

2. bei anderen Personen oder Stellen, wenn

a) eine Rechtsvorschrift die Erhebung bei ihnen zuläßt oder die Übermittlung an die erhebende Stelle ausdrücklich vorschreibt oder

b) aa) die Aufgaben nach diesem Gesetzbuch ihrer Art nach eine Erhebung bei anderen Personen oder Stellen erforderlich machen oder

bb) die Erhebung beim Betroffenen einen unverhältnismäßigen Aufwand erfordern würde

und keine Anhaltspunkte dafür bestehen, daß überwiegende schutzwürdige Interessen des Betroffenen beeinträchtigt werden.

(3) Werden Sozialdaten beim Betroffenen mit seiner Kenntnis erhoben, so ist der Erhebungszweck ihm gegenüber anzugeben. Werden sie beim Betroffenen aufgrund einer Rechtsvorschrift erhoben, die zur Auskunft verpflichtet, oder ist die Erteilung der Auskunft Voraussetzung für die Gewährung von Rechtsvorteilen, so ist der Betroffene hierauf sowie auf die Rechtsvorschrift, die zur Auskunft verpflichtet und die Folgen der Verweigerung von Angaben, sonst auf die Freiwilligkeit seiner Angaben hinzuweisen.

(4) Werden Sozialdaten statt beim Betroffenen bei einer nichtöffentlichen Stelle erhoben, so ist die Stelle auf die Rechtsvorschrift, die zur Auskunft verpflichtet, sonst auf die Freiwilligkeit ihrer Angaben hinzuweisen.

§ 67b Zulässigkeit der Datenverarbeitung und -nutzung

(1) Die Verarbeitung von Sozialdaten und deren Nutzung sind nur zulässig, soweit die nachfolgenden Vorschriften oder eine andere Rechtsvorschrift in diesem Gesetzbuch es erlauben oder anordnen oder soweit der Betroffene eingewilligt hat.

(2) Wird die Einwilligung bei dem Betroffenen eingeholt, ist er auf den Zweck der Speicherung und einer vorgesehenen Übermittlung sowie auf die Folgen der Verweigerung der Einwilligung hinzuweisen. Die Einwilligung und der Hinweis bedürfen der Schriftform, soweit nicht wegen besonderer Umstände eine andere Form angemessen ist. Soll die Einwilligung zusammen mit anderen Erklärungen schriftlich erteilt werden, ist die Einwilligungserklärung im äußeren Erscheinungsbild der Erklärung hervorzuheben.

(3) Im Bereich der wissenschaftlichen Forschung liegt ein besonderer Umstand im Sinne des Absatzes 2 Satz 2 auch dann vor, wenn durch die Schriftform der bestimmte Forschungszweck erheblich beeinträchtigt würde. In diesem Fall sind der Hinweis nach

Absatz 2 Satz 1 und die Gründe, aus denen sich die erhebliche Beeinträchtigung des bestimmten Forschungszweckes ergibt, schriftlich festzuhalten.

§ 67c Datenspeicherung, -veränderung und -nutzung

(1) Das Speichern, Verändern oder Nutzen von Sozialdaten durch die in § 35 des Ersten Buches genannten Stellen ist zulässig, wenn es zur Erfüllung der in der Zuständigkeit der speichernden Stelle liegenden gesetzlichen Aufgaben nach diesem Gesetzbuch erforderlich ist und es für die Zwecke erfolgt, für die die Daten erhoben worden sind. Ist keine Erhebung vorausgegangen, dürfen die Daten nur für die Zwecke geändert oder genutzt werden, für die sie gespeichert worden sind.

(2) Die nach Absatz 1 gespeicherten Daten dürfen von derselben Stelle für andere Zwecke nur gespeichert, verändert oder genutzt werden, wenn
1. die Daten für die Erfüllung von Aufgaben nach anderen Rechtsvorschriften dieses Gesetzbuches als diejenigen, für die sie erhoben wurden, erforderlich sind,
2. der Betroffene im Einzelfall eingewilligt hat oder
3. es zur Durchführung eines bestimmten Vorhabens der wissenschaftlichen Forschung oder Planung im Sozialleistungsbereich erforderlich ist und die Voraussetzungen des § 75 Abs. 1 vorliegen.

(3) Eine Speicherung, Veränderung oder Nutzung für andere Zwecke liegt nicht vor, wenn sie für die Wahrnehmung von Aufsichts-, Kontroll- und Disziplinarbefugnissen, der Rechnungsprüfung oder der Durchführung von Organisationsuntersuchungen für die speichernde Stelle erforderlich ist. Das gilt auch für die Veränderung oder Nutzung zu Ausbildungs- und Prüfungszwecken durch die speichernde Stelle, soweit nicht überwiegende schutzwürdige Interessen des Betroffenen entgegenstehen.

(4) Sozialdaten, die ausschließlich zu Zwecken der Datenschutzkontrolle, der Datensicherung oder zur Sicherstellung eines ordnungsgemäßen Betriebes einer Datenverarbeitungsanlage gespeichert werden, dürfen nur für diese Zwecke verwendet werden.

(5) Für Zwecke der wissenschaftlichen Forschung oder Planung im Sozialleistungsbereich erhobene oder gespeicherte Sozialdaten

dürfen von den in § 35 des Ersten Buches genannten Stellen nur für ein bestimmtes Vorhaben der wissenschaftlichen Forschung im Sozialleistungsbereich oder der Planung im Sozialleistungsbereich verändert oder genutzt werden. Die Sozialdaten sind zu anonymisieren, sobald dies nach dem Forschungs- oder Planungszweck möglich ist. Bis dahin sind die Merkmale gesondert zu speichern, mit denen Einzelangaben über persönliche oder sachliche Verhältnisse einer bestimmten oder bestimmbaren Person zugeordnet werden können. Sie dürfen mit den Einzelangaben nur zusammengeführt werden, soweit der Forschungs- oder Planungszweck dies erfordert.

§ 67d Übermittlungsgrundsätze

(1) Eine Übermittlung von Sozialdaten ist nur zulässig, soweit eine gesetzliche Übermittlungsbefugnis nach den §§ 68 bis 77 oder nach einer anderen Rechtsvorschrift in diesem Gesetzbuch vorliegt.

(2) Die Verantwortung für die Zulässigkeit der Übermittlung trägt die übermittelnde Stelle. Erfolgt die Übermittlung auf Ersuchen des Empfängers, trägt dieser die Verantwortung für die Richtigkeit der Angaben in seinem Ersuchen.

(3) Sind mit Sozialdaten, die nach Absatz 1 übermittelt werden dürfen, weitere personenbezogene Daten des Betroffenen oder eines Dritten in Akten so verbunden, daß eine Trennung nicht oder nur mit unvertretbarem Aufwand möglich ist, so ist die Übermittlung auch dieser Daten nur zulässig, wenn schutzwürdige Interessen des Betroffenen oder eines Dritten an deren Geheimhaltung nicht überwiegen; eine Veränderung oder Nutzung dieser Daten ist unzulässig.

(4) Die Übermittlung von Sozialdaten auf maschinell verwertbaren Datenträgern oder im Wege der Datenübertragung ist auch über Vermittlungsstellen zulässig. Für die Auftragserteilung an die Vermittlungsstelle gilt § 80 Abs. 2 Satz 1, für deren Anzeigepflicht § 80 Abs. 3 und für die Verarbeitung und Nutzung durch die Vermittlungsstelle § 80 Abs. 4 entsprechend.

§ 69 Übermittlung für die Erfüllung sozialer Aufgaben

(1) Eine Übermittlung von Sozialdaten ist zulässig, soweit sie erforderlich ist

1. für die Erfüllung der Zwecke, für die sie erhoben worden sind oder für die Erfüllung einer gesetzlichen Aufgabe der übermittelnden Stelle nach diesem Gesetzbuch oder einer solchen Aufgabe des Empfängers, wenn er eine in § 35 des Ersten Buches genannte Stelle ist,
2. für die Durchführung eines mit der Erfüllung einer Aufgabe nach Nummer 1 zusammenhängenden gerichtlichen Verfahrens einschließlich eines Strafverfahrens oder
3. für die Richtigstellung unwahrer Tatsachenbehauptungen des Betroffenen im Zusammenhang mit einem Verfahren über die Erbringung von Sozialleistungen; die Übermittlung bedarf der vorherigen Genehmigung durch die zuständige oberste Bundes- oder Landesbehörde.

(....)

(5) Die Übermittlung von Sozialdaten ist zulässig für die Erfüllung der gesetzlichen Aufgaben der Rechnungshöfe und der anderen Stellen, auf die § 67c Abs. 3 Satz 1 Anwendung findet.

§ 71 Übermittlung für die Erfüllung besonderer gesetzlicher Pflichten und Mitteilungsbefugnisse

(1) Eine Übermittlung von Sozialdaten ist zulässig, soweit sie erforderlich ist für die Erfüllung der gesetzlichen Mitteilungspflichten

1. zur Abwendung geplanter Straftaten nach § 138 des Strafgesetzbuches,
2. zum Schutz der öffentlichen Gesundheit nach § 4 Abs. 1 Nr. 1 bis 4 und Abs. 2 des Bundes-Seuchengesetzes, nach § 11 Abs. 2, §§ 12 bis 14 Abs. 1 des Gesetzes zur Bekämpfung von Geschlechtskrankheiten,
3. zur Sicherung des Steueraufkommens nach den §§ 93, 97, 105, 111 Abs. 1 und 5 und § 116 der Abgabenordnung, soweit diese Vorschriften unmittelbar anwendbar sind, und zur Mitteilung von Daten der ausländischen Unternehmen, die aufgrund bilateraler Regierungsvereinbarungen über die Beschäftigung von Arbeitnehmern zur Ausführung von Werkverträgen tätig werden, nach § 93a der Abgabenordnung,
4. zur Wehrüberwachung nach § 24 Abs. 8 des Wehrpflichtgesetzes oder
5. zur Überprüfung der Voraussetzungen für die Einziehung der

Ausgleichszahlungen im Sinne des § 37b Satz 1 des Wohngeldgesetzes.

Erklärungspflichten als Drittschuldner, welche das Vollstreckungsrecht vorsieht, werden durch Bestimmungen dieses Gesetzbuchs nicht berührt. Eine Übermittlung von Sozialdaten ist zulässig, soweit sie erforderlich ist für die Erfüllung der gesetzlichen Pflichten zur Sicherung und Nutzung von Archivgut nach den §§ 2 und 5 des Bundesarchivgesetzes oder entsprechenden gesetzlichen Vorschriften der Länder, die die Schutzfristen dieses Gesetzes nicht unterschreiten.

(2) Eine Übermittlung von Sozialdaten eines Ausländers ist auch zulässig, soweit sie erforderlich ist

1. im Einzelfall auf Ersuchen der mit der Ausführung des Ausländergesetzes betrauten Behörden nach § 76 Abs. 1 des Ausländergesetzes mit der Maßgabe, daß über die Angaben nach § 68 hinaus nur mitgeteilt werden können

a) für die Entscheidung über den Aufenthalt des Ausländers oder eines Familienangehörigen des Ausländers Daten über die Gewährung oder Nichtgewährung von Leistungen, Daten über frühere und bestehende Versicherungen und das Nichtbestehen einer Versicherung,

b) für die Entscheidung über den Aufenthalt oder über die ausländerrechtliche Zulassung oder Beschränkung einer Erwerbstätigkeit des Ausländers Daten über die Arbeitserlaubnis oder eine sonstige Berufsausübungserlaubnis,

c) für eine Entscheidung über den Aufenthalt des Ausländers Angaben darüber, ob die in § 46 Nr. 4 des Ausländergesetzes bezeichneten Voraussetzungen vorliegen, und

d) durch die Jugendämter für die Entscheidung über den weiteren Aufenthalt oder die Beendigung des Aufenthaltes eines Ausländers, bei dem ein Ausweisungsgrund nach den §§ 45 bis 48 des Ausländergesetzes vorliegt, Angaben über das zu erwartende soziale Verhalten,

2. für die Erfüllung der in § 76 Abs. 2 des Ausländergesetzes bezeichneten Mitteilungspflichten oder

3. für die Erfüllung der in § 76 Abs. 5 Nr. 4 und 6 des Ausländergesetzes bezeichneten Mitteilungspflichten, wenn die Mitteilung den Wegfall oder Beschränkungen der Arbeitserlaubnis, einer sonstigen Berufsausübungserlaubnis oder eines Ver-

sicherungsschutzes oder die Gewährung von Arbeitslosenhilfe betrifft.

Daten über die Gesundheit eines Ausländers dürfen nur übermittelt werden,

1. wenn der Ausländer die öffentliche Gesundheit gefährdet und besondere Schutzmaßnahmen zum Ausschluß der Gefährdung nicht möglich sind oder von dem Ausländer nicht eingehalten werden oder

2. soweit sie für die Feststellung erforderlich sind, ob die Voraussetzungen des § 46 Nr. 4 des Ausländergesetzes vorliegen.

(3) Übermittlung von Sozialdaten ist auch zulässig, soweit es nach pflichtgemäßem Ermessen eines Leistungsträgers erforderlich ist, dem Vormundschaftsgericht die Bestellung eines Betreuers oder eine andere Maßnahme in Betreuungssachen zu ermöglichen. § 7 des Betreuungsbehördengesetzes gilt entsprechend.

§ 72 Übermittlung für den Schutz der inneren und äußeren Sicherheit

(1) Eine Übermittlung von Sozialdaten ist zulässig, soweit sie im Einzelfall für die rechtmäßige Erfüllung der in der Zuständigkeit der Behörden für Verfassungsschutz, des Bundesnachrichtendienstes, des Militärischen Abschirmdienstes und des Bundeskriminalamtes liegenden Aufgaben erforderlich ist. Die Übermittlung ist auf Angaben über Name und Vorname sowie früher geführte Namen, Geburtsdatum, Geburtsort, derzeitige und frühere Anschriften des Betroffenen sowie Namen und Anschriften seiner derzeitigen und früheren Arbeitgeber beschränkt.

(2) Über die Erforderlichkeit des Übermittlungsersuchens entscheidet ein vom Leiter der ersuchenden Stelle bestimmter Beauftragter, der die Befähigung zum Richteramt haben oder die Voraussetzungen des § 110 des Deutschen Richtergesetzes erfüllen soll. Wenn eine oberste Bundes- oder Landesbehörde für die Aufsicht über die ersuchende Stelle zuständig ist, ist sie über die gestellten Übermittlungsersuchen zu unterrichten. Bei der ersuchten Stelle entscheidet über das Übermittlungsersuchen der Behördenleiter oder sein allgemeiner Stellvertreter.

§ 73 Übermittlung für die Durchführung eines Strafverfahrens

(1) Eine Übermittlung von Sozialdaten ist zulässig, soweit sie zur

Durchführung eines Strafverfahrens wegen eines Verbrechens oder wegen einer sonstigen Straftat von erheblicher Bedeutung erforderlich ist.

(2) Eine Übermittlung von Sozialdaten zur Durchführung eines Strafverfahrens wegen einer anderen Straftat ist zulässig, soweit die Übermittlung auf die in § 72 Abs. 1 Satz 2 genannten Angaben und die Angaben über erbrachte oder demnächst zu erbringende Geldleistungen beschränkt ist.

(3) Die Übermittlung nach den Absätzen 1 und 2 ordnet der Richter an.

§ 75 Übermittlung von Sozialdaten für die Forschung und Planung

(1) Eine Übermittlung von Sozialdaten ist zulässig, soweit sie erforderlich ist für ein bestimmtes Vorhaben

1. der wissenschaftlichen Forschung im Sozialleistungsbereich oder

2. der Planung im Sozialleistungsbereich durch eine öffentliche Stelle im Rahmen ihrer Aufgaben

und schutzwürdige Interessen des Betroffenen nicht beeinträchtigt werden oder das öffentliche Interesse an der Forschung oder Planung das Geheimhaltungsinteresse des Betroffenen erheblich überwiegt. Eine Übermittlung ohne Einwilligung des Betroffenen ist nicht zulässig, soweit es zumutbar ist, die Einwilligung des Betroffenen nach § 67b einzuholen oder den Zweck der Forschung oder Planung auf andere Weise zu erreichen.

(2) Die Übermittlung bedarf der vorherigen Genehmigung durch die oberste Bundes- oder Landesbehörde, die für den Bereich, aus dem die Daten herrühren, zuständig ist. Die Genehmigung darf im Hinblick auf die Wahrung des Sozialgeheimnisses nur versagt werden, wenn die Voraussetzungen des Absatzes 1 nicht vorliegen. Sie muß

1. den Empfänger,

2. die Art der zu übermittelnden Sozialdaten und den Kreis der Betroffenen,

3. die wissenschaftliche Forschung oder die Planung, zu der die übermittelten Sozialdaten verwendet werden dürfen, und

4. den Tag, bis zu dem die übermittelten Sozialdaten aufbewahrt werden dürfen,

genau bezeichnen und steht auch ohne besonderen Hinweis

unter dem Vorbehalt der nachträglichen Aufnahme, Änderung oder Ergänzung einer Auflage.

(3) Wird die Übermittlung von Daten an nicht-öffentliche Stellen genehmigt, hat die genehmigende Stelle durch Auflagen sicherzustellen, daß die der Genehmigung durch Absatz 1 gesetzten Grenzen beachtet und die Daten nur für den Übermittlungszweck gespeichert, verändert oder genutzt werden.

(4) Ist der Empfänger eine nicht-öffentliche Stelle, kontrolliert die Einhaltung der Zweckbindung nach diesem Gesetzbuch durch den Empfänger und der sonstigen für den Empfänger geltenden Rechtsvorschriften die nach Landesrecht zuständige Aufsichtsbehörde. Die Kontrolle kann auch erfolgen, wenn keine Anhaltspunkte dafür vorliegen, daß eine der in Satz 1 genannten Vorschriften durch die nicht-öffentliche Stelle verletzt ist.

§ 76 Einschränkung der Übermittlungsbefugnis bei besonders schutzwürdigen Sozialdaten

(1) Die Übermittlung von Sozialdaten, die einer in § 35 des Ersten Buches genannten Stelle von einem Arzt oder einer anderen in § 203 Abs. 1 und 3 des Strafgesetzbuches genannten Person zugänglich gemacht worden sind, ist nur unter den Voraussetzungen zulässig, unter denen diese Person selbst übermittlungsbefugt wäre.

(2) Absatz 1 gilt nicht
1. im Rahmen des § 69 Abs. 1 Nr. 1 für Sozialdaten, die im Zusammenhang mit einer Begutachtung wegen der Erbringung von Sozialleistungen oder wegen der Ausstellung einer Bescheinigung übermittelt worden sind, es sei denn, daß der Betroffene der Übermittlung widerspricht; der Betroffene ist von der speichernden Stelle zu Beginn des Verwaltungsverfahrens in allgemeiner Form schriftlich auf das Widerspruchsrecht hinzuweisen,
2. im Rahmen des § 69 Abs. 4 und 5 und des § 71 Abs. 1 Satz 3.

(3) Ein Widerspruchsrecht besteht nicht in den Fällen des § 279 Abs. 5 in Verbindung mit § 275 Abs. 1 bis 3 des Fünften Buches.

§ 78 Zweckbindung und Geheimhaltungspflicht des Empfängers

(1) Personen oder Stellen, die nicht in § 35 des Ersten Buches genannt und denen Sozialdaten übermittelt worden sind, dürfen

diese nur zu dem Zweck verarbeiten oder nutzen, zu dem sie ihnen befugt übermittelt worden sind. Die Empfänger haben die Daten in demselben Umfang geheimzuhalten wie die in § 35 des Ersten Buches genannten Stellen. Sind Sozialdaten an Gerichte oder Staatsanwaltschaften übermittelt worden, dürfen diese gerichtliche Entscheidungen, die Sozialdaten enthalten, weiter übermitteln, wenn eine in § 35 des Ersten Buches genannte Stelle zur Übermittlung an den weiteren Empfänger befugt wäre. Sind Sozialdaten an Polizeibehörden, Staatsanwaltschaften, Gerichte oder Behörden der Gefahrenabwehr übermittelt worden, dürfen diese die Daten unabhängig vom Zweck der Übermittlung sowohl für Zwecke der Gefahrenabwehr als auch für Zwecke der Strafverfolgung und der Strafvollstreckung verarbeiten und nutzen.

(2) Werden Daten an eine nicht-öffentliche Stelle übermittelt, so sind die dort beschäftigten Personen, welche diese Daten verarbeiten oder nutzen, von dieser Stelle vor, spätestens bei der Übermittlung auf die Einhaltung der Pflichten nach Absatz 1 hinzuweisen.

(3) Ergibt sich im Rahmen eines Vollstreckungsverfahrens nach § 66 die Notwendigkeit, daß eine Strafanzeige zum Schutz des Vollstreckungsbeamten erforderlich ist, so dürfen die zum Zwecke der Vollstreckung übermittelten Sozialdaten auch zum Zweck der Strafverfolgung verarbeitet oder genutzt werden, soweit dies erforderlich ist. Das gleiche gilt auch für die Klärung von Fragen im Rahmen eines Disziplinarverfahrens.

§ 78a Technische und organisatorische Maßnahmen

Die in § 35 des Ersten Buches genannten Stellen, die selbst oder im Auftrag Sozialdaten verarbeiten, haben die technischen und organisatorischen Maßnahmen einschließlich der Dienstanweisungen zu treffen, die erforderlich sind, um die Ausführung der Vorschriften dieses Gesetzbuches, insbesondere die in der Anlage zu dieser Vorschrift genannten Anforderungen, zu gewährleisten. Maßnahmen sind nicht erforderlich, wenn ihr Aufwand in keinem angemessenen Verhältnis zu dem angestrebten Schutzzweck steht.

Anlage

Werden Sozialdaten automatisiert verarbeitet, sind Maßnahmen zu treffen, die je nach der Art der zu schützenden Sozialdaten

geeignet sind,
1. Unbefugten den Zugang zu Datenverarbeitungsanlagen, mit denen Sozialdaten verarbeitet werden, zu verwehren (Zugangskontrolle),
2. zu verhindern, daß Datenträger unbefugt gelesen, kopiert, verändert oder entfernt werden können (Datenträgerkontrolle),
3. die unbefugte Eingabe in den Speicher sowie die unbefugte Kenntnisnahme, Veränderung oder Löschung gespeicherter Sozialdaten zu verhindern (Speicherkontrolle),
4. zu verhindern, daß Datenverarbeitungssysteme mit Hilfe von Einrichtungen zur Datenübertragung von Unbefugten genutzt werden können (Benutzerkontrolle),
5. zu gewährleisten, daß die zur Benutzung eines Datenverarbeitungssystems Berechtigten ausschließlich auf die ihrer Zugriffsberechtigung unterliegenden Daten zugreifen können (Zugriffskontrolle),
6. zu gewährleisten, daß überprüft und festgestellt werden kann, an welche Stellen Sozialdaten durch Einrichtungen zur Datenübertragung übermittelt werden können (Übermittlungskontrolle),
7. zu gewährleisten, daß nachträglich überprüft und festgestellt werden kann, welche Sozialdaten zu welcher Zeit von wem in Datenverarbeitungssysteme eingegeben worden sind (Eingabekontrolle),
8. zu gewährleisten, daß Sozialdaten, die im Auftrag verarbeitet werden, nur entsprechend den Weisungen des Auftraggebers verarbeitet werden können (Auftragskontrolle),
9. zu verhindern, daß bei der Übertragung von Sozialdaten sowie beim Transport von Datenträgern die Daten unbefugt gelesen, kopiert, verändert oder gelöscht werden können (Transportkontrolle),
10. die innerbehördliche oder innerbetriebliche Organisation so zu gestalten, daß sie den besonderen Anforderungen des Datenschutzes gerecht wird (Organisationskontrolle).

§ 81 Rechte des einzelnen, Datenschutzbeauftragte

(1) Ist jemand der Ansicht, bei der Erhebung, Verarbeitung oder Nutzung seiner personenbezogenen Sozialdaten in seinen Rechten verletzt worden zu sein, kann er sich

1. an den Bundesbeauftragten für den Datenschutz wenden, wenn er eine Verletzung seiner Rechte durch eine in § 35 des Ersten Buches genannten Stelle des Bundes bei der Wahrnehmung von Aufgaben nach diesem Gesetzbuch behauptet,
2. an die nach Landesrecht für die Kontrolle des Datenschutzes zuständigen Stellen wenden, wenn er die Verletzung seiner Rechte durch eine andere in § 35 des Ersten Buches genannte Stelle bei der Wahrnehmung von Aufgaben nach diesem Gesetzbuch behauptet.

(2)–(4) (....)

§ 83 Auskunft an den Betroffenen

(1) Dem Betroffenen ist auf Antrag Auskunft zu erteilen über
1. die zu seiner Person gespeicherten Sozialdaten, auch soweit sie sich auf Herkunft oder Empfänger dieser Daten beziehen, und
2. den Zweck der Speicherung.

In dem Antrag soll die Art der Sozialdaten, über die Auskunft erteilt werden soll, näher bezeichnet werden. Sind die Sozialdaten in Akten gespeichert, wird die Auskunft nur erteilt, soweit der Betroffene Angaben macht, die das Auffinden der Daten ermöglichen, und der für die Erteilung der Auskunft erforderliche Aufwand nicht außer Verhältnis zu dem vom Betroffenen geltend gemachten Informationsinteresse steht. Die speichernde Stelle bestimmt das Verfahren, insbesondere die Form der Auskunftserteilung, nach pflichtgemäßem Ermessen. § 25 Abs. 2 gilt entsprechend.

(2) Absatz 1 gilt nicht für Sozialdaten, die nur deshalb gespeichert sind, weil sie aufgrund gesetzlicher, satzungsmäßiger oder vertraglicher Aufbewahrungsvorschriften nicht gelöscht werden dürfen, oder die ausschließlich Zwecken der Datensicherung oder der Datenschutzkontrolle dienen. Absatz 1 gilt auch nicht für Sozialdaten aus automatisierten Dateien, die ausschließlich aus verarbeitungstechnischen Gründen vorübergehend erstellt und nach ihrer verarbeitungstechnischen Nutzung automatisch gelöscht werden.

(3) Bezieht sich die Auskunftserteilung auf die Übermittlung von Sozialdaten an Staatsanwaltschaften und Gerichte im Bereich der Strafverfolgung, an Polizeibehörden, Verfassungsschutzbehörden, den Bundesnachrichtendienst und den Militärischen

Abschirmdienst, ist sie nur mit Zustimmung dieser Stellen zulässig.

(4) Die Auskunftserteilung unterbleibt, soweit

1. die Auskunft die ordnungsgemäße Erfüllung der in der Zuständigkeit der speichernden Stelle liegenden Aufgaben gefährden würde,

2. die Auskunft die öffentliche Sicherheit gefährden oder sonst dem Wohle des Bundes oder eines Landes Nachteile bereiten würde oder

3. die Daten oder die Tatsache ihrer Speicherung nach einer Rechtsvorschrift oder ihrem Wesen nach, insbesondere wegen der überwiegenden berechtigten Interessen eines Dritten, geheimgehalten werden müssen,

und deswegen das Interesse des Betroffenen an der Auskunftserteilung zurücktreten muß.

(5) Die Ablehnung der Auskunftserteilung bedarf keiner Begründung, soweit durch die Mitteilung der tatsächlichen und rechtlichen Gründe, auf die die Entscheidung gestützt wird, der mit der Auskunftsverweigerung verfolgte Zweck gefährdet würde. In diesem Falle ist der Betroffene darauf hinzuweisen, daß er sich, wenn die in § 35 des Ersten Buches genannten Stellen der Kontrolle des Bundesbeauftragten für den Datenschutz unterliegen, an diesen, sonst an die nach Landesrecht für die Kontrolle des Datenschutzes zuständige Stelle wenden kann.

(6) Wird einem Auskunftsberechtigten keine Auskunft erteilt, so kann, soweit es sich um in § 35 des Ersten Buches genannte Stellen handelt, die der Kontrolle des Bundesbeauftragten für den Datenschutz unterliegen, dieser, sonst die nach Landesrecht für die Kontrolle des Datenschutzes zuständige Stelle auf Verlangen der Auskunftsberechtigten prüfen, ob die Ablehnung der Auskunftserteilung rechtmäßig war.

(7) Die Auskunft ist unentgeltlich.

§ 84 Berichtigung, Lösung und Sperrung von Daten

(1) Sozialdaten sind zu berichtigen, wenn sie unrichtig sind. Wird die Richtigkeit von Sozialdaten von dem Betroffenen bestritten und läßt sich weder die Richtigkeit noch die Unrichtigkeit feststellen, so ist dies in der Datei oder Akte zu vermerken oder auf sonstige Weise festzuhalten. Die bestrittenen Daten dürfen

nur mit einem Hinweis hierauf genutzt und übermittelt werden.

(2) Sozialdaten sind zu löschen, wenn ihre Speicherung unzulässig ist. Sie sind auch zu löschen, wenn ihre Kenntnis für die speichernde Stelle zur rechtmäßigen Erfüllung der in ihrer Zuständigkeit liegenden Aufgaben nicht mehr erforderlich ist und kein Grund zu der Annahme besteht, daß durch die Löschung schutzwürdige Interessen des Betroffenen beeinträchtigt werden.

(3) An die Stelle einer Lösung tritt eine Sperrung, soweit

1. einer Löschung gesetzliche, satzungsmäßige oder vertragliche Aufbewahrungsfristen entgegenstehen,

2. Grund zu der Annahme besteht, daß durch eine Löschung schutzwürdige Interessen des Betroffenen beeinträchtigt würden, oder

3. eine Löschung wegen der besonderen Art der Speicherung nicht oder nicht mit angemessenem Aufwand möglich ist.

(4) Gesperrte Sozialdaten dürfen ohne Einwilligung des Betroffenen nur übermittelt oder genutzt werden, wenn

1. es zu wissenschaftlichen Zwecken, zur Behebung einer bestehenden Beweisnot oder aus sonstigen im überwiegenden Interesse der speichernden Stelle oder eines Dritten liegenden Gründen unerläßlich ist und

2. die Sozialdaten hierfür übermittelt oder genutzt werden dürften, wenn sie nicht gesperrt wären.

(5) Von der Tatsache, daß Sozialdaten bestritten oder nicht mehr bestritten sind, von der Berichtigung unrichtiger Sozialdaten sowie der Löschung oder Sperrung wegen Unzulässigkeit der Speicherung sind die Stellen zu verständigen, denen im Rahmen einer regelmäßigen Datenübermittlung diese Daten zur Speicherung weitergegeben werden, wenn dies zur Wahrung schutzwürdiger Interessen des Betroffenen erforderlich ist.

(6) § 71 Abs. 1 Satz 3 bleibt unberührt.

§ 84 a Unabdingbare Rechte des Betroffenen

(1) Die Rechte des Betroffenen nach diesem Kapitel können nicht durch Rechtsgeschäft ausgeschlossen oder beschränkt werden.

(2) Sind die Daten des Betroffenen in einer Datei gespeichert, bei der mehrere Stellen speicherungsberechtigt sind, und ist der Betroffene nicht in der Lage, die speichernde Stelle festzustellen,

so kann er sich an jede dieser Stellen wenden. Diese ist verpflichtet, das Vorbringen des Betroffenen an die speichernde Stelle weiterzuleiten. Der Betroffene ist über die Weiterleitung und die speichernde Stelle zu unterrichten.

Drittes Kapitel: Zusammenarbeit der Leistungsträger und ihre Beziehungen zu Dritten

§ 97 Durchführung von Aufgaben durch Dritte

(1) Kann ein Leistungsträger oder eine Arbeitsgemeinschaft von einem Dritten Aufgaben wahrnehmen lassen, muß sichergestellt sein, daß der Dritte die Gewähr für eine sachgerechte, die Rechte und Interessen des Betroffenen wahrende Erfüllung der Aufgaben bietet.

(2) § 89 Abs. 3 bis 5, § 91 Abs. 1 bis 3 sowie § 92 gelten entsprechend.

Anmerkung
* Zuletzt geändert durch Gesetz vom 7. August.1996

Sozialgesetzbuch Achtes Buch (SGB VIII)*
Kinder- und Jugendhilfe (KJHG)

§ 1 Recht auf Erziehung, Elternverantwortung, Jugendhilfe

(1) Jeder junge Mensch hat ein Recht auf Förderung seiner Entwicklung und auf Erziehung zu einer eigenverantwortlichen und gemeinschaftsfähigen Persönlichkeit.

(2) Pflege und Erziehung der Kinder sind das natürliche Recht der Eltern und die zuvörderst ihnen obliegende Pflicht. Über ihre Betätigung wacht die staatliche Gemeinschaft.

(3) Jugendhilfe soll zur Verwirklichung des Rechts nach Absatz 1 insbesondere

1. junge Menschen in ihrer individuellen und sozialen Entwicklung fördern und dazu beitragen, Benachteiligungen zu vermeiden oder abzubauen,

2. Eltern und andere Erziehungsberechtigte bei der Erziehung beraten und unterstützen,

3. Kinder und Jugendliche vor Gefahren für ihr Wohl schützen,

4. dazu beitragen, positive Lebensbedingungen für junge Menschen und ihre Familien sowie eine kinder- und familienfreundliche Umwelt zu erhalten oder zu schaffen.

§ 2 Aufgaben der Jugendhilfe

(1) Die Jugendhilfe umfaßt Leistungen und andere Aufgaben zugunsten junger Menschen und Familien.

(2) Leistungen der Jugendhilfe sind:

1. Angebote der Jugendarbeitt, der Jugendsozialarbeit und des erzieherischen Kinder- und Jugendschutzes (§§ 11 bis 14),

2. Angebote zur Förderung der Erziehung in der Familie (§§ 16 bis 21),

3. Angebote zur Förderung v Kindern in Tageseinrichtungen und in Tagespflege (§§ 22 bis 25),

4. Hilfe zur Erziehung und ergänzende Leistungen (§§ 27 bis 35, 36, 37, 39, 40),

5. Hilfe für seelisch behinderte Kinder und Jugendliche und ergänzende Leistungen (§§ 35a bis 37, 39, 40),

6. Hilfe für junge Volljährige und Nachbetreuung (§ 41).

(3) Andere Aufgaben der Jugendhilfe sind

1. die Inobhutnahme von Kindern und Jugendliche (§ 42),
2. die Herausnahme des Kindes oder des Jugendlichen ohne Zustimmung des Personensorgeberechtigten (§ 43),
3. die Erteilung, der Widerruf und die Zurücknahme der Pflegeerlaubnis (§ 44),
4. die Erteilung, der Widerruf und die Zurücknahme der Erlaubnis für den Betrieb einer Einrichtung sowie die Erteilung nachträglicher Auflagen und die damit verbundenen Aufgaben (§§ 45 bis 47, 48a),
5. die Tätigkeitsuntersagung (§§ 48, 48a),
6. die Mitwirkung in Verfahren vor den Vormundschafts- und den Familiengerichten (§ 50),
7. die Beratung und Belehrung in Verfahren zur Annahme als Kind (§ 51),
8. die Mitwirkung in Verfahren nach dem Jugendgerichtsgesetz (§ 52),
9. die Beratung und Unterstützung von Pflegern und Vormündern (§ 53),
10. die Erteilung, der Widerruf und die Zurücknahme der Erlaubnis zur Übernahme von Vereinsvormundschaften (§ 54),
11. Amtspflegeschaft und Amtsvormundschaft, Beistandschaft und Gegenvormundschaft des Jugendamtes (§§ 55 bis 58),
12. Beurkundung und Beglaubigung (§ 59),
13. die Aufnahme von vollstreckbaren Urkunden (§ 60).

§ 3 Freie und öffentliche Jugendhilfe
(1) Die Jugendhilfe ist gekennzeichnet durch die Vielfalt von Trägern unterschiedlicher Wertorientierungen und die Vielfalt von Inhalten, Methoden und Arbeitsformen.
(2) Leistungen der Jugendhilfe werden von Trägern der freien Jugendhilfe und von Trägern der öffentlichen Jugendhilfe erbracht. Leistungsverpflichtungen, die durch dieses Buch begründet werden, richten sich an die Träger der öffentlichen Jugendhilfe.
(3) Andere Aufgaben der Jugendhilfe werden von Trägern der öffentlichen Jugendhilfe wahrgenommen. Soweit dies ausdrücklich bestimmt ist, können Träger der freien Jugendhilfe diese Aufgaben wahrnehmen oder mit ihrer Ausführung betraut werden.

§ 4 Zusammenarbeit der öffentlichen Jugendhilfe mit der freien Jugendhilfe

(1) Die öffentliche Jugendhilfe soll mit der freien Jugendhilfe zum Wohl junger Menschen und ihrer Familien partnerschaftlich zusammenarbeiten. Sie hat dabei die Selbständigkeit der freien Jugendhilfe in Zielsetzung und Durchführung ihrer Aufgaben sowie in der Gestaltung ihrer Organisationsstruktur zu achten.

(2) Soweit geeignete Einrichtungen, Dienste und Veranstaltungen von anerkannten Trägern der freien Jugendhilfe betrieben werden oder rechtzeitig geschaffen werden können, soll die öffentliche Jugendhilfe von eigenen Maßnahmen absehen.

(3) Die öffentliche Jugendhilfe soll die freie Jugendhilfe nach Maßgabe dieses Buches fördern und dabei die verschiedenen Formen der Selbsthilfe stärken.

§ 5 Wunsch- und Wahlrecht

Die Leistungsberechtigten haben das Recht, zwischen Einrichtungen und Diensten verschiedener Träger zu wählen und Wünsche hinsichtlich der Gestaltung der Hilfe zu äußern. Der Wahl und den Wünschen soll entsprochen werden, sofern dies nicht mit unverhältnismäßigen Mehrkosten verbunden ist. Die Leistungsberechtigten sind auf dieses Recht hinzuweisen.

§ 8 Beteiligung von Kindern und Jugendlichen

(1) Kinder und Jugendliche sind entsprechend ihrem Entwicklungsstand an allen sie betreffenden Entscheidungen der öffentlichen Jugendhilfe zu beteiligen. Sie sind in geeigneter Weise auf ihre Rechte im Verwaltungsverfahren sowie im Verfahren vor dem Vormundschaftsgericht und dem Verwaltungsgericht hinzuweisen.

(2) Kinder und Jugendliche haben das Recht, sich in allen Angelegenheiten der Erziehung und Entwicklung an das Jugendamt zu wenden.

(3) Kinder und Jugendliche können ohne Kenntnis des Personensorgeberechtigten beraten werden, wenn die Beratung aufgrund einer Not- und Konfliktlage erforderlich ist und solange durch die Mitteilung an den Personensorgeberechtigten der Beratungszweck vereitelt würde.

§ 16 Allgemeine Förderung der Erziehung in der Familie

(1) Müttern, Vätern, anderen Erziehungsberechtigten und jungen Menschen sollen Leistungen der allgemeinen Förderung der Erziehung in der Familie angeboten werden. Sie sollen dazu beitragen, daß Mütter, Väter und andere Erziehungsberechtigte ihre Erziehungsverantwortung besser wahrnehmen können.

(2) Leistungen zur Förderung der Erziehung in der Familie sind insbesondere

1. Angebote der Familienbildung, die auf Bedürfnisse und Interessen sowie auf Erfahrungen von Familien in unterschiedlichen Lebenslagen und Erziehungssituationen eingehen, die Familie zur Mitarbeit in Erziehungseinrichtungen und in Formen der Selbst- und Nachbarschaftshilfe besser befähigen sowie junge Menschen auf Ehe, Partnerschaft und das Zusammenleben mit Kindern vorbereiten.

2. Angebote der Beratung in allgemeinen Fragen der Erziehung und Entwicklung junger Menschen,

3. Angebote der Familienfreizeit und der Familienerholung, insbesondere in belastenden Familiensituationen, die bei Bedarf die erzieherische Betreuung der Kinder einschließen.

(3) Das Nähere über Inhalt und Umfang der Aufgaben regelt das Landesrecht.

§ 17 Beratung in Fragen der Partnerschaft, Trennung und Scheidung

(1) Müttern und Vätern soll im Rahmen der Jugendhilfe Beratung in Fragen der Partnerschaft angeboten werden, wenn sie für ein Kind oder einen Jugendlichen zu sorgen haben oder tatsächlich sorgen,
Die Beratung soll helfen

1. ein partnerschaftliches Zusammenleben in der Familie aufzubauen,

2. Konflikte und Krisen in der Familie zu bewältigen,

3. im Falle der Trennung oder Scheidung die Bedingungen für eine dem Wohl des Kindes oder des Jugendlichen förderliche Wahrnehmung der Elternverantwortung zu schaffen.

(2) Im Falle der Trennung oder Scheidung sollen Eltern bei der Entwicklung eines einvernehmlichen Konzepts für die Wahrnehmung der elterlichen Sorge unterstützt werden, das als Grund-

lage für die richterliche Entscheidung über das Sorgerecht nach der Trennung oder Scheidung dienen kann.

§ 18 Beratung und Unterstützung bei der Ausübung der Personensorge

(1) Mütter und Väter, die allein für ein Kind oder einen Jugendlichen zu sorgen haben oder tatsächlich sorgen, haben Anspruch auf Beratung und Unterstützung bei der Ausübung der Personensorge einschließlich der Geltendmachung von Unterhalts- oder Unterhaltsersatzansprüchen des Kindes oder Jugendlichen. Ein junger Volljähriger hat bis zur Vollendung des 21. Lebensjahres Anspruch auf Beratung und Unterstützung bei der Geltendmachung von Unterhalts- oder Unterhaltsersatzansprüchen.

(2) Ist anzunehmen, daß ein Kind nichtehelich geboren wird, so hat die Mutter einen Anspruch darauf, daß vor der Geburt die Feststellung der Vaterschaft durch geeignete Ermittlungen und sonstige Maßnahmen vorbereitet wird; dies gilt nicht, wenn mit dieser Aufgabe ein Pfleger für das noch nicht geborene Kind betraut ist oder wenn das Vormundschaftsgericht angeordnet hat, daß eine Pflegschaft nicht eintritt.

(3) Die Mutter eines nichtehelichen Kindes hat Anspruch auf Beratung und Unterstützung bei der Geltendmachung ihrer Ansprüche auf Erstattung der Entbindungskosten nach § 1615 k und auf Unterhalt nach § 1615 l des Bürgerlichen Gesetzbuches.

(4) Mütter und Väter, denen die elterliche Sorge nicht zusteht, haben Anspruch auf Beratung und Unterstützung bei der Ausübung des Umgangsrechts. Bei der Herstellung von Besuchskontakten und bei der Ausführung gerichtlicher oder vereinbarter Umgangsregelungen soll in geeigneten Fällen Hilfestellung geleistet werden.

§ 27 Hilfe zur Erziehung

(1) Ein Personensorgeberechtigter hat bei der Erziehung eines Kindes oder eines Jugendlichen Anspruch auf Hilfe (Hilfe zur Erziehung), wenn eine dem Wohl des Kindes oder des Jugendlichen entsprechende Erziehung nicht gewährleistet ist und die Hilfe für seine Entwicklung geeignet und notwendig ist.

(2) Hilfe zur Erziehung wird insbesondere nach Maßgabe der §§ 28 bis 35 gewährt. Art und Umfang der Hilfe richten sich nach dem

erzieherischen Bedarf im Einzelfall; dabei soll das engere soziale Umfeld des Kindes oder des Jugendlichen einbezogen werden.
(3) Hilfe zur Erziehung umfaßt insbesondere die Gewährung pädagogischer und damit verbundener therapeutischer Leistungen. Sie soll bei Bedarf Ausbildungs- und Beschäftigungsmaßnahmen im Sinne von § 13 Abs. 2 einschließen.

§ 28 Erziehungsberatung
Erziehungsberatungsstellen und andere Beratungsdienste und -einrichtungen sollen Kinder, Jugendliche, Eltern und andere Erziehungsberechtigte bei der Klärung und Bewältigung individueller und familienbezogener Probleme und der zugrundeliegenden Faktoren, bei der Lösung von Erziehungsfragen sowie bei Trennung und Scheidung unterstützen. Dabei sollen Fachkräfte verschiedener Fachrichtungen zusammenwirken, die mit unterschiedlichen methodischen Ansätzen vertraut sind.

§ 29 Soziale Gruppenarbeit
Die Teilnahme an sozialer Gruppenarbeit soll älteren Kindern und Jugendlichen bei der Überwindung von Entwicklungsschwierigkeiten und Verhaltensproblemen helfen. Soziale Gruppenarbeit soll auf der Grundlage eines gruppenpädagogischen Konzepts die Entwicklung älterer Kinder und Jugendlicher durch soziales Lernen in der Gruppe fördern.

§ 30 Erziehungsbeistand, Betreuungshelfer
Der Erziehungsbeistand und der Betreuungshelfer sollen das Kind oder den Jugendlichen bei der Bewältigung von Entwicklungsproblemen möglichst unter Einbeziehung des sozialen Umfelds unterstützen und unter Erhaltung des Lebensbezugs zur Familie seine Verselbständigung fördern.

§ 31 Sozialpädagogische Familienhilfe
Sozialpädagogische Familienhilfe soll durch intensive Betreuung und Begleitung Familien in ihren Erziehungsaufgaben, bei der Bewältigung von Alltagsproblemen, der Lösung von Konflikten und Krisen sowie im Kontakt mit Ämtern und Institutionen unterstützen und Hilfe zur Selbsthilfe geben. Sie ist in der Regel auf längere Dauer angelegt und erfordert die Mitarbeit der Familie.

§ 32 Erziehung in einer Tagesgruppe
Hilfe zur Erziehung in einer Tagesgruppe soll die Entwicklung des Kindes oder des Jugendlichen durch soziales Lernen in der Gruppe, Begleitung der schulischen Förderung und Elternarbeit unterstützen und dadurch den Verbleib des Kindes oder des Jugendlichen in seiner Familie sichern. Die Hilfe kann auch in geeigneten Formen der Familienpflege geleistet werden.

§ 33 Vollzeitpflege
Hilfe zur Erziehung in Vollzeitpflege soll entsprechend dem Alter und Entwicklungsstand des Kindes oder des Jugendlichen und seinen persönlichen Bindungen sowie den Möglichkeiten der Verbesserung der Erziehungsbedingungen in der Herkunftsfamilie Kindern und Jugendlichen in einer anderen Familie eine zeitlich befristete Erziehungshilfe oder eine auf Dauer angelegte Lebensform bieten. Für besonders entwicklungsbeeinträchtigte Kinder und Jugendliche sind geeignete Formen der Familienpflege zu schaffen und auszubauen.

§ 34 Heimerziehung, sonstige betreute Wohnform
Hilfe zur Erziehung in einer Einrichtung über Tag und Nacht (Heimerziehung) oder in einer sonstigen betreuten Wohnform soll Kinder und Jugendliche durch eine Verbindung von Alltagsleben mit pädagogischen und therapeutischen Angeboten in ihrer Entwicklung fördern. Sie soll entsprechend dem Alter und Entwicklungsstand des Kindes oder des Jugendlichen sowie den Möglichkeiten der Verbesserung der Erziehungsbedingungen in der Herkunftsfamilie
1. eine Rückkehr in die Familie zu erreichen versuchen oder
2. die Erziehung in einer anderen Familie vorbereiten oder
3. eine auf längere Zeit angelegte Lebensform bieten und auf ein selbständiges Leben vorbereiten. Jugendliche sollen in Fragen der Ausbildung und Beschäftigung sowie der allgemeinen Lebensführung beraten und unterstützt werden.

§ 35 Intensive sozialpädagogische Einzelbetreuung
Intensive sozialpädagogische Einzelbetreuung soll Jugendlichen gewährt werden, die einer intensiven Unterstützung zur sozialen Integration und zu einer eigenverantwortlichen Lebensführung bedürfen. Die Hilfe ist in der Regel auf längere Zeit angelegt und soll den individuellen Bedürfnissen des Jugendlichen Rechnung tragen.

§ 35a Eingliederungshilfe für seelisch behinderte Kinder und Jugendliche

(1) Kinder und Jugendliche, die seelisch behindert oder von einer solchen Behinderung bedroht sind, haben Anspruch auf Eingliederungshilfe. Die Hilfe wird nach dem Bedarf im Einzelfall
1. in ambulanter Form,
2. in Tageseinrichtungen für Kinder oder in anderen teilstationären Einrichtungen,
3. durch geeignete Pflegepersonen und
4. in Einrichtungen über Tag und Nacht sowie sonstigen Wohnformen geleistet.

(2) Aufgabe und Ziel der Hilfe, die Bestimmungen des Personenkreises sowie die Art der Maßnahmen richten sich nach folgenden Bestimmungen des Bundessozialhilfegesetzes, soweit diese auf seelisch behinderte oder von einer solchen Behinderung bedrohte Personen Anwendung finden:
1. § 39 Abs. 3 und § 40,
2. § 41 Abs. 1 bis 3 Satz 2 und Abs. 4 mit der Maßgabe, daß an die Stelle der Vereinbarungen nach § 93 des Bundessozialhilfegesetzes Vereinbarungen nach § 77 dieses Buches treten,
3. die Verordnung nach § 47 des Bundessozialhilfegesetzes.

(3) Ist gleichzeitig Hilfe zur Erziehung zu leisten, so sollen Einrichtungen, Dienste und Personen in Anspruch genommen werden, die geeignet sind, sowohl die Aufgaben der Eingliederungshilfe zu erfüllen als auch den erzieherischen Bedarf zu decken. Sind heilpädagogische Maßnahmen für Kinder, die noch nicht im schulpflichtigen Alter sind, in Tageseinrichtungen für Kinder zu gewähren und läßt der Hilfebedarf es zu, so sollen Einrichtungen in Anspruch genommen werden, in denen behinderte und nichtbehinderte Kinder gemeinsam betreut werden.

§ 36 Mitwirkung, Hilfeplan

(1) Der Personensorgeberechtigte und das Kind oder der Jugendliche sind vor der Entscheidung über die Inanspruchnahme einer Hilfe und vor einer notwendigen Änderung von Art und Umfang der Hilfe zu beraten und auf die möglichen Folgen für die Entwicklung des Kindes oder des Jugendlichen hinzuweisen. Vor und während einer langfristig zu leistenden Hilfe außerhalb der eigenen Familie ist zu prüfen, ob die Annahme als Kind in

Betracht kommt. Ist Hilfe außerhalb der eigenen Familie erforderlich, so sind die in Satz 1 genannten Personen bei der Auswahl der Einrichtung oder der Pflegestelle zu beteiligen. Der Wahl und den Wünschen ist zu entsprechen, sofern sie nicht mit unverhältnismäßigen Mehrkosten verbunden sind.

(2) Die Entscheidung über die im Einzelfall angezeigte Hilfeart soll, wenn Hilfe voraussichtlich für längere Zeit zu leisten ist, im Zusammenwirken mehrerer Fachkräfte getroffen werden. Als Grundlage für die Ausgestaltung der Hilfe sollen sie zusammen mit dem Personensorgeberechtigten und dem Kind oder dem Jugendlichen einen Hilfeplan aufstellen, der Feststellungen über den Bedarf, die zu gewährende Art der Hilfe sowie die notwendigen Leistungen enthält; sie sollen regelmäßig prüfen, ob die gewählte Hilfeart weiterhin geeignet und notwendig ist. Werden bei der Durchführung der Hilfe andere Personen, Dienste oder Einrichtungen tätig, so sind sie oder deren Mitarbeiter an der Aufstellung des Hilfeplanes und seiner Überprüfung zu beteiligen.

(3) Erscheinen Hilfen nach § 35a erforderlich, so soll bei der Aufstellung und Änderung des Hilfeplans sowie bei der Durchführung der Hilfe ein Arzt, der über besondere Erfahrungen in der Hilfe für Behinderte verfügt, beteiligt werden. Erscheinen Maßnahmen der beruflichen Eingliederung erforderlich, so sollen auch die Stellen der Bundesanstalt für Arbeit beteiligt werden.

§ 41 Hilfe für junge Volljährige

(1) Einem jungen Volljährigen soll Hilfe für die Persönlichkeitsentwicklung und zu einer eigenverantwortlichen Lebensführung gewährt werden, wenn und solange die Hilfe aufgrund der individuellen Situation des jungen Menschen notwendig ist. Die Hilfe wird in der Regel nur bis zur Vollendung des 21. Lebensjahres gewährt; in begründeten Einzelfällen soll sie für einen begrenzten Zeitraum darüber hinaus fortgesetzt werden.

(2) Für die Ausgestaltung der Hilfe gelten § 27 Abs. 3 sowie die §§ 28 bis 30, 33 bis 36 und 39, 40 entsprechend mit der Maßgabe, daß an die Stelle des Personensorgeberechtigten oder des Kindes oder des Jugendlichen der junge Volljährige tritt.

(3) Der junge Volljährige soll auch nach Beendigung der Hilfe bei der Verselbständigung im notwendigen Umfang beraten und unterstützt werden.

§ 50 Mitwirkung in Verfahren vor den Vormundschafts- und den Familiengerichten

(1) Das Jugendamt unterstützt das Vormundschaftsgericht und das Familiengericht bei allen Maßnahmen, die die Sorge für die Person von Kindern und Jugendlichen betreffen. Es hat in Verfahren vor dem Vormundschafts- und dem Familiengericht mitzuwirken, die in den §§ 49 und 49 a des Gesetzes über die Angelegenheiten der freiwilligen Gerichtsbarkeit genannt sind.

(2) Das Jugendamt unterrichtet insbesondere über angebotene und erbrachte Leistungen, bringt erzieherische und soziale Gesichtspunkt zur Entwicklung des Kindes oder des Jugendlichen ein und weist auf weitere Möglichkeiten der Hilfe hin.

(3) Hält das Jugendamt zur Abwendung einer Gefährdung des Wohls des Kindes oder des Jugendlichen das Tätigwerden des Gerichts für erforderlich, so hat es das Gericht anzurufen. Absatz 2 gilt entsprechend.

§ 53 Beratung und Unterstützung von Pflegern und Vormündern

(1) Das Jugendamt hat dem Vormundschaftsgericht Personen und Vereine vorzuschlagen, die sich im Einzelfall zum Pfleger oder Vormund eignen.

(2) Pfleger und Vormünder haben Anspruch auf regelmäßige und dem jeweiligen erzieherischen Bedarf des Mündels entsprechende Beratung und Unterstützung.

(3) Das Jugendamt hat darauf zu achten, daß die Vormünder und Pfleger für die Person der Mündel, insbesondere ihre Erziehung und Pflege, Sorge tragen. Es hat beratend darauf hinzuwirken, daß festgestellte Mängel im Einvernehmen mit dem Vormund oder dem Pfleger behoben werden. Soweit eine Behebung der Mängel nicht erfolgt, hat es dies dem Vormundschaftsgericht mitzuteilen. Es hat dem Vormundschaftsgericht über das persönliche Ergehen und die Entwicklung eines Mündels Auskunft zu erteilen. Erlangt das Jugendamt Kenntnis von der Gefährdung des Vermögens eines Mündels, so hat es dies dem Vormundschaftsgericht anzuzeigen.

(4) Für die Beistandschaft nach § 1690 des Bürgerlichen Gesetzbuchs gelten die Absätze 1 bis 3, für die Beistandschaft nach § 1685 des Bürgerlichen Gesetzbuchs und die Gegenvormund-

schaft gelten die Absätze 1 und 2 entsprechend. Ist ein Verein Vormund, so findet Absatz 3 keine Anwendung.

§ 61-67 Schutz von Sozialdaten

§ 61 Anwendungsbereich

(1) Für den Schutz von Sozialdaten bei ihrer Erhebung, Verarbeitung und Nutzung in der Jugendhilfe gelten § 35 des Ersten Buches, die §§ 67 bis 85a des Zehnten Buches sowie die nachfolgenden Vorschriften. Sie gelten für alle Stellen des Trägers der öffentlichen Jugendhilfe, soweit sie Aufgaben nach diesem Buch wahrnehmen. Für die Wahrnehmung von Aufgaben nach diesem Buch durch kreisangehörige Gemeinden und Gemeindeverbände, die nicht örtliche Träger sind, gelten die Sätze 1 und 2 entsprechend.

(2) Für den Schutz von Sozialdaten bei ihrer Erhebung, Verarbeitung und Nutzung im Rahmen der Tätigkeit des Jugendamts als Amtspfleger, Amtsvormund, Beistand und Gegenvormund gelten nur § 68 und die §§ 67c Abs. 4 und 69 Abs. 5 des Zehnten Buches.

(3) Für die Erhebung, Verarbeitung und Nutzung von Sozialdaten durch das Jugendamt bei der Mitwirkung im Jugendstrafverfahren gelten die Vorschriften des Jugendgerichtsgesetzes.

(4) Werden Einrichtungen und Dienste der Träger der freien Jugendhilfe in Anspruch genommen, so ist sicherzustellen, daß der Schutz von Sozialdaten bei ihrer Erhebung, Verarbeitung und Nutzung in entsprechender Weise gewährleistet ist.

§ 62 Datenerhebung

(1) Sozialdaten dürfen nur erhoben werden, soweit ihre Kenntnis zur Erfüllung der jeweiligen Aufgabe erforderlich ist.

(2) Sozialdaten sind beim Betroffenen zu erheben. Er ist über die Rechtsgrundlage der Erhebung, den Erhebungszweck und Zweck der Verarbeitung oder Nutzung aufzuklären, soweit diese nicht offenkundig sind.

(3) Ohne Mitwirkung des Betroffenen dürfen Sozialdaten nur erhoben werden, wenn

1. eine gesetzliche Bestimmung dies vorschreibt oder erlaubt oder

2. ihre Erhebung beim Betroffenen nicht möglich ist oder die jeweilige Aufgabe ihrer Art nach eine Erhebung bei anderen erfordert, die Kenntnis der Daten aber erforderlich ist für
a) die Feststellung der Voraussetzungen oder für die Erfüllung einer Leistung nach diesem Buch oder
b) die Feststellung der Voraussetzungen für die Erstattung einer Leistung nach § 50 des Zehnten Buches oder
c) die Wahrnehmung einer Aufgabe nach den §§ 42 bis 48a oder
d) eine gerichtliche Entscheidung, die Voraussetzung für die Gewährung einer Leistung nach diesem Buch ist, oder
3. die Erhebung beim Betroffenen einen unverhältnismäßigen Aufwand erfordern würde und keine Anhaltspunkte dafür bestehen, daß schutzwürdige Interessen des Betroffenen beeinträchtigt werden.
(4) Ist der Betroffene nicht zugleich Leistungsberechtigter oder sonst an der Leistung beteiligt, so dürfen die Daten auch beim Leistungsberechtigten oder einer anderen Person, die sonst an der Leistung beteiligt ist, erhoben werden, wenn die Kenntnis der Daten für die Gewährung einer Leistung nach diesem Buch notwendig ist. Satz 1 gilt bei der Erfüllung anderer Aufgaben im Sinne des § 2 Abs. 3 entsprechend.

§ 63 Datenspeicherung

(1) Sozialdaten dürfen in Akten und auf sonstigen Datenträgern gespeichert werden, soweit dies für die Erfüllung der jeweiligen Aufgabe erforderlich ist.
(2) Daten, die zur Erfüllung unterschiedlicher Aufgaben der öffentlichen Jugendhilfe erhoben worden sind, dürfen in Akten oder auf sonstigen Datenträgern nur zusammengeführt werden, wenn und solange dies wegen eines unmittelbaren Sachzusammenhangs erforderlich ist. Daten, die zu Leistungszwecken im Sinne des § 2 Abs. 2 und Daten, die für andere Aufgaben im Sinne des § 2 Abs. 3 erhoben worden sind, dürfen nur zusammengeführt werden, soweit dies zur Erfüllung der jeweiligen Aufgabe erforderlich ist.

§ 64 Datenübermittlung und -nutzung

(1) Sozialdaten dürfen zu dem Zweck übermittelt oder genutzt werden, zu dem sie erhoben worden sind.

(2) Eine Übermittlung für die Erfüllung von Aufgaben nach § 69 des Zehnten Buches ist abweichend von Absatz 1 nur zulässig, soweit dadurch der Erfolg einer zu gewährenden Leistung nicht in Frage gestellt wird.

(3) (gestrichen)

(4) Sozialdaten dürfen beim Träger der öffentlichen Jugendhilfe zum Zwecke der Planung im Sinne des § 80 gespeichert oder genutzt werden; sie sind unverzüglich zu anonymisieren.

§ 65 Besonderer Vertrauensschutz in der persönlichen und erzieherischen Hilfe

(1) Sozialdaten, die dem Mitarbeiter eines Trägers der öffentlichen Jugendhilfe zum Zweck persönlicher und erzieherischer Hilfe anvertraut worden sind, dürfen von diesem nur weitergegeben werden

1. mit der Einwilligung dessen, der die Daten anvertraut hat, oder
2. dem Vormundschafts- oder dem Familiengericht zur Erfüllung der Aufgaben nach § 50 Abs. 3, wenn angesichts einer Gefährdung des Wohls eines Kindes oder eines Jugendlichen ohne diese Mitteilung eine für die Gewährung von Leistungen notwendige gerichtliche Entscheidung nicht ermöglicht werden könnte, oder
3. unter den Voraussetzungen, unter denen eine der in § 203 Abs. 1 oder 3 des Strafgesetzbuches genannten Personen dazu befugt wäre.

Gibt der Mitarbeiter anvertraute Sozialdaten weiter, so dürfen sie vom Empfänger nur zu dem Zweck weitergeben werden, zu dem er diese befugt erhalten hat.

(2) § 35 Abs. 3 des Ersten Buches gilt auch, soweit ein behördeninternes Weitergabeverbot nach Absatz 1 besteht.

§ 66 (gestrichen)

§ 67 Auskunft an den Betroffenen

Dem Betroffenen ist auf Antrag Auskunft über die zu seiner Person in Akten oder auf sonstigen Datenträgern gespeicherten Daten nach Maßgabe des § 83 des Zehnten Buches zu erteilen.

§ 72 Mitarbeiter, Fortbildung

(1) Die Träger der öffentlichen Jugendhilfe sollen bei den Jugendämtern und Landesjugendämtern hauptberuflich nur Personen

beschäftigen, die sich für die jeweilige Aufgabe nach ihrer Persönlichkeit eignen und eine dieser Aufgabe entsprechende Ausbildung erhalten haben (Fachkräfte) oder aufgrund besonderer Erfahrungen in der sozialen Arbeit in der Lage sind, die Aufgaben zu erfüllen. Soweit die jeweilige Aufgabe dies erfordert, sind mit ihrer Wahrnehmung nur Fachkräfte oder Fachkräfte mit entsprechender Zusatzausbildung zu betrauen. Fachkräfte verschiedener Fachrichtungen sollen zusammenwirken, soweit die jeweilige Aufgabe dies erfordert.

(2) Leitende Funktionen des Jugendamts oder des Landesjugendamtes sollen in der Regel nur Fachkräften übertragen werden.

(3) Die Träger der öffentlichen Jugendhilfe haben Fortbildung und Praxisberatung der Mitarbeiter des Jugendamtes und des Landesjugendamtes sicherzustellen.

§ 74 Förderung der freien Jugendhilfe

(1) Die Träger der öffentlichen Jugendhilfe sollen die freiwillige Tätigkeit auf dem Gebiet der Jugendhilfe anregen; sie sollen sie fördern, wenn der jeweilige Träger

1. die fachlichen Voraussetzungen für die geplante Maßnahme erfüllt,

2. die Gewähr für eine zweckentsprechende und wirtschaftliche Verwendung der Mittel bietet,

3. gemeinnützige Ziele verfolgt,

4. eine angemessene Eigenleistung erbringt und

5. die Gewähr für eine den Zielen des Grundgesetzes förderliche Arbeit bietet.

Eine auf Dauer angelegte Förderung setzt in der Regel die Anerkennung als Träger der freien Jugendhilfe nach § 75 voraus.

(2) Soweit von der freien Jugendhilfe Einrichtungen, Dienste und Veranstaltungen geschaffen werden, um die Gewährung von Leistungen nach diesem Buch zu ermöglichen, kann die Förderung von der Bereitschaft abhängig gemacht werden, diese Einrichtungen, Dienste und Veranstaltungen nach Maßgabe der Jugendhilfeplanung und unter Beachtung der in § 9 genannten Grundsätze anzubieten. § 4 Abs. 1 bleibt unberührt.

(3) Über die Art und Höhe der Förderung entscheidet der Träger der öffentlichen Jugendhilfe im Rahmen der verfügbaren Haushaltsmittel nach pflichtgemäßem Ermessen. Entsprechendes gilt,

wenn mehrere Antragsteller die Förderungsvoraussetzungen erfüllen und die von ihnen vorgesehenen Maßnahmen gleich geeignet sind, zur Befriedigung des Bedarfs jedoch nur eine Maßnahme notwendig ist. Bei der Bemessung der Eigenleistung sind die unterschiedliche Finanzkraft und die sonstigen Verhältnisse zu berücksichtigen.

(4) Bei sonst gleich geeigneten Maßnahmen soll solchen der Vorzug gegeben werden, die stärker an den Interessen der Betroffenen orientiert sind und ihre Einflußnahme auf die Ausgestaltung der Maßnahme gewährleisten.

(5) Bei der Förderung gleichartiger Maßnahmen mehrerer Träger sind unter Berücksichtigung ihrer Eigenleistung gleiche Grundsätze und Maßstäbe anzulegen. Werden gleichartige Maßnahmen von der freien und der öffentlichen Jugendhilfe durchgeführt, so sind bei der Förderung die Grundsätze und Maßstäbe anzuwenden, die für die Finanzierung der Maßnahmen der öffentlichen Jugendhilfe gelten.

(6) Die Förderung von anerkannten Trägern der Jugendhilfe soll auch Mittel für die Fortbildung der haupt-, neben- und ehrenamtlichen Mitarbeiter sowie im Bereich der Jugendarbeit Mittel für die Errichtung und Unterhaltung von Jugendfreizeit- und Jugendbildungsstätten einschließen.

§ 76 Beteiligung anerkannter Träger der freien Jugendhilfe an der Wahrnehmung anderer Aufgaben

(1) Die Träger der öffentlichen Jugendhilfe können anerkannte Träger der freien Jugendhilfe an der Durchführung ihrer Aufgaben nach den §§ 42, 43, 50 bis 52 und 53 Abs. 2 bis 4 beteiligen oder ihnen diese Aufgaben zur Ausführung übertragen.

(2) Die Träger der öffentlichen Jugendhilfe bleiben für die Erfüllung der Aufgaben verantwortlich.

§ 77 Vereinbarungen über die Höhe der Kosten

(1) Werden Einrichtungen und Dienste der Träger der freien Jugendhilfe in Anspruch genommen, so sind Vereinbarungen über die Höhe der Kosten der Inanspruchnahme zwischen der öffentlichen und der freien Jugendhilfe anzustreben; das Nähere regelt das Landesrecht.

(2) Sofern bis zum 23. Mai 1996 für Einrichtungen, die Leistungen

nach den §§ 32, 34 oder nach § 41 in Verbindung mit § 34 erbringen, noch keine neuen Pflegesätze für das Jahr 1996 oder die Folgejahre vereinbart worden sind, dürfen die am 1. Januar 1996 geltenden Pflegesätze bezogen auf das Jahr 1996 beginnend mit dem 1. Juli 1996 in den Jahren 1996, 1997 und 1998 jährlich nicht höher steigen als 2 vom Hundert im Beitrittsgebiet und 1 vom Hundert im übrigen Bundesgebiet. In begründeten Einzelfällen, insbesondere um den Nachholbedarf bei der Anpassung der Personalstruktur zu berücksichtigen, kann im Beitrittsgebiet der jährliche Steigerungssatz um bis zu 0,5 vom Hundert erhöht werden. Sind bis zum 23. Mai 1996 bereits neue Pflegesätze für 1996 oder die Folgejahre vereinbart worden, so gelten die Sätze 1 und 2 im Hinblick auf die Jahre 1997 und 1998 entsprechend.

(3) Werden nach dem 30. Juni 1996 für Einrichtungen nach Absatz 2 oder Teile davon erstmals Vereinbarungen abgeschlossen, so sind als Basis die Vereinbarungen zugrunde zu legen, die von vergleichbaren Einrichtungen bis zum 23. Mai 1996 geschlossen worden sind. Wird im Einvernehmen mit dem Träger der öffentlichen Jugendhilfe, mit dem eine Vereinbarung besteht, der Zweck der Einrichtung wesentlich geändert oder werden erhebliche bauliche Investitionen vorgenommen, so gilt Satz 1 entsprechend. Werden nach dem 30. Juni 1996 erstmals unterschiedliche Pflegesätze für einzelne Leistungsbereiche oder Leistungsangebote mit einer Einrichtung vereinbart, so dürfen die sich hieraus ergebenden Veränderungen den Rahmen nicht übersteigen, der sich aus einer einheitlichen Veranlagung der Gesamtleistungsangebote nach Absatz 2 Satz 1 ergeben würden.

§ 78 Arbeitsgemeinschaften
Die Träger der öffentlichen Jugendhilfe sollen die Bildung von Arbeitsgemeinschaften anstreben, in denen neben ihnen die anerkannten Träger der freien Jugendhilfe sowie die Träger geförderter Maßnahmen vertreten sind. In den Arbeitsgemeinschaften soll darauf hingewirkt werden, daß die geplanten Maßnahmen aufeinander abgestimmt werden und sich gegenseitig ergänzen.

§ 79 Gesamtverantwortung, Grundausstattung
(1) Die Träger der öffentlichen Jugendhilfe haben für die Erfüllung

der Aufgaben nach diesem Buch die Gesamtverantwortung einschließlich der Planungsverantwortung.

(2) Die Träger der öffentlichen Jugendhilfe sollen gewährleisten, daß die zur Erfüllung der Aufgaben nach diesem Buch erforderlichen und geeigneten Einrichtungen, Dienste und Veranstaltungen den verschiedenen Grundrichtungen der Erziehung entsprechend rechtzeitig und ausreichend zur Verfügung stehen; hierzu zählen insbesondere auch Pfleger, Vormünder und Pflegepersonen. Von den für die Jugendhilfe bereitgestellten Mitteln haben sie einen angemessenen Anteil für die Jugendarbeit zu verwenden.

(3) Die Träger der öffentlichen Jugendhilfe haben für eine ausreichende Ausstattung der Jugendämter und der Landesjugendämter zu sorgen; hierzu gehört auch eine dem Bedarf entsprechende Zahl von Fachkräften.

§ 80 Jugendhilfeplanung

(1) Die Träger der öffentlichen Jugendhilfe haben im Rahmen ihrer Planungsverantwortung
1. den Bestand an Einrichtungen und Diensten festzustellen,
2. den Bedarf unter Berücksichtigung der Wünsche, Bedürfnisse und Interessen der jungen Menschen und der Personensorgeberechtigten für einen mittelfristigen Zeitraum zu ermitteln und
3. die zur Befriedigung des Bedarfs notwendigen Vorhaben rechtzeitig und ausreichend zu planen; dabei ist Vorsorge zu treffen, daß auch ein unvorhergesehener Bedarf befriedigt werden kann.

(2) Einrichtungen und Dienste sollen so geplant werden, daß insbesondere
1. Kontakte in der Familie und im sozialen Umfeld erhalten und gepflegt werden können,
2. ein möglichst wirksames, vielfältiges und aufeinander abgestimmtes Angebot von Jugendhilfeleistungen gewährleistet ist,
3. junge Menschen und Familien in gefährdeten Lebens- und Wohnbereichen besonders gefördert werden,
4. Mütter und Väter Aufgaben in der Familie und Erwerbstätigkeit besser miteinander vereinbaren können.

(3) Die Träger der öffentlichen Jugendhilfe haben die anerkannten Träger der freien Jugendhilfe in allen Phasen ihrer Planung frühzeitig zu beteiligen. Zu diesem Zweck sind sie vom Jugend-

hilfeausschuß, soweit sie überörtlich tätig sind, im Rahmen der Jugendhilfeplanung des überörtlichen Trägers vom Landesjugendhilfeausschuß zu hören. Das Nähere regelt das Landesrecht.

(4) Die Träger der öffentlichen Jugendhilfe sollen darauf hinwirken, daß die Jugendhilfeplanung und andere örtliche und überörtliche Planungen aufeinander abgestimmt werden und die Planungen insgesamt den Bedürfnissen und Interessen der jungen Menschen und ihrer Familien Rechnung tragen.

§ 82 Aufgaben der Ländern

(1) Die obersten Landesjugendbehörde hat die Tätigkeit der Träger der öffentlichen und der freien Jugendhilfe und die Weiterentwicklung der Jugendhilfe anzuregen und zu fördern.

(2) Die Länder haben auf einen gleichmäßigen Ausbau der Einrichtungen und Angebote hinzuwirken und die Jugendämter und Landesjugendämter bei der Wahrnehmung ihrer Aufgaben zu unterstützen.

§ 90 Erhebung von Teilnahmebeiträgen

(1) Für die Inanspruchnahme von Angeboten

1. der Jugendarbeit nach § 11,

2. der allgemeinen Förderung der Erziehung in der Familie nach § 16 Abs. 1, Abs. 2 Nr. 1 und 3 und

3. der Förderung von Kindern in Tageseinrichtungen nach den §§ 22, 24

können Teilnahmebeiträge oder Gebühren festgesetzt werden. Landesrecht kann eine Staffelung der Teilnahmebeiträge und Gebühren, die für die Inanspruchnahme der Tageseinrichtungen für Kinder zu entrichten sind, nach Einkommensgruppen und Kinderzahl oder Zahl der Familienangehörigen vorschreiben oder selbst entsprechend gestaffelte Beträge festsetzen.

(2) In den Fällen des Absatzes 1 Nr. 1 und 2 kann der Teilnahmebeitrag oder die Gebühr auf Antrag ganz oder teilweise erlassen oder vom Träger der öffentlichen Jugendhilfe übernommen werden, wenn

1. die Belastung

a) dem Kind oder dem Jugendlichen und seinen Eltern oder

b) dem jungen Volljährigen nicht zuzumuten ist und

2. die Förderung für die Entwicklung des jungen Menschen erforderlich ist. Lebt das Kind oder der Jugendliche nur mit einem Elternteil zusammen, so tritt dieser an die Stelle der Eltern.

(3) Im Falle des Absatzes 1 Nr. 3 soll der Teilnahmebeitrag oder die Gebühr auf Antrag ganz oder teilweise erlassen oder vom Träger der öffentlichen Jugendhilfe übernommen werden, wenn die Belastung den Eltern und dem Kind nicht zuzumuten ist. Absatz 2 Satz 2 gilt entsprechend.

(4) Für die Feststellung der zumutbaren Belastung gelten die §§ 76 bis 79, 84 und 85 des Bundessozialhilfegesetzes entsprechend, soweit nicht Landesrecht eine andere Regelung trifft.

§ 91 Grundsätze der Heranziehung zu den Kosten

(1) Das Kind oder der Jugendliche und dessen Eltern werden zu den Kosten

1. der Unterkunft eines Jugendlichen in einer sozialpädagogisch begleiteten Wohnform (§ 13 Abs. 3),

2. der Betreuung und Versorgung des Kindes in Notsituationen (§ 20),

3. der Unterstützung bei notwendiger Unterbringung des Kindes oder des Jugendlichen zur Erfüllung der Schulpflicht (§ 21),

4. der Hilfe zur Erziehung in:

a) einer Tagesgruppe (§ 32),

b) Vollzeitpflege (§ 33),

c) einem Heim oder einer sonstigen betreuten Wohnform (§ 34),

d) intensiver sozialpädagogischer Einzelbetreuung (§ 35), sofern sie außerhalb der eigenen Familie erfolgt,

5. der Eingliederungshilfe für seelisch behinderte Kinder und Jugendliche in

a) Tageseinrichtungen und anderen teilstationären Einrichtungen (§ 35a Abs. 1 Satz 2 Nr. 2),

b) Einrichtungen über Tag und Nacht, sonstigen Wohnformen und durch geeignete Pflegepersonen (§ 35a Abs. 1 Satz 2 Nr. 3 und 4),

6. der Inobhutnahme des Kindes oder des Jugendlichen (§ 42),

7. der vorläufigen Unterbringung des Kindes oder des Jugendlichen (§ 43)

herangezogen.

(2) Die Eltern und das Kind werden zu den Kosten der Leistungen zur Förderung von Kindern in Tagespflege (§§ 23, 24) herangezogen. Lebt das Kind nur mit einem Elternteil zusammen, so werden dieser und das Kind zu den Kosten herangezogen.

Landesrecht kann die Beteiligung an den Kosten auch entsprechend den Bestimmungen für die Förderung von Kindern in Tageseinrichtungen nach § 90 Abs. 1, 3 und 4 regeln.

(3) Der junge Volljährige wird zu den Kosten
1. der Unterkunft in einer sozialpädagogischen begleiteten Wohnform (§ 13 Abs. 3),
2. der Unterstützung bei notwendiger Unterbringung zum Abschluß der Schulausbildung (§ 21 Satz 3) und
3. der Hilfe für junge Volljährige (§ 41), soweit diese den in Absatz 1 Nr. 4 und 5 genannten Leistungen entspricht, herangezogen.

(4) Bei der Gewährung von Leistungen nach § 19 werden herangezogen
1. zu den Kosten der Betreuung und Unterkunft der Kinder diese selbst und ihre Eltern,
2. zu den Kosten der Betreuung und Unterkunft des Elternteils dieser selbst und sein Ehegatte,
3. zu den Kosten der Betreuung und Unterkunft der schwangeren Frau diese selbst und ihr Ehegatte
wenn der leistungsberechtigte Elternteil oder die schwangere Frau volljährig ist; in diesem Fall kann der Träger der öffentlichen Jugendhilfe den Unterhaltsanspruch des Elternteils oder der schwangeren Frau nach Maßgabe der §§ 95, 96 auf sich überleiten.

(5) Die Eltern des Kindes oder Jugendlichen werden nur dann zu den Kosten herangezogen, wenn das Kind oder der Jugendliche die Kosten nicht selbst tragen kann.

(6) Die Kosten umfassen auch die Aufwendungen für den notwendigen Unterhalt und die Krankenhilfe.

(7) Verwaltungskosten bleiben außer Betracht.

§ 98 Ziff. 1a Zweck und Umfang der Erhebung

Zur Beurteilung der Auswirkungen der Bestimmungen dieses Buches und zu seiner Fortentwicklung sind laufende Erhebungen über
1. die Empfänger
a) der Hilfe zur Erziehung
b) der Hilfe für junge Volljährige
c) der Eingliederungshilfe für seelisch behinderte Kinder und Jugendliche (...)
als Bundesstatistik durchzuführen.

§ 99 Abs. 1 Ziff. 2 Erhebungsmerkmale
(1) Erhebungsmerkmale bei den Erhebungen über Hilfe zur Erziehung, Eingliederungshilfe für seelisch behinderte Kinder und Jugendliche und Hilfe für junge Volljährige sind
1. (...)
2. Kinder, Jugendliche und junge Volljährige, für die nach §§ 28, 35a oder § 41 eine Beratung durch Beratungsdienste oder -einrichtungen erfolgt, gegliedert
a) nach Art des Trägers und der Kontaktaufnahme zur Beratungsstelle, Form und Schwerpunkt der Beratung und der Therapie, Monat und Jahr des Beratungsbeginns und -endes, Beendigungsgrund sowie Art des Beratungsanlasses,
b) bei Kindern, Jugendlichen und jungen Volljährigen, derentwegen die Beratung erfolgt, zusätzlich nach Geschlecht, Altersgruppe, Staatsangehörigkeit, Zahl der Geschwister und Art des Aufenthalts zu Beginn der Beratung,
3. (...)

§ 103 Übermittlung
(1) An die fachlich zuständigen obersten Bundes- oder Landesbehörden dürfen für die Verwendung gegenüber den gesetzgebenden Körperschaften und für Zwecke der Planung, jedoch nicht für die Regelung von Einzelfällen, vom Statistischen Bundesamt und den statistischen Ämtern der Länder Tabellen mit statistischen Ergebnissen übermittelt werden, auch soweit Tabellenfelder nur einen einzigen Fall ausweisen. Tabellen, deren Tabellenfelder nur einen einzigen Fall ausweisen, dürfen nur dann übermittelt werden, wenn sie nicht differenzierter als auf Regierungsbezirksebene, im Fall der Stadtstaaten auf Bezirksebene, aufbereitet sind.
(2) Für ausschließlich statistische Zwecke dürfen den zur Durchführung statistischer Aufgaben zuständigen Stellen der Gemeinden und Gemeindeverbände für ihren Zuständigkeitsbereich Einzelangaben aus der Erhebung nach § 99 mit Ausnahme der Hilfsmerkmale übermittelt werden, soweit die Voraussetzungen nach § 16 Abs. 5 des Bundesstatistikgesetzes gegeben sind.

Anmerkung
* In der Fassung der Bekanntmachung vom 15. März 1996 (BGBl. I S. 477) geändert durch das Gesetz zur Reform des Sozialhilferechts vom 23. Juli 1996 (BGBl. I S. 1088).

Bundesdatenschutzgesetz (BDSG)
vom 20. Dezember 1990*

§ 1 Zweck und Anwendungsbereich des Gesetzes
(1) Zweck dieses Gesetzes ist es, den einzelnen davor zu schützen, daß er durch den Umgang mit seinen personenbezogenen Daten in seinem Persönlichkeitsrecht beeinträchtigt wird.

(2) Dieses Gesetz gilt für die Erhebung, Verarbeitung und Nutzung personenbezogener Daten durch

1. öffentliche Stellen des Bundes,

2. öffentliche Stellen der Länder, soweit der Datenschutz nicht durch Landesgesetz geregelt ist und soweit sie

a) Bundesrecht ausführen oder

b) als Organe der Rechtspflege tätig werden und es sich nicht um Verwaltungsangelegenheiten handelt,

3. nicht-öffentliche Stellen, soweit sie die Daten in oder aus Dateien geschäftsmäßig oder für berufliche oder gewerbliche Zwecke verarbeiten oder nutzen.

(3) Bei der Anwendung dieses Gesetzes gelten folgende Einschränkungen:

1. Für automatisierte Daten, die ausschließlich aus verarbeitungstechnischen Gründen vorübergehend erstellt und nach ihrer verarbeitungstechnischen Nutzung automatisch gelöscht werden, gelten nur die §§ 5 und 9.

2. Für nicht-automatisierte Dateien, deren personenbezogene Daten nicht zur Übermittlung an Dritte bestimmt sind, gelten nur die §§ 5, 9, 39 und 40. Außerdem gelten für Dateien öffentlicher Stellen die Regelungen über die Verarbeitung und Nutzung personenbezogener Daten in Akten. Werden im Einzelfall personenbezogene Daten übermittelt, gelten für diesen Einzelfall die Vorschriften dieses Gesetzes uneingeschränkt.

(4) Soweit andere Rechtsvorschriften des Bundes auf personenbezogene Daten einschließlich deren Veröffentlichung anzuwenden sind, gehen sie den Vorschriften dieses Gesetzes vor. Die Verpflichtung zur Wahrung gesetzlicher Geheimhaltungspflichten oder von Berufs- oder besonderen Amtsgeheimnissen, die nicht auf gesetz-

lichen Vorschriften beruhen, bleibt unberührt.

(5) Die Vorschriften dieses Gesetzes gehen denen des Verwaltungsverfahrensgesetzes vor, soweit bei der Ermittlung des Sachverhalts personenbezogene Daten verarbeitet werden.

§ 3 Weitere Begriffsbestimmungen

(1) Personenbezogene Daten sind Einzelangaben über persönliche oder sachliche Verhältnisse einer bestimmten oder bestimmbaren natürlichen Person (Betroffener).

(2) Eine Datei ist

1. eine Sammlung personenbezogener Daten, die durch automatisierte Verfahren nach bestimmten Merkmalen ausgewertet werden kann (automatisierte Datei), oder

2. jede sonstige Sammlung personenbezogener Daten, die gleichartig aufgebaut ist und nach bestimmten Merkmalen geordnet, umgeordnet und ausgewertet werden kann (nichtautomatisierte Datei).

Nicht hierzu gehören Akten und Aktensammlungen, es sei denn, daß sie durch automatisierte Verfahren umgeordnet und ausgewertet werden können.

(3) Eine Akte ist jede sonstige amtlichen oder dienstlichen Zwecken dienende Unterlage; dazu zählen auch Bild- und Tonträger. Nicht hierunter fallen Vorentwürfe und Notizen, die nicht Bestandteil eines Vorgangs werden sollen.

(4) Erheben ist das Beschaffen von Daten über den Betroffenen.

(5) Verarbeiten ist das Speichern, Verändern, Übermitteln, Sperren und Löschen personenbezogener Daten. Im einzelnen ist, ungeachtet der dabei angewendeten Verfahren:

1. Speichern das Erfassen, Aufnehmen oder Aufbewahren personenbezogener Daten auf einem Datenträger zum Zwecke ihrer weiteren Verarbeitung oder Nutzung,

2. Verändern das inhaltliche Umgestalten gespeicherter personenbezogener Daten,

3. Übermitteln das Bekanntgeben gespeicherter oder durch Datenverarbeitung gewonnener personenbezogener Daten an einen Dritten (Empfänger) in der Weise, daß

a) die Daten durch die speichernde Stelle an den Empfänger weitergegeben werden oder

b) der Empfänger von der speichernden Stelle zur Einsicht oder zum Abruf bereitgehaltene Daten einsieht oder abruft,
4. Sperren das Kennzeichnen gespeicherter personenbezogener Daten, um ihre weitere Verarbeitung oder Nutzung einzuschränken,
5. Löschen das Unkenntlichmachen gespeicherter personenbezogener Daten.

(6) Nutzen ist jede Verwendung personenbezogener Daten, soweit es sich nicht um Verarbeitung handelt.

(7) Anonymisieren ist das Verändern personenbezogener Daten derart, daß die Einzelangaben über persönliche oder sachliche Verhältnisse nicht mehr oder nur mit einem unverhältnismäßig großen Aufwand an Zeit, Kosten und Arbeitskraft einer bestimmten oder bestimmbaren natürlichen Person zugeordnet werden können.

(8) Speichernde Stelle ist jede Person oder Stelle, die personenbezogene Daten für sich selbst speichert oder durch andere im Auftrag speichern läßt.

(9) Dritter ist jede Person oder Stelle außerhalb der speichernden Stelle. Dritte sind nicht der Betroffene sowie diejenigen Personen und Stellen, die im Geltungsbereich dieses Gesetzes personenbezogene Daten im Auftrag verarbeiten oder nutzen.

§ 6 Unabdingbare Rechte des Betroffenen

(1) Die Rechte des Betroffenen auf Auskunft (§§ 19,34) und auf Berichtigung, Löschung oder Sperrung (§§ 20,35) können nicht durch Rechtsgeschäft ausgeschlossen oder beschränkt werden.

(2) Sind die Daten des Betroffenen in einer Datei gespeichert, bei der mehrere Stellen speicherungsberechtigt sind, und ist der Betroffene nicht in der Lage, die speichernde Stelle festzustellen, so kann er sich an jede dieser Stellen wenden. Diese ist verpflichtet, das Vorbringen des Betroffenen an die speichernde Stelle weiterzuleiten. Der Betroffene ist über die Weiterleitung und die speichernde Stelle zu unterrichten. Die in § 19 Abs. 3 genannten Stellen, die Behörden der Staatsanwaltschaft und der Polizei sowie öffentliche Stellen der Finanzverwaltung, soweit sie personenbezogene Daten in Erfüllung ihrer gesetzlichen Aufgaben im Anwendungsbereich der Abgabenordnung

zur Überwachung und Prüfung speichern, können statt des Betroffenen den Bundesbeauftragten für den Datenschutz unterrichten. In diesem Fall richtet sich das weitere Verfahren nach § 19 Abs. 6.

Anmerkung
* Zuletzt geändert durch das Zweite Gesetz zur Änderung des Sozialgesetzbuches vom 13. Juni 1994.

Bundesstatistikgesetz (BStatG)
vom 22. Januar 1987

§ 16 Geheimhaltung

(1) Einzelangaben über persönliche und sachliche Verhältnisse, die für eine Bundesstatistik gemacht werden, sind von den Amtsträgern und für den öffentlichen Dienst besonders Verpflichteten, die mit der Durchführung von Bundesstatistiken betraut sind, geheimzuhalten, soweit durch besondere Rechtsvorschrift nichts anderes bestimmt ist. Dies gilt nicht für
1. Einzelangaben, in deren Übermittlung oder Veröffentlichung der Befragte schriftlich eingewilligt hat.
2. Einzelangaben aus allgemein zugänglichen Quellen, wenn sie sich auf die in § 15 Abs. 1 genannten öffentlichen Stellen beziehen, auch soweit eine Auskunftspflicht aufgrund einer eine Bundesstatistik anordnenden Rechtsvorschrift besteht,
3. Einzelangaben, die vom Statistischen Bundesamt oder den statistischen Ämtern der Länder mit den Einzelangaben anderer Befragter zusammengefaßt und in statistischen Ergebnissen dargestellt sind,
4. Einzelangaben, wenn sie dem Befragten oder Betroffenen nicht zuzuordnen sind.

(...)

(4) Für die Verwendung gegenüber den gesetzgebenden Körperschaften und für Zwecke der Planung, jedoch nicht für die Regelung von Einzelfällen, dürfen den obersten Bundes- oder Landesbehörden vom Statistischen Bundesamt und den statistischen Ämtern der Länder Tabellen mit statistischen Ergebnissen übermittelt werden, auch soweit Tabellenfelder nur einen einzigen Fall ausweisen. Die Übermittlung nach Satz 1 ist nur zulässig, soweit in den eine Bundesstatistik anordnenden Rechtsvorschriften die Übermittlung von Einzelangaben an oberste Bundes- oder Landesbehörden zugelassen ist.

(5) Für ausschließlich statistische Zwecke dürfen vom Statistischen Bundesamt und den statistischen Ämtern der Länder Einzelangaben an die zur Durchführung statistischer Aufgaben zuständigen Stellen der Gemeinden und Gemeindeverbände übermittelt werden, wenn die Übermittlung in einem eine Bundesstatistik

anordnenden Gesetz vorgesehen ist sowie Art und Umfang der zu übermittelnden Einzelangaben bestimmt sind. Die Übermittlung ist nur zulässig, wenn durch Landesgesetz eine Trennung dieser Stellen von anderen kommunalen Verwaltungsstellen sichergestellt und das Statistikgeheimnis durch Organisation und Verfahren gewährleistet ist.

(6) Für die Durchführung wissenschaftlicher Vorhaben dürfen vom Statistischen Bundesamt und den statistischen Ämtern der Länder Einzelangaben an Hochschulen oder sonstige Einrichtungen mit der Aufgabe unabhängiger wissenschaftlicher Forschung übermittelt werden, wenn die Einzelangaben nur mit einem unververhältnismäßig großen Aufwand an Zeit, Kosten und Arbeitskraft zugeordnet werden können und die Empfänger Amtsträger, für den öffentlichen Dienst besonders Verpflichtete oder Verpflichtete nach Absatz 7 sind.

(7) Personen, die Einzelangaben nach Absatz 6 erhalten sollen, sind vor der Übermittlung zur Geheimhaltung besonders zu verpflichten, soweit sie nicht Amtsträger oder für den öffentlichen Dienst besonders Verpflichtete sind. § 1 Abs. 2, 3 und 4 Nr. 2 des Verpflichtungsgesetzes vom 2. März 1974 (BGBl. I S. 469, Artikel 42), das durch Gesetz vom 15. August 1974 (BGBl. I S. 1942) geändert worden ist, gilt entsprechend. Personen, die nach Satz 1 besonders verpflichtet worden sind, stehen für die Anwendung der Vorschriften des Strafgesetzbuches über die Verletzung von Privatgeheimnissen (§ 203 Abs. 2, 4, 5, §§ 204, 205) und des Dienstgeheimnisses (§ 353b Abs. 1) den für den öffentlichen Dienst besonders Verpflichteten gleich.

(8) Die aufgrund einer besonderen Rechtsvorschrift oder der Absätze 4, 5 oder 6 übermittelten Einzelangaben dürfen nur für die Zwecke verwendet werden, für die sie übermittelt wurden. In den Fällen des Absatzes 6 sind sie zu löschen, sobald das wissenschaftliche Vorhaben durchgeführt ist. Bei den Stellen, denen Einzelangaben übermittelt werden, muß durch organisatorische und technische Maßnahmen sichergestellt sein, daß nur Amtsträger, für den öffentlichen Dienst besonders Verpflichtete oder Verpflichtete nach Absatz 7 Satz 1 Empfänger von Einzelangaben sind.

(...)

Strafgesetzbuch (StGB)*

§ 13 Begehen durch Unterlassen
(1) Wer es unterläßt, einen Erfolg abzuwenden, der zum Tatbestand eines Strafgesetzes gehört, ist nach diesem Gesetz nur dann strafbar, wenn er rechtlich dafür einzustehen hat, daß der Erfolg nicht eintritt, und wenn das Unterlassen der Verwirklichung des gesetzlichen Tatbestandes durch ein Tun entspricht.
(2) Die Strafe kann nach § 49 Abs. 1 gemildert werden.

§ 12 Verbrechen und Vergehen
(1) Verbrechen sind rechtswidrige Taten, die im Mindestmaß mit Freiheitsstrafe von einem Jahr oder darüber bedroht sind.
(2) Vergehen sind rechtswidrige Taten, die im Mindestmaß mit einer geringeren Freiheitsstrafe oder die mit Geldstrafe bedroht sind.
(3) Schärfungen oder Milderungen, die nach den Vorschriften des Allgemeinen Teils oder für besonders schwere oder minder schwere Fälle vorgesehen sind, bleiben für die Einteilung außer Betracht.

§ 32 Notwehr
(1) Wer eine Tat begeht, die durch Notwehr geboten ist, handelt nicht rechtswidrig.
(2) Notwehr ist die Verteidigung, die erforderlich ist, um einen gegenwärtigen rechtswidrigen Angriff von sich oder einem anderen abzuwenden.

§ 34 Rechtfertigender Notstand
Wer in einer gegenwärtigen, nicht anders abwendbaren Gefahr für Leben, Leib, Freiheit, Ehre, Eigentum oder ein anderes Rechtsgut eine Tat begeht, um die Gefahr von sich oder einem anderen abzuwenden, handelt nicht rechtswidrig, wenn bei Abwägung der widerstreitenden Interessen, namentlich der betroffenen Rechtsgüter und des Grades der ihnen drohenden Gefahren, das geschützte Interesse das beeinträchtigte wesentlich überwiegt. Dies gilt jedoch nur, soweit die Tat ein angemessenes Mittel ist, die Gefahr abzuwenden.

§ 138 Nichtanzeige geplanter Straftaten

(1) Wer von dem Vorhaben oder der Ausführung
1. einer Vorbereitung eines Angriffskrieges (§ 80),
2. eines Hochverrats in den Fällen der §§ 81 bis 83 Abs. 1,
3. eines Landesverrats oder einer Gefährdung der äußeren Sicherheit in den Fällen der §§ 94 bis 96, 97a oder 100,
4. einer Geld- oder Wertpapierfälschung in den Fällen der §§ 146, 151, 152 oder einer Fälschung von Vordrucken für Euroschecks oder Euroscheckkarten in den Fällen des § 152a Abs. 1 Nr. 1, Abs. 2 oder 3,
5. eines schweren Menschenhandels in den Fällen des § 181 Abs. 1 Nr. 2 oder 3,
6. eines Mordes, Totschlags oder Völkermordes (§§ 211, 212 oder 220a),
7. einer Straftat gegen die persönliche Freiheit in den Fällen der §§ 234, 234a, 239a oder 239b,
8. eines Raubes oder einer räuberischen Erpressung (§§ 249 bis 251 oder 255) oder
9. einer gemeingefährlichen Straftat in den Fällen der §§ 306 bis 308, 310b Abs. 1 bis 3, des § 311 Abs. 1 bis 3, des § 311a Abs. 1 bis 3 der §§ 311b, 312, 313, 315 Abs. 3, des § 315b Abs. 3, der §§ 316a, 316c oder 319

zu einer Zeit, zu der die Ausführung oder der Erfolg noch abgewendet werden kann, glaubhaft erfährt und es unterläßt, der Behörde oder dem Bedrohten rechtzeitig Anzeige zu machen, wird mit Freiheitsstrafe bis zu fünf Jahren oder mit Geldstrafe bestraft.

(2) Ebenso wird bestraft, wer von dem Vorhaben oder der Ausführung einer Straftat nach § 129a zu einer Zeit, zu der die Ausführung noch abgewendet werden kann, glaubhaft erfährt und es unterläßt, der Behörde unverzüglich Anzeige zu erstatten.

(3) Wer die Anzeige leichtfertig unterläßt, obwohl er von dem Vorhaben oder der Ausführung der rechtswidrigen Tat glaubhaft erfahren hat, wird mit Freiheitsstrafe bis zu einem Jahr oder mit Geldstrafe bestraft.

§ 170d. Verletzung der Fürsorge oder Erziehungspflicht

Wer seine Fürsorge- oder Erziehungspflicht gegenüber einer Person unter sechzehn Jahren gröblich verletzt und dadurch den Schutzbefohlenen in die Gefahr bringt, in seiner körperlichen oder psychischen Entwicklung erheblich geschädigt zu werden, einen kriminellen Lebenswandel zu führen oder der Prostitution nachzugehen, wird mit Freiheitsstrafe bis zu drei Jahren oder mit Geldstrafe bestraft.

§ 174 Sexueller Mißbrauch von Schutzbefohlenen
(1) Wer sexuelle Handlungen
    1. an einer Person unter sechzehn Jahren, die ihm zur Erziehung, zur Ausbildung oder zur Betreuung in der Lebensführung anvertraut ist,
    2. an einer Person unter achtzehn Jahren, die ihm zur Erziehung, zur Ausbildung oder zur Betreuung in der Lebensführung anvertraut oder im Rahmen eines Dienst- oder Arbeitsverhältnisses untergeordnet ist, unter Mißbrauch einer mit dem Erziehungs-, Ausbildungs-, Betreuungs-, Dienst- oder Arbeitsverhältnis verbundenen Abhängigkeit oder
    3. an seinem noch nicht achtzehn Jahre alten leiblichen oder angenommenen Kind
vornimmt oder an sich von dem Schutzbefohlenen vornehmen läßt, wird mit Freiheitsstrafe bis zu fünf Jahren oder mit Geldstrafe bestraft.
(2) Wer unter den Voraussetzungen des Absatzes 1 Nr. 1 bis 3
    1. sexuelle Handlungen vor dem Schutzbefohlenen vornimmt oder
    2. den Schutzbefohlenen dazu bestimmt, daß er sexuelle Handlungen vor ihm vornimmt,
um sich oder den Schutzbefohlenen hierdurch sexuell zu erregen, wird mit Freiheitsstrafe bis zu drei Jahren oder mit Geldstrafe bestraft.
(3) Der Versuch ist strafbar.
(4) In den Fällen des Absatzes 1 Nr. 1 oder des Absatzes 2 in Verbindung mit Absatz 1 Nr. 1 kann das Gericht von einer Bestrafung nach dieser Vorschrift absehen, wenn bei Berücksichtigung des Verhaltens des Schutzbefohlenen das Unrecht der Tat gering ist.

§ 176 Sexueller Mißbrauch von Kindern
(1) Wer sexuelle Handlungen an einer Person unter vierzehn Jahren

(Kind) vornimmt oder an sich von dem Kind vornehmen läßt, wird mit Freiheitsstrafe von sechs Monaten bis zu zehn Jahren, in minder schweren Fällen mit Freiheitsstrafe bis zu fünf Jahren oder mit Geldstrafe bestraft.

(2) Ebenso wird bestraft, wer ein Kind dazu bestimmt, daß es sexuelle Handlungen an einem Dritten vornimmt oder von einem Dritten an sich vornehmen läßt.

(3) In besonders schweren Fällen ist die Strafe Freiheitsstrafe von einem Jahr bis zu zehn Jahren. Ein besonders schwerer Fall liegt in der Regel vor, wenn der Täter

1. mit dem Kind den Beischlaf vollzieht oder
2. das Kind bei der Tat körperlich schwer mißhandelt.

(4) Verursacht der Täter durch die Tat leichtfertig den Tod des Kindes, so ist die Strafe Freiheitsstrafe nicht unter fünf Jahren.

(5) Mit Freiheitsstrafe bis zu drei Jahren oder mit Geldstrafe wird bestraft, wer

1. sexuelle Handlungen vor einem Kind vornimmt,
2. ein Kind dazu bestimmt, daß es sexuelle Handlungen vor ihm oder einem Dritten vornimmt, oder
3. auf ein Kind durch Vorzeigen pornographischer Abbildungen oder Darstellungen, durch Abspielen von Tonträgern pornographischen Inhalts oder durch entsprechende Reden einwirkt,

um sich, das Kind oder einen anderen hierdurch sexuell zu erregen.

(6) Der Versuch ist strafbar; dies gilt nicht für Taten nach Absatz 5 Nr. 3.

§ 177 Vergewaltigung

(1) Wer eine Frau mit Gewalt oder durch Drohung mit gegenwärtiger Gefahr für Leib oder Leben zum außerehelichen Beischlaf mit ihm oder einem Dritten nötigt, wird mit Freiheitsstrafe nicht unter zwei Jahren bestraft.

(2) In minder schweren Fällen ist die Strafe Freiheitsstrafe von sechs Monaten bis zu fünf Jahren.

(3) Verursacht der Täter durch die Tat leichtfertig den Tod des Opfers, so ist die Strafe Freiheitsstrafe nicht unter fünf Jahren.

§ 178 Sexuelle Nötigung

(1) Wer einen anderen mit Gewalt oder durch Drohung mit gegenwärtiger Gefahr für Leib und Leben nötigt, außereheliche

sexuelle Handlungen des Täters oder eines Dritten an sich zu dulden oder an dem Täter oder einem Dritten vorzunehmen, wird mit Freiheitsstrafe von einem Jahr bis zu zehn Jahren bestraft.
(2) In minder schweren Fällen ist die Strafe Freiheitsstrafe von drei Monaten bis zu fünf Jahren.
(3) Verursacht der Täter durch die Tat leichtfertig den Tod des Opfers, so ist die Strafe Freiheitsstrafe nicht unter fünf Jahren.

§ 179 Sexueller Mißbrauch Widerstandsunfähiger
(1) Wer einen anderen, der
1. wegen einer krankhaften seelischen Störung, wegen einer tiefgreifenden Bewußtseinsstörung oder wegen Schwachsinns oder einer schweren anderen seelischen Abartigkeit zum Widerstand unfähig ist oder
2. körperlich widerstandsunfähig ist,
dadurch mißbraucht, daß er unter Ausnutzung der Widerstandsunfähigkeit außereheliche sexuelle Handlungen an ihm vornimmt oder an sich von dem Opfer vornehmen läßt, wird mit Freiheitsstrafe bis zu fünf Jahren oder mit Geldstrafe bestraft.
(2) Wird die Tat durch Mißbrauch einer Frau zum außerehelichen Beischlaf begangen, so ist die Strafe Freiheitsstrafe von einem Jahr bis zu zehn Jahren, in minder schweren Fällen Freiheitsstrafe von drei Monaten bis zu fünf Jahren.

§ 180 Förderung sexueller Handlungen Minderjähriger
(1) Wer sexuellen Handlungen einer Person unter sechzehn Jahren an oder vor einem Dritten oder sexuellen Handlungen eines Dritten an einer Person unter sechzehn Jahren
1. durch seine Vermittlung oder
2. durch Gewähren oder Verschaffen von Gelegenheit
Vorschub leistet, wird mit Freiheitsstrafe bis zu drei Jahren oder mit Geldstrafe bestraft. Satz 1 Nr. 2 ist nicht anzuwenden, wenn der zur Sorge für die Person Berechtigte handelt; dies gilt nicht, wenn der Sorgeberechtigte durch das Vorschubleisten seine Erziehungspflicht gröblich verletzt.
(2) Wer eine Person unter achtzehn Jahren bestimmt, sexuelle Handlungen gegen Entgelt an oder vor einem Dritten vorzunehmen oder von einem Dritten an sich vornehmen zu lassen, oder wer solchen Handlungen durch seine Vermittlung Vorschub

leistet, wird mit Freiheitsstrafe bis zu fünf Jahren oder mit Geldstrafe bestraft.
(3) Wer eine Person unter achtzehn Jahren, die ihm zur Erziehung, zur Ausbildung oder zur Betreuung in der Lebensführung anvertraut oder im Rahmen eines Dienst- oder Arbeitsverhältnisses untergeordnet ist, unter Mißbrauch einer mit dem Erziehungs-, Ausbildungs-, Betreuungs-, Dienst- oder Arbeitsverhältnis verbundenen Abhängigkeit bestimmt, sexuelle Handlungen an oder vor einem Dritten vorzunehmen oder von einem Dritten an sich vornehmen zu lassen, wird mit Freiheitsstrafe bis zu fünf Jahren oder mit Geldstrafe bestraft.
(4) In den Fällen der Absätze 2 und 3 ist der Versuch strafbar.

§ 202 Verletzung des Briefgeheimnisses
(1) Wer unbefugt
  1. einen verschlossenen Brief oder ein anderes verschlossenes Schriftstück, die nicht zu seiner Kenntnis bestimmt sind, öffnet oder
  2. sich vom Inhalt eines solchen Schriftstücks ohne Öffnung des Verschlusses unter Anwendung technischer Mittel Kenntnis verschafft,

  wird mit Freiheitsstrafe bis zu einem Jahr oder mit Geldstrafe bestraft, wenn die Tat nicht in § 354 mit Strafe bedroht ist.
(2) Ebenso wird bestraft, wer sich unbefugt vom Inhalt eines Schriftstücks, das nicht zu seiner Kenntnis bestimmt und durch ein verschlossenes Behältnis gegen Kenntnisnahme besonders gesichert ist, Kenntnis verschafft, nachdem er dazu das Behältnis geöffnet hat.
(3) Einem Schriftstück im Sinne der Absätze 1 und 2 steht eine Abbildung gleich.

§ 203 Verletzung von Privatgeheimnissen
(1) Wer unbefugt ein fremdes Geheimnis, namentlich ein zum persönlichen Lebensbereich gehörendes Geheimnis oder ein Betriebs- oder Geschäftsgeheimnis, offenbart, das ihm als
  1. Arzt, Zahnarzt, Tierarzt, Apotheker oder Angehörigen eines anderen Heilberufs, der für die Berufsausübung oder die Führung der Berufsbezeichnung eine staatlich geregelte Ausbildung erfordert,

2. Berufspsychologen mit staatlich anerkannter wissenschaftlicher Abschlußprüfung,

3. Rechtsanwalt, Patentanwalt, Notar, Verteidiger in einem gesetzlich geordneten Verfahren, Wirtschaftsprüfer, vereidigtem Buchprüfer, Steuerberater, Steuerbevollmächtigten oder Organ oder Mitglied eines Organs einer Wirtschaftsprüfungs-, Buchprüfungs- oder Steuerberatungsgesellschaft,

4. Ehe-, Familien-, Erziehungs- oder Jugendberater sowie Berater für Suchtfragen in einer Beratungsstelle, die von einer Behörde oder Körperschaft, Anstalt oder Stiftung des öffentlichen Rechts anerkannt ist,

4a. Mitglied oder Beauftragten einer anerkannten Beratungsstelle nach §§ 3 und 8 des Schwangerschaftskonfliktgesetzes

5. staatlich anerkanntem Sozialarbeiter oder staatlich anerkanntem Sozialpädagogen oder

6. Angehörigen eines Unternehmens der privaten Kranken-, Unfall- oder Lebensversicherung oder einer privatärztlichen Verrechnungsstelle

anvertraut worden oder sind bekanntgeworden ist, wird mit Freiheitsstrafe bis zu einem Jahr oder mit Geldstrafe bestraft.

(2) Ebenso wird bestraft, wer unbefugt ein fremdes Geheimnis, namentlich ein zum persönlichen Lebensbereich gehörendes Geheimnis oder ein Betriebs- oder Geschäftsgeheimnis, offenbart, das ihm als

1. Amtsträger,

2. für den öffentlichen Dienst besonders Verpflichteten,

3. Person, die Aufgaben oder Befugnisse nach dem Personalvertretungsrecht wahrnimmt,

4. Mitglied eines für ein Gesetzgebungsorgan des Bundes oder eines Landes tätigen Untersuchungsausschusses, sonstigen Ausschusses oder Rates, das nicht selbst Mitglied des Gesetzgebungsorgans ist, oder als Hilfskraft eines solchen Ausschusses oder Rates oder

5. öffentlich bestelltem Sachverständigen, der auf die gewissenhafte Erfüllung seiner Obliegenheiten auf Grund eines Gesetzes förmlich verpflichtet worden ist,

anvertraut worden oder sonst bekanntgeworden ist. Einem Geheimnis im Sinne des Satzes 1 stehen Einzelangaben über persönliche oder sachliche Verhältnisse eines anderen gleich, die für Aufgaben der öffentlichen Verwaltung erfaßt worden sind; Satz 1 ist jedoch nicht anzuwenden, soweit solche Einzelangaben anderen Behörden oder sonstigen Stellen für Aufgaben der öffentlichen Verwaltung bekanntgegeben werden und das Gesetz dies nicht untersagt.

(3) Den in Absatz 1 Genannten stehen ihre berufsmäßig tätigen Gehilfen und die Personen gleich, die bei ihnen zur Vorbereitung auf den Beruf tätig sind. Den in Absatz 1 und den in Satz 1 Genannten steht nach dem Tod des zur Wahrung des Geheimnisses Verpflichteten ferner gleich, wer das Geheimnis von dem Verstorbenen oder aus dessen Nachlaß erlangt hat.

(4) Die Absätze 1 bis 3 sind auch anzuwenden, wenn der Täter das fremde Geheimnis nach dem Tod des Betroffenen unbefugt offenbart.

(5) Handelt der Täter gegen Entgelt oder in der Absicht, sich oder einen anderen zu bereichern oder einen anderen zu schädigen, so ist die Strafe Freiheitsstrafe bis zu zwei Jahren oder Geldstrafe.

§ 219 Beratung der Schwangeren in einer Not- und Konfliktlage

(1) Die Beratung dient dem Schutz des ungeborenen Lebens. Sie hat sich von dem Bemühen leiten zu lassen, die Frau zur Fortsetzung der Schwangerschaft zu ermutigen und ihr Perspektiven für ein Leben mit dem Kind zu eröffnen; sie soll ihr helfen, eine verantwortliche und gewissenhafte Entscheidung zu treffen. Dabei muß der Frau bewußt sein, daß das Ungeborene in jedem Stadium der Schwangerschaft auch ihr gegenüber ein eigenes Recht auf Leben hat und daß deshalb nach der Rechtsordnung ein Schwangerschaftsabbruch nur in Ausnahmesituationen in Betracht kommen kann, wenn der Frau durch das Austragen des Kindes eine Belastung erwächst, die so schwer und außergewöhnlich ist, daß sie die zumutbare Opfergrenze übersteigt. Die Beratung soll durch Rat und Hilfe dazu beitragen, die in Zusammenhang mit der Schwangerschaft bestehende Konfliktlage zu bewältigen und einer Notlage abzuhelfen. Das Nähere regelt das Schwangerschaftskonfliktgesetz.

(2) Die Beratung hat nach dem Schwangerschaftskonfliktgesetz durch eine anerkannte Schwangerschaftskonfliktberatungsstelle

zu erfolgen. Die Beratungsstelle hat der Schwangeren nach Abschluß der Beratung hierüber eine mit dem Datum des letzten Beratungsgesprächs und dem Namen der Schwangeren versehene Bescheinigung nach Maßgabe des Schwangerschaftskonfliktgesetzes auszustellen. Der Arzt, der den Abbruch der Schwangerschaft vornimmt, ist als Berater ausgeschlossen.

§ 223 b Mißhandlung von Schutzbefohlenen

(1) Wer Personen unter achtzehn Jahren oder wegen Gebrechlichkeit oder Krankheit Wehrlose, die seiner Fürsorge oder Obhut unterstehen oder seinem Hausstand angehören oder die von dem Fürsorgepflichtigen seiner Gewalt überlassen worden oder durch ein Dienst- oder Arbeitsverhältnis von ihm abhängig sind, quält oder roh mißhandelt, oder wer durch böswillige Vernachlässigung seiner Pflicht, für sie zu sorgen, sie an der Gesundheit schädigt, wird mit Freiheitsstrafe von drei Monaten bis zu fünf Jahren bestraft.

(2) In besonderen schweren Fällen ist die strafe Freiheitsstrafe von einem Jahr bis zu zehn Jahren. Ein besonders schwerer Fall liegt in der Regel vor, wenn der Täter die schutzbefohlene Person durch die Tat in die Gefahr
1. des Todes oder einer schweren Körperverletzung (§ 224) oder
2. einer erheblichen Schädigung der körperlichen oder psychischen Entwicklung
bringt.

§ 357   Verleitung eines Untergebenen zu einer Straftat

(1) Ein Vorgesetzter, welcher seine Untergebenen zu einer rechtswidrigen Tat im Amt verleitet oder zu verleiten unternimmt oder eine solche rechtswidrige Tat seiner Untergebenen geschehen läßt, hat die für diese rechtswidrige Tat angedrohte Strafe verwirkt.

(2) Dieselbe Bestimmung findet auf einen Amtsträger Anwendung, welchem eine Aufsicht oder Kontrolle über die Dienstgeschäfte eines anderen Amtsträgers übertragen ist, sofern die von diesem letzten Amtsträger begangene rechtswidrige Tat die zur Aufsicht oder Kontrolle gehörenden Geschäfte betrifft.

Anmerkung
*   Zuletzt geändert durch Gesetz vom 21. August 1995

Strafprozeßordnung (StPO)*

§ 53 Zeugnisverweigerungsrecht aus beruflichen Gründen
(1) Zur Verweigerung des Zeugnisses sind ferner berechtigt
1. Geistliche über das, was ihnen in ihrer Eigenschaft als Seelsorger anvertraut worden oder bekanntgeworden ist;
2. Verteidiger des Beschuldigten über das, was ihnen in dieser Eigenschaft anvertraut oder bekanntgeworden ist;
3. Rechtsanwälte, Patentanwälte, Notare, Wirtschaftsprüfer, vereidigte Buchprüfer, Steuerberater und Steuerbevollmächtigte, Ärzte, Zahnärzte, Apotheker und Hebammen über das, was ihnen in dieser Eigenschaft anvertraut worden oder bekanntgeworden ist;
3a. Mitglieder oder Beauftragte einer anerkannten Beratungsstelle nach den §§ 3 und 8 des Schwangerschaftskonfliktgesetzes über das, was ihnen in dieser Eigenschaft anvertraut worden oder bekanntgeworden ist;
3b. Berater für Fragen der Betäubungsmittelabhängigkeit in einer Beratungsstelle, die eine Behörde oder eine Körperschaft, Anstalt oder Stiftung des öffentlichen Rechts anerkannt oder bei sich eingerichtet hat, über das, was ihnen in dieser Eigenschaft anvertraut worden oder bekanntgeworden ist;
4. Mitglieder des Bundestages, eines Landtages oder einer zweiten Kammer über Personen, die ihnen in ihrer Eigenschaft als Mitglieder dieser Organe oder denen sie in dieser Eigenschaft Tatsachen anvertraut haben sowie über diese Tatsachen selbst;
5. Personen, die bei der Vorbereitung, Herstellung oder Verbreitung von periodischen Druckwerken oder Rundfunksendungen berufsmäßig mitwirken oder mitgewirkt haben, über die Person des Verfassers, Einsenders oder Gewährsmanns von Beiträgen und Unterlagen sowie über die ihnen im Hinblick auf ihre Tätigkeit gemachten Mitteilungen, soweit es sich um Beiträge, Unterlagen und Mitteilungen für den redaktionellen Teil handelt.
(2) Die in Absatz 1 Nr. 2 bis 3b Genannten dürfen das Zeugnis nicht verweigern, wenn sie von der Verpflichtung zur Verschwiegenheit entbunden sind.

§ 53a Zeugnisverweigerungsrecht der Berufshelfer
(1) Den in § 53 Abs. 1 Nr. 1 bis 4 Genannten stehen ihre Gehilfen und die Personen gleich, die zur Vorbereitung auf den Beruf an der berufsmäßigen Tätigkeit teilnehmen. Über die Ausübung des Rechtes dieser Hilfspersonen, das Zeugnis zu verweigern, entscheiden die in § 53 Abs. 1 Nr. 1 bis 4 Genannten, es sei denn, daß diese Entscheidung in absehbarer Zeit nicht herbeigeführt werden kann.
(2) Die Entbindung von der Verpflichtung zur Verschwiegenheit (§ 53 Abs. 2) gilt auch für die Hilfspersonen.

§ 75 Pflicht zur Erstattung des Gutachtens
(1) Der zum Sachverständigen Ernannte hat der Ernennung Folge zu leisten, wenn er zur Erstattung von Gutachten der erforderten Art öffentlich bestellt ist oder wenn er die Wissenschaft, die Kunst oder das Gewerbe, deren Kenntnis Voraussetzung der Begutachtung ist, öffentlich zum Erwerb ausübt oder wenn er zu ihrer Ausübung öffentlich bestellt oder ermächtigt ist.
(2) Zur Erstattung des Gutachtens ist auch der verpflichtet, welcher sich hierzu vor Gericht bereit erklärt hat.

§ 76 Gutachtenverweigerungsrecht
(1) Dieselben Gründe, die einen Zeugen berechtigen, das Zeugnis zu verweigern, berechtigen einen Sachverständigen zur Verweigerung des Gutachtens. Auch aus anderen Gründen kann ein Sachverständiger von der Verpflichtung zur Erstattung des Gutachtens entbunden werden.
(2) Für die Vernehmung von Richtern, Beamten und anderen Personen des öffentlichen Dienstes als Sachverständige gelten die besonderen beamtenrechtlichen Vorschriften. Für die Mitglieder der Bundes- oder einer Landesregierung gelten die für sie maßgebenden besonderen Vorschriften.

§ 97 Der Beschlagnahme nicht unterliegende Gegenstände
(1) Der Beschlagnahme unterliegen nicht
    1. schriftliche Mitteilungen zwischen dem Beschuldigten und den Personen, die nach § 52 oder § 53 Abs. 1 Nr. 1 bis 3 b das Zeugnis verweigern dürfen;
    2. Aufzeichnungen, welche die in § 53 Abs. 1 Nr. 1 bis 3b

Genannten über die ihnen vom Beschuldigten anvertrauten Mitteilungen oder über andere Umstände gemacht haben, auf die sich das Zeugnisverweigerungsrecht erstreckt;

3. andere Gegenstände einschließlich der ärztlichen Untersuchungsbefunde, auf die sich das Zeugnisverweigerungsrecht der in § 53 Abs. 1 Nr. 1 bis 3b Genannten erstreckt.

(2) Diese Beschränkungen gelten nur, wenn die Gegenstände im Gewahrsam der zur Verweigerung des Zeugnisses Berechtigen sind. Der Beschlagnahme unterliegen auch nicht Gegenstände, auf die sich das Zeugnisverweigerungsrecht der Ärzte, Zahnärzte, Apotheker und Hebammen erstreckt, wenn sie im Gewahrsam einer Krankenanstalt sind, sowie Gegenstände, auf die sich das Zeugnisverweigerungsrecht der in § 53 Abs. 1 Nr. 3a und 3b genannten Personen erstreckt, wenn sie im Gewahrsam der in dieser Vorschrift bezeichneten Beratungsstelle sind. Die Beschränkungen der Beschlagnahme gelten nicht, wenn die zur Verweigerung des Zeugnisses Berechtigten einer Teilnahme oder einer Begünstigung, Strafvereitelung oder Hehlerei verdächtig sind oder wenn es sich um Gegenstände handelt, die durch eine Straftat hervorgebracht oder zur Begehung einer Straftat gebraucht oder bestimmt sind oder die aus einer Straftat herrühren.

(3) – (5)   (...)

§ 163 Aufgaben der Polizei

(1) Die Behörden und Beamten des Polizeidienstes haben Straftaten zu erforschen und alle keinen Aufschub gestattenden Anordnungen zu treffen, um die Verdunkelung der Sache zu verhüten.

(2) Die Behörden und Beamten des Polizeidienstes übersenden ihre Verhandlungen ohne Verzug der Staatsanwaltschaft. Erscheint die schleunige Vornahme richterlicher Untersuchungshandlungen erforderlich, so kann die Übersendung unmittelbar an das Amtsgericht erfolgen.

Anmerkung
* Zuletzt geändert durch Gesetz vom 21. August 1995

Bürgerliches Gesetzbuch (BGB)*

§ 104 Geschäftsunfähigkeit
Geschäftsunfähig ist:
1. wer nicht das siebente Lebensjahr vollendet hat;
2. wer sich in einem die freie Willensbestimmung ausschließenden Zustande krankhafter Störung der Geistestätigkeit befindet, sofern nicht der Zustand seiner Natur nach ein vorübergehender ist.

§ 278 Verschulden des Erfüllungsgehilfen
Der Schuldner hat ein Verschulden seines gesetzlichen Vertreters und der Personen, deren er sich zur Erfüllung seiner Verbindlichkeit bedient, in gleichem Umfange zu vertreten wie eigenes Verschulden. Die Vorschrift des § 276 Abs. 2 findet keine Anwendung.

§ 823 Schadenersatzpflicht
(1) Wer vorsätzlich oder fahrlässig das Leben, den Körper, die Gesundheit, die Freiheit, das Eigentum oder ein sonstiges Recht eines anderen widerrechtlich verletzt, ist dem anderen zum Ersatze des daraus entstehenden Schadens verpflichtet.
(2) Die gleiche Verpflichtung trifft denjenigen, welcher gegen ein den Schutz eines anderen bezweckendes Gesetz verstößt. Ist nach dem Inhalte des Gesetzes ein Verstoß gegen dieses auch ohne Verschulden möglich, so tritt die Ersatzpflicht nur im Falle des Verschuldens ein.

§ 828 Minderjährige; Taubstumme
(1) Wer nicht das siebente Lebensjahr vollendet hat, ist für einen Schaden, den er einem anderen zufügt, nicht verantwortlich.
(2) Wer das siebente, aber nicht das achtzehnte Lebensjahr vollendet hat, ist für einen Schaden, den er einem anderen zufügt, nicht verantwortlich, wenn er bei der Begehung der schädigenden Handlung nicht die zur Erkenntnis der Verantwortlichkeit erforderliche Einsicht hat. Das gleiche gilt von einem Taubstummen.

§ 831 Haftung für den Verrichtungsgehilfen
(1) Wer einen anderen zu einer Verrichtung bestellt, ist zum Ersatze des Schadens verpflichtet, den der andere in Ausführung der

Verrichtung einem Dritten widerrechtlich zufügt. Die Ersatzpflicht tritt nicht ein, wenn der Geschäftsherr bei der Auswahl der bestellten Person und, sofern er Vorrichtungen oder Gerätschaften zu beschaffen oder die Ausführung der Verrichtung zu leiten hat, bei der Beschaffung oder der Leitung die im Verkehr erforderliche Sorgfalt beobachtet oder wenn der Schaden auch bei Anwendung dieser Sorgfalt entstanden sein würde.

(2) Die gleiche Verantwortlichkeit trifft denjenigen, welcher für den Geschäftsherrn die Besorgung eines der im Absatz 1 Satz 2 bezeichneten Geschäfte durch Vertrag übernimmt.

§ 832 Haftung des Aufsichtspflichtigen

(1) Wer kraft Gesetzes zur Führung der Aufsicht über eine Person verpflichtet ist, die wegen Minderjährigkeit oder wegen ihres geistigen oder körperlichen Zustandes der Beaufsichtigung bedarf, ist zum Ersatze des Schadens verpflichtet, den diese Person einem Dritten widerrechtlich zufügt. Die Ersatzpflicht tritt nicht ein, wenn er seiner Aufsichtspflicht genügt oder wenn der Schaden auch bei gehöriger Aufsichtspflicht entstanden sein würde.

(2) Die gleiche Verantwortlichkeit trifft denjenigen, welcher die Führung der Aufsicht durch Vertrag übernimmt.

§ 839 Haftung bei Amtspflichtverletzung

(1) Verletzt ein Beamter vorsätzlich oder fahrlässig die ihm einem Dritten gegenüber obliegende Amtspflicht, so hat er dem Dritten den daraus entstehenden Schaden zu ersetzen. Fällt dem Beamten nur Fahrlässigkeit zur Last, so kann er nur dann in Anspruch genommen werden, wenn der Verletzte nicht auf andere Weise Ersatz zu erlangen vermag.

(2) Verletzt ein Beamter bei dem Urteil in einer Rechtssache seine Amtspflicht, so ist er für den daraus entstehenden Schaden nur dann verantwortlich, wenn die Pflichtverletzung in einer Straftat besteht. Auf eine pflichtwidrige Verweigerung oder Verzögerung der Ausübung des Amtes findet diese Vorschrift keine Anwendung.

(3) Die Ersatzpflicht tritt nicht ein, wenn der Verletzte vorsätzlich oder fahrlässig unterlassen hat, den Schaden durch Gebrauch eines Rechtsmittels abzuwenden.

§ 1626 Elterliche Sorge; Berücksichtigung der wachsenden Selbständigkeit des Kindes

(1) Der Vater und die Mutter haben das Recht und die Pflicht, für das minderjährige Kind zu sorgen (elterliche Sorge). Die elterliche Sorge umfaßt die Sorge für die Person des Kindes (Personensorge) und das Vermögen des Kindes (Vermögenssorge).

(2) Bei der Pflege und Erziehung berücksichtigen die Eltern die wachsende Fähigkeit und das wachsende Bedürfnis des Kindes zu selbständigem verantwortungsbewußten Handeln. Sie besprechen mit dem Kind, soweit es nach dessen Entwicklungsstand angezeigt ist, Fragen der elterlichen Sorge und streben Einvernehmen an.

§ 1630 Einschränkung der elterlichen Sorge bei Pflegebestellung; Familienpflege

(1) Die elterliche Sorge erstreckt sich nicht auf die Angelegenheiten des Kindes, für die ein Pfleger bestellt ist.

(2) Steht die Personensorge oder die Vermögenssorge einem Pfleger zu, so entscheidet das Vormundschaftsgericht, falls sich die Eltern und der Pfleger in einer Angelegenheit nicht einigen können, die sowohl die Person als auch das Vermögen des Kindes betrifft.

(3) Geben die Eltern das Kind für längere Zeit in Familienpflege, so kann auf ihren Antrag das Vormundschaftsgericht Angelegenheiten der elterlichen Sorge auf die Pflegepersonen übertragen. Soweit das Vormundschaftsgericht eine Übertragung vornimmt, hat die Pflegeperson die Rechte und Pflichten eines Pflegers.

§ 1631 Inhalt des Personensorgerechts; Einschränkung von Erziehungsmaßnahmen

(1) Die Personensorge umfaßt insbesondere das Recht und die Pflicht, das Kind zu pflegen, zu erziehen, zu beaufsichtigen und seinen Aufenthalt zu bestimmen.

(2) Entwürdigende Erziehungsmaßnahmen sind unzulässig.

(3) Das Vormundschaftsgericht hat die Eltern auf Antrag bei der Ausübung der Personensorge in geeigneten Fällen zu unterstützen.

§ 1634 Recht zum persönlichen Umgang mit dem Kind; Auskunft

(1) Ein Elternteil, dem die Personensorge nicht zusteht, behält die Befugnis zum persönlichen Umgang mit dem Kinde. Der Elternteil, dem die Personensorge nicht zusteht, und der Personensorgeberechtigte haben alles zu unterlassen, was das Verhältnis des Kindes zum anderen beeinträchtigt oder die Erziehung erschwert.

(2) Das Familiengericht kann über den Umfang der Befugnis entscheiden und ihre Ausübung, auch gegenüber Dritten, näher regeln; soweit es keine Bestimmung trifft, übt während der Dauer des Umgangs der nicht personensorgeberechtigte Elternteil das Recht nach § 1632 Abs. 2 aus. Das Familiengericht kann die Befugnis einschränken oder ausschließen, wenn dies zum Wohl des Kindes erforderlich ist.

(3) Ein Elternteil, dem die Personensorge nicht zusteht, kann bei berechtigtem Interesse vom Personensorgeberechtigten Auskunft über die persönlichen Verhältnisse des Kindes verlangen, soweit ihre Erteilung mit dem Wohle des Kindes vereinbar ist. Über Streitigkeiten, die das Recht auf Auskunft betreffen, entscheidet das Vormundschaftsgericht.

(4) Steht beiden Eltern die Personensorge zu und leben sie nicht nur vorübergehend getrennt, so gelten die vorstehenden Vorschriften entsprechend.

§ 1666 Gefährdung des Kindeswohls

(1) Wird das körperliche, geistige oder seelische Wohl des Kindes durch mißbräuchliche Ausübung der elterlichen Sorge, durch Vernachlässigung des Kindes, durch unverschuldetes Versagen der Eltern oder durch das Verhalten eines Dritten gefährdet, so hat das Vormundschaftsgericht, wenn die Eltern nicht gewillt oder nicht in der Lage sind, die Gefahr abzuwenden, die zur Abwendung der Gefahr erforderlichen Maßnahmen zu treffen. Das Gericht kann auch Maßnahmen mit Wirkung gegen einen Dritten treffen.

(2) Das Gericht kann Erklärungen der Eltern oder eines Elternteils ersetzen.

(3) Das Gericht kann einem Elternteil auch die Vermögenssorge entziehen, wenn er das Recht auf Gewährung des Unterhalts

verletzt hat und für die Zukunft eine Gefährdung des Unterhalts zu besorgen ist.

§ 1666a Trennung des Kindes von der elterlichen Familie; Entziehung der Personensorge insgesamt

(1) Maßnahmen, mit denen eine Trennung des Kindes von der elterlichen Familie verbunden ist, sind nur zulässig, wenn der Gefahr nicht auf andere Weise, auch nicht durch öffentliche Hilfen, begegnet werden kann.

(2) Die gesamte Personensorge darf nur entzogen werden, wenn andere Maßnahmen erfolglos geblieben sind oder wenn anzunehmen ist, daß sie zur Abwendung der Gefahr nicht ausreichen.

§ 1671 Sorge nach Scheidung der Eltern

(1) Wird die Ehe der Eltern geschieden, so bestimmt das Familiengericht, welchem Elternteil die elterliche Sorge für ein gemeinschaftliches Kind zustehen soll.

(2) Das Gericht trifft die Regelung, die dem Wohle des Kindes am besten entspricht; hierbei sind die Bindungen des Kindes, insbesondere an seine Eltern und Geschwister, zu berücksichtigen.

(3) Von einem übereinstimmenden Vorschlag der Eltern soll das Gericht nur abweichen, wenn dies zum Wohle des Kindes erforderlich ist. Macht ein Kind, welches das vierzehnte Lebensjahr vollendet hat, einen abweichenden Vorschlag, so entscheidet das Gericht nach Absatz 2.

(4) *Die elterliche Sorge ist einem Elternteil allein zu übertragen*[1]. Erfordern es die Vermögensinteressen des Kindes, so kann die Vermögenssorge ganz oder teilweise dem anderen Elternteil übertragen werden.

(5) Das Gericht kann die Personensorge und die Vermögenssorge einem Vormund oder Pfleger übertragen, wenn dies erforderlich ist, um eine Gefahr für das Wohl des Kindes abzuwenden. Es soll dem Kind für die Geltendmachung von Unterhaltsansprüchen einen Pfleger bestellen, wenn dies zum Wohle des Kindes erforderlich ist.

(6) Die vorstehenden Vorschriften gelten entsprechend, wenn die Ehe der Eltern für nichtig erklärt worden ist.

§ 1672 Elterliche Sorge bei Getrenntleben der Eltern
Leben die Eltern nicht nur vorübergehend getrennt, so gilt § 1671 Abs. 1 bis 5 entsprechend. Das Gericht entscheidet auf Antrag eines Elternteils; es entscheidet vom Amts wegen, wenn andernfalls das Wohl des Kindes gefährdet wäre und die Eltern nicht gewillt oder nicht in der Lage sind, die Gefahr abzuwenden.

§ 1680 Entziehung des Sorgerechts
(1) Wird die gesamte elterliche Sorge, die Personensorge oder die Vermögenssorge einem Elternteil entzogen, so übt der andere Elternteil die Sorge allein aus. Das Vormundschaftsgericht trifft eine abweichende Entscheidung, wenn dies das Wohl des Kindes erfordert. Endet die Vermögenssorge eines Elternteils nach § 1670, so hat das Vormundschaftsgericht anzuordnen, daß dem anderen Elternteil die Vermögenssorge allein zusteht, es sei denn, daß dies den Vermögensinteressen des Kindes widerspricht. Vor der Entscheidung des Vormundschaftsgerichts kann der andere Elternteil die Vermögenssorge nicht ausüben.

(2) Wird die gesamte elterliche Sorge, die Personensorge oder die Vermögenssorge dem Elternteil entzogen, dem sie nach den §§ 1671, 1672 übertragen war, oder endet seine Vermögenssorge nach § 1670, so hat das Vormundschaftsgericht sie dem anderen Elternteil zu übertragen, es sei denn, daß dies dem Wohle des Kindes widerspricht. Anderenfalls bestellt es einen Vormund oder Pfleger.

Anmerkungen
* Zuletzt geändert durch Gesetz vom 20. Dezember 1996
1 § 1671 Abs. 4 Satz 1 BGB ist verfasungswidrig und daher *nichtig.* (Entscheidung des BVerfG vom 3.11.1982 BGBl I S. 1596)

Zivilprozeßordnung (ZPO)*

§ 376 Vernehmung von Richtern und Beamten
(1) Für die Vernehmung von Richtern, Beamten und anderen Person des öffentlichen Dienstes als Zeugen über Umstände, auf die sich ihre Pflicht zur Amtsverschwiegenheit bezieht, und für die Genehmigung zur Aussage gelten die besonderen beamtenrechtlichen Vorschriften.
(2) (...)
(3) Eine Genehmigung in den Fällen der Absatz 1, 2 ist durch das Prozeßgericht einzuholen und dem Zeugen bekanntzumachen.
(4) (...)
(5) Diese Vorschriften gelten auch, wenn die vorgenannten Personen nicht mehr im öffentlichen Dienst sind, soweit es sich um Tatsachen handelt, die sich während ihrer Dienstzeit ereignet haben oder ihnen während ihrer Dienstzeit zur Kenntnis gelangt sind.

§ 383 Zeugnisverweigerung aus persönlichen Gründen
(1) Zur Verweigerung des Zeugnisses sind berechtigt:
1. der Verlobte einer Partei;
2. der Ehegatte einer Partei, auch wenn die Ehe nicht mehr besteht;
3. diejenigen, die mit einer Partei in gerader Linie verwandt oder verschwägert, in der Seitenlinie bis zum dritten Grad verwandt oder bis zum zweiten Grad verschwägert sind oder waren;
4. Geistliche in Ansehung desjenigen, was ihnen bei der Ausübung der Seelsorge anvertraut ist;
5. Personen, die bei der Vorbereitung, Herstellung oder Verbreitung von periodischen Druckwerken oder Rundfunksendungen berufsmäßig mitwirken oder mitgewirkt haben, über die Person des Verfassers, Einsenders oder Gewährsmanns von Beiträgen und Unterlagen sowie über die ihnen im Hinblick auf ihre Tätigkeit gemachten Mitteilungen, soweit es sich um Beiträge, Unterlagen und Mitteilungen für den redaktionellen Teil handelt;
6. Personen, denen kraft ihres Amtes, Standes oder Gewerbes Tatsachen anvertraut sind, deren Geheimhaltung durch ihre Natur oder durch gesetzliche Vorschrift geboten ist, in betreff der

Tatsachen, auf welche die Verpflichtung zur Verschwiegenheit sich bezieht.
(2) Die unter Nummern 1 bis 3 bezeichneten Personen sind vor der Vernehmung über ihr Recht zur Verweigerung des Zeugnisses zu belehren.
(3) Die Vernehmung der unter Nummern 4 bis 6 bezeichneten Personen ist, auch wenn das Zeugnis nicht verweigert wird, auf Tatsachen nicht zu richten, in Ansehung welcher erhellt, daß ohne Verletzung der Verpflichtung zur Verschwiegenheit ein Zeugnis nicht abgelegt werden kann.

§ 385 Zeugnispflicht trotz Verweigerungsrecht
(1) In den Fällen des § 383 Nr. 1 bis 3 und des § 384 Nr. 1 darf der Zeuge das Zeugnis nicht verweigern:
1. über die Errichtung und den Inhalt eines Rechtsgeschäfts, bei dessen Errichtung er als Zeuge zugezogen war;
2. über Geburten, Verheiratungen oder Sterbefälle von Familienmitgliedern;
3. über Tatsachen, welche die durch das Familienverhältnis bedingten Vermögensangelegenheiten betreffen;
4. über die auf das streitige Rechtsverhältnis sich beziehenden Handlungen, die von ihm selbst als Rechtsvorgänger oder Vertreter einer Partei vorgenommen sein sollen.
(2) Die im § 383 Nr. 4, 6 bezeichneten Personen dürfen das Zeugnis nicht verweigern, wenn sie von der Verpflichtung zur Verschwiegenheit entbunden sind.

§ 386 Erklärung der Zeugnisverweigerung
(1) Der Zeuge, der das Zeugnis verweigert, hat vor dem zu seiner Vernehmung bestimmten Termin schriftlich oder zum Protokoll der Geschäftsstelle oder in diesem Termin die Tatsachen, auf die er die Weigerung gründet, anzugeben und glaubhaft zu machen.
(2) Zur Glaubhaftmachung genügt in den Fällen des § 383 Nr. 4, 6 die mit Berufung auf einen geleisteten Diensteid abgegebene Versicherung.
(3) Hat der Zeuge seine Weigerung schriftlich oder zum Protokoll der Geschäftsstelle erklärt, so ist er nicht verpflichtet, in dem zu seiner Vernehmung bestimmten Termin zu erscheinen.

(4) Von dem Eingang einer Erklärung des Zeugen oder von der Aufnahme einer solchen zum Protokoll hat die Geschäftsstelle die Parteien zu benachrichtigen.

§ 407 Pflicht zur Erstattung des Gutachtens

(1) Der zum Sachverständigen Ernannte hat der Ernennung Folge zu leisten, wenn er zur Erstattung von Gutachten der erforderten Art öffentlich bestellt ist oder wenn er die Wissenschaft, die Kunst oder das Gewerbe, deren Kenntnis Voraussetzung der Begutachtung ist, öffentlich zum Erwerb ausübt oder wenn er zur Ausübung derselben öffentlich bestellt oder ermächtigt ist.

(2) Zur Erstattung des Gutachtens ist auch derjenige verpflichtet, der sich hierzu vor Gericht erklärt hat.

§ 408 Gutachtenverweigerungsrecht

(1) Dieselben Gründe, die einen Zeugen berechtigten, das Zeugnis zu verweigern, berechtigen einen Sachverständigen zur Verweigerung des Gutachtens. Das Gericht kann auch aus anderen Gründen einen Sachverständigen von der Verpflichtung zur Erstattung des Gutachtens entbinden.

(2) Für die Vernehmung eines Richters, Beamten oder einer anderen Person des öffentlichen Dienstes als Sachverständigen gelten die besonderen beamtenrechtlichen Vorschrifte. Für die Mitglieder der Bundes- oder einer Landesregierung gelten die für sie maßgebenden besonderen Vorschriften.

(3) Wer bei einer richterlichen Entscheidung mitgewirkt hat, soll über Fragen, die den Gegenstand der Entscheidung gebildet haben, nicht als Sachverständiger vernommen werden.

Anmerkung
* Zuletzt geändert durch Gesetz vom 28.Oktober 1996

Gesetz über die Angelegenheiten der freiwilligen Gerichtsbarkeit (FGG)*

§ 12 Ermittlungen von Amts wegen
Das Gericht hat von Amts wegen die zur Feststellung der Tatsachen erforderlichen Ermittlungen zu veranstalten und die geeignet erscheinenden Beweise aufzunehmen.

§ 49 Anhörung des Jugendamtes durch das Vormundschaftsgericht
(1) Das Vormundschaftsgericht hört das Jugendamt vor einer Entscheidung
1. nach folgenden Vorschriften des Bürgerlichen Gesetzbuchs
a) Anfechtung der Ehelichkeit und der Anerkennung (§ 1597 Abs. 1 und 3, § 1600k Abs. 1 Satz 2, Abs. 2 und 3),
b) Übertragung von Angelegenheiten der elterlichen Sorge auf die Pflegeperson (§ 1630 Abs. 3),
c) Unterstützung der Eltern bei der Ausübung der Personensorge (§ 1631 Abs. 3),
d) Unterbringung, die mit Freiheitsentziehung verbunden ist (§§ 1631b, 1705, 1800, 1915),
e) Herausgabe des Kindes, Bestimmung des Umgangs, Wegnahme von der Pflegeperson (§ 1632),
f) Gefährdung des Kindeswohls (§ 1666),
g) Ruhen der elterlichen Sorge (§ 1678 Abs. 2),
h) Entziehung der elterlichen Sorge (§ 1680),
i) elterliche Sorge nach Tod eines Elternteils (§ 1681 Abs. 1 Satz 2 und Abs. 2 Satz 1),
j) Nichteintritt, Aufhebung oder Beschränkung der gesetzlichen Amtspflegschaft (§ 1707),
k) persönlicher Umgang des Vaters mit dem nichtehelichen Kinde (§ 1711 Abs. 2),
l) Ehelicherklärung (§§ 1723, 1727, 1738 Abs. 2 und § 1740 a),
m) Annahme als Kind (§ 1741), sofern das Jugendamt nicht eine gutachtliche Äußerung nach § 56d abgegeben hat, Aufhebung des Annahmeverhältnisses (§§ 1760 und 1763) und Rückübertragung der elterlichen Sorge (§§ 1751 Abs. 3, 1764 Abs. 4),
2. nach folgenden Vorschriften des Ehegesetzes
a) Befreiung von dem Hindernis der Ehemündigkeit (§ 1 Abs. 2),

b) Ersetzung der Einwilligung zur Eheschließung (§ 3 Abs. 3).
(2) In den Fällen des § 11 Abs. 1 Nr. 2 und 3 des Adoptionsvermittlungsgesetzes hört das Vormundschaftsgericht vor dem Ausspruch der Annahme außerdem die zentrale Adoptionsstelle des Landesjugendamts, die nach § 11 Abs. 2 des Adoptionsvermittlungsgesetzes beteiligt worden ist. Ist eine zentrale Adoptionsstelle nicht beteiligt worden, so tritt an seine Stelle das Landesjugendamt, in dessen Bereich das Jugendamt liegt, das nach Absatz 1 Nr. 1 Buchstabe m Gelegenheit zur Äußerung erhält oder das eine gutachtliche Äußerung nach § 56 d abgegeben hat.
(3) Dem Jugendamt und dem Landesjugendamt sind alle Entscheidungen des Gerichts bekannt zu machen, zu denen sie nach dieser Vorschrift zu hören waren.
(4) Bei Gefahr im Verzuge kann das Vormundschaftsgericht einstweilige Anordnungen schon vor Anhörung des Jugendamts treffen.

§ 49 a Anhörung des Jugendamts durch das Familiengericht
(1) Das Familiengericht hört das Jugendamt vor einer Entscheidung nach den folgenden Vorschriften des Bürgerlichen Gesetzbuchs
1. Umgang mit dem Kind (§ 1634 Abs. 2 und 4),
2. elterliche Sorge nach Scheidung und bei Getrenntleben der Eltern (§§ 1671 und 1672),
3. Ruhen der elterlichen Sorge (§ 1678 Abs. 2).
(2) § 49 Abs. 3 und 4 gilt entsprechend.

Anmerkung
* Zuletzt durch Gesetz geändert am 6. Juni 1996.

Weitere Gesetze und Rechtsvorschriften

Bundesbeamtengesetz (BBG)

§ 61 Amtsgeheimnis; Aussagegenehmigung

(1) Der Beamte hat, auch nach Beendigung des Beamtenverhältnisses, über die ihm bei seiner amtlichen Tätigkeit bekanntgewordenen Angelegenheiten Verschwiegenheit zu bewahren. Dies gilt nicht für Mitteilungen im dienstlichen Verkehr oder über Tatsachen, die offenkundig sind oder ihrer Bedeutung nach keiner Geheimhaltung bedürfen.

(2) Der Beamte darf ohne Genehmigung über solche Angelegenheiten weder vor Gericht noch außergerichtlich aussagen oder Erklärungen abgeben. Die Genehmigung erteilt der Dienstvorgesetzte oder, wenn das Beamtenverhältnis beendet ist, der letzte Dienstvorgesetzte.

(3) Der Beamte hat, auch nach Beendigung des Beamtenverhältnisses, auf Verlangen des Dienstvorgesetzten oder des letzten Dienstvorgesetzten amtliche Schriftstücke, Zeichnungen, bildliche Darstellungen sowie Aufzeichnungen jeder Art über dienstliche Vorgänge, auch soweit es sich um Wiedergaben handelt, herauszugeben. Die gleiche Verpflichtung trifft seine Hinterbliebenen und seine Erben.

(4) Unberührt bleibt die gesetzlich begründete Pflicht des Beamten, Straftaten anzuzeigen und bei Gefährdung der freiheitlichen demokratischen Grundordnung für deren Erhaltung einzutreten.

§ 62 Genehmigung zur Zeugenaussage und Gutachtenerstattung

(1) Die Genehmigung als Zeuge auszusagen, darf nur versagt werden, wenn die Aussage dem Wohle des Bundes oder eines deutschen Landes Nachteile bereiten oder die Erfüllung öffentlicher Aufgaben ernstlich gefährden oder erheblich erschweren würde.

(2) Die Genehmigung, ein Gutachten zu erstatten, kann versagt werden, wenn die Erstattung den dienstlichen Interessen Nachteile bereiten würde.

(3) Ist der Beamte Partei oder Beschuldigter in einem gerichtlichen Verfahren oder soll sein Vorbringen der Wahrnehmung seiner berechtigten Interessen dienen, so darf die Genehmigung auch dann, wenn die Voraussetzungen des Absatzes 1 erfüllt sind, nur

versagt werden, wenn die dienstlichen Rücksichten dies unabweisbar erfordern. Wird sie versagt, so hat der Dienstvorgesetzte dem Beamten den Schutz zu gewähren, den die dienstlichen Rücksichten zulassen.
(4) Über die Versagung der Genehmigung entscheidet die oberste Aufsichtsbehörde.

§ 78 Schadenersatz, Verjährung, Anspruchsübergang
(1) Verletzt ein Beamter vorsätzlich oder grob fahrlässig die ihm obliegenden Pflichten, so hat er dem Dienstherrn, dessen Aufgaben er wahrgenommen hat, den daraus entstehenden Schaden zu ersetzen. Haben mehrere Beamte gemeinsam den Schaden verursacht, so haften sie als Gesamtschuldner.
(2) Ansprüche nach Absatz 1 verjähren in drei Jahren von dem Zeitpunkt an, in dem der Dienstherr von dem Schaden und der Person des Ersatzpflichtigen Kenntnis erlangt hat, ohne Rücksicht auf diese Kenntnis in zehn Jahren von der Begehung der Handlung an. Hat der Dienstherr einem Dritten Schadenersatz geleistet, so tritt an die Stelle des Zeitpunktes, in dem der Dienstherr von dem Schaden Kenntnis erlangt, der Zeitpunkt, in dem der Ersatzanspruch des Dritten diesem gegenüber vom Dienstherrn anerkannt oder dem Dienstherrn gegenüber rechtskräftig festgestellt wird.
(3) Leistet der Beamte dem Dienstherrn Ersatz und hat dieser einen Ersatzanspruch gegen einen Dritten, so geht der Ersatzanspruch auf den Beamten über.

Bundesangestelltentarif (BAT)

§ 9 Schweigepflicht
(1) Der Angestellte hat über Angelegenheiten der Verwaltug oder des Betriebes, deren Geheimhaltung durch gesetzliche Vorschriften vorgesehen oder auf Weisung des Arbeitgebers angeordnet ist, Verschwiegenheit zu bewahren.
(2) Ohne Genehmigung des Arbeitgebers darf der Angestellte von dienstlichen Schriftstücken, Formeln, Zeichnungen, bildlichen Darstellungen, chemischen Stoffen oder Werkstoffen, Herstellungsverfahren, Maschinenteilen oder anderen geformten Kör-

pern zu außerdienstlichen Zwecken weder sich noch einem anderen Kenntnis, Abschriften, Ab- oder Nachbildungen, Proben oder Probestücke verschaffen. Diesem Verbot unterliegen die Angestellten bezüglich der sie persönlich betreffenden Vorgänge nicht, es sei denn, daß deren Geheimhaltung durch Gesetz oder dienstliche Anordnung vorgeschrieben ist.

(3) Der Angestellte hat auf Verlangen des Arbeitgebers dienstliche Schriftstücke, Zeichnungen, bildliche Darstellungen usw. sowie Aufzeichnungen über Vorgänge der Verwaltung oder des Betriebes herauszugeben.

(4) Der Angestellte hat auch nach Beendigung des Arbeitsverhältnisses über Angelegenheiten, die der Schweigepflicht unterliegen, Verschwiegenheit zu beahren.

§ 14 Haftung
Für die Schadenshaftung des Angestellten finden die für die Beamten des Arbeitgebers jeweils geltenden Vorschriften entsprechende Anwendung.

Bundessozialhilfegesetz (BSHG)*

§ 39 Personenkreis und Aufgabe
(1) Personen, die nicht nur vorübergehend körperlich, geistig oder seelisch wesentlich behindert sind, ist Eingliederungshilfe zu gewähren. Personen mit einer anderen körperlichen, geistigen oder seelischen Behinderung kann sie gewährt werden.

(2) Den Behinderten stehen die von einer Behinderung Bedrohten gleich. Dies gilt bei Personen, bei denen Maßnahmen der in den §§ 36 und 37 genannten Art erforderlich sind, nur, wenn auch bei Durchführung dieser Maßnahmen eine Behinderung einzutreten droht.

(3) Aufgabe der Eingliederungshilfe ist es, eine drohende Behinderung zu verhüten oder eine vorhandene Behinderung oder deren Folgen zu beseitigen oder zu mildern und den Behinderten in die Gesellschaft einzugliedern. Hierzu gehört vor allem, dem Behinderten die Teilnahme am Leben in der Gemeinschaft zu ermöglichen oder zu erleichtern, ihm die Ausübung eines angemessenen Berufs oder einer sonstigen angemessenen Tätigkeit zu ermöglichen oder

ihn soweit wie möglich unabhängig von Pflege zu machen.
(4) Eingliederungshilfe wird gewährt, wenn und solange nach der Besonderheit des Einzelfalles, vor allem nach Art und Schwere der Behinderung, Aussicht besteht, daß die Aufgabe der Eingliederungshilfe erfüllt werden kann.

§ 40 Maßnahmen der Hilfe

(1) Maßnahmen der Eingliederungshilfe sind vor allem
1. ambulante oder stationäre Behandlung oder sonstige ärztliche oder ärztlich verordnete Maßnahmen zur Verhütung, Beseitigung oder Milderung der Behinderung,
2. Versorgung mit Körperersatzstücken sowie mit orthopädischen oder anderen Hilfsmitteln,
2a. heilpädagogische Maßnahmen für Kinder, die noch nicht im schulpflichtigen Alter sind,
3. Hilfe zur Ausbildung für einen angemessenen Beruf oder für eine sonstige angemessene Tätigkeit,
5. Hilfe zur Fortbildung im früheren oder einem diesem verwandten Beruf oder zur Umschulung für einen angemessenen Beruf oder eine sonstige angemessene Tätigkeit; Hilfe kann auch zum Aufstieg im Berufsleben gewährt werden, wenn die Besonderheit des Einzelfalles dies rechtfertigt,
6. Hilfe zur Erlangung eines geeigneten Platzes im Arbeitsleben insbesondere in einer anerkannten Werkstatt für Behinderte oder in einer sonstigen Beschäftigungsstätte (§ 41).
6a. Hilfe bei der Beschaffung und Erhaltung einer Wohnung, die den besonderen Bedürfnissen des Behinderten entspricht,
7. nachgehende Hilfe zur Sicherung der Wirksamkeit der ärztlichen oder ärztlich verordneten Maßnahmen und zur Sicherung der Eingliederung des Behinderten in das Arbeitsleben,
8. Hilfe zur Teilnahme am Leben in der Gemeinschaft.
(2) Soweit es im Einzelfall gerechtfertigt ist, können Beihilfen an den Behinderten oder seine Angehörigen zum Besuch während der Durchführung der Maßnahmen der Eingliederungshilfe in einer Anstalt, einem Heim oder einer gleichartigen Einrichtung gewährt werden.

Anmerkung
* In der Fassung der Bekanntmachung vom 23. März 1994; zuletzt geändert durch das Gesetz zur Reform des Sozialhilferechts vom 23. Juli 1996.

Eingliederungshilfe-Verordnung
Verordnung nach § 47 des BSHG

§ 3. Seelisch wesentlich Behinderte.
Seelisch wesentlich behindert im Sinne des § 39 Abs. 1 Satz 1 des Gesetzes sind Personen, bei denen infolge seelischer Störungen die Fähigkeit zur Eingliederung in die Gesellschaft in erheblichem Umfange beeinträchtigt ist. Seelische Störungen, die eine Behinderung im Sinne des Satzes 1 zur Folge haben können, sind
1. Körperlich nicht begründbare Psychosen,
2. seelische Störungen als Folge von Krankheiten oder Verletzungen des Gehirns, von Anfallsleiden oder von anderen Krankheiten oder körperlichen Beeinträchtigungen,
3. Suchtkranken,
4. Neurosen und Persönlichkeitsstörungen.

§ 4. Dauer der Behinderung.
Als nicht nur vorübergehend im Sinne des § 39 Abs. 1 Satz 1 des Gesetzes ist ein Zeitraum von mehr als 6 Monaten anzusehen.

§ 5. Von Behinderung Bedrohte.
Von Behinderung bedroht im Sinne des § 39 Abs. 2 Satz 1 des Gesetzes sind Personen, bei denen der Eintritt der Behinderung nach allgemeiner ärztlicher oder sonstiger fachlicher Erkenntnis mit hoher Wahrscheinlichkeit zu erwarten ist.

§ 24. Anhörung von Sachverständigen.
Bei der Prüfung von Art und Umfang der in Betracht kommenden Maßnahmen der Eingliederungshilfe sollen, soweit nach den Besonderheiten des Einzelfalles geboten, ein Arzt, ein Pädagoge, jeweils der entsprechenden Fachrichtung, ein Psychologe oder sonstige sachverständige Personen gehört werden.

Rechtsberatungsgesetz (RBerG)

§ 1 Behördliche Erlaubnis
(1) Die Besorgung fremder Rechtsangelegenheiten, einschließlich der Rechtsberatung und der Einziehung fremder oder zu Einzie-

hungszwecken abgetretener Forderungen, darf geschäftsmäßig – ohne Unterschied zwischen haupt- und nebenberuflicher oder entgeltlicher und unentgeltlicher Tätigkeit – nur von Personen betrieben werden, denen dazu von der zuständigen Behörde die Erlaubnis erteilt ist.

§ 3 Zulässige Tätigkeiten
Durch diese Gesetze werden nicht berührt:
1. die Rechtsberatung und Rechtsbetreuung, die von Behörden, ...* von Körperschaften des öffentlichen Rechts ...* im Rahmen ihrer Zuständigkeit ausgeübt wird. (...)

§ 5 Zulässige Erledigung von Rechtsangelegenheiten
Die Vorschriften dieses Gesetzes stehen dem nicht entgegen,
1. daß kaufmännische oder sonstige gewerbliche Unternehmen für ihre Kunden rechtliche Angelegenheiten erledigen, die mit einem Geschäft ihres Gewerbebetriebs in unmittelbarem Zusammenhang stehen;
2. daß öffentlich bestellte Wirtschaftsprüfer sowie vereidigte Bücherrevisoren in Angelegenheiten, mit denen sie beurflich befaßt sind, auch die rechtliche Bearbeitung übernehmen, soweit diese mit den Aufgaben des Wirtschaftsprüfers oder Bücherrevisors in unmittelbarem Zusammenhang steht;
3. daß Vermögensverwalter, Hausverwalter und ähnliche Personen die mit der Verwaltung in unmittelbarem Zusammenhang stehenden Rechtsangelegenheiten erledigen.

Anmerkung
* Die ausgelassenen Worte betrafen die NSDAP und ihre Gliederungen.

Gesetz über die berufsmäßige Ausübung der Heilkunde ohne Bestallung (HeilprG)

§ 1
(1) Wer die Heilkunde, ohne als Arzt bestallt zu sein, ausüben will, bedarf dazu der Erlaubnis.
(2) Ausübung der Heilkunde im Sinne dieses Gesetzes ist jede berufs- oder gewerbsmäßig vorgenommene Tätigkeit zur Feststellung, Heilung oder Linderung von Krankheiten, Leiden oder

Körperschäden bei Menschen, auch wenn sie im Dienste von anderen ausgeübt wird.

(3) Wer die Heilkunde bisher berufsmäßig ausgeübt hat und weiterhin ausüben will, erhält die Erlaubnis nach Maßgabe der Durchführungsbestimmungen; er führt die Berufsbezeichnung „Heilpraktiker".

Schwangerschaftskonfliktgesetz

§ 3 Beratungsstellen
Die Länder stellen ein ausreichendes Angebot wohnortnaher Beratungsstellen für die Beratung nach § 2 sicher. Dabei werden auch Beratungsstellen freier Träger gefördert. Die Ratsuchenden sollen zwischen Beratungsstellen unterschiedlicher weltanschaulicher Ausrichtung auswählen können.

§ 8 Schwangerschaftskonfliktberatungsstellen
Für die Beratung nach den §§ 5 und 6 haben die Länder ein ausreichendes plurales Angebot wohnortsnaher Beratungsstellen sicherzustellen. Diese Beratungsstellen bedürfen besonderer staatlicher Anerkennung nach § 9. Als Beratungsstellen können auch Einrichtungen freier Träger und Ärzte anerkannt werden.

Änderungen durch das Kindschaftsrechtsreformgesetz (KindRG)

Durch die derzeit in der parlamentarischen Beratung befindliche Reform des Kindschaftsrechts sollen zum 01. Juli 1998 Änderungen in Kraft treten, die auch hier dokumentierte Rechtsvorschriften betreffen. Wesentliche Änderungen sind nach dem Stand der abschließenden Beratungen des Rechtsausschusses des Deutschen Bundestages am 25./26. Juni 1997 wiedergegeben.

Bürgerliches Gesetzbuch (BGB)

§ 1626 Abs. 3
(3) Zum Wohl des Kindes gehört in der Regel der Umgang mit beiden Elternteilen. Gleiches gilt für den Umgang mit anderen Personen, zu denen das Kind Bindungen besitzt, wenn ihre Aufrechterhaltung für seine Entwicklung förderlich ist.

§ 1671
(1) Leben Eltern, denen die elterliche Sorge gemeinsam zusteht, nicht nur vorübergehend getrennt, so kann jeder Elternteil beantragen, daß ihm das Familiengericht die elterliche Sorge oder einen Teil der elterlichen Sorge allein überträgt.
(2) Dem Antrag ist stattzugeben, soweit
 1. der andere Elternteil zustimmt, es sei denn, daß das Kind das vierzehnte Lebensjahr vollendet hat und der Übertragung widerspricht, oder
 2. zu erwarten ist, daß die Aufhebung der gemeinsamen Sorge und die Übertragung auf den Antragsteller dem Wohl des Kindes am besten entspricht.
(3) Dem Antrag ist nicht stattzugeben, soweit die elterliche Sorge auf Grund anderer Vorschriften abweichend geregelt werden muß.

§ 1672
(1) Leben die Eltern nicht nur vorübergehend getrennt und steht die elterliche Sorge nach § 1626a Abs. 2 der Mutter zu, so kann der Vater mit Zustimmung der Mutter beantragen, daß ihm das

Familiengericht die elterliche Sorge oder einen Teil der elterlichen Sorge allein überträgt. Dem Antrag ist stattzugeben, wenn die Übertragung dem Wohl des Kindes dient.

(2) Soweit eine Übertragung nach Absatz 1 stattgefunden hat, kann das Familiengericht auf Antrag eines Elternteils mit Zustimmung des anderen Elternteils entscheiden, daß die elterliche Sorge den Eltern gemeinsam zusteht, wenn dies dem Wohl des Kindes nicht widerspricht. Das gilt auch, soweit die Übertragung nach Absatz 1 wieder aufgehoben wurde.

§ 1684

(1) Das Kind hat das Recht auf Umgang mit jedem Elternteil. Jeder Elternteil ist zum Umgang verpflichtet und berechtigt.

(2) Die Eltern haben alles zu unterlassen, was das Verhältnis des Kindes zum jeweils anderen Elternteil beeinträchtigt oder die Erziehung erschwert. Entsprechendes gilt, wenn sich das Kind in der Obhut einer anderen Person befindet.

(3) Das Familiengericht kann über den Umgang des Umgangsrechts entscheiden und seine Ausübung, auch gegenüber Dritten, näher regeln. Es kann die Beteiligten durch Anordnungen zur Erfüllung der in Absatz 2 geregelten Pflicht anhalten.

(4) Das Familiengericht kann das Umgangsrecht oder den Vollzug früherer Entscheidungen über das Umgangsrecht einschränken oder ausschließen, soweit dies zum Wohl des Kindes erforderlich ist. Eine Entscheidung, die das Umgangsrecht oder seinen Vollzug für längere Zeit oder auf Dauer einschränkt oder ausschließt, kann nur ergehen, wenn anderenfalls das Wohl des Kindes gefährdet wäre. Das Familiengericht kann insbesondere anordnen, daß der Umgang nur stattfinden darf, wenn ein mitwirkungsbereiter Dritter anwesend ist. Dritter kann auch ein Träger der Jugendhilfe oder ein Verein sein; dieser bestimmt dann jeweils welche Einzelperson die Aufgabe wahrnimmt.

§ 1685

(1) Großeltern und Geschwister haben ein Recht auf Umgang mit dem Kind, wenn dieser dem Wohl des Kindes dient.

(2) Gleiches gilt für den Ehegatten oder früheren Ehegatten eines Elternteils, der mit dem Kind längere Zeit in häuslicher Gemeinschaft gelebt hat, und für Personen, bei denen das Kind

längere Zeit in Familienpflege war.
(3) § 1684 Abs. 2 bis 4 gilt entsprechend.

§ 1687
(1) Leben Eltern, denen die elterliche Sorge gemeinsam zusteht, nicht nur vorübergehend getrennt, so ist bei Entscheidungen in Angelegenheiten, deren Regelung für das Kind von erheblicher Bedeutung ist, ihr gegenseitiges Einvernehmen erforderlich. Der Elternteil, bei dem sich das Kind mit Einwilligung des anderen Elternteils oder auf Grund einer gerichtlichen Entscheidung gewöhnlich aufhält, hat die Befugnis zur alleinigen Entscheidung in Angelegenheiten des täglichen Lebens. Entscheidungen in Angelegenheiten des täglichen Lebens sind in der Regel solche, die häufig vorkommen und die keine schwer abzuändernden Auswirkungen auf die Entwicklung des Kindes haben. Solange sich das Kind mit Einwilligung dieses Elternteils oder auf Grund einer gerichtlichen Entscheidung bei dem anderen Elternteil aufhält, hat dieser die Befugnis zur alleinigen Entscheidung in Angelegenheiten der tatsächlichen Betreuung. § 1629 Abs. 1 Satz 4 und § 1684 Abs. 2 Satz 1 entsprechend.
(2) Das Familiengericht kann die Befugnisse nach Absatz 1 Satz 2 und 4 einschränken oder ausschließen, wenn dies zum Wohl des Kindes erforderlich ist.

Kinder- Jugendhilfegesetz (KJHG)

§ 17
(1) Mütter und Väter haben im Rahmen der Jugendhilfe Anspruch auf Beratung in Fragen der Partnerschaft, wenn sie für ein Kind oder einen Jugendlichen zu sorgen haben oder tatsächlich sorgen. Die Beratung soll helfen,
1. ein partnerschaftliches Zusammenleben in der Familie aufzubauen,
2. Konflikte und Krisen in der Familie zu bewältigen,
3. im Falle der Trennung oder Scheidung, die Bedingungen für eine dem Wohl des Kindes oder des Jugendlichen förderliche Wahrnehmung der Elternverantwortung zu schaffen.
(2) Im Falle der Trennung oder Scheidung sind Eltern unter

angemessener Beteiligung des betroffenen Kindes oder Jugendlichen bei der Entwicklung eines einvernehmlichen Konzepts für die Wahrnehmung der elterlichen Sorge zu unterstützen; dieses Konzept kann auch als Grundlage für die richterliche Entscheidung über die elterliche Sorge nach der Trennung oder Scheidung dienen.

(3) Die Gerichte teilen die Rechtshängigkeit von Scheidungssachen, wenn gemeinschaftliche minderjährige Kinder vorhanden sind (§ 622 Abs. 2 Satz 1 der Zivilprozeßordnung), sowie Namen und Anschriften der Parteien dem Jugendamt mit, damit dieses die Eltern über das Leistungsangebot der Jugendhilfe nach Absatz 2 unterrichtet.

§ 18 Abs. 3

(3) Kinder und Jugendliche haben Anspruch auf Beratung und Unterstützung bei der Ausübung des Umgangsrechts nach § 1684 Abs. 1 des Bürgerlichen Gesetzbuches. Sie sollen darin unterstützt werden, daß die Personen, die nach Maßgabe der §§ 1684, 1685 des Bürgerlichen Gesetzbuches zum Umgang mit ihnen berechtigt sind, von diesem Recht zu ihrem Wohl Gebrauch machen. Eltern, andere Umgangsberechtigte sowie Personen, in deren Obhut sich das Kind befindet, haben Anspruch auf Beratung und Unterstützung bei der Ausübung des Umgangsrechts. Bei der Befugnis, Auskunft über die persönlichen Verhältnisse des Kindes zu verlangen, bei der Herstellung von Umgangskontakten und bei der Ausführung gerichtlicher oder vereinbarter Umgangsregelungen soll vermittelt und in geeigneten Fällen Hilfestellung geleistet werden.

Gesetz über die Angelegenheiten der freiwilligen Gerichtsbarkeit (FGG)

§ 50

(1) Das Gericht kann dem minderjährigen Kind einen Pfleger für ein seine Person betreffendes Verfahren bestellen, soweit dies zur Wahrnehmung seiner Interessen erforderlich ist.

(2) Die Bestellung ist in der Regel erforderlich, wenn
   1. das Interesse des Kindes zu dem seiner gesetzlichen

Vertreter in erheblichem Gegensatz steht,

2. Gegenstand des Verfahrens Maßnahmen wegen Gefährdung des Kindeswohls sind, mit denen die Trennung des Kindes von seiner Familie oder die Entziehung der gesamten Personensorge verbunden ist (§§ 1666, 1666a des Bürgerlichen Gesetzbuchs), oder

3. Gegenstand des Verfahrens die Wegnahme des Kindes von der Pflegeperson (§ 1632 Abs. 4 des Bürgerlichen Gesetzbuchs) oder von dem Ehegatten oder Umgangsberechtigten (§ 1682 des Bürgerlichen Gesetzbuchs) ist.

Sieht das Gericht in diesen Fällen von der Bestellung eines Pflegers für das Verfahren ab, so ist dies in der Entscheidung zu begründen, die die Person des Kindes betrifft.

(3) Die Bestellung soll unterbleiben oder aufgehoben werden, wenn die Interessen des Kindes von einem Rechtsanwalt oder einem anderen geeigneten Verfahrensbevollmächtigten angemessen vertreten werden.

(4) Die Bestellung endet, sofern sie nicht vorher aufgehoben wird,

1. mit der Rechtskraft der das Verfahren abschließenden Entscheidung oder

2. mit dem sonstigen Abschluß des Verfahrens.

§ 52

(1) In einem die Person eines Kindes betreffenden Verfahren soll das Gericht so früh wie möglich und in jeder Lage des Verfahrens auf ein Einvernehmen der Beteiligten hinwirken. Es soll die Beteiligten so früh wie möglich anhören und auf bestehende Möglichkeiten der Beratung durch die Beratungsstellen und -dienste der Träger der Jugendhilfe insbesondere zur Entwicklung eines einvernehmlichen Konzepts für die Wahrnehmung der elterliche Sorge und der elterlichen Verantwortung hinweisen.

(2) Soweit dies nicht zu einer für das Kindeswohl nachteiligen Verzögerung führt, soll das Gericht das Verfahren aussetzen, wenn

1. Die Beteiligten bereit sind, außergerichtliche Beratung in Anspruch zu nehmen, oder

2. nach freier Überzeugung des Gerichts Aussicht auf ein Einvernehmen der Beteiligten besteht; in diesem Fall soll das

Gericht den Beteiligten nahelegen, eine außergerichtliche Beratung in Anspruch zu nehmen.

(3) Im Fall des Absatzes 2 kann das Gericht eine einstweilige Anordnung über den Verfahrensgegenstand von Amts wegen erlassen.

§ 52 a

(1) Macht ein Elternteil geltend, daß der andere Elternteil die Durchführung einer gerichtlichen Verfügung über den Umgang mit dem gemeinschaftlichen Kind vereitelt oder erschwert, so vermittelt das Familiengericht auf Antrag eines Elternteils zwischen den Eltern. Das Gericht kann die Vermittlung ablehnen, wenn bereits ein Vermittlungsverfahren oder eine anschließende außergerichtliche Beratung erfolglos geblieben ist.

(2) Das Gericht hat die Eltern alsbald zu einem Vermittlungstermin zu laden. Zu diesem Termin soll das Gericht das persönliche Erscheinen der Eltern anordnen. In der Ladung weist das Gericht auf die möglichen Rechtsfolgen eines erfolglosen Vermittlungsverfahrens nach Absatz 5 hin. In geeigneten Fällen bittet das Gericht das Jugendamt um Teilnahme an dem Termin.

(3) In dem Termin erörtert das Gericht mit den Eltern, welche Folgen das Unterbleiben des Umgangs für das Wohl des Kindes haben kann. Es weist auf die Rechtsfolgen hin, die sich aus einer Vereitelung oder Erschwerung des Umgangs ergeben können, insbesondere auf die Möglichkeiten der Durchsetzung mit Zwangsmitteln nach § 33 oder der Einschränkung und des Entzugs der Sorge unter den Voraussetzungen der §§ 1666, 1671 und 1696 des Bürgerlichen Gesetzbuchs. Es weist die Eltern auf die bestehenden Möglichkeiten der Beratung durch die Beratungsstellen und -dienste der Träger der Jugendhilfe hin.

(4) Das Gericht soll darauf hinwirken, daß die Eltern Einvernehmen über die Ausübung des Umgangs erzielen. Das Ergebnis der Vermittlung ist im Protokoll festzuhalten. Soweit die Eltern Einvernehmen über eine von der gerichtlichen Verfügung abweichende Regelung des Umgangs erzielen und diese dem Wohl des Kindes nicht widerspricht, ist die Umgangsregelung als Vergleich zu protokollieren; dieser tritt an die Stelle der

bisherigen gerichtlichen Verfügung. Wird ein Einvernehmen nicht erzielt, sind die Streitpunkte im Protokoll festzuhalten.

(5) Wird weder eine einvernehmliche Regelung des Umgangs noch Einvernehmen über eine nachfolgende Inanspruchnahme außergerichtlicher Beratung erreicht oder erscheint mindestens ein Elternteil in dem Vermittlungstermin nicht, so stellt das Gericht durch nicht anfechtbaren Beschluß fest, daß das Vermittlungsverfahren erfolglos geblieben ist. In diesem Fall prüft das Gericht, ob Zwangsmittel ergriffen, Änderungen der Umgangsregelung vorgenommen oder Maßnahmen in bezug auf die Sorge ergriffen werden soll. Wird ein entsprechendes Verfahren von Amts wegen oder auf einen binnen eines Monats gestellten Antrag eines Ehegatten eingeleitet, so werden die Kosten des Vermittlungsverfahrens als Teil der Kosten des anschließenden Verfahrens behandelt.

Literatur

1. Kommentare zum KJHG

* Hauck, Karl / Gaertner, Siegfried / Grube, Christian / Mainberger, Hilmar / Stähr, Axel (1996): *Sozialgesetzbuch. SGB VIII. Kinder- und Jugendhilfe. Kommentar.* Berlin. Loseblattsammlung.

Hinz (1992): SGB VIII. In: *Münchner Kommentar zum Bürgerlichen Gesetzbuch, Bd. 8 Familienrecht,* München. S. 1605 ff.

*Jans, Karl-Wilhelm / Happe, Günter / Saurbier, Helmut (1996): *Kinder- und Jugendhilferecht. Kommentar.* Köln. Loseblattsammlung.

Klinkhardt, Horst (1994): *Kinder- und Jugendhilfe SGB VIII.* München.

Krug, Heinz / Grüner, Hans / Dalichau, Gerhard (1996): *Kinder- und Jugendhilfe. Sozialgesetzbuch (SGB). Achtes Buch (VIII). Kommentar.* Starnberg. Loseblattsammlung.

Möller, Winfried / Nix, Christoph (Hg.) (1991): *Kurz-Kommentar zum Kinder- und Jugendhilfegesetz.* Weinheim und Basel.

Mrozynski, Peter (1991): *Das neue Kinder- und Jugendhilfegesetz (SGB VIII).* München

Münder, J. / Greese, D. / Jordan, E. / Kreft, D. / Lakies, Th. / Lauer, H. / Proksch, R. / Schäfer, K. (1991): *Frankfurt Lehr- und Praxis-Kommentar zum KJHG.* Münster. 2. Aufl. 1993.

*Schellhorn, Walter / Wienand, Manfred (1991): *Das Kinder- und Jugendhilfegesetz (KJHG). Sozialgesetzbuch Achtes Buch (SGB VIII).* Neuwied/Berlin/Kriftel. 2. Aufl. 1997.

Storr, Peter (1991): *Jugendhilferecht. Gesetzestext mit Erläuterungen.* Regensburg

*Wiesner, Reinhard / Kaufmann, Ferdinand / Mörsberger, Thomas / Oberloskamp, Helga / Struck, Jutta (1995): *SGB VIII. Kinder- und Jugendhilfe.* München

---

* Die gekennzeichneten Kommentare werden Erziehungsberatungsstellen besonders zur Lektüre empfohlen.

2. Ausgewählte weiterführende Literatur

Altendorf, Hans (1992): Zur rechtssystematischen Einordnung der Erziehungsberatung im KJHG. In: Cremer, H. / Hundsalz, A. / Menne, K. (Hg.) *Jahrbuch für Erziehungsberatung – Band 1*. Weinheim und München. 1994, S. 105 – 108.

Busch, Manfred (1995): *Quellen und Literatur zum SGB VIII (KJHG)*. Münster.

Coester, Michael (1991): Die Bedeutung des Kinder- und Jugendhilfegesetzes (KJHG) für das Familienrecht. In: *Zeitschrift für das gesamte Familienrecht*, Heft 3/1991, S. 253 – 263.

Frings, Peter (1992): „Leistungen" und „andere Aufgaben" nach dem KJHG. In: *Beiträge zum Recht sozialer Dienste und Einrichtungen*, Heft 19, S. 43 – 50.

Frings, Peter /Siemes, Andreas (1995): Rechtliche Grundlagen der Finanzierung ambulanter Angebote der freien Träger der Jugendhilfe bei Hilfen zur Erziehung nach den §§ 16 bis 19, 27 bis 41 KJHG. In: *Zeitschrift für das Fürsorgewesen*, Heft 1/1995, S. 1 – 7.

Haferkamp, Rainer (1994): Ohne Preis kein Fleiß? In: Klatetzki, Thomas (Hg.) (1994): *Flexible Erziehungshilfen*. Münster, S. 101 – 117.

Haferkamp, Rainer (1995): *Die Fachleistungsstunde. Praxisorientierte Handreichung für Einrichtungen der erzieherischen Jugendhilfe*. Hamburg.

Kaufmann, Ferdinand (1993): Erziehungsberatung als Hilfe zur Erziehung im System des 4. Abschnitts des KJHG – Fiasko oder Fortschritt? In: *AFET-Mitglieder-Rundbrief*, Heft 3/93, S. 19 – 24.

Kunkel, Peter-Christian (1991): Leistungsverpflichtungen und Rechtsansprüche im Kinder- und Jugendhilfegesetz, insbesondere die Hilfen zur Erziehung. In: *Zeitschrift für Jugendrecht*, Heft 3/1991, S. 145 – 164.

Kunkel, Peter-Christian (1993): Der Datenschutz in der Jugendhilfe nach der Reparatur-Novelle – Zurück in die Werkstatt! In: *Zentralblatt für Jugendrecht*, Heft 6/1993, S. 274 – 281.

Kunkel, Peter-Christian (1995): Der Datenschutz in der Jugendhilfe nach der Änderung des Sozialgesetzbuches. In: *Zentralblatt für Jugendrecht*, Heft 8/1995, S. 354 – 365.

Lakies, Thomas (1996): Probleme des Jugendhilferechts im System des Sozialgesetzbuches. In: *Zentralblatt für Jugendrecht*, Heft 11/96, S. 451 – 456.

Lasse, Ulrich (1993): Erziehungsberatung als Hilfe zur Erziehung. In: Cremer, H. / Hundsalz, A. / Menne, K. (Hg.) (1994): *Jahrbuch für Erziehungsberatung – Band 1.* Weinheim und München, S. 97 – 103.

Maas, Udo (1990): Die Auswirkungen des Gesetzes zur Neuregelung des Ausländerrechts auf den Datenschutz in der sozialen Arbeit. In: *Nachrichtendienst des Deutschen Vereins*, Heft 12/1990, S. 417 – 420.

Maas, Udo (1992): *Soziale Arbeit als Verwaltungshandeln.* Weinheim und München. 2. Aufl. 1996.

Maas, Udo (1993): Leistungen der Jugendhilfe als Sozialleistungen. In: *Nachrichtendienst des Deutschen Vereins*, Heft 12/93, S. 465 – 472.

Maas, Udo (1994): Probleme der Konkretisierung der Hilfe zur Erziehung als jugendhilferechtlicher Individualleistung. In: *Beiträge zum Recht der sozialen Dienste und Einrichtungen*, Heft 25/1994, S. 1 – 22.

Maas, Udo (1995): Erziehungsberatung als Hilfe zur Erziehung. In: *Zentralblatt für Jugendrecht*, Heft 9/1995, S. 387 – 391.

Menne, Klaus (1992): Die Arbeitsbedingungen der Erziehungsberatung nach dem KJHG – Probleme der Umsetzung. In: *FORUM – Jugendhilfe*, Heft 1-2/1992, S. 21 – 25.

Menne, Klaus (1994): Aktuelle Probleme von Beratungsstellen. In: *Zentralblatt für Jugendrecht*, Heft 11/1994, S. 470 – 477.

Mörsberger, Thomas (1990): Perspektive „Neues Jugendamt". Zur Bedeutung der Datenschutzbestimmungen im neuen Kinder- und Jugendhilfegesetz. In: *Zentralblatt für Jugendrecht*, Heft 6/1990, S. 365 – 372.

Müller-Alten, Lutz (1991): Familiengerichtshilfe und Datenschutz. In: *Zentralblatt für Jugendrecht*, Heft 9/1991, S. 454 – 459.

Münder, Johannes (1991): Ansprüche auf Leistungen im Jugendhilferecht. In: *Zentralblatt für Jugendrecht*, Heft 6/1991, S. 285 – 292.

Münder, Johannes (1995): Erziehungsberatung im Spannungsfeld, das KJHG und die Aufgaben der freien Träger. In: *neue praxis*, Heft 4/1995, S. 359 – 372.

Neumann, Volker (1996): Subventionen oder Leistungsentgelte? Drei Anmerkungen zum Leistungserbringungsrecht des SGB VIII. In: *Beiträge zum Recht der sozialen Dienste und Einrichtungen*, Heft 31/ 1996, S. 42 – 60.

Rauschert, Klaus (1993): Stellungnahme zu dem Aufsatz von Ferdinand Kaufmann im AFET-Mitglieder-Rundbrief 3/93. In: *AFET-Mitglieder-Rundbrief*, Heft 1/1994, S. 19 – 20

Schindler, Helmut (1993): Auswirkungen des KJHG auf Erziehungsberatungsstellen in freier Trägerschaft. In: *Jugendwohl*, Heft 3/1993, S. 118 – 132.

Werner, Heinz-Hermann (1995a): Erziehungshilfe nach dem SGB VIII/KJHG im Spannungsfeld von Recht und Fachlichkeit. In: *Nachrichtendienst des Deutschen Vereins*, Heft 9/1995, S. 367 – 372.

Werner, Heinz-Hermann (1995b): Erziehungsberatung und Verwaltungsakt. In: *FORUM Jugendhilfe*, Heft 3/1995, S. 15 – 16.

Wiesner, Reinhard (1993): Die Stellung der Erziehungsberatung in freier Trägerschaft. In: Cremer, H. / Hundsalz, A. / Menne, K. (Hg.) (1994): *Jahrbuch für Erziehungsberatung – Band 1*. Weinheim und München, S. 109 – 120.

Wiesner, Reinhard /Zarbock, Walter H. (Hg.) (1991): *Das neue Kinder- und Jugendhilfegesetz (KJHG) und seine Umsetzung in die Praxis*, Köln/Berlin/Bonn/München.

Abkürzungsverzeichnis

a.A.	anderer Ansicht
a.a.O.	am angegebenen Ort
ABl.	Amtsblatt
abl.	ablehnend
Abs.	Absatz
abw.	abweichend
AdVermiG	Adoptionsvermittlungsgesetz
a.F.	alte Fassung
AFET	Arbeitsgemeinschaft für Erziehungshilfe
AFG	Arbeitsförderungsgesetz
AGJ	Arbeitsgemeinschaft für Jugendhilfe
AGOLJB	Arbeitsgemeinschaft der Obersten Landesjugendbehörden
Alt.	Alternative
AG/AmtsG	Amtsgericht
ÄndG	Änderungsgesetz, Gesetz zur Änderung
Anm.	Anmerkung
Art.	Artikel
ASD	Allgemeiner Sozialer Dienst
AsylVfG	Asylverfahrensgesetz
AT	Allgemeiner Teil
AuslG	Ausländergesetz
AV	Ausführungsvorschriften
AWO	Arbeiterwohlfahrt
BÄO	Bundesärzteordnung
BAföG	Bundesausbildungsförderungsgesetz
BAG	Bundesarbeitsgericht
BAGE	Sammlung der Entscheidungen des Bundesarbeitsgerichts
BAGFrW	Bundesarbeitsgemeinschaft der freien Wohlfahrtspflege
BAGLJÄ	Bundesarbeitsgemeinschaft der Landesjugendämter
BAnz.	Bundesanzeiger
BAT	Bundesangestelltentarifvertrag
BayObLG	Bayerisches Oberstes Landesgericht
BBG	Bundesbeamtengesetz

BDSG	Bundesdatenschutzgesetz
Begr.	Begründung
Bek.	Bekanntmachung
BErzGG	Bundeserziehungsgeldgesetz
BetrVG	Betriebsverfassungsgesetz
BeurkG	Beurkundungsgesetz
BfD	Bundesbeauftragter für den Datenschutz
BFH	Bundesfinanzhof
BFHE	Sammlung der Entscheidungen des Bundesfinanzhofes
BGB	Bürgerliches Gesetzbuch
BGBl.	Bundesgesetzblatt
BGH	Bundesgerichtshof
BGHSt	Entscheidungen des Bundesgerichtshofes in Strafsachen
BGHZ	Entscheidungen des Bundesgerichtshofes in Zivilsachen
bke	Bundeskonferenz für Erziehungsberatung
BKGG	Bundeskindergeldgesetz
BMA	Bundesminister für Arbeit und Sozialordnung
BMF	Bundesminister der Finanzen
BMFJ	Bundesministerium für Frauen und Jugend (1991-1994)
BMFSFJ	Bundesministerium für Familie, Senioren, Frauen und Jugend (ab 1994)
BMI	Bundesminister des Inneren
BMJ	Bundesminister der Justiz
BMJFFG	Bundesministerium für Jugend, Familie, Frauen und Gesundheit (1986-1990)
BMJFG	Bundesministerium für Jugend, Familie und Gesundheit (1973-1986)
BTMG	Betäubungsmittelgesetz
BR-Dr.	Drucksache des Bundesrates
BRat	Bundesrat
BReg	Bundesregierung
BSeuchG	Bundesseuchengesetz
BSG	Bundessozialgericht
BSGE	Entscheidungen des Bundessozialgerichts
BSHG	Bundessozialhilfegesetz

BT-Dr	Drucksache des Bundestages
BTag	Deutscher Bundestag
BtG	Betreuungsgesetz
BVerfG	Bundesverfassungsgericht
BVerfGE	Entscheidungen des Bundesverfassungsgerichts
BVerwG	Bundesverwaltungsgericht
BVerwGE	Entscheidungen des Bundesverwaltungsgerichts
BStatG	Bundesstatistikgesetz
CV	Caritasverband
DAVorm	Der Amtsvormund, Monatsschrift des Deutschen Instituts für Vormundschaftswesen, Heidelberg
DCV	Deutscher Caritasverband
DiVC	Diözesan-Caritasverband
DJI	Deutsches Jugendinstitut München
DJT	Deutscher Juristentag
DST	Deutscher Städtetag
DPWV	Deutscher Paritätischer Wohlfahrtsverband
Dr.	Drucksache
DRK	Deutsches Rotes Kreuz
DV	Deutscher Verein für öffentliche und private Fürsorge
DVJJ	Deutsche Vereinigung für Jugendgerichte und Jugendgerichtshilfen e.V. Hannover
DVO	Durchführungsverordnung
DW	Diakonisches Werk
e.S.	elterliche Sorge
EB	Erziehungsberatung
EBSt	Erziehungsberatungsstelle
EFA	Europäisches Fürsorgeabkommen
EG	Einführungsgesetz
EGBGB	Einführungsgesetz zum Bürgerlichen Gesetzbuch
EheG	Ehegesetz
Einf.	Einführung
EinglH-VO	Eingliederungshilfeverordnung
Einl.	Einleitung
EuG	Sammlung der Entscheidungen und Gutachten der Spruchstellen für Fürsorgestreitigkeiten
FamG	Familiengericht
FamRZ	Zeitschrift für das gesamte Familienrecht

FE	Fürsorgeerziehung (nach dem früheren JWG)
FEH	Freiwillige Erziehungshilfe (nach dem früheren JWG)
FEVS	Fürsorgerechtliche Entscheidungen der Verwaltungs- und der Sozialgerichte
FGG	Gesetz über die Angelegenheiten der freiwilligen Gerichtsbarkeit
FuR	Zeitschrift „Familie und Recht"
g.V.	gesetzlicher Vertreter
ges.	gesetzliche(r)
GesEntw	Gesetzentwurf
GewO	Gewerbeordnung
gewöhnl.	gewöhnliche(r)
GG	Grundgesetz für die Bundesrepublik Deutschland
GjS	Gesetz über die Verbreitung jugendgefährdender Schriften
GK	Gemeinschaftskommentar
GO	Gemeindeordnung
GoA	Geschäftsführung ohne Auftrag
grds.	grundsätzliche
GVBl.	Gesetz- und Verordnungsblatt
GVG	Gerichtsverfassungsgesetz
h.M.	herrschende Meinung
HeilprG	Gesetz über die berufsmäßige Ausübung der Heilkunde ohne Bestallung (Heilpraktikergesetz)
HeimG	Heimgesetz
HKÜ	Haager Übereinkommen über die zivilrechtlichen Aspekte internationaler Kindesentführung
Hs.	Halbsatz
HStruktG	Haushaltsstrukturgesetz
i.d.F.	in der Fassung
IGfH	Internationale Gesellschaft für erzieherische Hilfen (vormals: Heimerziehung)
InfEB	Informationen für Erziehungsberatungsstellen
i.V.m.	in Verbindung mit
JA/JAmt	Jugendamt
JArbSchG	Jugendarbeitsschutzgesetz
JBericht	Jugendbericht
JGG	Jugendgerichtsgesetz

JGHilfe	Jugendgerichtshilfe
JHA/ JHAusschuß	Jugendhilfeausschuß
JHilfe	Jugendhilfe
JHPlanung	Jugendhilfeplanung
JÖSchG	Gesetz zum Schutz der Jugend in der Öffentlichkeit
JRichter	Jugendrichter
JStrafRecht	Jugendstrafrecht
JuWo	Zeitschrift „Jugendwohl"
JWG	Gesetz für Jugendwohlfahrt (von 1961)
JZ	Juristenzeitung
KG	Kammergericht
KGSt	Kommunale Gemeinschaftsstelle für Verwaltungsvereinfachung
KJHG	Kinder- und Jugendhilfegesetz
KJHAG	Kinder- und Jugendhilfeausführungsgesetz
krit.	kritisch
LG	Landgericht
LDSG	Landesdatenschutzgesetz
LJA/LJAmt	Landesjugendamt
LJHAusschuß	Landesjugendhilfeausschuß
LSG	Landessozialgericht
m.w.N.	mit weiteren Nachweisen
Mat.	Materialien
Mbl	Ministerialblatt
MAV	Mitarbeitervertretung
MSA	Haager Minderjährigenschutzabkommen
n.F.	neue Fassung
NDV	Nachrichtendienst des Deutschen Vereins für öffentliche und private Fürsorge
ne.	nichtehelich
NEhelG	Gesetz über die rechtliche Stellung des nichtehelichen Kindes
NJW	Neue Juristische Wochenschrift, München/Frankfurt
OLG	Oberlandesgericht
OVG	Oberverwaltungsgericht (entspricht VGH)
OWiG	Gesetz über Ordnungswidrigkeiten
PersVG	Personalvertretungsgesetz
PStG	Personenstandsgesetz

R&P	Zeitschrift „Recht und Psychiatrie"
RBerG	Rechtsberatungsgesetz
RdErl.	Runderlaß
RdJB	Recht der Jugend und des Bildungswesens
Rdnr.	Randnummer
RefEntw	Referentenentwurf
RegBegr	Begründung zum Gesetzentwurf der Bundesregierung
RegEntw	Regierungsentwurf
RG	Reichsgericht
RGBl	Reichsgesetzblatt
RJWG	Reichsjugendwohlfahrtsgesetz (von 1922)
RKEG	Gesetz über die religiöse Kindererziehung
RpflG	Rechtspflegergesetz
RsDE	Beiträge zum Recht der sozialen Dienste und Einrichtungen
Rspr	Rechtsprechung
RVO	Reichsversicherungsordnung
Rz.	Randziffer
SFHG	Schwangeren- und Familienhilfegesetz
SchKG	Schwangerschaftskonfliktgesetz
SchwbG	Schwerbehindertengesetz
SG	Sozialgericht
SGB	Sozialgesetzbuch
SGBÄndG	Gesetz zur Änderung des Sozialgesetzbuches
SkF	Sozialdienst katholischer Frauen
SkM	Sozialdienst katholischer Männer
Sp	Spalte
StBA	Statistisches Bundesamt
StGB	Strafgesetzbuch
StPO	Strafprozeßordnung
str.	streitig
stRSPr.	ständige Rechtssprechung
StVollzG	Strafvollzugsgesetz
USG	Unterhaltssicherungsgesetz
UVG	Unterhaltsvorschußgesetz
vAw	von Amts wegen
VerfGH	Verfassungsgerichtshof
VerwAkt	Verwaltungsakt

VerwG	Verwaltungsgericht
VGH	Verwaltungsgerichtshof (entspricht OVG)
VM	Vormund
VO	Verordnung
VormG	Vormundschaftsgericht
VormRichter	Vormundschaftsrichter
VSSR	Vierteljahresschrift für Sozialrecht
VwGO	Verwaltungsgerichtsordnung
VwVfG	Verwaltungsverfahrensgesetz
ZfF	Zeitschrift für das Fürsorgewesen
ZfJ	Zentralblatt für Jugendrecht
ZfSH/SGB	Zeitschrift für Sozialhilfe und Sozialgesetzbuch
ZPO	Zivilprozeßordnung
Zspr	Zentrale Spruchstelle für Fürsorgestreitigkeiten
ZVR	Zeugnisverweigerungsrecht

Materialien zur Beratung

Der Band „Produkt Beratung" dokumentiert die gleichnamige Fachtagung vom 13./15. November 1995 in Münster. Er führt Grundbegriffe der outputorientierten Steuerung ein und erörtert kritisch die Einbeziehung von Beratung in den Kontext betriebswirtschaftlicher Planung. Erfahrungsberichte schildern die Umsetzung auf Erziehungs- und Familienberatung. Ein Konzept zur Operationalisierung von Trennungs- und Scheidungsberatung wird vorgestellt und die umfassendere Perspektive des Qualitätsmanagements von Beratung erläutert. Der Band dokumentiert darüber hinaus unterschiedliche Produktbeschreibungen für Erziehungs- und Familienberatung und bietet damit Material zur Erarbeitung einer eigenen Konzeption.

Bitte Coupon einsenden an:
bke · Herrnstr. 53 · 90763 Fürth

Bestellung

Hiermit bestelle ich,
(Absender bitte angeben!)

_____

_____

_____

aus der Reihe Materialien
zur Beratung

...... Exemplar(e) **Produkt Beratung** (ca. 180 Seiten) zum Einzelpreis von DM 23,– (einschließlich Porto und Verpackung)

Datum   Unterschrift